U0929553

《循环经济知识读本》编委会

循环经济

循环经济知识读本

逵浩题

武毅　孔祥麒◎编著

图书在版编目（CIP）数据

循环经济知识读本 / 武毅，孔祥麒编著. -- 兰州 ：甘肃民族出版社，2011.1
ISBN 978-7-5421-1830-1

Ⅰ. ①循… Ⅱ. ①武… ②孔… Ⅲ. ①自然资源－资源经济学 Ⅳ. ①F062.1

中国版本图书馆CIP数据核字(2011)第010091号

书　　名：循环经济知识读本
作　　者：武毅　孔祥麒　编著
责任编辑：刘新田　李青立　瞿广业
封面设计：苏金虎
出　　版：甘肃民族出版社（730030　兰州市南滨河东路520号）
发　　行：甘肃民族出版社发行部（730030　兰州市南滨河东路520号）
印　　刷：甘肃新华印刷厂
开　　本：787毫米×1092毫米　1/16　印张：22.25　插页：2
字　　数：411千
版　　次：2011年4月第1版　　2011年4月第1次印刷
印　　数：1~460 000册
书　　号：ISBN 978-7-5421-1830-1
定　　价：38.00元

邮编：730030　地址：兰州市南滨河东路520号　网址：http://www.gansumz.com
投稿邮箱：liuxintian@yahoo.com.cn
发行部：葛慧　联系电话：0931-8773271　（传真）E-mail:gsmzgehui3271@tom.com

序

武毅同志送来这本《循环经济知识读本》书稿，我抽时间阅读了一遍，感到这是一本理论性、知识性和实用性都比较强的普及性读物，无论是理论工作者，还是实际工作者，从中都可获得诸多裨益。

2009年12月24日，国务院正式批复《甘肃省循环经济总体规划》，明确要将甘肃建设成为国家循环经济示范区，标志着甘肃省从此有了一个覆盖全省的“大牌子”；明确给予10条含金量较高的支持政策，标志着甘肃省获得了产业、财税、金融、技术等配套的“大政策”；明确列入72大类、2133亿元的投资项目，标志着甘肃省将拿到一批技术含量高、带动作用强的“大项目”。并着重要求甘肃省探索新途径，蹚出新路子，创造新经验，在全国发挥示范和带动作用。这既是中央对甘肃省推进循环经济发展的充分肯定，也是对甘肃省经济社会发展的高度重视和殷切希望。我们决不能辜负中央的殷切期望，一定要牢牢抓住这一千载难逢的重大历史机遇，群策群力，真抓实干，如期完成规划确定的目标任务，向中央和全省人民交上一份合格的答卷。

“循环经济”一词最早是美国经济学家波尔丁针对罗马俱乐部“增长的极限”提出的，后经世界各国专家学者不断探索、完善，并在日本、德国等发达国家和地区成功实践后，于上世纪末传入我国的。循环经济强调在经济发展过程中遵循“减量化、再利用和资源化”的基本原则，即著名的“3R(reduce/reuse/recycle)”原则，其核心是资源的高效利用和循环利用，特征是低消耗、低排放、高效率，本质是符合可持续发展理念的创新型经济发展模式。

自“循环经济”传入我国之日起，即引起许多知名专家学者的密切关注，因其倡导理念符合我国实际，很快受到党中央、国务院和社会各界的高度重视。胡锦涛总书记在党的十六届三中全会上指出：“要加快转变经济增长方式，将循环经济的发展理念贯穿到区域经济发展、城乡建设和产品生产中，使资源得到最有效的利用。”党的十六届五中全会决议明确提出“要大力发展循环经济，把发展循环经济作为调整经济结构和布局，实现经济增长方式转变的重大举措”。党的第十七次全国代表大会还将循环经济形成较大规模，作为全面实现小康社会新的目标要求。2009 年 1 月 1 日开始实施的《循环经济促进法》，从法律的高度将发展循环经济确立为我国经济社会发展的重大战略。

甘肃省是一个典型的资源型省份，曾为全国经济建设提供了大量的资源和原材料，做出了重大贡献。在此过程中，也逐步形成了非常显著的“两高一资”结构特征，经济发展对资源特别是不可再生资源的依赖性极强，资源和环境压力巨大。要实现甘肃省经济社会又好又快发展，必须把发挥资源优势与转变发展方式有机结合起来，走循环经济发展道路。这既是甘肃发挥资源优势、振兴老工业基地、实现跨越式发展的客观需要，又是确保国家生态安全、维护民族团结和边疆稳定的必然要求，更是探索资源型省份实现科学发展的必由之路。

近年来，甘肃在发展循环经济上做了大量卓有成效的工作。为了有效缓解甘肃经济增长和环境资源的突出矛盾，中共甘肃省委、甘肃省人民政府把推进循环经济发展始终放在转变发展方式的重中之重位置，研究出台了一系列支持政策，并积极动员各方面力量，深入开展循环经济试点工作，闯出了许多成功路子，取得了明显成效，全省资源产出率、工业固体废弃物综合利用率、可再生能源占能源生产总量的比重逐年提高，有力地促进了“十一五”国家下达节能减排目标的实现。特别是金川公司以科技进步和技术创新为动力，以提高资源利用率和降低废弃物排放为目标，扎实推进循环经济发展，创造了堪与丹麦卡伦堡生态工业园区模式、美国杜邦化学公司模式相媲美的“金川模式”，得到了国家发改委和有关院士、专家的充分肯定。实践充分证明，甘肃省发展循环经济成效显著，潜力巨大，前景广阔，对全国具有典型的示范意义。

我们也要清醒地看到，发展循环经济在甘肃省还刚刚起步，全社会对循环经济的认识还有待提高。要确保在 2015 年建成国家级循环经济示范区，任重而道远，还需要做大量扎实细致的工作。这既包括加快推进专业基地、开发园区、产业链条、骨干企业、重点项目等五个层次的基本载体建设，又包括建立健全法规、技术、标准、政策等 20 多个配套文件，还包括由工业向一产、三产乃至全社会拓展普及，以及向全国推广经验等繁重任务。各级各部门特别是各级领导干部，一定要从贯彻落实科学发展观的高度，充分认识推进循环经济发展在实现全省经济社会跨越发展中的重要地位和作用，以更大的决心和勇气,更加有力的政策和措施,更好更快地推进循环经济发展。各级人事部门要认真开展循环经济知识普及教育活动,将推进循环经济发展纳入干部培训教育计划,列为各级党校、行政学院重要培训内容,切实提高各级干部指导循环经济发展的能力和水平,积极为建设国家循环经济示范区提供人才和智力保障。各级宣传部门和新闻媒体要通过多种途径和方式,广泛宣传推进甘肃省循环经济发展的重大意义、工作部署和政策措施,深入报道各地涌现出的先进典型和成功经验,努力在全省形成全社会积极参与、大力支持循环经济发展的良好氛围。

谨以此为序。

石军

二〇一一年三月于兰州

目 录

基本知识

他山之石

基 本 知 识

第一章　循环经济的涵义

循环经济是人类面临资源环境的制约，为实现可持续发展而提出的科学理念和发展模式。发展循环经济不仅是世界经济发展的大趋势，也是我们牢固树立和全面落实科学发展观、推动经济社会全面协调可持续发展的内在要求，是我国建设社会主义和谐社会的重大抉择，而且还是调整经济结构、转变经济发展模式的必由之路。要解决中国的发展问题，实现又好又快发展，必须大力发展循环经济，节约资源，善待自然，保护环境，实现人与自然和谐发展。

第一节　循环经济的产生

循环经济的产生和发展，是人类社会经济在高速发展中陷入资源危机、生存危机后，不得不深刻反省自身发展模式的产物；是传统经济运行模式面临可持续发展的危机时，对人与自然关系深刻反思的结果。

循环经济思想源于环境保护思潮，特别是随着20世纪90年代开始对可持续发展战略的广泛认同，人们对环境问题的认识以及环境管理的思想和观念也在不断变化。人们深刻认识到与线性经济相伴随的末端治理的局限性，源头预防和全过程治理成为环境与发展政策的真正主流。由此，循环经济作为实现经济可持续发展的重要途径而逐步发展起来。它打破了传统经济发展理论把经济和环境系统人为割裂的弊端，要求把经济发展建立在自然生态规律的基础上，促使大量生产、大量消费和大量废弃的传统工业体系转轨到物质的合理使用和不断循环利用的经济体系，为传统经济转向可持续发展的现代经济提供了新的理论范式，可从根本上解决长期以来环境与发展之间的矛盾与冲突。

一、人类发展需要可持续的自然环境

人类是在自然界适合其生存的环境条件下产生和发展的。自古以来，人类的诞生与发展就与自然环境密不可分。人类生产生活的过程也是人与自然界进行物质循环交流的过程，目的是使人类自身能够生存和发展下去。

在远古时期，人类的祖先不断总结自然规律，创造新的生产手段，以改变生存条件。继而，又不断发明创造具有强大生产能力的技术体系，从自然界索取越来越多的原始资源，然后按照需要进行加工改造，生产出各种消费品，来满足人们对物质的和精神的需要。到了18世纪中叶，人类发明了机器，开始用自然力代替人类的肌肉动力，从自然界更大规模、更高效率地索取物质资源并对它们进行加工，从而制造出更多的工业消费品。

由此，人类经济活动便一直沿袭资源开采、加工制造、废料和废弃物排放、产品流通和消费、废旧产品抛弃的线性过程。其直接后果是，我们赖以生存和发展的自然环境不断恶化，不仅破坏了地球生态系统，而且产生了大量污染，出现渔场被破坏、森林缩小、土壤侵蚀、牧场退化、沙漠扩大、全球变暖、地下水位下降、沙尘暴、泥石流频发、冰山融化、海平面上升、珊瑚礁死亡和物种消失等问题，致使当今人类社会的发展面临一系列全球性的环境问题。

（一）人口激增，资源短缺

环境承载压力与日俱增，人类对自然资源日益增多的需求与生态环境不断衰竭的资源供给能力形成极大的反差。工业化过程中，人类凭借不断发展的科学技术将自然资源转换为人类的可用财富，为人口的急剧增长提供了厚实的经济基础。快速增长的人口又加大对自然资源的索取开发，致使人口与环境资源的矛盾日益尖锐。19世纪初，世界人口不过10亿，到20世纪30年代初增至20亿，到1960年再增至30亿，到20世纪末已激增到60亿。40年间净增了30亿，而且增长趋势仍在继续，以致与资源短缺的矛盾日趋突出。目前全球剩余石油可采储量仅1400亿吨，按目前开采进度，静态保障年限只有40年；全球天然气可采储量仅约150亿立方米，静态保障年限仅为60年。另外，目前全球有100多个国家和地区缺水，其中28个被列为严重缺水的国家和地区。预计再过30年，缺水国家将达到46~52个，缺水人口将达到28~33亿人。

（二）物种灭失，生态失衡

法国已有57%的哺乳动物、62%的两栖动物、53%的巢居鸟类灭绝或濒临灭绝，已经灭失的具有科学价值的植物已达50%。另据世界野生生物基金会调查，全世界已有1000多种鸟濒临绝迹。地球上究竟有多少生物物种因人类的不当开发而灭失，尚无法精确统计。但有一点是众所皆知的，自然生态系统中的许多生物种群因人类的肆虐已经大量灭亡，或正在濒临灭亡。人类本是生态系统中的一员，当然不能超自然存在和发展。研究表明，由于生态食物链的作用，每消失一种生物物种，往往有10～30种依附于这种物种的生物随之消失。而物种的灭亡必然减少或限制人类和众生万物适应变化条件的选择余地，恶化人类和众生万物的生存环境。

（三）工业污染，环境恶化

空气污染造成的温室效应、酸雨危害和臭氧空洞已成为人类生存环境的三大杀手。水污染使得人类有限的淡水资源危机日趋严重。21世纪初世界水资源委员会调查报告指出，目前世界上只有南美洲的亚马逊河和非洲撒哈拉南部的刚果河可归入健康河流之列，其余所有水系都已受到不同程度的污染。

（四）过度开垦和放牧，生存条件退化

滥伐森林，使森林锐减、水土流失、植被破坏、土地退化。19世纪60年代地球上约有森林55亿公顷，到20世纪60年代的100年间锐减了17亿公顷，森林面积约占陆地面积的1/4；到1978年就锐减到只占陆地面积的1/5，全球一半以上的森林被毁。至今，世界热带雨林迅速减少的态势并未遏止，支撑农牧业生产的生态环境正在急剧恶化之中。一些地区的生产已难以为继，经济崩溃，环境安全问题日益凸现，环境难民日益增多。据专家测算，全世界每年流失地表土250亿吨。预计到2025年，全球将有25%的土地会退化，荒漠化面积还将增加一倍。

面对经济发展与环境冲突在世界范围内出现的问题，一些发达国家提出变革传统的经济发展模式。具有代表性的是20世纪60年代，美国经济学家K.波尔丁提出了“宇宙飞船理论”。他认为，地球就像在太空中飞行的宇宙飞船，要靠不断消耗和再生自身有限的资源而生存。如果不合理开发资源，继续破坏环境，人类及其赖以生存的地球就会走向毁灭。在此基础上“循环经济”一词应运而生。循环经济的产生不是偶然的。回顾世界经济发展史，不难发现，循环经济理念的产生和发展，是人类对人与自然关系深刻反思的结果，是人类社会发展的必然选择。

二、循环经济是人类文明进步的伟大成果

人类在发展过程中，越来越感到自然资源并非取之不尽、用之不竭，生态环境的承载能力也不是无限的。人类社会要不断前进，经济要持续发展，客观上要求转变发展方式，探索新的发展模式，减少对自然资源的消耗和生态系统的破坏。循环经济是人类社会发展的必然选择。

人类在经济发展过程中主要有三种模式：(1) 传统的经济发展模式。它是一种“资源—产品—污染排放”的单向线性过程，其基本特征是“高消耗、高排

放，低循环、低效率”。这种模式可以持续下去的必要条件是资源取之不尽、用之不竭，且廉价易得，所产生的环境污染和生态破坏不影响人类自身的生存和发展。理论和现实反复证明这种经济发展模式将难以为继。（2）“先污染，后治理”的经济模式。只讲发展速度和经济效益，不顾环境污染，回过头来开始注意环境问题时，治理成本过高，技术苍白无力，导致经济效益、社会效益和生态效益难以兼顾。西方发达国家实现工业化过程中普遍采用这种模式，但资源危机和生态灾难无情地打破了人类与自然的友好关系，也难以想象这种模式能够维持多久。（3）循环经济模式。它是一种建立在进入系统的物质能量不断循环利用基础上的生态经济，实现了经济活动生态化。其过程是一个“资源—产品—废弃物—再生资源”的反馈式循环，通过延长产业链，在系统内进行“废弃物”全面回收、再生资源化循环利用。其特征是“低消耗、低排放，高效率、高循环”。其结果是提高资源利用效率，节约资源，最终污染物排放量对环境影响最小化。

人类社会是生态系统的子系统，人类社会的可持续发展必须建立在可持续的资源供给基础上，并与自然环境和谐共处。在这样的可持续发展体系中，作为人类活动核心的社会经济系统，需要遵循“资源—产品—再生资源”循环型的物质代谢模式，而不是“资源—产品—废物”的单向代谢模式。这就是循环经济所要表达的核心思想。

循环经济是可持续发展的内涵不断提升、认识不断升华、重点不断调整的必然结果。可持续发展作为“既满足当代人的需要，又不对后代人满足其需要的能力构成危害的发展”，其探索和实践经历了一系列的变化过程。人类很早就关注自然资源消耗的问题，对于自然资源耗竭的担心出现于很多经典著述中。1966年，美国经济学家波尔丁强调人类社会需要由“牧童经济”①向“飞船经济”转变，否则地球这一封闭系统的资源将耗尽。1972年，美国麻省理工学院教授梅多斯等人发表的《增长的极限》，警告人口、粮食生产、工业产出、资源消耗以及环境污染的增长都存在极限，超过极限，人类社会将面临崩溃的危险。实际上，循环经济就是对资源耗竭的担忧在现代意义上的表达。然而，可持续发展的系统化实践并不是首先表现在对资源耗竭的遏制上，而是表现在对环境污染的控

---

①“牧童经济”是一个生动的比喻，使人们想到牧童在放牧时，只管放牧而不顾草原的破坏。这种经济的主要特点就是大量地、迅速地消耗自然资源，把地球看成取之不尽的资源库进行无限度的索取，同时，造成废物大量累积，使环境污染日益严重。它表现为追求高生产量（消耗自然资源）和高消费量（商品转化为污染物）。由于这些特点，许多经济学家确信，这种经济模式不能无限期地维持下去，否则会给人类和环境的长远利益带来灾难，它所造成的人类和环境的矛盾，最终可能导致人类自身的灭亡。

制及后续的预防努力上。在 20 世纪中叶，环境污染问题在先期工业化国家的凸显使人们对环境污染的关注大大超越了对资源耗竭的担忧。1962 年，美国生态学家卡逊发表了《寂静的春天》，指出生物界以及人类所面临的化学品危险。其后，各国开始反思工业发展的负面影响，逐渐采取带有强烈“末端治理”① 特征的污染治理与控制的措施和手段；后来，在 20 世纪 70 年代又进一步转向污染预防和清洁生产。20 世纪 80 年代，人们开始探索走可持续发展道路。1987 年，时任挪威首相的布伦特兰夫人在《我们共同的未来》的报告里，第一次提出可持续发展的新理念，并较系统地阐述了可持续发展的含义。1989 年，美国福罗什在《加工业的战略》一文中，首次提出工业生态学概念，即通过将产业链上游的“废物”或副产品，转变为下游的“营养物”或原料，从而形成一个相互依存、类似于自然生态系统的“工业生态系统”，为生态工业园建设和发展奠定了理论基础。生产环节的可持续发展努力取得了巨大的成就，大多数化学污染物，如二氧化硫、汞、铅等在世界范围内，尤其在发达国家已经得到了有效的控制。

尽管如此，气候变化等全球环境问题仍然没有得到控制，并且由于“反弹效应”的存在，能源资源的消耗以及二氧化碳等温室气体的排放不降反升。人们对于可持续发展的认识再次深化，认识到人类社会的最终风险可能来自于生态的失衡。那些没有进入经济系统或者由经济系统排出却不再返回的物质堆成了渣山或者垃圾山，成为生态系统的“肿瘤”，其中的有毒有害物质则经过自然或人工的迁移进而引起人类健康和安全问题。形成鲜明对照的是，国民经济体系的物质流分析（MFA）②成果表明，经济系统内部的物质循环率却很低。以循环经济实践较为突出的日本为例，2000 年总物质投入量约为 21.3 亿吨，约 1/3 以废弃物和二氧化碳的形式排放到环境中，循环利用的只有大约 2.2 亿吨，即物质循环率仅为 10%左右。按照日本循环型社会基本计划，到 2010 年其循环利用率也仅为大约 14%。因此，应对生态失衡风险的最终诉求，就是在对生产环节进行持续改善的同时，还要加强消费环节的控制和废弃环节的循环，以此提高经济系统内部的物质循环率，并降低人类社会对自然生态系统的物质需求。事实上，德国和日本采取循环经济和循环型社会举措的直接动因正是来自于社会消费废弃物的压力。

由此可见，与清洁生产和可持续发展相比，循环经济术语出现相对较晚是具有

---

①末端治理(end-of-pipe treatment)是指在生产过程的末端，针对产生的污染物开发并实施有效的治理技术。要真正解决污染问题需要实施过程控制，减少污染的产生，从根本上解决环境问题。

②物质流分析指的是对经济活动中物质流动的分析，它的基础是对物质的投入和产出进行量化分析，建立物质投入和产出的账户，以便进行以物质流为基础的优化管理。

深刻的时代背景的。英文循环经济—— Circular Economy 一词最早出自英国环境经济学家戴维·皮尔斯的著作中。实践性的概念出现于德国 1996 年生效的《物质闭路循环与废物管理法》。日本提出了与循环经济相近的概念——循环型社会，并将其表述为："通过抑制废弃物等的产生、资源的循环利用以及确保合理的处置，控制天然资源的消费，建立最大限度减少环境负荷的社会。"

总之，在 20 世纪 70 年代，循环经济的思想更多地还是先行者的一种超前性理念，人们并没有积极地沿着这条线索发展下去。当时，世界各国关心的问题仍然是污染物产生之后如何治理以减少其危害，即所谓环境保护的末端治理方式。上世纪 80 年代，人们注意到了采用资源化的方式处理废弃物，思想和政策上都有所升华。但对于污染物的产生是否合理这个根本性问题，是否应该从生产和消费源头上防止污染产生，大多数国家仍然缺少思想上的认识和政策上的举措。上世纪 90 年代，特别是本世纪初，可持续发展战略成为世界潮流，人们提出了一系列诸如"零排放工厂"、"产品生命周期"①、"为环境而设计"等体现循环经济思想的理念，特别是针对经济活动的三个重要层次（单个企业生产层次、多个企业共生层次、社会消费层次）形成了物质闭环型经济的三种关键性思路，使循环经济在理论与实践方面有了实质性发展。

我国循环经济术语的出现与国际上几乎是同步的，在 21 世纪初得到了蓬勃发展，并最终进入了我国高层决策。目前，循环经济理念已超出环保业的范畴，并成为关系中国可持续发展全局的经济概念，把节约资源作为基本国策，发展循环经济，保护生态环境，加快建设资源节约型、环境友好型社会，促进经济发展与人口、资源、环境相协调，推进国民经济和社会信息化，切实走新型工业化道路②，坚持节约发展、清洁发展、安全发展，实现可持续发展。

---

①产品生命周期是指产品的市场寿命。一种产品进入市场后，它的销售量和利润都会随时间推移而改变，就如同人的生命一样，由诞生、成长到成熟，最终走向衰亡，这就是产品的生命周期现象。所谓产品生命周期，是指产品从进入市场开始，直到最终退出市场为止所经历的市场生命循环过程。

②新型工业化道路这个概念是在2002年11月中共"十六大"上提出的。它是特指中国特色的工业化道路，就是坚持以信息化带动工业化，以工业化促进信息化，走出一条科技含量高、经济效益好、资源消耗低、环境污染少、人力资源优势得到充分发挥的新型工业化路子。工业化是由农业经济转向工业经济的一个自然历史过程，存在着一般的规律性，但在不同体制下，在工业化的不同阶段可以有不同的发展道路和模式。

第二节　循环经济的基本概念和特征

循环经济的思想萌芽诞生于20世纪60年代的美国。“循环经济”这一术语在中国出现于上世纪90年代中期，学术界在研究过程中已从资源综合利用的角度，环境保护的角度，技术范式的角度，经济形态和调整经济结构、转变经济发展方式的角度，广义和狭义的角度等不同角度对其作了多种界定。

一、循环经济的经济学基础

主流经济学将经济系统视为一个孤立的系统，可以不依赖任何其他之物而无限膨胀。由此造成一系列极其严重的生态环境问题。在现实世界，经济系统是不能脱离生态系统而独立存在的，经济系统与生态系统的相互作用构成了一个生态经济系统。按照生态经济学家戴利的观点，经济只是外部的有限生态系统的子系统，而且是位于封闭有限的生态系统之中的一个开放子系统。需要注意的是，经济系统具有增长型的运行机制，而生态系统则具有稳定型的运行机制。因此，近乎无限增长的经济系统对资源、环境需求的无限性与相对稳定的生态系统对资源、环境供给的有限性，就产生了激烈的矛盾。生态经济学就是研究生态经济系统矛盾运动发展规律及其应用的科学。生态经济学着重研究自然与人的关系。

生态与经济是绝对的相互依赖，没有生态就没有经济；没有经济，人的生活质量就要受到威胁。正确理解和处理经济系统和生态系统的关系，对于永久性地建立富裕型的经济以满足人类需要和欲望，以及保持可恢复性的生态系统为可持续发展型的经济提供服务功能，都具有极其重要的意义。

根据生态经济学家戴利的观点，增长型经济要受到固定的生物物理限制，主要源于三个相互关联的条件：有限性、熵和生态的相互依赖性。经济学家尼古拉斯·乔治斯库–罗根进一步指出：“输入经济过程的东西是有价值的自然资源，经济过程所产生的东西是毫无价值的废物……从热力学的角度看，物质—能量以低熵的状态进入经济过程，以高熵状态出来。”亦即经济系统即使维持了非平衡的有序状态，也是以自然环境中熵增和无序性增加为代价的。

实际上，生态系统是作为低熵物质的来源和高熵废物的接收器来支撑经济子系统增长的。在地球生物圈中，形成于特定地质年代的低熵地球资源是有限的。如果资源可以循环使用，资源有限性不会那么突出，熵的存在阻止了物质的完全循环，即使循环也要输入新的资源和能量，又向环境施加更多的高熵物质，而同时生态系统吸纳高熵废物的能力是有限的。因此，经济系统与生态系统是相互联系的，目前经济的物理规模相对于生态系统已经足够大，经济增长必须考虑生态系统的承载能力。

戴利认为，人类经济的演化已经从人造资本是经济发展限制因素的时代演进到了剩余的自然资本是限制因素的时代，越来越多的人造资本远不是代替自然资本，而是对自然资本有越来越大的互补性要求，快速地消耗自然资本以暂时地支撑人造资本的价值。根据戴利的观点，增长包含成熟和足量的含义，超出某一点，物质积累应让位于物质维持，增长经济让位于稳态经济。增长是一种物理上的数量性扩展，发展则是一种质量上、功能上的改善，而可持续发展就是一种超越增长的发展。

大自然是靠循环来维持生命的。在自然界中根本就没有那种从一端进、从另一端出的线性流通过程，像原料从一头进、废物从另一头出的那样一种情形根本就不存在。在自然界中，一种生物的废物就是另一种生物的养料。营养物质在不停地循环之中。发生在自然循环之中的有水、碳、氧、氮、硫等元素，自然生态系统是封闭的。

循环经济本质是一种生态经济，它要求运用生态学规律而不是机械论规律来指导人类社会的经济活动。循环经济的经济学理论基础是生态经济理论。循环经济把经济系统看做是生态系统的子系统，以自然生态学法则为导向，以经济学理论为主导，将资源与环境纳入经济体系，并重构包括物质流、能量流的经济流程。通过模拟自然系统的物质闭环流动方式来实现开放的经济系统的稳定性和可持续性，达到自然资源低投入、高利用和废弃物的低排放甚至零排放，维持自然界各物质间的生态平衡和一定的环境容量，为人类生存带来持久、最大化福利。

循环经济以提高人的生活质量和福利为目标，主张以"稳态型"经济代替传统的"增长型"经济，以"休养生息型"经济代替传统的"消耗型"经济，以"福利量"经济代替"生产量"经济，以"循环式"经济代替"单程式"经济。循环经济以尽可能少的资源能量消耗、尽可能小的环境代价，来换取最大的社会福利。

二、循环经济的概念

循环经济，是指在生产、流通和消费等过程中进行的减量化、再利用、资源化活动的总称，也是资源节约和循环利用活动的总称。循环经济是以资源高效利用和循环利用为目标，以"减量化、再利用、资源化"为原则，以物质闭路循环[①]和能量梯次使用为特征，按照自然生态系统物质循环和能量流动方式运行

①闭路循环是指在生产中采取一些特殊的处理工艺，将产生的废弃物回收利用，对外无排放，无污染，实现循环利用的过程，从而降低能耗，节约成本，并且有利环境。

的经济模式。它要求运用生态学规律来指导人类社会的经济活动，其目的是通过资源高效和循环利用，实现污染的低排放甚至零排放，保护环境，实现社会、经济与环境的可持续发展。循环经济是把清洁生产和废弃物的综合利用融为一体的经济，本质上是一种生态经济。它要求运用生态学规律来指导人类社会经济活动。

所谓减量化，是指在生产、流通和消费等过程中减少资源消耗和废物产生。减量化是循环经济的重要内容。《中华人民共和国循环经济促进法》（以下简称《循环经济促进法》）规定："发展循环经济应当在技术可行、经济合理和有利于节约资源、保护环境的前提下，按照减量化优先的原则实施。"

所谓再利用，是指将废物直接作为产品或者经修复、翻新、再制造后继续作为产品使用，或者将废物的全部或者部分作为其他产品的部件予以使用。再利用是循环经济的重要内容。《循环经济促进法》规定："对废电器电子产品、报废机动车船、废轮胎、废铅酸电池等特定产品进行拆解或者再利用，应当符合有关法律、行政法规的规定。""回收的电器电子产品，经过修复后销售的，必须符合再利用产品标准，并在显著位置标识为再利用产品。"并且规定：违反本法规定，销售没有再利用产品标识的、再利用电器电子产品的，由地方人民政府工商行政管理部门责令限期改正，可以处 5000 元以上 50000 元以下的罚款；逾期不改正的，依法吊销营业执照；造成损失的，依法承担赔偿责任。

所谓资源化，是指将废物直接作为原料进行利用或者对废物进行再生利用。资源化是循环经济的重要内容。《循环经济促进法》规定："县级以上人民政府应当统筹规划建设城乡生活垃圾分类收集和资源化利用设施，建立和完善分类收集和资源化利用体系，提高生活垃圾资源化率。""县级以上人民政府应当支持企业建设污泥资源化利用和处置设施，提高污泥综合利用水平，防止产生再次污染。"

再利用和资源化都是指废物的再利用和资源化，因此再利用和资源化往往相提并论。在《循环经济促进法》中就规定："在废物再利用和资源化过程中，应当保障生产安全，保证产品质量符合国家规定的标准，并防止产生再次污染。""企业、事业单位应当建立健全管理制度，采取措施，降低资源消耗，减少废物的产生量和排放量，提高废物的再利用和资源化水平。"

《循环经济促进法》提出："循环经济发展规划应当包括规划目标、适用范围、主要内容、重点任务和保障措施等，并规定资源产出率、废物再利用和资源化率等指标。"该法要求："国务院标准化主管部门会同国务院循环经济发展综合管理和环境保护等有关主管部门建立健全循环经济标准体系，制定和完善节能、节水、节材和废物再利用、资源化等标准。”

循环经济按照自然生态系统物质循环和能量流动规律重构经济系统，使经济系统和谐地纳入到自然生态系统的物质循环过程中，建立起一种新形态的经济。循环经济是在可持续发展的思想指导下，按照清洁生产的方式，对能源及其废弃物实行综合利用的生产活动过程。它要求把经济活动组成一个“资源—产品—再生资源”的反馈式流程。其特征是低开采、高利用、低排放。因此，循环经济本质上是相对于传统的线性经济而言的，旨在建立一种以物质循环流动为特征的经济，从而实现可持续发展所要求的环境与经济双赢。其基本模式如图所示：

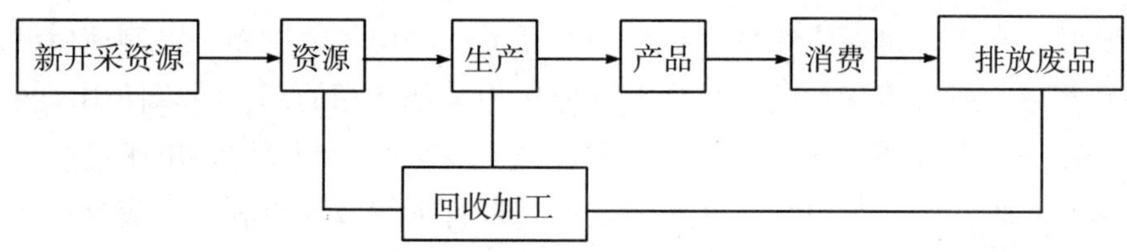

与传统经济相比，循环经济的不同之处在于：(1) 传统经济是一种由“资源—产品—污染排放”所构成的物资单向流动的，以高开采、低利用、高排放为特征的线性经济模式。而循环经济倡导的则是一种建立在物质不断循环利用基础上的经济发展模式。它要求把经济活动按照自然生态系统的模式，组织成一个“资源—产品—再生资源”的物质反复循环流动的过程，其特征是自然资源的低投入、高利用和废弃物的低排放，使得整个经济系统以及生产和消费过程基本上不产生或者只产生很少的废弃物。(2) 传统经济是通过把资源持续不断地变成垃圾的运动，通过反向增长的自然代价来实现经济的数量型增长，由此最终导致了许多自然资源的短缺与枯竭，并酿成了灾害性的环境污染后果。而循环经济倡导的是一种与资源环境和谐共生的经济发展模式，是一个“资源—产品—再生资源”的闭环反馈式循环过程，资源在这个不断进行的循环经济中得到持久的利用，从而把经济活动对环境的影响降低到尽可能小的程度，从根本上解决长期以来困扰环境与发展之间的尖锐矛盾，实现经济与环境的双赢。

因此，在技术层次上，循环经济是与传统经济活动的“资源消费→产品→废物排放”单程型物质流动模式相对应的“资源消费→产品→再生资源”闭环型物质流动模式，其核心是提高生态环境的利用效率。从科学范式的角度看，循环经济实质上是基于技术范式革命基础上的一种新的经济发展模式。

三、循环经济的基本特征

传统经济是“资源—产品—废弃物”的单向直线过程，创造的财富越多，消耗的资源和产生的废弃物就越多，对环境资源的负面影响也就越大。循环经济则以尽可能小的资源消耗和环境成本，获得尽可能大的经济效益和社会效益，从而使经济系统与自然生态系统的物质循环过程相互和谐，促进资源永续利用。因此，循环经济是对“大量生产、大量消费、大量废弃”的传统经济模式的根本变革。

其基本特征是：在资源开采环节，要大力提高资源综合开发和回收利用率。在资源消耗环节，要大力提高资源利用效率。在废弃物产生环节，要大力开展资源综合利用。在再生资源产生环节，要大力回收和循环利用各种废旧资源。在社会消费环节，要大力提倡绿色消费。

循环经济作为一种科学的发展观、一种全新的经济发展模式，具有自身的独立特征，主要体现在以下几个方面：

（一）新的系统观

循环是指在一定系统内的运动过程，循环经济的系统是由人、自然资源和科学技术等要素构成的大系统。循环经济观要求人在考虑生产和消费时不再置身于这一大系统之外，而是将自己作为这个大系统的一部分来研究符合客观规律的经济原则，将“退耕还林”、“退牧还草”等生态系统建设作为维持大系统可持续发展的基础性工作来抓。

（二）新的经济观

在传统工业经济的各要素中，资本在循环，劳动力在循环，而唯独自然资源没有形成循环。循环经济观要求运用生态学规律，而不是仅仅沿用 19 世纪以来机械工程学的规律来指导经济活动。不仅要考虑工程承载能力，还要考虑生态承载能力。在生态系统中，经济活动超过资源承载能力的循环是恶性循环，会造成生态系统退化；只有在资源承载能力之内的良性循环，才能使生态系统平衡发展。

（三）新的价值观

循环经济观在考虑自然时，不再像传统工业经济那样将其作为“取料场”和“垃圾场”，也不仅仅视其为可利用的资源，而是将其作为人类赖以生存的基础，是需要维持良性循环的生态系统；在考虑科学技术时，不仅考虑其对自然的开发能力，而且要充分考虑到它对生态系统的修复能力，使之成为有益于环境的技术；在考虑人自身的发展时，不仅考虑人对自然的征服能力，而且更重视人与自然和谐相处的能力，促进人的全面发展。

（四）新的生产观

传统工业经济的生产观是最大限度地开发利用自然资源、最大限度地创造社会财富、最大限度地获取利润。而循环经济的生产观是要充分考虑自然生态系统的承载能力，尽可能地节约自然资源，不断提高自然资源的利用效率，循环使用资源，创造良性的社会财富。在生产过程中，循环经济观要求遵循“3R”原则：资源利用的减量化（Reduce）原则，即在生产的投入端尽可能少地输入自然资源；产品的再使用（Reuse）原则，即尽可能延长产品的使用周期，并在多种场合使用；废弃物的再循环（Recycle）原则，即最大限度地减少废弃物排放，力争做到排放的无害化，实现资源再循环。同时，在生产中还要求尽可能地利用可循环再生的资源替代不可再生资源，如利用太阳能、风能和农家肥等，使生产合理地依托在自然生态循环之上；尽可能地利用高科技，尽可能地以知识投入来替代物质投入，以达到经济、社会与生态的和谐统一，使人类在良好的环境中生产生活，真正全面提高人民生活质量。

（五）新的消费观

循环经济观要求走出传统工业经济“拼命生产、拼命消费”的误区，提倡物质的适度消费、层次消费，在消费的同时就考虑到废弃物的资源化，建立循环生产和消费的观念。同时，循环经济观要求通过税收和行政等手段，限制以不可再生资源为原料的一次性产品的生产与消费，如宾馆的一次性用品、餐馆的一次性餐具和豪华包装等。

第三节　我国发展循环经济的必要性

在20世纪末，我国政府就已经确定坚定不移地实施可持续发展战略。循环经济要求对污染进行全程控制，在工业生产中实行清洁生产，倡导生态工业，提高全社会的资源利用效率等等。循环经济的这些特点符合了可持续发展的要求，具有可持续性、和谐性、需求性和高效性。发展循环经济还是实施资源战略、促进资源永续利用、保障国家经济安全的重大战略措施。大力发展循环经济已成为越来越必要的选择。

一、缓解资源约束，实现可持续发展的最佳选择

我国资源总量虽居世界前列，但人均占有量却远远低于世界平均水平。耕地人均占有量不到世界平均水平的40%，矿产资源人均占有量不足世界平均水平的一半；能源人均占有水平更低，原油是世界平均水平的8.6%，天然气是世界平均水平的5%。煤炭储量虽居世界第三位，但人均占有量却只接近于世界平均水平，相当于煤炭资源中等国家。经过多年开采，我国越来越多的矿山进入老年期，产能大幅度下降，矿产资源开采难度越来越大，开采成本增加，供给形势相

当严峻。由于国内资源供给不足，重要资源对外依存度不断上升。

从资源消耗角度看，我国的消费增长速度惊人。我国的钢材消费量已经接近美国、日本和欧盟钢铁消耗量的总和，约占世界总消费量的40%；水泥消费约占世界的50%；电力消费已经超过日本，居世界第二位，仅低于美国。中国油气资源的现有储量将不足10年消费，最终可采储量勉强可维持30年消费。在铁、铜、铝等重要矿产的储量上，无论是相对还是绝对，中国已无大国地位。据估算，2012—2014年，中国将迎来年2.4亿~2.6亿吨铁的消费高峰，未来20年缺口将达30亿吨；2019—2023年，将迎来年530万~680万吨铜的消费高峰，未来20年缺口将达5000万~6000万吨；2022—2028年，将有年1300万吨铝的消费峰值，未来20年缺口将达到1亿吨。而我国原储量、产量和出口量均居世界首位的钨、稀土、锑和锡等优势矿种，因为滥采乱挖和过度出口，绝对储量已下降了1/3~1/2，按现有产量水平保障程度亦不超过10年。

从资源利用效率来看，仍然处于粗放型增长阶段。例如，在以单位GDP产出能耗作为表征的能源利用效率上，我国与发达国家差距非常大。若以日本为1，则意大利为1.33，法国为1.5，德国为1.5，英国为2.17，美国为2.67，加拿大为3.5，而我国高达11.5；每吨标准煤的产出效率，我国只相当于美国的28.6%、欧盟的16.8%、日本的10.3%。

从资源的对外依赖度看，未来一个时期，中国的产业结构仍然处于重化工主导的阶段，高能耗、高污染产业仍然具有高需求。由于国内资源不足，2010年，我国的石油对外依存度达到57%，铁矿石达到57%，铜达到70%，铝达80%。到2020年，中国石油的进口量将超过5亿吨，天然气将超过1000亿立方米，两者的对外依存度分别将达70%和50%。

从资源再生化角度看，我国资源重复利用率远低于发达国家。例如，尽管我国人均水资源拥有量仅为世界平均水平的1/4，但水资源循环利用率比发达国家低50%以上。资源再生利用率也普遍较低。我国即将进入汽车社会，大量废旧轮胎形成的环境污染不断上升，而我国的废旧轮胎再生利用率仅有10%左右，远低于发达国家。因此，加快发展循环经济在节约资源方面是大有可为的。

从资源拥有角度看，我国的资源总量和人均资源量都严重不足。在资源总量方面，我国石油储量仅占世界总储量的1.8%，天然气占0.7%，铁矿石不足9%，铜矿不足5%，铝土矿不足2%。在人均资源量方面，我国人均矿产资源是世界平均水平的1/2，人均耕地、草地资源是世界平均水平的1/3，人均水资源是世界平均水平的1/4，人均森林资源是世界平均水平的1/5，人均能源占有量是世界平均水平的1/7，其中人均石油占有量仅为世界平均水平的1/10。

我国的国内资源已难以支撑传统产业的持续增长。同时，我国的生态环境状况也难以支撑当前这种高污染、高消耗、低效益生产方式的持续扩张。我国现有荒漠化土地面积 267.4 万多平方公里，占国土总面积的 27.9%，而且每年仍在增加 1 万多平方公里；我国 18 个省的 471 个县，近 4 亿人口的耕地和家园正受到不同程度的荒漠化威胁；我国目前的废水排放总量为 439.5 亿吨，超过环境容量的 82%；我国七大江河水系，劣五类水质占 40.9%，75%的湖泊出现不同程度的富营养化；我国 600 多座城市中有 400 多座供水不足，其中 100 多个城市严重缺水；我国尚有 3.6 亿农村人口喝不上符合卫生标准的水。

改革开放以来，用能源消费翻一番支撑了 GDP [①] 翻两番；到 2020 年，要再实现 GDP 翻两番，即便是按能源再翻一番考虑，保障能源供给也会有很大的困难。如果继续沿袭传统的发展模式，以资源的大量消耗为代价实现工业化和现代化，将难以为继。为了减轻经济增长对资源供给的压力，必须大力发展循环经济，实现资源的高效利用和循环利用。我国人口众多，各种资源消耗巨大，通过循环利用，每人节约一度电、一升水、一斤粮食，对中国 13 亿人口来说就是一笔很大的资源。因此，发展循环经济对我国来说有着极其重要的现实意义。

二、降低污染物排放，是从根本上减轻环境污染的有效途径

随着工业的快速发展，我国生态环境每况愈下，大气环境不容乐观，固体废弃物污染日益突出，城市生活垃圾无害化处理率低，农村环境问题严重。大量事实表明，水、大气、固体废弃物污染的大量产生，与资源利用水平密切相关，同粗放型经济发展方式存在内在联系。据测算，我国能源利用率若能达到世界先进水平，每年可减少二氧化硫排放 400 万吨左右；固体废弃物综合利用率若提高 1 个百分点，每年就可减少约 1000 万吨废弃物的排放；粉煤灰综合利用率若能提高 20 个百分点，就可以减少固体废弃物排放近 4000 万吨。这将使环境质量得到极大改善。循环经济是低碳经济，大力发展循环经济，推行清洁生产，可将经济社会活动对自然资源的需求和生态环境的影响降低到最低程度，从根本上解决经济发展与环境保护之间的矛盾。

我国长期以来的城市化和工业化过程所引发的环境问题愈来愈不容忽视，再加上经济、科技和历史等多方面的原因，污染问题并没有得到很好的解决。转变

---

①GDP（Gross Domestic Product的简称）即国内生产总值，是指在一定时期内(一个季度或一年)，一个国家或地区的经济中所生产出的全部最终产品和劳务的价值，常被公认为衡量国家经济状况的最佳指标。它不但可反映一个国家的经济表现，更可以反映一国的国力与财富。一般来说，国内生产总值共有四个不同的组成部分，其中包括消费、私人投资、政府支出和净出口额。

经济发展方式、缓解生态压力、遏制环境恶化、加快实施可持续发展战略刻不容缓，发展循环经济势在必行。转变生产生活方式，从源头上减少污染物的产生，是保护环境的治本措施。各种产品和废弃物的循环和回收再利用也可大大减少固体污染物的排放。

三、调整产业结构，是扩大就业的必然选择

循环经济不仅仅是在传统经济基础上增加废弃物回收、资源化和再利用环节，更是要带动整个环保产业的发展，或者说发展环境产业。环保产业是循环经济体系的重要组成部分，环保产业的不断发展也是国民经济和就业岗位新的强劲增长点。发展环保产业对于解决就业问题具有十分重要的作用。我国环保相关产业与日本每年 3862 亿美元、美国 1000 亿美元的规模相比，我国发展环保产业的潜力仍然巨大。

在推进社会就业方面，循环经济要求实现由就业减少性的社会到就业增加性的社会的变革。循环经济的社会意义表现在它为人口日益增长的社会提供了更多的就业机会，而不是相反。与传统线性经济缩短经济的链条不同，循环经济是通过延长经济的链条而增加就业机会的。

四、提高经济效益，是应对国际竞争的重要措施

目前我国资源利用效率与国际先进水平相比仍然较低，突出表现在：资源产出率低、资源利用效率低、资源综合利用水平低、再生资源回收和循环利用率低。比如，按汇率计算，2003 年我国 GDP 约占世界的 4%，但重要资源消耗占世界的比重却很高，石油为 7.4%，原煤为 31%，钢铁为 27%，水泥为 40%。我国用水总量与美国相当，但 GDP 仅为美国的 1/8。多年的实践证明，较低的资源利用水平，已经成为企业降低生产成本、提高经济效益和竞争力的重要障碍。

随着经济全球化的发展和贸易与环境的关系日益密切，经济发展与环境保护的矛盾已经成为影响发展中国家自由贸易的重要障碍。近年来，为了达到环境保护的目的，不少国家采取了单方面行动限制进出口，这些单方面行动引起的双边或多边贸易摩擦日益增多。如轰动全球的美国禁止进口墨西哥金枪鱼案，丹麦要求所有进口啤酒、矿泉水和饮料均须使用可再装容器等案件，起因均是环境保护。由于我国经济整体环保水平较低，在外贸领域将面临越来越大的环境压力，一些工业产品和农产品由于在生产、包装、使用等环节的环保要求较低，容易受到发达国家绿色贸易壁垒的限制；随着贸易自由化的发展，污染产业、有害物质和外来物种入侵将对我国环境安全构成威胁。西方国家早已把发展循环经济置于国家战略高度，不仅将循环经济作为国际竞争的手段，而且将循环经济视为未来企业和国家的核心竞争力所在。就我国而言，大力发展循环经济、提高资源利用

率、增强国际竞争力，已经成为我们面临的一项重要而紧迫的任务。

我国企业走向世界的一个主要阻力是贸易壁垒。资源环境因素在国际贸易中的作用日益凸显，“绿色壁垒”成为我国扩大出口面临最多也是最难突破的问题，有些已对我国产品在国际市场的竞争力造成严重的影响。例如，国际标准化组织的 ISO14000[①] 标准将被越来越多的国家采纳并可能成为“技术贸易壁垒”。因为绿色消费主义者的影响，一些国家的进口商不敢进口不符合国际环境标准的商品，在国际贸易中处于不利地位的国家必然采用 ISO14000 系列标准来构筑贸易壁垒。随着经济全球化，我国企业正面临来自 ISO 的多重压力。一方面，企业必须实施 ISO9000 质量标准，以使企业保持竞争力，树立质量形象；另一方面，企业必须实施 ISO14000 并通过认证，以此来树立自身的环保形象。未获得认证的企业将有可能被外国政府禁止进口。同时，外国企业为保持自身的环保形象，也会中止与我国未通过认证企业的生意往来。

对此，我们不仅要有清醒的认识，更要及时和巧妙应对。发展循环经济，可以在资源和能源消耗相对较少的基础上增强企业竞争力，在突破“绿色壁垒”和实施“走出去”战略中也能发挥重要作用。如采用符合国际贸易中资源和环境保护要求的技术法规与标准，扫清我国产品出口的技术障碍；研究建立我国企业和产品进入国际市场的“绿色通行证”，包括节能产品认证、能源效率标识制度、包装物强制回收利用制度，以及建立相应的国际互认体系。

目前，我国已经在甘肃、辽宁、安徽、青海柴达木、贵州贵阳、广西贵港、广东南海、内蒙古包头、新疆石河子、湖南长沙等地区进行循环经济试点，上海、浙江、山东、海南等地也在大力发展循环经济。特别是 2009 年 12 月 24 日，国务院批复了《甘肃省循环经济总体规划》（以下简称《总体规划》），2010 年 5 月 2 日国务院办公厅下发的《关于进一步支持甘肃经济社会发展的若干意见》（国办发〔2010〕29 号），决定到 2020 年要把甘肃省建成国家循环经济示范区，实现了我国循环经济由理论到实践的重大突破，要求探索出一条“科技含量高、

①ISO14000环境管理系列标准是国际标准化组织（ISO）继ISO9000标准之后推出的又一个管理标准。该标准是由ISO/TC207环境管理技术委员会制定，有14001到14100共100个号，统称为ISO14000系列标准。该系列标准融合了世界上许多发达国家在环境管理方面的经验，是一种完整的、操作性很强的体系标准，包括制定、实施、实现、评审和保持环境方针所需的组织结构、策划活动、职责、惯例、程序过程和资源。其中ISO14001是环境管理体系标准的主干标准，它是企业建立和实施环境管理体系并通过认证的依据ISO14000环境管理体系的国际标准，目的是规范企业和社会团体等所有组织的环境行为，以达到节省资源、减少环境污染、改善环境质量、促进经济持续、健康发展的目的。

经济效益好、资源消耗低、环境污染小、人力资源得到充分发挥的新型工业化路子”的新途径。在应对国际金融危机和气候变化的关键时刻，国务院批准实施这个《总体规划》，把甘肃省确定为国家循环经济示范区的战略定位，表明了国家对转变经济发展方式和调整经济结构的坚强决心，也体现了党中央、国务院对甘肃人民的深切关怀、充分信任和巨大支持，为甘肃发展循环经济提供了持久的动力支持，为转变经济发展方式提供了良好的政策环境，这是甘肃实现科学发展的重大机遇。《总体规划》的实施，对有效应对气候变化，推动发展方式转变和经济结构调整，建设循环经济体系，提高经济增长的质量和效益，实现甘肃经济社会的全面协调可持续发展，促进中国特色循环经济的形成而努力探索，均具有重大的现实意义和深远的历史意义。

从总体上看，我国在发展循环经济方面已具有一定的基础。改革开放以来，我国相继颁布了《节约能源法》、《清洁生产促进法》、《循环经济促进法》等法律法规，制定了一系列促进企业节能、节材、节水和资源综合利用的政策、标准和管理制度。特别是中央提出加快两个根本性转变，实施可持续发展战略以来，我国在推动资源节约和综合利用、推行清洁生产、探索循环经济发展模式等方面，取得了明显成效，为加快发展循环经济奠定了基础。但是我们也应清醒地看到，与发达国家相比，我国在发展循环经济方面还存在很大差距。与此同时，在推进循环经济发展工作中，也存在着一些实际困难和障碍。比如，各方面对发展循环经济的重要性和紧迫性尚缺乏足够认识；国家还没有指导循环经济发展的总体规划和推进计划，资源利用的指标和核算体系也不健全；法律法规体系有待完善，特别是再生资源回收利用方面的法规建设仍是薄弱环节；有效激励政策、回收处理体系和合理的费用机制尚未建立；技术开发和推广应用不够，缺乏符合国情的循环经济技术支撑体系等。这都需要抓紧研究政策措施，认真加以解决。

第四节 发展循环经济的基本原则

本世纪头 20 年，我国将处于工业化和城镇化加速发展阶段，面临的资源和环境形势十分严峻。为抓住重要战略机遇期，实现全面建设小康社会的战略目标，必须大力发展循环经济。按照循环经济“减量化、再利用、资源化”的基本原则，采取各种有效措施，以尽可能少的资源消耗和尽可能小的环境代价，取得最大的经济产出和最少的废物排放，实现经济效益、环境效益和社会效益相统一，建设资源节约型和环境友好型社会。

一、发展循环经济的指导思想和基本原则

国务院《关于加快发展循环经济的若干意见》（国发〔2005〕22号），对我国发展循环经济的指导思想和基本原则作了明确规定：

（一）指导思想

以邓小平理论和“三个代表”重要思想为指导，树立和落实科学发展观，以提高资源生产率和减少废物排放为目标，以技术创新和制度创新为动力，强化节约资源和保护环境意识，加强法制建设，完善政策措施，发挥市场机制作用，促进循环经济发展。

（二）基本原则

坚持走新型工业化道路，形成有利于节约资源、保护环境的生产方式和消费方式；坚持推进经济结构调整，加快技术进步，加强监督管理，提高资源利用效率，减少废物的产生和排放；坚持以企业为主体，政府调控、市场引导、公众参与相结合，形成有利于促进循环经济发展的政策体系和社会氛围。

1.政府规则与发挥市场机制作用相结合、依法管理和政策激励相结合。发展循环经济，要充分发挥市场在资源配置中的基础作用。但是，发展循环经济必然会把过去视为“公共物品”的自然资源和生态环境，纳入“生产要素”和“资本”范畴，在使用、交易、定价和监管方面都面临大量的新问题，客观存在着“市场失灵”和“外部性”现象，这就要求政府的规则充分发挥作用，政府与市场相结合，政府通过设计制度、制定法律政策，使节约资源、环境保护与经济主体的利益紧密相连。运用价格与利益机制给经济主体提供充分的激励，将循环经济与企业或消费者的利润与效用最大化目标联系起来，使发展循环经济成为企业自觉自利和消费者主动参与的行为。利益机制和政策激励并不能完全解决“外部性”问题，还必须有法律的强制力相配合，政府要在完善法律的基础上加大执法力度，给企业创造一个公平的竞争环境，为循环经济发展创造良好的法律、政策环境和市场环境。

2.发展循环经济和发展知识经济相结合，推进结构调整，促进经济发展方式转变。知识经济和循环经济是可持续发展战略中相辅相成、不可或缺的两个方面。科学技术不仅是第一生产力，也是发展循环经济的第一要素和最重要源泉。无论是减量化、再利用、资源化，还是引导绿色消费、发展环保产业，都离不开科技进步的支撑；另一方面，发展循环经济的要求又会推动科学技术的进步，促进知识经济的发展。因此必须加大科技投入，积极研究新技术、应用新工艺、选用新设备和新材料，加强技术集成，逐步提高能源循环利用、资源回收利用的技术装备水平。坚持先进技术引进和消化、吸收、创新相结合，扶持重点企业、科

研单位开发研究，逐步形成完善的资源循环利用、资源回收利用和产业链条之间的链接技术体系，提高自主创新能力，推进结构调整、促进经济发展方式转变。

3.要以系统工程的思想指导循环经济发展。发展循环经济是集经济、技术和社会于一体的系统工程。要根据系统工程的原则，提出我国循环经济发展的思路、目标、步骤和对策措施等，指导全国循环经济的健康发展。加快循环经济的立法步伐，完善政策配套，强化政策导向，依靠技术进步，加强科学管理，建立和完善与社会主义市场经济体制相适应的循环经济宏观管理体系和运行机制，促进经济与资源、环境的协调发展。

4.实行渐进式的循环经济推进策略。在建设循环经济的过程中应体现不同层次和不同阶段的要求，实行渐进式的循环经济推进策略。微观层次：以企业为主体，以科技进步为动力，以清洁生产为载体，以提高资源能源的利用效率、减少废弃物排放为主要目的，努力构建全新的循环经济微观建设体系。中观层次：以工业园区、农业产业园为重点，以企业之间、产业之间的循环链建设为主要途径，以实现资源在不同企业之间和不同产业之间的最充分利用为主要目的，建立起以二次资源的再利用和再循环为重要组成部分的循环经济机制。宏观层次：以社区、城镇为重点，以绿色消费为最高目标，以生态设计为主要手段，以结构调整和产业升级为主要途径，建立起以全社会共同参与为主要标志的循环经济社会体制。

二、正确理解循环经济的基本原则

循环经济“减量化、再利用、资源化”——“3R”原则的重要性不是并列的，它们的排列是有科学顺序的。减量化——属于输入端，旨在减少进入生产和消费流程的物质量；再利用——属于过程，旨在延长产品和服务的时间；再循环——属于输出端，旨在把废弃物再次资源化以减少最终处理量。处理废物的优先顺序是：避免产生——循环利用——最终处置。即首先要在生产源头——输入端，就充分考虑节省资源，提高单位生产产品对资源的利用率，预防和减少废物的产生；其次是对于源头不能削减的污染物和经过消费者使用的包装废弃物、旧货等加以回收利用，使它们回到经济循环中；只有当避免产生和回收利用都不能实现时，才允许将最终废弃物进行环境无害化处理。环境与发展协调的最高目标是实现从末端治理到源头控制，从利用废物到减少废物的质的飞跃，要从根本上减少自然资源的消耗，从而也就减少环境负载的污染。

从理论上讲，“减量化、再利用、资源化”可包括以下三个层次的内容：

（一）产品的绿色设计中贯穿“减量化、再利用、资源化”的理念

绿色设计包含了各种设计工作领域，凡是建立在对地球生态与人类生存环境

高度关怀的认识基础上，一切有利于社会可持续发展，有利于人类乃至生物生存环境健康发展的设计，都属于绿色设计的范畴。绿色设计具体包含了产品从创意、构思、原材料与工艺的无污染、无毒害选择到制造、使用以及废弃后的回收处理、再生利用等各个环节的设计，也就是包括产品的整个生命周期的设计。要求设计师在考虑产品基本功能属性的同时，还要预先考虑防止产品及工艺对环境的负面影响。

（二）物质资源在其开发、利用的整个生命周期内贯穿“减量化、再利用、资源化”的理念

即在资源开发阶段考虑合理开发和资源的多级重复利用；在产品和生产工艺设计阶段考虑面向产品的再利用和再循环的设计思想；在生产工艺体系设计中考虑资源的多级利用、生产工艺的集成化标准化设计思想；生产过程、产品运输及销售阶段考虑过程集成化和废物的再利用；在流通和消费阶段考虑延长产品使用寿命和实现资源的多次利用；在生命周期末端阶段考虑资源的重复利用和废物的再回收、再循环。

（三）生态环境资源的再开发利用和循环利用

这是指环境中可再生资源的再生产和再利用，空间、环境资源的再修复、再利用和循环利用。 对于再利用和再循环之间的界限，要认识到废弃物的再利用具有以下局限性：其一，再利用本质上仍然是事后解决问题，而不是一种预防性的措施。废弃物再利用虽然可以减少废弃物最终的处理量，但不一定能够减少经济过程中的物质流动速度以及物质使用规模。其二，以目前方式进行的再利用本身还不能保证是一种环境友好的处理活动。因为运用再利用技术处理废弃物需要耗费矿物能源、水、电及其他许多物质，并将许多新的污染物排放到环境中，造成二次污染。其三，如果再利用资源的含量太低，收集的成本就会很高，再利用就没有经济价值。

循环经济“3R”原则的排序，实际上反映了20世纪下半叶以来人们在环境与发展问题上思想进步的三个历程：

第一阶段，认识到以环境破坏为代价追求经济增长的危害，人们的思想从排放废弃物提高到要求通过末端治理净化废弃物；第二阶段，认识到环境污染的实质是资源浪费，因此，要求进一步从净化废弃物升华到通过再利用和再循环利用废弃物；第三阶段，认识到利用废弃物仍然只是一种辅助性手段，环境与发展协调的最高目标应该是实现从利用废弃物到减少废弃物的质的飞跃。与此相应，在人类经济活动中，不同的思想认识导致形成三种不同的资源使用方式：一是线性经济与末端治理相结合的传统方式；二是仅仅让再利用和再循环原则起作用的资

源恢复方式；三是包括整个“3R”原则且强调避免废弃物的低排放甚至零排放方式。

现在学术界提出了“4R”、“5R”、“6R”原则，如除“3R”外加上“再组织”、“再思考”、“再制造”、“再修复”等等，我们认为这些原则是针对某些不同层次或领域，如管理层面、意识层面或某些行业领域提出的更加具体、具有针对性的原则，具有合理性，但不能取代“3R”原则的基本性和普遍性。

三、循环经济发展的基本规律

循环经济要求遵循生态学规律和经济规律，并在此基础上形成了自己特有的基本规律：

（一）可持续发展规律

可持续发展是循环经济最基本的特征。可持续发展就其社会观而言，主张公平分配，既满足当代人又满足后代人的基本需求；就其经济观而言，主张建立在保护地球自然系统基础上的持续经济发展；就其自然观而言，主张人类与自然和谐相处。因此，可持续发展所遵循的三个主要原则，就是公平性原则、可持续性原则和共同性原则。其中，公平性原则要求可持续发展不仅要实现当代人之间的公平，而且也要实现当代人与未来各代人之间的公平；可持续性原则要求人类的经济与社会发展不能超越资源与环境的承载能力。共同性原则指出地球的整体性和相互依存性要求全人类共同努力，实现人类与自然的和谐发展。循环经济是人们对传统经济模式不可持续性深刻反思的结果。要实现社会经济的持续发展，满足人们物质和精神生活的需求，就必须实现人类与自然的和谐相处，在环境承载能力范围内发展经济。只有这样，才能在满足当代人需求的同时，为子孙后代的发展创造条件，实现人类社会的永续发展。可见，可持续发展既是循环经济追求的目标，也是循环经济取代传统经济模式的前提条件。因此，遵循可持续发展规律是发展循环经济的客观要求。循环经济可持续性的基本特性也表明，循环经济必须遵循可持续发展规律，力求实现社会效益、经济效益、环境效益的三赢，这是实现可持续发展的根本方向和有效途径。

（二）节约发展规律

节约，其本意是节省、节俭、减省，而循环经济的资源和能源节约则包含着更广泛的含义。它不仅包括少用资源、降低消耗，而且包括资源的综合使用、重复使用、循环使用，提高资源的利用效率和再生利用率。循环经济遵循充分体现节约理念的减量化、再利用、资源化三原则，实行“资源—产品—废弃物—再生资源” 的反馈式生产流程。在资源开采环节，大力提高资源综合开发和回收利用率；在资源消耗环节，大力降低资源消耗和提高资源利用效率；在废弃物产生环节，大力开展资源综合利用；在再生资源环节，大力回收和循环利用各种废旧资源；在消费环节，大力倡导可持续消费，要求消费者在追求生活舒适的同时，注重环保、节约资源和能源。由此可见，循环经济在整个发展过程中都必须遵循节约发展规律。节约发展规律成为循环经济的发展规律，意味着对于人类社会来说，节约已经不再是道德意义上的节约，人们已经不能继续满足于“节约光荣、浪费可耻”的道德观念，而必须树立起不节约就不能发展、不能生存的社会意识，要有一种危机感和紧迫感。对于国家和社会来说，只有遵循节约发展规律，才能实现经济社会发展的科学性、可持续性、和谐性、社会效益性、公平性和公益性；对于企业来说，只有遵循节约发展规律，在节约中求效益、在节约中求发展，才能充分体现企业的社会责任，得到社会的认可；对于家庭和个人来说，只有遵循节约发展规律，在节约中追求生活质量的改善和提高、在节约中实现个人的发展和未来，才能跟上时代的潮流，体现家庭和个人的社会责任。

（三）协调发展规律

循环经济与可持续发展一脉相承，强调社会经济系统与自然生态系统和谐共生。循环经济不是单纯的经济问题，也不是单纯的技术问题和环保问题，而是集经济、技术和社会于一体的系统工程。它以协调人与自然关系为准则，模拟自然生态系统运行方式组织社会生产活动，在与自然相和谐的前提下，实现社会生产从数量型的物质增长向质量型的服务增长转变。循环经济追求经济、社会、环境三者间的协调发展，推动整个社会走上生产发展、生活富裕、生态良好的和谐发展道路，因此，它要求人文文化、制度创新、科技创新、结构调整等社会发展的整体协调。这意味着在发展循环经济过程中必须遵循协调发展规律，在经济和环境之间建立一种协调、和谐的关系，实现人与自然相和谐。传统经济发展模式由于忽视了协调发展规律，将自然界看做一个资源库和垃圾场，而不是一个协调发展的对象，为了追求经济增长，不断地向自然界索取资源并将未经处理的废弃物直接排放到自然界，结果造成了环境污染、生态破坏等一系列与自然生态系统不和谐的严重后果。人类也为此付出了沉重代价，全球气候变暖、自然灾害频发，人类社会经济的可持续发展面临严峻挑战。由此可见，违背了协调发展规律的经济发展是不可持续的，换言之，可持续的经济发展必然是坚持协调发展规律的发展，这是可持续发展的客观要求，自然也是循环经济发展的客观要求。

循环经济的可持续发展规律、节约发展规律和协调发展规律都是不以人的意志为转移的客观存在，因而是发展循环经济不可违背的基本规律。

第二章 循环经济发展的基本领域

循环经济是涵盖经济社会宽领域、系统的可持续发展模式。循环经济从提出到探索，再到取得明显成效，世界各国有着不同的发展领域和层次。公认的发展领域或层次的划分，是总结丹麦、德国、中国、日本等国家的循环经济发展模式而得出的，分为大、中、小循环，或立足于工业所形成的企业、园区、社会三个层面。随着循环经济的深入推进，发展的领域在拓宽，发展的思路越加清晰。国务院批复的《甘肃省循环经济总体规划》中，明确要求在甘肃省范围内构建循环型农业、循环型工业、循环型社会三大体系。也就是说，甘肃作为唯一的国家循环经济省级示范区，"三大体系"的构建，不仅是我国循环经济发展的目标，而且还明确指出了循环经济发展的领域，是一个完整的循环经济体系，极大地丰富和发展了循环经济学。自此，通过构建循环型农业、循环型工业和循环型社会三大体系，使循环经济终于真正成为涵盖经济和社会的发展模式。

第一节 循环型工业

工业是国民经济中最重要的物质生产部门之一，工业决定着国民经济现代化的速度、规模和水平，在国民经济中起着主导作用；工业还为自身和国民经济其他各个部门提供原材料、燃料和动力，为人民物质文化生活提供工业消费品；它还是国家财政收入的主要源泉。但工业在给国民经济创造巨大财富的同时，也是消耗资源最多、带来环境污染最严重的产业。工业是国民经济的主导产业，也是最适宜发展循环经济、最迫切需要发展循环经济的产业。所以，国内外对循环经济的探索和实践，基本上从循环型工业开始着手，把工业作为发展循环经济的重点领域。

一、工业危机与循环型工业

(一) 工业危机的表现与根源

自从20世纪60年代以来，人们就一直在反思工业生产方式的局限性。归根到底，工业生产方式给人类文明造成的危机和困境主要有两个：第一，资源日益匮乏与枯竭，包括原材料和能源；第二，环境污染日益严重，包括各种大量的废气、废水、废物对环境造成的污染和破坏。资源枯竭与环境污染导致了生态恶化，直接威胁着人类的生存和发展。

造成工业危机的原因，主要是工业生产方式自身的缺陷。首先是工业生产过程的单向性。工业生产是一种大量消耗自然资源、大量生产消费品并大量形成废弃物的生产，即“自然资源→产品→废物”的单向流动过程。在这个单向生产过程中，对自然资源的采掘和消耗日益增多，而自然资源毕竟是有限的，一旦生产所消耗的自然资源的数量和速度达到较高程度时，自然资源的储存量及再生过程就难以适应工业生产的需求，这就必然出现资源短缺乃至枯竭。在生产过程中以及生活消费中大量生成的副产品、废弃物则迅速增多并被抛弃到自然环境中，而自然环境又难以在短时期内消解这些废弃物质，这必然又对环境产生严重的污染。

目前，人们对工业生产单向性问题已有了较深入的认识。但是，我们在这里需要指出的是，对于工业危机的形成原因还不能停留在对工业生产单向性的认识上，我们还需要做更深入的分析与挖掘，这就涉及工业生产的根本性质问题。这是一个至今未被人提及的问题，需要我们从更深的认识层次着手分析。

历史表明，人类是循着由浅入深的方向，不断深化对自然物质层次的认识与改造，不同的文明形态归根到底是不同层次的物质生产力和物质生产方式。自然物质层次是自然界长期演化的结果，它有由低到高、由内到外的四个层次：基本粒子的物理物质→原子、分子的化学物质→细胞、机体的生命物质→人类、人类直接生存在生命物质层次上，人类生产活动的第一个历史时期就是在生命物质层次上展开的，即生物文明时期。这个时期又形成了初级和高级两个阶段：初级阶段是“采猎天然动植物的时代”，即采猎时代；高级阶段是“人工生产动植物的时代”，即农业时代。人类生产活动的第二个历史时期是在比生命物质更深一个层次的化学物质层次上展开的，即进入化学文明时期。化学文明时期也有初级与高级两个阶段：初级阶段是“采掘利用天然化学物质的时代”；高级阶段是“人工创造和利用化学物质的时代”。“采掘利用天然化学物质的时代”就是工业时代，它的本质特点是：对天然化学资源即矿物原材料和矿物能源的采掘、冶炼、加工、制造。没有对天然化学资源的采掘和利用就没有工业生产和工业文明。所以，工业危机中的“资源匮乏”并不是一般意义上的“资源匮乏”，准确地讲应是“天然化学资源（化学原材料与化学能源）的匮乏”；工业危机中的“环境污染”也不是一般性的“环境污染”，而主要是“化学污染”，包括化学性质的废气、废水、废物所造成的污染。通过对工业生产根本性质的分析，即通过对工业生产所属物质层次的分析，可以更深入、更准确、更清晰、更具体地认识工业危机的实质与原因。

（二）求解循环型工业

弄清工业危机的实质与原因，对于如何解决工业危机也就有了比较明确的方向。

第一，建立循环生产模式。造成资源匮乏与环境污染的主要原因在于工业生产的“自然资源→产品→废物”的单向生产模式。显然，克服资源匮乏与环境污染的重要途径就是改变工业生产的传统单向生产模式，使其转变为“资源→产品→废物→再生资源→再生产品”的循环生产新模式。在这个循环生产过程中，生产和生活中的各种废弃物质都可作为再生资源环节而进入再生产。由于资源的循环利用，这就部分地或较大地克服了资源匮乏问题。同时，由于作为污染源的各种废弃物质进入再循环利用，也较大地克服了环境污染问题。不过，循环利用有一个层次问题，例如一件废器具的循环利用，就可分为从整体到零件，再到仅作为一堆原材料。从宏观集合材料到分子，再到原子乃至更深层次的众多层次。分解的层次越深，循环利用就越彻底，但在原子等微观层次上进行的循环生产已超出了“采掘利用天然化学物质”的工业性质的循环利用。所以，在工业生产的框架内还不可能建立起彻底的循环生产。这就有了循环型农业、循环型城市和循环型社会的全面探索。

第二，建立循环型工业模式。也就是“人工创造和利用化学物质”的深层生产方式以及相应的深层循环式生产模式。工业危机的彻底解决，必须依赖于建立比工业生产更深层次的物质生产方式，这就是循环型工业。它是比“采掘利用天然化学物质”的工业生产方式更深层次的生产方式，是化学文明的高级阶段，而工业生产方式是化学文明的初级阶段，因此，我们可以把“人工创造和利用化学物质”的生产方式叫做“新型工业生产方式”。新型工业化生产是比工业化生产更高级、更深层次的物质生产方式：(1)它是从小分子、原子乃至亚原子层次开始进行的生产，它的劳动对象比工业生产的劳动对象（各种化学物质宏观集合物，如矿石、煤炭、石油等）处在更深层次上。由于它可以从小分子、原子乃至亚原子层面来利用各种资源，因而它所面对的资源更深入也更宽广，包括各种从工业生产层面已成为废弃物的东西也都能成为新型工业化生产的有用资源。(2)新型工业化生产先是从微观层次生产各种人工化学材料，然后或把它们加工制造成微观器具，或把它们再集合成宏观材料以进一步加工制造成宏观器具，例如纳米生产就属于这种深层化的新型工业化生产。新型工业化生产的根本特点是比工业化生产层次深，它所面对的资源（包括原材料和能源）更宽广，这就从根本上解决了工业生产的资源匮乏问题。但是，仅凭深层化生产还不能解决环境污染问题。环境污染的要害在于环境中增多了不该有的物质（主要是化学物质），只有把这些多余的物质纳入再生产过程才可能克服污染。所以，循环式生产模式仍是不可缺少的。但这不再是工业化的表层循环生产，而是深层化生产与循环式生产有机结合起来形成的新型工业化的深层循环式生产。深层次、循环化的生产新模式，将彻底克服工业生产所陷入的危机与困境。

二、已经形成的循环型工业模式

循环经济是西方发达国家从工业可持续发展进入经济社会可持续发展阶段后的一种全新的理念和实践。发达国家在实现新型工业化，也就是循环经济发展过程中已形成三种基本实践模式。

在企业层面上的小循环模式。组织企业内部的物料循环，实现零排放，其中最有代表性的是美国的杜邦化学公司。在原料的替代上，该公司寻找到一种对环境危害最小的原料来控制对环境的污染，同时他们让上一车间的废弃物变成下一个车间的原料，废弃物通过梯次利用越来越少，最终形成“零排放”。

在区域层面上的卡伦堡模式。丹麦卡伦堡工业区 8 家企业自发组成共生体，根据自身的资源情况，把发电厂的余热供给炼油厂和制药厂，同时解决周围居民的供热。发电厂脱硫产生的硫酸钙是石膏板厂的原料，同时硫酸可以供给硫酸厂被制成稀硫酸；发电厂用燃煤产生的粉煤灰来铺设公路，并供给小型的水泥厂。炼油厂的废水又可以供给发电厂用来冷却。这几家企业相互间的距离不超过数百米，由专门的管道体系连接在一起。这样在发电厂、石膏板厂、炼油厂、制药厂之间形成了一种循环关系，企业之间形成了共生，保证了资源的合理利用。

在社会层面上的日本模式。日本是世界上最早提出循环型社会新理念的国家，在社会层面上突出“四个注重”：一是注重立法。日本是发达国家中循环经济立法最全面的国家。目前已经颁布了《推进建立循环型社会基本法》、《有效利用资源促进法》、《建设再利用法》等七项法律，通过法律法规来推进循环经济的实施。二是注重科学技术。日本非常注意依靠科学技术，如利用污染治理技术、废物利用技术以及清洁生产技术来开发资源，以提高资源利用效率，保护环境，推进循环经济，建设循环型社会体系。三是注重政府职能。2001 年 1 月，日本环境厅在机构改革中升格为环境省，将原来多部门执掌的废弃物管理职能统一划归环境省，由环境省对废物回收利用进行统一管理。四是注重市场调节。市场调节手段主要通过建立有效的经济激励政策，积极支持循环经济利用项目，如制定资金投入、税收减免等多方面的扶持政策。通过一系列有效政策措施的推动，日本循环经济取得了世人瞩目的效果。

通过对世界各国循环经济发展的层次分析，一般来说，循环经济具有以下三个层次：

（一）企业层次

与传统企业资源消耗大、环境污染重、经济效益低、通过外延增长获得企业发展的模式相比，循环型企业在组织生产过程中，要求节约原材料与能源，减少有毒物质的进入与排放；对产品要求减少从原材料提炼到产品最终处理的全生命周期的不利影响；对服务要求将环境因素纳入设计和所提供的服务中。因此，循环型企业是通过在企业内部交换物流和能流，建立企业生态产业链，使得企业资源利用达到最大化、环境污染最小化的集约型经营和内涵性增长，从而获得最大的经济效益和社会效益。在我国众多循环型企业中，甘肃省金川集团、酒钢集团、白银公司，广西贵糖集团和山东鲁北集团较为典型。

（二）产业园区层次

生态工业园是一种新型工业组织形态，它通过模拟自然生态系统来设计工业园区的物流和能流，从而实现园区企业经济效益与社会效益的最大化。在生产中，园区内各企业采用废物交换、清洁生产等手段把一个企业产生的副产品或工业废弃物作为另一个企业的投入和原材料，实现企业间物质闭路循环和能量多级利用，形成相互依存、类似自然生态系统食物链的工业生态系统，达到物质能量利用的最大化和废弃物排放的最小化。与传统的工业园区相比，生态工业园具有横向耦合性、纵向闭合性、区域整合性等特点与优势，能够实现企业间副产物和废弃物的交换，能量与废水能够得到梯级利用，基础设施与信息能够实现共享。目前，生态工业园作为循环经济的一种重要发展形态，正在成为许多国家工业园区改造与发展的方向。现在，我国已经建成和正在建设的生态工业园有贵港、南海、包头、甘肃各市州县的生态工业园或循环经济工业园等。

（三）城市与区域层次

循环型城市与循环型区域通常以污染预防为出发点，以物质循环流动为特征，以社会、经济、环境可持续发展为目标，实现城市内和区域间资源与能量的最大化利用，污染物的最小化排放。在循环型城市与循环型区域的经济发展中，首先，必须建立以工业共同生产与物质循环为特征的循环经济产业体系；其次，必须建设包括水循环利用保护体系、清洁能源体系、公共卫生与交通运营体系等在内的基础设施；第三，必须进行绿化、美化、亮化等人文生态环境建设；第四，必须努力倡导和实施绿色销售和绿色消费的新观念。在这两个层次，甘肃省金昌市、嘉峪关市在全国比较典型。

三、创新循环型工业体制机制

彻底的循环利用也不仅仅是一个生产过程问题，而是一个广泛的社会过程，是一个经济体制问题，必须建立起完整的循环经济体制机制，形成一个自我完善的物质、能量循环运动过程，才能彻底克服工业危机。所以，循环经济属于新型工业化经济体系，它是比传统工业经济体系更完善、更进步的经济体系。必须把建立循环经济纳入新型工业化进程，明确走新型工业化道路。新型工业化的循环经济在克服工业危机的同时实现了真正的生态化，是发展与环保的统一、经济效益与生态效益的统一，也是资源综合利用、防治环境污染、可持续生产与消费的统一。

(一) 循环生产技术体系

建立循环经济的最基本环节是形成循环生产技术体系，没有能够实现循环生产的技术就不可能进行循环生产，更不可能建立起循环经济体系。循环生产技术，从根本上讲就是可以把各种废弃物质都能运用于再生产过程的技术，具体讲应包括：(1) 对废弃物质进行分解的技术（其分解的层次有浅有深，因此有浅分解技术与深分解技术）；(2) 把分解成的要素重新生产成原材料的合成技术；(3) 把再生资源进一步加工成各种生产、生活器具的制造技术。在分解、合成、再制造过程中，需要针对废弃物质的不同性质而形成不同的分解、合成、再制造技术。当然，循环生产技术中也有共性技术、关键技术、专门技术的区分。循环生产技术并不等同于环保技术，尽管它们具有环保功能并在环保产业中广泛运用。这是因为，循环生产在新型工业化生产中是一种新型的生产模式，普遍存在于各个产业、各种生产活动中，它是新工业生产技术的广泛集成和组合。例如，纳米技术、生物技术、新材料技术、新能源技术等等，都要参与到循环生产技术的集成中，才能形成彻底全面的循环生产技术体系。目前，循环生产的技术要素并不缺乏，主要是缺乏自觉的组合与使用。许多高效的循环生产技术也不断涌现出来。例如，在美国费城的一处试验工厂中已发明出一种高效率的高温解聚程序，可以把多种多样的生产生活废品研磨、加热、分解制造成油、燃气和矿物质，目前已建立起一个商用规模的高温解聚工厂。循环生产技术的基本工艺过程是：制造易循环利用的产品→回收废弃物→高温解聚→高温焦化→制造出各种化学材料→再生产新产品。显然，这是典型的人工生产和利用化学物质资源的新型工业化生产。在这种生产工艺中，实现了清洁生产、废物再利用以及大幅度减少天然化学资源消耗的生态化生产。

(二) 循环生产组织体系

循环生产组织体系即循环生产体系，是对循环生产技术的应用和对循环生产活动的组织。循环生产体系是新型工业化的生产组合，包括企业集团、企业之间、地区之间乃至整个社会产业体系和生产体系。循环生产体系的组合是按生态工业的基本原理进行的。生态工业的基本原理是工业生态学，它把生产体系和过程视为一种类似自然生态系统的封闭物质能量体系，其中一个单元产生的“废物”成为另一个单元的“营养物”。按这种原理建立的企业、企业集团就可以形成一个相互关联、类似于生态食物链过程的“工业生态体系”。生态工业追求生态效率，关注最大限度提高资源投入的生产力，努力降低资源消耗和污染物排放，实现环境和发展的“双赢”。循环生产体系以物质、能量梯次和闭路循环使用，把生态工业、资源综合利用、污染低排放乃至零排放等融为一体。

循环生产体系有多层次结构，从企业、企业集团、企业之间到地区之间，乃至整个社会生产体系。目前，比较成熟的生产形式主要是生态工业园区，它是依据循环经济理念和工业生态学原理建立起来的一种新型工业化生产组织。生态工业园区实际上是一个企业集团，在园区内一个工厂产生的废物或副产品被用作另一个工厂的投入或原材料，通过废物交换、循环利用、清洁生产等方法，最终实现园区的污染“零排放”。在发达国家，从20世纪90年代开始规划建设生态工业示范园区。美国的生态工业园区建设比较普遍，美国政府甚至成立了“生态工业园区特别工作组”。在我国，生态工业示范园区的建设也受到重视，并已建立起许多颇具特色的园区。生态工业的发展有一个深化过程，目前有的生态工业园区从事的仍属于工业层面的循环生产，这是尚不彻底、不完善的循环生产技术及生产体系。只有运用新型工业化的深层循环生产技术建立的循环生产体系，才能真正实现全面彻底的循环生产和生态化生产。所以，在建立循环生产体系中，务必注意其深层化水平，要努力建设新型工业化水平的循环生产体系。

（三）循环经济体制

循环经济体制是在国家或社会层面上构建循环经济。它不仅包括生产环节，还包括流通、交换、消费环节，以及与生产、消费相关联的资源回收与再生产环节。它不仅体现在经济活动中，还体现为一系列政策、法规，体现在政治、思想观念、社会管理的各个领域。循环经济体制是一种经济大循环，包含产品、企业、社会多个层次。作为一种经济体制，循环经济是新型工业化的经济活动体制，是社会大生产流程和生态化经济体制。循环经济的建立有一套基本原则，人们目前比较认同“3R原则”，即减量化、资源化和再利用。在社会规模上贯彻循环经济原则，就要倡导把整个社会经济活动流程变成一个循环流程，形成一个相对闭路的物质能量流，倡导绿色消费，倡导减少对自然资源的开采与消耗，并把自然资源消耗减量化作为重要的经济社会发展指标。例如，德国推行循环经济的结果，使GDP在增长两倍的情况下，主要污染物减少了近75%。在美国，钢的循环利用率已达较高水平，生产的钢60%来自废钢。制造业中使用钢最多的是汽车业，美国近乎所有废弃的汽车都被再循环利用。近些年来，日本社会各界更是形成了共识，明确提出了“环境立国”、建立“循环型社会”的发展新理念、新战略。（1）制定了建设“循环型社会”的严密法规。《循环型社会基本法》的基本精神是减少废弃物，彻底实现资源循环利用。同时修改后的《废弃物处理法》规定加大对非法丢弃物的处罚力度。日本环境省制定颁布了维护环境统一性的共同标准。颁布实施了《家用电器再利用法》、《建设再利用法》、《食品再利用法》、《环境商品购买法》等七项资源循环利用法律，旨在实现资源再利用，减少垃圾，奠定“循环型社会”的基础，保护生态环境，促进可持续发展。这些法规的制定，标志着日本在建设“循环型社会”的道路上迈出了决定性的一步。(2) 把环保和循环生产纳入科研重点。日本政府《关于科学技术的综合战略》中把环保列为今后的战略重点。国立研究所、大学和企业都已把环保技术作为主要的研究开发对象。土壤、水质和大气净化技术，环境激素、二恶英等有害化学物质的分解技术，工业和生活垃圾处理及循环利用技术等各种环保技术不断涌现，并走向市场。可降解塑料、再生能源、“零排放”技术和工艺、有机农业等“绿色技术”，也在迅速发展之中。以循环利用废弃物为前提的“逆生产方式”正在普及。（3）企业成为建设“循环型社会”的主力军。日本获得国际标准化组织的环境 ISO14000 认证的企业总数，多年来一直在世界上遥遥领先。随着环保立法的加强，企业不断增加在环保方面的投资，研究开发活动十分活跃。以大企业为主的一批“零排放工厂”已经建成，从原材料进厂到产品出厂，每道工序的废弃物都被其他工序用作原料，不再产生工业垃圾。许多企业还编制了“绿色采购”标准书，在采购生产资料时实施“绿色采购”。日本发展循环经济、建设“循环型社会”的经验表明，这虽然需要一个艰难曲折的过程，但以“最佳生产、适量消费、最少废弃、循环利用”为基本特征的新型工业化社会终将到来。

四、循环型工业发展重点

（一）产业重点

产业结构优化调整是循环型工业体系建设的核心内容，大力开展产业结构的生态化重组是推动工业向生态工业系统演进的基础。构建重点产业循环经济链条，形成能源、有色、冶金、化工、建材、生物、制造、农产品加工等循环产业链，循环型工业基础设施功能不断增强，企业清洁生产持续实施，生态工业园区有效运行，资源利用效率和国内外市场竞争力明显提高。传统产业和新兴产业如果细分，纷繁复杂，很难一一列举。这里所列举的产业重点仅为了帮助大家了解在产业及其之间如何发展循环经济，意在举一反三。在实践中应结合各自实际，进行不断创新和探索。

1.煤电工业。加快建设大型煤电基地，对地方小煤矿进行整合改造，扩大单井生产规模，提高机采比重。改进采煤方法和回采工艺，发展煤炭洗选加工转化技术，提升煤炭工业的产品档次，减少污染和浪费，对原煤产品进行粗加工、深加工和精加工，把煤炭加工成高附加值产品。积极发展电厂大型超临界机组和联合循环机组，鼓励电厂利用中水，提高机组发电效率。大力开发风能、太阳能光伏和生物质发电，鼓励发展城市垃圾发电，提高可再生能源发电比重。以煤炭开采、洗选和利用过程中产生的煤矸石、煤系高岭土、粉煤灰、矿井水等为重点，积极开发下游产品。构建原煤—发电、原煤—精煤—焦炭、煤矿开采—洗选—煤矸石和原煤—发电—粉煤灰综合利用、煤矿开采—煤系高岭土—氢氧化铝—特种氧化铝—水泥等产品和废弃物综合利用产业链。

2.冶金工业。以钢铁生产为核心，降低原材料和能源的消耗，淘汰落后工艺、装备和产品，通过完善钢铁生产的上下游产业链，提高钢铁生产能力和生产效率。加强钢铁生产过程中废气、废水、废渣的综合利用，钢铁生产中产生的煤气作为锅炉、加热炉、燃气发电等的燃料，废渣作为水泥厂的原料，废水用于中水系统，热能用于发电、取暖或制冷系统，各环节实现充分的资源共享。发挥钢铁企业产品制造、能源转换和废弃物消纳处理功能，加快处理和消纳城市废塑料，实现废弃物再利用。

以铝电联营为核心，以电解铝、铝深加工、建材和热电联产为重点，延伸产业链条，发展高附加值的中间合金及下游延伸产品，积极利用废铝资源，大力开发再生铝工业。以稀土制造业为突破口，加强稀土基础产业及支柱产业关键共性技术开发，拓展稀土在高新技术领域的应用。构建矿石—铁精粉—烧结矿—机械加工业、矿石—铁精粉—烧结矿—铁渣—钢渣—建筑材料、转炉煤气回收—供轧钢系统使用、TRT 高炉煤气发电、煤—电—电解铝—铝加工(板、带、箔)—再生铝、矿石—稀土精矿—稀土功能材料—稀土应用材料等产业链。

3.化学工业。以煤化工、天然气化工、盐碱化工为核心。煤化工积极采用国内外先进的煤直接液化与间接液化、气化、甲醇合成、脱硫及脱碳等技术，将能源工业产出的煤炭（含低品质褐煤）、焦炉气、煤层气以及冶金行业产生的高(转）炉气转化为各类油品、烯烃及聚烯烃、甲醇、二甲醚及系列高附加值有机化学品，以及合成氨、尿素及其深加工系列产品。天然气化工以甲醇和羰基合成为主，开发醋酸、醋酐、醋酸纤维素等系列高附加值产品。盐碱化工在提高工艺技术及装备水平的基础上，扩大烧碱、纯碱、PVC 产业规模，充分利用氯气资源开发新型消毒剂、漂白剂等系列产品及氯化聚乙烯、氯化聚氯乙烯等改性塑料建材原料；利用金属钠开发靛蓝等有机染料和甲醇钠等系列医药中间体，实现盐资源的综合循环利用。

4.建材工业。坚持国家建材产业政策，加快引进应用大型化、节能化和智能化的新型干法水泥技术，努力开发劣质能源、工业废弃物在水泥生产中应用的新技术、新工艺和新设备，积极利用煤矿及发电厂废弃的煤矸石、矿山尾渣、粉煤灰以及钢铁厂的冶炼废渣生产水泥，有效消除工业垃圾，使水泥生产向节能、利废、环保方向发展。水泥企业要推广节能粉磨设备和水泥窑余热发电技术，对现有大中型回转窑、磨机、烘干机进行节能改造。加强旧建筑材料、煤矸石、粉煤灰的综合利用，发展新型建筑材料。适应建筑功能的改善和建筑节能的要求，满足不同建筑结构和不同档次建筑的需要，利用能源、冶金及化学工业产生的废渣，引进先进技术，鼓励发展低能耗、高性能、高强度、多功能、系列化的新型墙体材料。

5.农畜产品加工业。积极引进先进适用农牧业技术，改进生产工艺，构建以粮食及其他农副产品龙头加工企业为依托的粮油食品循环经济链条、以畜产品加工企业为依托的畜产品循环经济链条、以林业及其加工业为依托的林业循环经济链条、以秸秆综合利用为重点的秸秆循环经济链条，形成农畜产品加工业循环经济框架。充分利用丰富的农畜产品资源，以农畜产品加工企业为重点，加强对农畜产品加工关键技术的开发与利用，推进农畜产品的深加工、精加工，延长产业链条。

提高畜产品生物活性物质的提取和利用水平，加强对富含免疫球蛋白和血红素的动物血液的提取利用、富含免疫球蛋白和生长因子的牛初乳的利用。在废弃物集中的地区，建设规模较大、技术水平较高的农畜产品资源化基地。利用现代生物工程和高效提取技术，加大对动物骨血、脏器的开发利用，提高农畜产品加工废弃物的综合利用水平。

6.纺织产业。引进和开发电子分色、制版、调色等智能化控制系统，开发研究数码喷墨印花、无版印花、等离子、超声波、生物酶、微胶囊加工等高新技术，积极采用天然纤维的高速、高效前处理及后整理技术，推广应用化纤仿真技术、多种纤维复合染整技术，加快新型染化料和助剂的研制开发应用，大力发展“绿色纺织品”。

7.机械装备产业。以汽车和关键机械设备制造为重点，大力推进生态设计的研制和开发。重点建设环保型客车、轿车、特种专用车和数控机床、农业机械、工程建设机械、电站及输变电设备、机器基础元件等关键零部件生产基地，提升制造业的技术装备水平和知识产权的自主比例，加快淘汰落后设备。

8.环保产业。加快烟气脱硫技术设备、城市垃圾资源利用等关键技术设备、环境监测设备仪器的国产化进程，提高产品质量水平和成套能力。采用信息生物和新材料等新技术，改进和提升污水处理、垃圾处理等环保技术和产品档次。建立完善城市废水资源化体系等基础设施，加快城市污水、垃圾处理产业化、市场化进程。

9.稀土产业。稀土产业的发展要重点将稀土初级产品变成高技术含量、高附加值的深加工产品。提高稀土冶炼分离的技术和装备水平，实现生产装备大型化、自动控制，以降低污染，清洁生产。加强稀土冶金及功能材料工程研究中心建设，推进稀土高新技术产业化进程，大力发展具有高附加值、高技术含量的稀土功能材料、合金材料、粉体材料，积极推进稀土在冶金、化工、建材等领域的应用，努力开发生产高性能镍氢动力电池、永电机等应用产品，推进稀土工业向集约化、高新化发展。打造大稀土产业链。如氧化钕—金属钕—钕铁硼（永磁材料）—稀土永磁电机、磁选机—电动自行车、电动汽车，混合稀土金属—稀土储氢合金粉—稀土动力电池—电动自行车、电动汽车，混合稀土金属—钢铁及有色金属合金—稀土钢、稀土铁、稀土铝合金、稀土铜合金—零部件、器件，稀土化合物—稀土抛光粉、汽车尾气净化器、液晶显示器专用蚀刻剂，稀土化合物—稀土热稳定剂—稀土工程塑料、改性 MC 尼龙—各种管材、管件、机器零件，稀土化合物—稀土新型材料—稀土功能材料—应用器件等产业链。

（二）企业重点

产业重点具体到企业，也就是企业是发展循环经济的重点，但同时还要依法加大企业清洁生产实施力度，大力降低工业生产过程中的资源能源消耗和污染物产生量，为循环型工业发展奠定坚实的基础。

1.推行清洁生产。建设清洁生产示范基地，企业应普遍推行清洁生产，全面实施清洁生产中、低费方案，建立“有毒物排放清单”制度，要求使用、产生有毒物质的重点企业定期报告处理、储存或处置的有毒废物清单，并制订有毒物质排放削减计划。建设重点行业企业的零排放试点工程，重点推动化工、冶金、建材和造纸等行业的“零排放”示范工程，大力开展以节能、降耗、减污、增效为目标的清洁生产。

2.强化环境管理。推进环境管理体系认证，积极引导企业开展 ISO14000 环境管理体系、环境标志产品和其他绿色认证，增强企业的市场竞争力。主要行业的重点企业、重点出口生产企业全部通过 ISO14000 认证。建立“扩展的生产者责任”制度，运用市场经济手段扶强扶优，逐步推行以包装等指定产品“扩展的生产者责任”计划，形成绿色供应链管理体系。

（三）工业园区

工业园区是工业经济发展的重要载体，以工业园区的生态化作为发展循环型工业的有效途径，充分发挥工业园区在工业生产组织中的重要作用，推动生态工业示范园区建设。

1.优化整合工业园区。以市场为导向，统筹规划管理，加强土地资源控制，规定入园企业的经济和资源环境综合控制要求，制订生态工业园区建设管理办法和实施方案，优化调整各级各类工业园区。实施“退二进三”，加速城市工业企业向外围工业园区转移。按照国家级、省级和市镇级三级定位，整合提升工业园层次，避免盲目竞争和不合理的圈地行为。在国家级和省级工业园区发展的基础上，以配套互补、合作衔接为原则，突出特色产业和主导企业的发展，提升园区产业素质和竞争力。合并或取消水平低、规模小、缺乏竞争力的工业园区。国家级和省级工业园区要推进产业集聚耦合，培育产业群体竞争强势，建设成为规模化系列名牌产品和企业的集聚区，形成区域经济增长的强大凝聚核心，辐射和带动区域经济的快速增长。市镇级工业园区要紧密结合地方优势，根据市场需求，做好基础产业的配套服务，壮大发展传统产业，优先发展电子、材料、生物和医药等高新技术产业，培植发展物资回收、物流配送和废物消纳等循环型产业。

2.生态工业示范园区。结合工业园区整合和特色园区建设，积极发挥园区的产业集聚和工业生态效应，充分运用工业生态规律，促进生态工业示范园区建设。建设集中治污和集中供热体系，实现园区基础设施的共享和规模化经营，促进园区内部以及园区之间的废物交换体系和能量梯级利用体系建设，发展跨园区的信息与物流网络管理协调机构。以信息化带动工业化，以高新技术改造传统产业，形成产业集聚生态产业链。

（四）绿色产品研制与开发

绿色材料制品：加大建材、化工、电子等行业绿色新材料制品的研发力度，重点发展新型合成纤维材料、特种工程塑料、电子陶瓷功能材料和有机氟材料，提升绿色材料制品的比重。提高散装水泥和新型墙材材料比率。以无毒无害材料为基础，拓展精细化工产品的深加工，力争达到中等发达国家水平。

可拆解循环产品：促进机械装备制造业的可拆解循环利用设计和绿色制造，重点加强汽车、船舶、机床、工程机械、电子电器设备和农业机械等关键零部件的拆解与再利用的研发生产。

节能节水型产品：大力发展节能灯具、双层玻璃及中空低辐射玻璃等制品，推进节能建筑建设。加快节水型工业设备、生活器具、节水型滴灌设备和冷却设备的开发制造。

环境无害型产品：重点开发各类耐久性好、污染排放低的汽车，提高柴油车在总量中的比重，发展环保型柴油机。生产并推广使用以压缩天然气或液化石油气为燃料的城市公交汽车和电动车。

功能替代型产品：加强行业间协作，大力发展“有形”功能替代型产品。积极促进零部件加工业与成品装配业、加工业与服务业、建材业与建筑业、服装业与纺织业等的紧密协作。重点发展钢铁对混凝土构件的替代、塑料对金属制品的替代、纸制品对金属的替代。

（五）开发和利用新型能源

在提高能源终端利用效率的前提下，积极稳步调整以煤炭为主的能源结构，推广清洁煤燃烧技术，推进风能和太阳能等再生能源的开发利用。

清洁煤燃烧工程：积极配合工业园区的建设，实施集中供热，分阶段加速改造中小型锅炉，对10蒸吨/时以上锅炉进行循环流化床燃烧技术改造。重点围绕燃煤电厂的技术改造，提高能源生产、转换与输送效率。推进清洁煤燃烧技术，加大烟气脱硫实施力度，包括循环流化床炉内喷钙脱硫、石灰-石灰石烟气脱硫等。

天然气发电工程：积极推进天然气发电，优化一次能源结构和电源结构。重点推进燃气工程和燃气电厂建设。加速中小型锅炉燃气或电力对煤的替代。

新能源建设工程：扶持发展风能和太阳能等再生能源，在西北、华北和沿海地区建设风能发电示范工程。

提高能源利用效率：在冶金和建材等行业中增加电力使用比重，减少炼焦煤的使用。推进企业节能和余热、余压、副产煤气的利用。进一步提高冶金行业水的重复利用率。

第二节　循环型农业

循环型农业是循环经济的重要组成部分，是在循环经济理念和可持续发展思想指导下出现的一种新型农业。发展循环型农业对缓解资源短缺和改善生态环境、保障农业综合生产能力和农产品质量安全、促进农业增效和农民增收，具有重要的推动作用。循环型农业的构建就是在“3R”原则的指导下，通过工程与技术措施，充分利用太阳能和可再生资源等自然资源，减少资源投入；强化农业生态系统中各环节的协调，实现物质能量的优化配置和梯级利用，提高利用率；注重与工业及消费系统的联系，通过产业之间的生态链，实现农业废弃物的循环再利用。循环型农业模式将以最少的资源、最小的费用实现经济效益、社会效益和生态效益的最大化。

一、发展循环型农业的必要性

（一）传统农业发展方式已严重制约着农业的可持续发展

传统农业经济的特点是建立在攫取自然资源基础上的粗放式、消耗型增长，尽管它也存在循环，例如：人畜粪便、草木灰回田，老枝烂叶沤肥养地，但这只是一种低水平的简单循环，且由于化肥、农药的大量施用而日渐式微。传统农业实质上是一种“资源—产品—废弃物”的线性发展模式，人们为了追求农副产品数量上的高速增长，往往对农业资源采取掠夺性经营的方式，同时由于生产工艺粗放、技术水平低下，导致物质和能量利用率低，农产品生产、加工和消费带来的“三废”问题突出，更令人担忧的是，大量废弃物未经无害化处理直接排放到自然环境中，“农业立体污染”问题日益突出。例如，建在河边的畜禽养殖场，由于缺乏处理能力，将粪便直接排入河流或随意堆放，而这些粪便进入水体或渗入浅层地下水后，大量耗氧，影响水中其他微生物的存活，从而破坏水生态系统，产生严重的污染，对鱼类、对人类造成威胁。由于农业生产过程中过量使用化肥、农药，由于畜禽粪便随意堆放、排放，由于农田废弃物处置以及耕种措施不当引起的面源污染和温室气体问题，已造成了水体—土壤—生物—大气的系列污染。

农业是人与自然最贴近的产业，农业各产业部门之间有着“天然”的联系。然而伴随着工业化、城市化的不断发展，传统农业经济的增长面临着越来越突出的资源约束问题，尤其是土地资源和淡水资源的瓶颈约束，并且由于农业废弃物不断增加，污染面源不断扩大，农业生产过程和农产品安全性减弱，原本最应体现“天人合一”要求的农业却常常出现“天怒人怨”的情况，人与自然的和谐关系遭到破坏。事实证明，这种将资源变为产品的同时，也不断地变为废弃物并造成污染的农业生产方式，是一种不具可持续性的发展模式，它不仅会影响到农业生态安全、人民生命健康安全和农民收入水平的提高，还会影响我国的对外经贸关系，甚至引起国际关系矛盾。

（二）循环型农业是循环经济体系的基础

目前在我国，一说到循环经济，人们往往首先想到的是循环型工业，这是由于“黑色文明”带来的发展中的破坏性问题更为显现，更容易引起重视，各级政府在循环型工业方面强调得也就比较多，但如果因此而忽略循环型农业的发展就大错特错了。因为循环经济集结了生态经济、清洁生产、资源综合利用、绿色消费等理论和技术，它的发展具有高度的综合性，必须涵盖工业、农业和消费等各类经济社会活动。农业系统是农（种植业）林牧渔业及其延伸的农产品加工业、农产品贸易与服务业、农产品消费之间相互依存、相互作用的耦合体。农业生产最根本的特征，在于它是经济再生产过程与自然再生产过程有机交织在一起的生产过程，是人类通过劳动有意识地干预自然再生产过程，从而达到获取自己所需生物产品目的的生产过程。发展循环型农业是将循环经济的理念引入农业生产领域中，系统合理开发捕食食物链和碎屑食物链，借鉴自然生态系统进化原理，按照物质不灭、能量守恒定律和生态规律等自然规律和经济社会发展规律的要求，合理有效利用自然资源和环境容量，重构人与自然和谐发展的农业经济系统。农业是国民经济的基础，发展循环型农业对实现农业和经济社会可持续发展具有重大意义。可以说，整个国民经济社会体系中，循环型农业是全面建设循环经济、建立循环型社会的关键性基础。

(三) 循环型农业是增加就业的重要途径

循环型农业是以可循环资源为来源，以环境友好的方式利用资源，保护环境和发展经济并举，把农业生产活动纳入自然循环过程中，所有的原料和能源都能在这个不断进行的经济循环中得到合理的利用，从而把经济活动对自然环境的影响控制在尽可能小的程度；经过相当长一段时间的努力，使农业增长转变为生态正增长，实现人类与生态的良性循环。循环型农业的发展目标是提高资源利用效率、提供更多的就业机会。

(四) 农业生产天然具有发展循环型经济的优势

首先，农业生产的全过程是利用生物与生物、生物与环境之间的能量和物质联系建立起来的功能整体。农业生态系统具有能量转换功能、物质转换功能、信息转换功能和价值转换功能，在这种转换之中形成相应的能量流、物质流、信息流和价值流。这为循环型农业发展奠定了良好的基础。其次，农业产业系统是种植业系统、林业系统、渔业系统、牧业系统及其延伸的农产品生产加工业系统、农产品贸易与服务业系统、农产品消费系统之间相互依存、密切联系、协同作用的耦合体，各系统间物质与能量的循环利用能够实现。人类应充分利用农业这一优势，开展循环型农业生产。

(五) 循环型农业是保障食品安全的根本手段

循环型农业的核心就是促进农业资源的循环利用，提高耕地质量，修复生态链。农业生产离不开大气、水体、土壤、生物等基本生产要素，通过一定的技术和管理手段配置这些要素，获得农产品，构成了农业生产的全过程。要不断提高农业生产中各种资源的生产率和农业综合生产能力，发展高产、优质、高效、生态、安全农业，追求更大经济效益，不断增加农民收入。发展循环经济不仅是建设社会主义新农村，解决“三农”问题的治本之策之一，而且还是循环型农业落脚到生产安全优质农产品、有利于改良土壤、增加土壤的有机质成分、有效治理农村面源污染、探索建立环境友好型社会的路子，可以实现人与自然的和谐。所以，要保障农产品质量安全，就要抓好农业生产的基础，即农业基本生产要素的安全，而循环型农业是保护农业资源和农产品质量安全的根本手段。

二、我国循环型农业的发展现状与趋势

（一）循环型农业初见端倪

尽管循环型农业在我国的提出和探索时间不是很长，但早就有了循环经济的实践，如生态农业、生态工业等。一些地方丰富多彩的农业循环经济实践已走在了理论研究的前面，涌现出了诸如河南天冠企业集团、广西贵糖、北京蟹岛绿色生态度假村、上海崇明的前卫村模式，以及辽宁省“四位一体”日光大棚生态农业示范区等先进典型。其中，辽宁省农民首创的以生物技术为主体、以沼气为纽带“四位一体”日光大棚能源生态工程，实质上就是以农业为基础的循环经济，是农业现代化新路线的体现。

（二）循环型农业发展方向

对于如何发展我国的循环型农业，可遵循两种面向循环经济的农业可持续发展模式：一是以生态农业建设为基础的渐进式循环经济发展模式；二是以有机农业建设为基础的跨越式循环经济发展模式。前者具有更广泛的适应性和实践意义，应大力提倡，而后者则为从根本上协调人类与自然的关系，为促进人类可持续发展提供了更为直接的实现途径。要实现农业经济效益与环境效益的统一，以至社会效益的最优化，必须实施农业清洁生产，并以生态农业为基础，发展我国的循环型农业。

加快传统农业向现代农业转变，走综合发展之路，积极探索并推行立体农业、生态农业、清洁农业、设施农业等模式，将废弃物能源化、肥料化和饲料化。走集约化之路，少用化肥、农药，少耗水、电、油，多用有机肥、新技术和良种。走产业化发展之路，发展农产品深加工，延伸产业链。走生态环保之路，不断改善农业生态环境，减少农业的面源污染，大力发展生态农业、绿色农业和有机农业。走现代农业之路，按照发展现代农业的要求，提高农业资源的综合利用率，不断扩展农业功能，促进生产、生活的良性循环，实现农业生产高效化、庭院经济立体化、家居生活清洁化。

加大农业产业结构调整的力度，促进农业向无害化方向发展。循环农业建设的重要目标之一是农业生产过程对生态环境和人体健康的无害化，循环农业采用环境友好型技术，按照无害化要求组织生产，引导农业产业结构向无害化方向调整。

结合产业结构调整，实现投入品的减量化。围绕投入品的生态化、无害化目标，加速投入品的减量与替代。实施化肥的减量与精量使用，用生物农药替代化

学农药，以高效无害化配方饲料降低“畜产公害”，以可降解农用薄膜替代不可降解的塑料薄膜。推广农业清洁生产模式，提高资源利用效率。

促进农业产业化经营，实现农业生产的区域循环。循环农业既涉及种植业和养殖业，还涉及农产品加工业等多个领域。循环农业的重点应是加快农业生产经营及废弃物利用的专业化和规模化，促进农业企业间循环和区域间循环。

加强农业生产过程中资源的循环利用，逐步降低农业的各类污染。农业生产与加工中的废弃物是目前农业生产加工中最大的污染源之一。废弃物利用虽然取得一定进展，但还有很多废弃物未能利用或有效利用，远未达到循环农业建设的要求。

三、建立健全循环型农业标准化体系

我国的循环型农业建设正发展得如火如荼，国家对此的投入也不断加大，这对于其中起引领作用的标准化工作既是机遇也是挑战。应当建立、健全既遵循循环型农业发展规律，又符合国情的相关标准化体系，切实保障我国循环型农业又好又快发展。

（一）循环型农业标准化的必要性

1.标准化是推进农业产业化进程的重要前提。建设循环型农业就要推动农业产业化，就是构建以农产品加工为龙头、多产业循环组合式发展的“大循环”农业产业链。发展循环型农业，是延长农业产业链条、促进农民长远增收的必由之路，也是建设资源节约型、环境友好型社会的重要途径。农业产业化的实质就是工业化、市场化和社会化，按照市场需要组织农业生产是产业化的发展方向。在我国以家庭经营为主体的农产品生产模式中，如何将市场对农产品的具体需求，如品种、规格、加工、包装、质量、品牌等量化为农民可以操作的标准，就成为具体而现实的问题。使农业产品与工业产品一样成为真正的标准化产品，对农业产业化的推进将至关重要。

2.标准化为环境法规在农业生产中的执行起到了重要的技术保障作用。发展循环型农业建设的宗旨就是保护环境，使土地和资源协调、可持续发展。我国目前已初步形成了符合国情的环境政策、法规标准和制度体系，这些制度的实施和执行，对改善环境质量、限制农业生产对环境的破坏发挥了巨大作用。环境标准是基于环境法规的需要而发展起来的，环境法规是制定环境标准的依据，而环境标准则是环境法规的技术保障，是执行环境法律法规的基本保证。法规的要求和规定通常是原则性的，有效期长并普遍适用，但实施时需因地而异并具体化、量化，这就需要标准作为技术保障。目前，我国已颁布了多项应用于农业领域的环境保护标准，其中包括：大气环境质量标准、水环境标准、土壤环境质量标准、农药及绿色食品标准等。这些标准在保护环境和促进循环型农业建设中发挥着重要作用。

3.农业新技术、科技成果的推进离不开标准化理论体系。建设循环型农业需要技术示范的全面推广，它的发展必须依靠科技进步。经过多年的探索和实践，我国目前已开展了“太阳能利用技术”，“沼气发酵及综合利用技术”，“畜禽粪便资源化”，“无害化处理技术”，“病虫害的生物防治技术”，“稻田养蟹技术”，“稻、萍、鱼立体生态农业技术”等实用技术的应用。这些技术的实施，例如一些术语、制式、接口等须事先约定，这就需要制定相应的技术标准。循环型农业的发展需要农业科技革命。随着 DNA 重组技术、细胞工程、基因工程和酶工程等现代农业技术的发展，一定会冲击传统的农业生产格局。以生物技术和信息技术为主要支撑的新的农业革命已经兴起，这就要求农业标准化理论体系的研究领域需进一步拓宽。发展循环型农业，其农业高新技术产品在产业化、商品化的国际竞争中，必须要在通用、兼容、质量、安全性和产品系列方面借助农业标准化。现代农业标准化将突破传统行业和领域界限，面向农业高新技术、面向国际的要求，制定出符合农业高新技术及其产业发展的新标准。

4.标准化在循环型农业发展中具有引导示范作用。发展循环型农业，急需技术标准这一不可或缺的基础支撑。建立起适合当地的循环经济标准化工作体系、推进模式，以及重要的政策、管理保障措施，研究建立循环经济标准体系，制定急需的循环经济标准，抓好节能、节水、节材、资源综合利用等方面标准的贯彻应用，通过试点先行，以点带面，实现技术标准的稳步推广，从而推动技术标准的应用和实施。同时培养一批标准化人才。重点围绕生猪养殖、果树种植、沼气生产以及农产品质量安全、废弃物处理、地理标志产品保护等方面制定一系列标准。同时，将特色农业循环经济发展延伸到蔬菜、蚕桑、茶叶、花卉、养牛、养羊、养兔等产业。通过整体推进，覆盖当地所有特色产品。

（二）如何建立循环型农业标准化体系

1.研究制定适应循环型农业建设的标准化发展战略。经济全球化的发展和经济社会结构的改革向标准化提出了新的更高要求。新世纪以来，有关国际组织、区域性组织和主要发达国家纷纷加强了标准化发展战略的研究，制定出标准化发展战略和相关政策。我国要围绕发展农业循环经济来确定标准化战略的重点领域，将生态农业、绿色农业、环境保护、健康和安全纳入到重点领域。要借鉴日本的一些做法，“建立资源循环型社会的标准化政策”，推进环保标准化战略，建立“循环型经济社会体系”，以保证在保护环境的前提下实现农村经济的稳步增长。

2.坚持经济效益优先、三大效益并举的标准制定原则。循环型农业建设虽然强调生态环境保护与废弃物资源化利用，但并不意味着要以牺牲经济效益和社会效益为代价，而是作为提高经济质量和社会效益的手段，循环型农业仍要强调经济效益优先和经济效益、社会效益、生态效益三大效益并举的原则。循环型农业相关标准的制定要与全面建设小康社会与农业可持续发展紧密结合。

3.标准制定在发挥优势的前提下要具有前瞻性。循环型农业建设必须以现有条件和优势为基础，同时，循环型农业代表着农业发展方向，因此，相关标准的制定必须有适度的超前才能对未来循环型农业发展起到指导作用，但又必须考虑到目前农业产业结构特点、发展水平差异、农民素质和全社会对循环型农业的认知水平等因素。所以，循环型农业标准体系的建立必须遵循循序渐进的原则。

4.依托循环型农业的龙头企业开展标准化工作。以往开展循环型农业标准化工作，主要依托地方政府及有关农业部门。随着市场经济的运行，政府职能发生了变化，为适应市场经济发展的需要，农业标准化的依托单位，应转移到循环农业产业化中具有较雄厚实力的龙头企业上来。遵循农业产业化的公司加农户模式，通过环境、产品标准规范循环型农业产业化的龙头企业。龙头企业为达到环境、产品标准，向依托农户提供必要的模式化管理标准作为技术指导，最终在市场、企业、农户的产业链中，标准作为组织交货依据，把三个环节紧密联系在一起，使标准化成为自觉行为。

5.积极采用国际标准，促进循环型农业发展。我国发展循环型农业应吸收国外先进的科学技术和生产力水平为我所用，使我们的发展具备高起点、高水准，避免资金、技术的重复投入。随着农业产业化的发展，要求企业既要面向国内市场，还要面向国际市场。一些发达国家非常重视环保、卫生标准，这种绿色壁垒已成为新的主要障碍。因此，发展农业产业化必须放眼世界，积极主动地、有针对性地去采用国际标准和国外先进标准。与国际接轨，才能使我国循环型农业发展符合全球经济一体化的大趋势，提高产品的国际市场占有率；同时，将我国在国际上处于领先地位的循环型农业科研成果及重大的技术发明及时转化为技术标准，并推荐制定为国际标准，使其得到更大的发展。

四、循环型农业发展重点

（一）产业重点

种植业。一是建立立体种植、养殖模式。大田作物主要进行三元结构的轮作复种、间套作，并与养殖业结合，通过过腹还田、直接还田、沼气发酵等途径，提高秸秆的综合利用效率，完成农业生态系统内的物质循环利用，减少化肥、农药的使用量，杜绝秸秆焚烧，控制面源污染。二是建立种养加一体化与废弃物资源化利用模式。以种养结合为基础、种养加一体化开发为重点、废弃物资源化利用为纽带，实现系统内物质循环利用，全程防控，减少污染，提高效益。三是建立有机农业开发模式。积极发展无公害、绿色、有机农产品的生产，建立生产基地，有效减少化肥、农药等农用物质使用量和使用强度，降低土壤重金属、水体富营养化等污染程度，改善种植业生态环境，提高农产品安全质量。

畜牧业。一是建立规模化养殖场农牧结合模式。主要根据生态环境承载能力，确定单位面积养殖规模，确保养殖场产生的粪便、废水等废弃物能被农田吸收利用，不对生态环境产生破坏。二是建立规模化养殖场零排放模式。通过对粪便、废水等废弃物的加工利用，确保不向环境排放任何废弃物。

水产业。一是建立自净式水产养殖模式。主要针对设施渔业，通过配方饲料、精量投饵、合理品种结构等措施，确保水体清洁卫生、循环使用。二是建立规模化适宜密度养殖模式。主要针对普通规模化池塘养殖，除尽量采用配方饲料、精量投饵、合理品种结构等措施外，根据品种特点将养殖密度控制在适宜的范围。

农副产品加工业。一是建立加工废弃物集中利用模式。在农产品加工废弃物较为集中的区域，建设规模较大、技术水平较高的企业，专业从事农产品加工废弃物的综合利用。二是建立加工废弃物就地利用模式。对于易腐败或附加值较低的农产品固体废弃物、液体废弃物，采用就地利用的循环模式。

（二）建立农村三级循环体系

建立农村区域内部循环体系，按照生态学规律，构建农业生态系统，实现人畜粪便的集中利用和有效还田，秸秆的集中利用和有效还田，乡镇企业污水的无害化排放，化肥、农药、农膜的减量化和回收再利用，生产生活垃圾的有效处理。实现农村能源的循环使用，构建梯级能源使用体系。

建立中心镇循环体系。以城镇为中心进行整体规划，建立具有城镇特色的生态系统，使农村生产和生活的垃圾、污水与乡镇企业污染得到及时、有效的处理。

建立城市、镇（区）、农村的总体循环体系。循环设计应充分考虑城市、镇（区）、农村三者之间的物质交换，由农村进入城市的农产品尽可能经过初级加工处理，产生的垃圾就地还田。城市的人粪尿集中作为肥料进入农村的作物种植。农村产生的无机垃圾和有害垃圾，纳入城镇垃圾处理的总体规划。

（三）建设农村绿色社区

农村废弃物的循环处理，禁止焚烧秸秆，采用腐烂还田、做饲料、制沼气、制作纤维板等方式加以资源化利用。有机垃圾采用喂养牲畜、集中腐烂作为有机肥、自然净化等方式实现资源化与无害化处置。废织物、废塑料、废金属、废橡胶、碎玻璃等进行集中收集、回收利用。农药用具、废电池、废荧光灯管、废油漆桶、过期药品等有害垃圾要实行强制性回收。

农村污水的循环处理。减量使用化肥、农药，扩大有机肥施用面积，推广生物农药，减少来自农业生产的污染。关闭重污染的乡镇企业，工业污水实现达标排放，控制来自乡镇工业的污染。禁止生产和使用含磷洗涤剂，减量使用洗涤剂，对生活污水进行分散或集中处理。对粪便污水加以处理，作为农用肥料或进入沼气池。

第三节　循环型社会

循环型社会是以“3R”为取向的生产方式、消费方式和社会生活方式，包括现代生态价值观和绿色消费理念。这是有别于传统发展模式的新型发展模式。传统发展模式是直线型的，资源—产品—废弃物，发展是以大量消耗资源，甚至以破坏环境为代价，是大量生产、大量消费、大量废弃的观念和规则支配的社会；而循环型社会的模式是环形的，资源—产品—再生资源循环利用，是以“3R”为原则的社会。

一、循环型社会是循环经济真正实现的前提和保障

只有构建循环型社会，才能实现在生产、流通、消费诸环节中，通过合理生产、高效利用、提倡节约、杜绝浪费等手段，以尽可能少的资源消耗，满足人民不断提高的物质文化需求，转变不可持续的生产模式和消费模式；才能将对环境不友好的道德观、价值观和行为方式进行变革，树立资源节约型价值观和消费观，建立和养成节约资源的生产方式、生活习惯和消费习惯。循环型社会是一个环境友好型社会，是一个社会各界广泛参与的社会，是一个以可持续发展为目标，实现社会、经济和环境全面发展的社会。

从表面上看，人与自然的和谐发展，处理的是人与自然的关系，但问题的背后，实际上是关于在自然规律限制下的人与人之间的关系。经济系统与环境系统之间物质和能量的流动关系问题，只是环境问题的外在表现形式，而内在的根本原因，则在于人类社会自身。社会问题的解决是实现循环经济的前提和基础。从“自然资源—产品—环境废物”开放的线性经济运行模式，向“资源—产品—资源”闭环流动的循环经济运行模式的转变，不仅是一次技术经济活动的范式革命，而且也是一次全面性的社会变革。只有整个社会在思想认识上得到根本转变，建立起有利于推动循环经济实现的社会价值、文化、道德、伦理和制度框架

等社会环境，并具有资源投入、技术、信息和组织结构等方面的社会物质技术保障，循环经济才能真正得到落实。正如市场经济需要相应社会环境的支持，建立循环型社会是根本实现循环经济的题中之意。因此，我们认为发展循环经济，离不开相应的社会环境条件作为基础，建立循环型社会是实现循环经济的前提和保障。

（一）循环型社会是一个环境友好型社会

其最主要的特征就是按照生态规律来确定人类活动的方式。循环经济与传统经济的一个最大区别就是把经济系统看做是生态系统的一个子系统。因此，循环经济的一个最基本要求就是要遵循生态学规律，合理利用自然资源和环境容量，在物质不断循环利用的基础上发展经济，使经济系统和谐地纳入自然生态系统的物质循环过程中，实现经济活动的生态化。而这种经济思想上的革命，需要整个社会的变革做基础。一定的经济运行模式都是与相应的社会、自然环境条件密切相关的。一个关注人与自然和谐共存的社会，是不会盲目地发展经济而置环境于不顾的。

（二）循环型社会是一个人与自然、人与人之间全面和谐的社会

从本质上讲，环境问题虽然是人与自然的和谐问题，而其实质上还是人与人之间的社会关系和谐问题。难以想象，一个社会矛盾重重、各阶层之间严重对立、人人只追求私利而相互倾轧的社会，能实现环境问题的最终解决。社会和谐的问题可以适用于国际、国家和区域乃至社区等各个层次。所以，发展循环经济，建立循环型社会，促进人与自然的协调发展，首先要解决社会中存在的阻碍和影响环境问题解决的社会深层次矛盾。要统筹兼顾政策、法规、制度规范的制定和实施，综合考虑社会各个方面的利益。通过协调人类社会的和谐来取得人与自然的和谐，是循环型社会的显著特征。

（三）循环型社会是一个公众广泛参与的社会

循环型社会的形成和发展，不仅需要政府自上而下的推动和引导，更重要的是需要在全社会自下而上培养自然资源和生态环境的忧患意识，真正形成“发展循环经济、建设资源节约型社会”的广泛共识，并把这种意识与共识付诸到日常的行为中去。这就需要，一方面通过对公众进行环境教育，宣传循环型社会的基本理念和行为方式；另一方面，建立和完善能促进公众平等参与环境、经济和社会问题决策的制度和程序，使公众能够通过各种自觉的环境行动，把自己所享有的环境权利和所负的社会责任有机统一起来。

（四）循环型社会需要建立相应的社会经济技术体系

为了实现从传统经济运行模式向循环经济运行模式的转变，循环型社会需要

建立一个能够促进物质的减量化、再利用、再循环为目标的，由众多功能单元组成的，具有合理的层次和结构且功能完善的社会经济技术体系。这个社会经济技术体系是循环经济的物质技术保障，也是循环型社会的重要物质基础。输入端的减量化，表现在产品逐渐非物质化或者环境友好型的物质替代，降低生产和消费过程中投入的物质量，提高生产的物质利用效率，改变传统消费模式与产品结构。再利用是提倡产品及零部件的多次、多级重复利用。再循环是从输出端通过再生利用的方式实现废弃资源的资源化，最终建立循环型社会物质循环体系。

(五) 循环型社会需要建立一种新的价值体系和行为方式

为了适应可持续发展、建立循环型社会的要求，需要对传统的价值观进行重新审视，并建立一种追求人与自然以及人与人之间和谐相处为目标的新型价值体系，以指导人们的日常行为方式。循环型社会的价值观具有多重的意蕴，贯穿于社会经济生活的各个层面。它既包括新的环境价值体系，又包括对人类社会自身新型的价值体系。在这种新型价值观的指导下，生产者以提供绿色产品为生产理念，实行绿色生产模式；消费者改变传统的生活消费模式，主动选择绿色产品，注重消费过程中对环境的友好性，自觉履行废弃物分类回收处理的责任与义务，最终形成人与自然和谐发展的价值观，建立环境友好的生活方式。

(六) 循环型社会需要建立一种新的环境伦理观

循环型社会的伦理观，既区别于“人类中心主义”的伦理观，又区别于“生态中心主义”的伦理观，而是一种“以人为本”的伦理观。“人类中心主义”片面强调了人类的需要而忽视了人类作为自然有机整体的一个组成部分与环境之间的依存关系。特别是考虑到人类认识的有限性，在处理人与自然的关系时，人类利益至上的原则，并不能防止我们做出看似有利而实则贻害无穷的行为。“生态中心主义”强调生态环境对人的本源意义，这本身是无可厚非的，但是如果不考虑人类作为自然界的一个群体具有强烈追求生命质量的欲望和不断增强的开发自然的能力的基本事实，以及由于各种原因造成的人类社会内部不同国家、不同地区以及不同阶层之间，在经济发展和满足基本生活能力方面的不平等性，而一味地强调人对自然的关爱和保护，则在现实中缺乏可行性，也很难得到社会的认可与支持。因此不利于对自然的保护和可持续发展的实施。

二、循环型社会发展的领域

(一) 循环型第三产业

1.生态旅游业。以“生态、休闲、养生”为主题，坚持旅游资源严格保护、合理开发和永续利用相结合的原则，完善旅游业相关的基础设施建设，扩大旅游产业规模，把旅游业培育成为第三产业的龙头。整合旅游资源，着力建设开发一批具有生态文化特色和浓郁地域风情的休闲旅游项目。积极探索旅游资源开发、旅游市场开拓、跨区域合作的有效途径和运作模式，建立多元化、多层次的投融资渠道，在机制创新中寻求旅游业新的突破。

2.生态物流业。生态物流以可持续发展为基础，从环境的角度对物流体系进行改进，形成环境共生型的物流管理系统，强调全局和长远的利益，采取与环境和谐发展的态度和全新理念，设计和建立循环的物流系统。

首先，加强基础设施建设，构筑现代化基础设施体系和良好的生态体系。大力发展低公害的公共交通运输方式，推广应用新型清洁交通运输工具，建立城市环状道路，实现交通管理系统的现代化；严格控制和治理机动车尾气和扬尘污染；建立大型公共配送中心，将物流网络节点进行统筹规划和建设，集中资金优势建设具有较高技术水平和管理水平的综合性配送中心，实现物流运作的规模效益，体现生态物流系统的绿色功能；在进行商用民用设施建设的过程中要考虑物流的便利性，解决人流和货运交通、逆向物流及停车问题，尽量减少运输量和土地用量，以保证足够绿化范围，减少污染。

其次，建立专业的管理部门和培育行业协会，组织规范物流市场，加强行业自律和协调，为物流发展提供政策支持，并制定相关政策控制污染发生源，从源头上控制物流企业发展造成的环境污染；充分发挥政策引导作用，促使企业选择更为合理的运输方式发展配送，缓解交通压力和空气污染情况；明确包装回收责任，制定措施鼓励企业使用环保型包装，减少一次性用品的消费量。

3.信息服务业。以信息基础设施为重点，大力发展绿色高速宽带信息网，改造有线电视传输网络，积极推进计算机信息网、广播电视网和通信网的融合、渗透，实现功能互补，资源共享。积极跟踪现代移动通信技术的发展，适时建设新一代移动信息网，满足移动通信用户持续高速发展的需要。全方位拓展信息资源与网络资源开发领域，加快电子政务和电子商务建设，建成电子政务协同办公系统和地理信息系统、公安应急联动系统以及专业数据库，整合信息资源，不断推进信息化。

4.绿色教育产业。实施绿色教育计划，将提高资源效率作为核心，以保护环境和生态平衡为目的，强调可持续发展的科学理念和循环经济发展模式，并将其编入教材，形成绿色教育产业。一要以“绿色教育”观念来改革人才培养的教学体系，作为“知识创新工程”的一项重要内容加以落实。在课程体系中，建设可持续发展与环保意识教育的系列课程。二是广泛开展以“绿色教育”为目标的学生课外实践研究活动。在实践研究活动中，增加可持续发展与环保为专题的内容。三是使绿色教育计划向社会辐射，以继续教育的形式，面向社会，实行多层次、多形式的环境保护与可持续发展战略的教育。四是面向公众的绿色宣传教育。五是以环境科学与工程学科为主体，开展研究生教育，培养掌握环境科学基础理论、研究方法和环境工程技术手段，能担当治理和防护环境污染、保护生态平衡的高层次专门技术人才。

5.餐饮娱乐业。针对当前餐饮娱乐业发展中存在的高消费、高耗费、高浪费和高污染问题，通过实施清洁生产技术，建立良好的再生资源的输入和输出体系，实现无害化、减量化和资源化。鼓励广大顾客的参与，建立公众有奖举报和有效预防制度，建立一个适度消费、少浪费、低污染的生态发展模式。大力开展“绿色饭店”创建活动，星级以上饭店逐步通过ISO14000认证，建立一批绿色饭店。推广绿色管理，倡导绿色消费，保护生态和合理使用资源，减少对环境的污染。

6.环境服务业。针对环境服务业发展相对滞后，以及环境服务业产业规模小、范围窄、管理体系欠完善、缺少市场竞争等特点，通过机制创新、市场创新、技术创新，大力发展环保产业服务体系，坚持社会化、专业化、市场化原则，打破环保产业服务领域的垄断经营，放宽市场准入，引进竞争机制，鼓励服务企业优化组合，并推动建立以资金融通、工程建设、设施运营和技术咨询、信息服务、人才培训等为主要内容的环境服务体系，提高环境服务业在环保产业中的比重。

（二）绿色消费

1.推行绿色采购与绿色消费。发挥政府的导向作用与示范作用，将再生材料生产的产品、通过环境标志认证的产品、通过清洁生产审计或通过ISO14000认证企业的产品列入优先采购计划，逐步提高政府采购中可循环使用的产品、再生产品，以及节能、节水、无污染绿色产品的比例。进一步推行“无纸化办公”，建立办公用品的回收系统，及时回收报废的办公用品。

2.倡导绿色生活方式和绿色消费模式。结合绿色社区的创建，广泛开展绿色消费教育，增强食品安全意识与环境保护意识，培养绿色消费意识与绿色消费需求。倡导理性消费与清洁消费，引导人们正确购物和环境友好或环境保全的消费。选购净菜以及“非复合包装”的商品，减少消费过程废弃物的发生。增进反复利用意识，少用或不用一次性物品，加强一次性易耗品的反复使用与多次使用。抵制“白色污染”，不使用不可降解的发泡塑料餐具，减少塑料袋的使用。加强垃圾的分类收集，将可循环利用的物资从垃圾中分离出来，分类放置。

3.规范绿色产品与绿色企业的认证与管理。研究制订绿色产品、绿色企业的评价标准和方法，推进环境标志产品和绿色企业认证制度，建立与完善绿色企业与绿色产品监督管理制度。建立与国际接轨的绿色产品标准体系，并在食品行业实行绿色标志产品制度。建立健全绿色产品质量监督体系，制定严格的管理措施，加强产品的检测和指导工作。开展“绿色诚信”，强化诚信制度和相关的社会信息服务网络。

4.研制、开发和生产绿色产品。制定一系列优惠政策，扶持与发展绿色产业，特别是再生资源产业，努力扩大再生资源产业的规模。建立与完善绿色产品研制、开发与生产的激励机制，鼓励科研机构与企业参与节能、节水、无污染的产品，以及再生产品的研制、开发与生产。积极培育市场，不断扩大绿色产品在消费市场中的份额。鼓励开设“绿色商店”、“绿色超市”，拓展绿色产品的营销渠道。积极推行净菜上市，实行“非复合包装”。禁止生产和销售含磷洗涤剂、一次性不可降解的发泡塑料餐具、塑料袋等塑料制品。

（三）水资源的可持续利用

节水工程：将城市节水工程纳入国民经济和社会发展规划，加强宏观调控，实行统一管理，确保水的供求平衡。优化城市产业结构，促进企业清洁生产。改变城市消费观念，降低人均生活用水消费量。科学合理制定水价，利用经济杠杆节约用水。

中水回用：提高农业中水灌溉面积，在人工草地、林场推广中水灌溉。在提高工业用水重复利用率的同时，增加企业中水利用比例，重点用于锅炉用水、原料水、产品处理、清洗用水、冷却、空调用水等。新建的居民小区，鼓励开发分质供水系统，分别向用户提供优质的生活饮用水和生活杂用水，并鼓励已建居民小区建设中水系统。大力推广市政设施中水回用系统，用于城市草地喷洒、景观及娱乐用水。

（四）物质资源的循环与回用

1.生活垃圾的减量化、资源化与无害化。减少生活垃圾产生量，提高燃气普及率和集中供热率，减少粉煤灰垃圾产生量。提高半成品供应量，鼓励净菜上市。倡导绿色消费，鼓励节约使用生活用品，少用一次性物品。建立垃圾的分类回收体系，逐步推广垃圾分类收集。建立垃圾分类处理与利用体系，合理分布设置大型分拣中心，对分类收集的生活垃圾加以细化分类、初步加工与打包，定向送往对口的综合利用企业。所有分拣中心都应与对口企业建立起科学、稳定的供销渠道。建立垃圾的加工生产体系，可回收废旧物资进入废旧物资循环系统，在企业进行再加工。有机垃圾直接送入堆肥厂进行无害化处理，生产有机肥料，并回收垃圾填埋产生的甲烷等可燃气体。对有毒、有害废弃物实行强制性回收，送专门的处理机构加以回收利用或进行无害化处理，建立再生产品应用体系。积极培育再生原料及产品销售业，疏通再生产品的销售渠道。建立大型再生产品交易市场，促进再生产品直接进入商品流通领域。

2.废旧物资的回收利用。废纸的回收利用：健全废纸回收利用网络，成立股份制公司或联合体，开展废纸的收集与再利用。将废纸回收和社区文明建设结合起来，发挥社区力量，提高回收利用率。建立废纸回收特许经营系统，实现低成本、低风险和高速度扩张，扩大经营规模。采取上门收购、连锁店收购、电话预约收购、卡车收购和拖车收购等多元化模式。

报废汽车回收利用：完善报废汽车回收和拆解行业的管理，运用市场手段和法律手段，解决报废汽车回收和拆解行业存在的问题。建立与现代大规模汽车生产相适应的汽车回收和拆解体系，并形成网络。在国家有关法律、法规允许的范围内，建立报废零配件的处理、销售体系，适当提高报废汽车的收购价，遏制非法拆解企业。建立有效的零配件再生利用体系，建立相应的检验标准，对再生零配件进行分类处理。

电子类产品的回收利用：产品制造商应承担起电冰箱、洗衣机、电视机等大量废弃、废旧家用电器再商品化的义务，设计、制造易回收利用的产品。开展废家电回收利用、资源化的研究，采取有效的措施解决未来大量家电废弃问题。制订废旧电子产品回收利用的有关规定，建立区域性废旧电子产品回收利用市场和废旧家电回收利用体系。

废旧塑料制品回收：通过价格和政策引导，对废塑料制品进行分类回收。加强联合和合作，拓宽多元化塑料制品回收渠道。开辟利用废旧塑料生产井座、井盖及汽油等资源化途径，加强废旧塑料制品回收的分类指导，强化铁路沿线和主要交通干线废旧塑料制品的收集和管理。

危险废弃物回收处理：加强电池、荧光灯、医疗垃圾等危险废弃物的无害化处理，制订危险废弃物管理办法。以废旧电池回收为起点，完善废旧电池的收集网络，建立废旧干电池处理厂，并动员全社会力量，加快废旧电池的回收利用。

（五）循环型城镇

1.构筑资源循环型城市体系。制定科学合理的循环型城市建设规划，完善循环型城市建设的组织体系与管理体制。优化产业结构，合理布局工业企业，推行以循环经济为核心的经济运行模式。加强城市环境基础设施建设，形成与城市发展相适应的污水与垃圾处理能力。大力发展公共交通，建立快捷便利、舒适清洁的城市交通体系。建立以清洁能源为主体的城市能源体系，减少不可再生资源的消耗，保护和充分利用可再生资源。加大城市环境综合治理力度，加强公共绿地、居住区绿地和风景林地建设，形成点、线、面结合的绿地系统，建成一批环境优美、服务配套的生态居住区。依靠科技进步和技术创新，建立强有力的技术支撑体系。完善可持续发展的法律法规与政策体系，提高全社会的环境保护意识和资源节约意识，增强生态城市建设的公众参与度。

2.创建国家环保模范城市和全国生态示范区。通过创建活动，调动各方面的积极性，把环境保护和生态建设渗透到城市和农村、经济和社会的各个层面。要结合实际，完善各种创建指标体系，突出重点，加强分类指导，调整优化产业结构，开展环境综合整治，加强基础设施建设，推行以循环经济为核心的经济运行模式，全面推进环保模范城市和生态示范区建设。

3.建设循环型社区。建设资源节约型小区，住宅小区的设计以及建材的选择应充分考虑采暖、保温以及节约资源的需要，禁止使用实心黏土砖，推广粉煤灰、建筑垃圾等废弃物生产的再生砖。居民住宅全部符合节能建筑新标准。建立小区的中水回用系统。

推广新型能源。大力提倡使用太阳能，修改住宅设计规范与标准，新建住宅区要实施太阳能热水器与住宅楼屋顶的一体化设计与施工，并预留热水器管道。配套设施应尽可能采用自然光，或采用太阳能照明，减少电力照明。

建立资源回收利用系统。加强生活废弃物的分类回收，对纸张、碎玻璃、玻璃瓶、废金属、塑料、电池、旧电器、旧家具、旧衣服等实行有偿回收。要求居民家庭分类处置生活废弃物，对分类处置的家庭按标准收取清洁费，对不分类处置的家庭加收垃圾分拣费。鼓励企业、社区、个人投资成立资源回收企业，按企业化、市场化经营，政府给予税费优惠。

第三章　我国发展循环经济的目标和任务

循环经济是以“减量化、再利用、资源化”为原则，是最大限度地节约资源、保护环境的经济发展方式，是解决我国资源环境瓶颈约束的根本性举措。加快发展循环经济，是调整经济结构、转变发展方式的有效途径，是中国实现经济发展方式根本性转变、走新兴工业化道路的必然选择。

我国发展循环经济的总体战略目标可以分为三个阶段。

1.第一阶段：近期目标——到 2010 年。国务院《关于加快发展循环经济的若干意见》和“十一五”规划明确提出，力争到 2010 年，我国单位国内生产总值能源消耗降低 20%左右。农业灌溉水平均有效利用系数提高到 0.5，单位工业增加值用水量降低 30%。工业固体废物综合利用率提高到 60%以上，主要再生资源回收利用量提高 65%以上。同时，将建立比较完善的发展循环经济法律法规体系、政策支持体系、体制与技术创新体系和激励约束机制；建设一批符合循环经济发展要求的工业（农业）园区和资源节约型、环境友好型城市。

2.第二阶段：中期目标——2011 年至 2020 年。2009 年 9 月，我国领导人在联合国气候变化峰会上提出，争取到 2020 年非化石能源占一次能源消费总量的比重达到 15%左右。同年 12 月，国务院总理在哥本哈根气候变化大会上向全世界宣布，到 2020 年，我国单位 GDP 二氧化碳排放比 2005 年下降 40%~45%。基本建成具有循环经济特征的经济社会体系，建立起完善的循环型社会管理体系和政策法规体系。在国民经济的重要领域基本形成以科技含量高、经济效益好、资源消耗低、环境污染少、人力资源得到充分发挥为特征的循环经济体系，产业结构得到优化，资源生产率、循环利用率、废弃物的最终处理量等循环经济的主要指标以及生态环境、可持续发展能力、循环型社会的管理水平等达到和超过目前欧美、日本等发达国家的水平。

（1）循环型工业基础设施功能不断增强，企业清洁生产持续实施，生态工业园区有效运行；明显提高了工业系统的资源利用效率和国内外市场竞争力，进一步深化了全国生态工业体系建设。

（2）建立起以循环农业为主导的产业结构，逐步降低农业系统有害投入品的投入强度，大幅度提高全国农业资源利用效率、废弃物资源化利用率、物质循环再利用率、农产品安全性和农村整体经济效益，农业生态环境质量状况明显改善，形成一批在国际市场中具有较强竞争力的优质、安全、名牌农产品。

(3) 基本建立与我国发展阶段相适应的循环经济共性技术体系，建立资源共享机制，降低产业发展的资源、环境成本，不断提高服务业的技术水平和档次，培育一批规模以上的服务业企业。全面实施清洁生产，并推进环境管理体系认证，提高资源利用效率，减少废弃物的产生，降低污染物排放。建立健全环境服务体系，推动环境服务业的发展。

(4) 树立全社会绿色消费意识和绿色生活观念，建成社会生活与消费领域的绿色供应系统与保障体系、遍及全国的绿色采购和绿色消费网络，以及废旧物资回收与再生利用网络系统、生活垃圾的分类回收与处理系统、节水节能的社会系统，建立循环型社会的管理体系和政策法规体系，基本建成具有循环经济特征的经济社会体系。

3.第三阶段：长期目标——2021 年至 2050 年。全面建成人、自然、社会和谐统一的循环型社会。资源生产率、循环利用率、废弃物的最终处理量等循环经济的主要指标以及生态环境、可持续发展能力等达到当时世界先进水平，极大提高生态环境质量并整体改善生存空间，全国全面进入可持续发展的良性循环。

第一节　建立节约型社会

建立节约型社会是我国发展循环经济的重要内容之一，也是全面实现我国发展循环经济目标任务的主要途径。节约型社会是指在生产、流通、消费等领域，通过采取法律、经济和行政等综合性措施，提高资源利用效率，以最少的资源消耗获得最大的经济效益和社会效益，保障经济社会可持续发展。建设节约型社会的目的在于追求更少资源消耗、更低环境污染、更大经济效益和社会效益，实现可持续发展。

一、建设节约型社会的原因

我国是一个人口众多、人均资源相对贫乏的国家。而且，我们走的是依靠高消耗资源、粗放式经营的经济发展之路，存在着高投入、低产出和浪费严重的现象。特别是改革开放以来，中国是世界上经济增长最快的国家之一，但是，由于资源的浪费、生态的退化和环境的污染，经济快速发展的相当部分是通过自然资源损失和生态赤字所换来的，在很大程度上“掩盖”或“抵消”了发展质量和效益的真实性。这种以资源超常消耗和生态环境的严重退化作为代价的经济收益，必须进行有效的修正。因此，在资源稀缺与环境承载能力有限的情况下，传统的高投入、高消耗、高排放、低效率的发展方式已经走到了尽头。不加快转变经济发展方式，资源难以支撑，环境难以容纳，社会难以承受，可持续发展难以实现。

二、建设节约型社会的方式

根据我国资源紧缺的基本国情，建设资源节约型社会，必须选择一条与发达国家不同的资源组合方式，即非传统的现代化道路，关键在于促进资源的节约，杜绝资源的浪费，降低资源的消耗，提高资源的利用率、生产率和单位资源的人口承载力，以缓解资源的供需矛盾。

（一）将节约资源提升到基本国策的高度来认识

把建立资源节约型社会的目标纳入国家经济社会发展规划之中，将“控制人口，节约资源，保护环境”共同作为我国的基本国策，并在实践中推进这一基本国策。不仅要把建立资源节约型社会这一目标，纳入国家经济社会发展规划之中，而且要以此为依据建立综合反映经济发展、社会进步、资源利用、环境保护等体现科学发展观、政绩观的指标体系，构建“绿色经济”考核指标体系，实现“政绩指标”与“绿色指标”的统一，彻底改变片面追求 GDP 增长的现象。

（二）牢固树立以人为本的科学发展观，改变透支资源求发展的方式

要着眼于充分调动大众的积极性、主动性和创造性，着眼于满足大众的需要和促进人的全面发展。按照科学发展观，必须把资源保护和节约放在首位，充分考虑资源承载能力，辩证地认识资源和经济发展的关系。加大合理开发资源的力度，努力提高有效供给水平；着力抓好节能、节材、节水工作，实现开源与节流的统一。

（三）通过经济杠杆，推动节约资源，倡导符合可持续发展理念的循环经济模式和绿色消费方式

实现经济社会与资源环境的协调发展，改变“高投入、高消耗、高排放、不协调、难循环、低效益”的粗放型经济发展方式，逐步建立资源节约型国民经济体系。尽快建立以节能、节材为中心的资源节约型工业生产体系。通过技术进步改造传统产业和推动结构升级。对高物耗、高能耗、高污染的初级产品出口加以控制，按照新型工业化道路的要求，推进国民经济和社会信息化，促进产业结构优化升级。如在能源、交通、金融等行业大力推进信息化，力争用信息技术降低对能源的消耗。

（四）必须采取法律、经济和行政等综合手段，促进资源的有序、高效开发和利用

在资源开采、加工、运输、消费等环节建立全过程和全面节约的管理制度，健全和完善《节能法》，并加大实施力度；认真贯彻落实《可再生能源法》，推动

可再生能源的发展。政府要进行制度设计，建立能源、资源审计制度，与现行的环境评价制度共同构成社会性管理的新框架。

三、建设节约型社会的重点工作

（一）大力推进能源节约

节约能源是当今世界的一种重要社会意识，是指加强用能管理，采取技术上可行、经济上合理，以及环境和社会可以承受的措施，从能源生产到消费的各个环节，降低消耗、减少损失和污染物排放、制止浪费，有效、合理地利用能源。国家在《节能中长期专项规划》中从宏观节能方面提出了明确的量化指标：到2010年每万元GDP下降到2.25吨标准煤，总体达到或接近20世纪90年代初期国际先进水平，其中大中型企业达到本世纪初国际先进水平；2020年每万元GDP能耗下降到1.54吨标准煤，达到或接近国际先进水平。

1.抓好重点耗能行业和企业节能。突出抓好钢铁、有色、煤炭、电力、石油石化、化工、建材等重点耗能行业和年耗能万吨标准煤以上企业节能，国家重点抓好1000家高耗能企业，加强跟踪和指导。

2.推进交通运输和农业机械节能。加快淘汰老旧汽车、船舶和落后农业机械。加快发展电气化铁路，实现以电代油。研究提出优先发展公共交通系统的具体措施。开发和推广清洁燃料汽车、节能农业机械。推动《乘用车燃料消耗量限值》国家标准的实施，从源头控制高耗油汽车的发展。

3.推动新建住宅和公共建筑节能。贯彻实施《关于新建居住建筑严格执行节能设计标准的通知》、《关于发展节能省地型住宅和公共建筑的指导意见》和《公共建筑节能设计标准》，新建建筑严格实施节能50%的设计标准，推动有条件的大城市和严寒、寒冷地区可率先按照节能率65%的标准。深化北方地区供热体制改革，推动既有建筑节能改造。开展建筑节能关键技术和可再生能源建筑工程应用技术研发、集成和城市级工程示范，启动低能耗、超低能耗和绿色建筑示范工程。

4.引导商业和民用节能。推行空调、冰箱等产品强制性产品能效标识管理，扩大节能产品认证，促进高效节能产品的研发和推广，加快淘汰落后产品。在公用设施、宾馆商厦、居民住宅中推广采用高效节电照明产品。严格执行公共建筑夏季空调室内温度最低标准，在全社会倡导夏季用电高峰期间室内空调温度提高1℃~2℃。在农村大力发展户用沼气和大中型畜禽养殖场沼气工程，推广省柴节煤灶。

5.开发利用可再生能源。推进大型水电、风电基地建设；在西部电网未覆盖地区发展小水电和太阳能发电，在东部沿海地区和有居民的海岛大力推进海洋可再生能源开发利用；在农村地区推广风能、太阳能利用。组织生物质能资源调查及生物质能技术示范和推广；研究制定可再生能源配额、价格管理等配套规章和实施措施。大力推进能源林基地建设和开发利用。

6.强化电力需求侧管理。落实电力需求侧管理及迎峰度夏工作的部署，加强以节电和提高用电效率为核心的需求侧管理，完善配套法规，制定有效的激励政策，推广典型经验，指导各地加大推行力度。

7.加快节能技术服务体系建设。推行合同能源管理和节能投资担保机制，为企业实施节能改造提供诊断、设计、融资、改造、运行、管理一条龙服务。

（二）深入开展节约用水

节水型社会是指在社会的生产、流通、消费各个环节中，通过健全机制、调整结构、技术进步、加强管理、宣传教育等手段，动员和激励全社会节约和高效利用水资源，以尽可能少的水资源满足人们不断增长的物质文化需求。它是以较低的水资源消耗支撑社会较高的福利水平的可持续发展模式。

1.推进城市节水工作。积极开展节水产品研发，加大节水设备和器具的推广力度，指导各地加快供水管网改造，降低管网漏失率。推动公共建筑、生活小区、住宅节水和中水回用设施建设。推进污水处理及再生利用，加快城市供水和污水处理市场的改革。

2.推进农业节水。继续推进农业节水灌溉，推广农业节水灌溉设备应用，大力推进大中型灌区节水改造，积极开展农业末级渠系节水改造试点。在丘陵、山区和干旱地区积极开展雨水积蓄利用，支持农村水窖建设，推广旱作农业技术，发展旱作节水农业，扩大节水作物品种和种植面积。开展农村、集镇生态卫生旱厕试点。

3.推进节水技术改造。推进高耗水行业节水技术改造、矿井水资源化利用。推进沿海缺水城市海水淡化和海水直接利用。严格控制超采、滥采地下水。防治水污染，缓解水质性缺水。

（三）积极推进原材料节约

节约原材料是指通过加强科学管理和推进技术进步等各种途径，直接或间接降低单位产品的原材料消耗，以最小的原材料消耗取得最大的经济效益。

1.加强重点行业原材料消耗管理。严格设计规范、生产规程、施工工艺等技术标准和材料消耗核算制度，推行产品生态设计和使用再生材料，减少损失浪费，提高原材料利用率。

2.延长材料使用寿命和节约木材。鼓励生产高强度和耐腐蚀金属材料，提高材料强度和使用寿命。加强木材节约代用，认真贯彻落实《关于加快推进木材节约和代用工作的意见》的主要目标和工作重点。

3.落实有关节约包装材料的政策措施。针对过度包装和搭售问题，从市场价格入手，全面落实国务院办公厅关于大力治理商品过度包装的通知。落实发展散装水泥的政策措施，从使用环节入手，进一步加大散装水泥推广力度。

（四）强化节约和集约利用土地

实行严格的土地保护制度，修订和完善建设用地定额指标，完善土地使用市场准入制度。推进土地复垦，开展农村集体建设用地整理试点。指导村镇按集约利用土地原则做好规划和建设，促进农村建设用地的节约集约利用。启动“沃土工程”，加强耕地质量建设，提高耕地集约利用水平。重点研究城市建设节约利用和集约利用土地的政策措施，以及交通基础设施建设集约利用土地的意见。进一步限制毁田烧砖。认真实施《国务院办公厅关于进一步推进墙体材料革新和推广节能建筑的通知》，在城市禁止使用实心黏土砖。

（五）加强资源综合利用

推进废物综合利用。要以煤矿瓦斯利用为重点，推进共伴生矿产资源的综合开发利用。以粉煤灰、煤矸石、尾矿和冶金、化工废渣及有机废水综合利用为重点，推进工业废物综合利用。

做好再生资源回收利用工作。以再生金属、废旧轮胎、废旧家电及电子产品回收利用为重点，推进再生资源回收利用。推进生活垃圾和污泥资源化利用。

开展秸秆综合利用，推行农资节约。推广机械化秸秆还田技术以及秸秆气化、固化成型、发电、养畜技术。研究提出农户秸秆综合利用补偿政策，开展秸秆和粪便还田的农田保育示范工程。推广节肥、节药技术，提高化肥、农药利用率。鼓励并推广农膜回收利用，建立农膜回收长效机制。

第二节 促进清洁生产

我国《清洁生产促进法》指出，清洁生产是指不断采取改进设计、使用清洁的能源和原料、采用先进的工艺技术与设备、改善管理、综合利用等措施，从源头削减污染，提高资源利用效率，减少或者避免生产、服务和产品使用过程中污染物的产生和排放，以减轻或者消除对人类健康和环境的危害。上世纪70年代末期以来，不少发达国家政府和各大企业集团都纷纷研究开发和采用清洁工艺，开辟污染预防的新途径，把推行清洁生产作为经济和环境协调发展的一项战略措施。1992年，联合国在巴西召开“环境与发展大会”，提出了全球环境与经济协调发展的新战略。我国政府于1994年提出了“中国21世纪议程”，将清洁生产列为“重点项目”之一。

清洁生产的定义包含了两个全过程控制：生产全过程和产品整个生命周期。对生产过程而言，清洁生产包括节约原材料和能源，淘汰有毒有害的原材料，并在全部排放物和废物离开生产过程以前，尽最大可能减少它们的排放量和毒性。对产品而言，清洁生产旨在减少产品整个生命周期过程中从原料的提取到产品的最终处置对人类和环境的影响。

一、清洁生产与循环经济的关系

循环经济和清洁生产两者之间究竟有什么关系呢？对这个问题如果没有清楚的认识，就会造成概念的混乱、实践的错位，既冲击清洁生产的实施，也不利于循环经济的健康开展。清洁生产是循环经济的基石，循环经济是清洁生产的扩展。在理念上，它们有共同的时代背景和理论基础；在实践中，它们有相通的实施途径，应相互结合。

（一）两者都是基于现实的选择

工业社会由于以指数增长方式无情地剥夺自然，已经造成全球环境恶化，资源日趋耗竭。在可持续发展战略思想的指导下，1989 年联合国环境规划署制定了《清洁生产计划》，在全世界推行清洁生产。我国的生态脆弱性远在世界平均水平之下，人口众多、耕地减少、用水紧张、能源短缺、污染加剧等不可持续因素造成的压力将进一步增加，其中有些因素将逼近极限值。面对名副其实的生存威胁，推行清洁生产和循环经济都是为了解决经济发展和环境资源之间的矛盾，也是克服我国可持续发展"瓶颈"的唯一选择。

（二）两者有着共同的目标和实现途径

虽然清洁生产在产生之初，着重的是预防污染，在其内涵中包括了实现不同层次上的物料再循环外，还包括减少有毒有害原材料的使用、削减废料、减少污染物的生成和排放，以及节约能源等要求，与循环经济主要着眼于实现自然资源再循环的目标是完全一致的。从实现途径来看，循环经济和清洁生产也有很多相通之处。清洁生产的实现途径可以归纳为两大类，即源削减和再循环，包括：减少资源和能源的消耗，重复使用原料、中间产品和产品，对物料和产品进行再循环，尽可能利用可再生资源，采用对环境无害的替代技术等，循环经济的"3R"原则就源于此。

（三）两者的主要区别

两者最大的区别是在实施的层次上。在企业层次实施清洁生产就是小循环的循环经济，一个产品、一台装置、一条生产线都可采用清洁生产的方案。在园区、行业或城市的层次上，同样可以实施清洁生产。而广义的循环经济是需要相当大的范围和区域的，如甘肃作为全国循环经济省级示范区，由于覆盖的范围较大、链接的部门较广、涉及的因素较多、见效的周期较长，不论是哪个单独的部门都恐怕难以担当这项工作的筹划和组织。

我国推行清洁生产已经有十多年的历史，从国外吸取和自身积累了许多宝贵的经验和教训，不论在解决体制、机制和立法问题方面，还是在构建方法论方面，都可为推行循环经济提供有益的借鉴。

二、清洁生产的发展历程

清洁生产是世界各国近 30 年来工业污染防治经验的结晶。自从联合国提出清洁生产概念并积极推行清洁生产以来，发达国家兴起了清洁生产浪潮，并获得了很大成功。近 10 年来，中国实施清洁生产的实践，大体可分为以下三个阶段:

第一阶段（1992—1997）：这是中国实施清洁生产的启动或初始阶段。该阶段以 1993 年世界银行及联合国环境规划署援助的《促进中国的清洁生产》示范项目为标志，旨在通过引进清洁生产概念并结合中国国情改进国外的清洁生产方法论、进行人员培训、开展清洁生产审计示范，推进中国的清洁生产。这是清洁生产在中国第一次较全面的系统实践，对中国清洁生产的开展发挥了积极的推动作用。

第二阶段（1997—2001）：以 1997 年中国环境与发展国际合作委员会清洁生产工作组的建立为转折点，标志着中国的清洁生产实践开始进入以建立清洁生产政策机制为目标推动清洁生产的阶段。在第一阶段所产生的清洁生产政策需求基础上，除继续开展培训和审计活动外，明显的变化是政策实践的开展，其内容主要体现为清洁生产政策研究与政策制定两部分既互相独立又互相联系的活动，从而逐步建立中国清洁生产政策机制的发展过程。

第三阶段（2002 至今）：以颁布《中华人民共和国清洁生产促进法》（后用简称《清洁生产促进法》）为标志，中国的清洁生产进入了法制化阶段。《中华人民共和国清洁生产促进法》是世界上第一部以推行清洁生产为目的的法律。它借鉴了国内外在污染预防、资源综合利用、废物回收利用、循环经济等领域的立法经验，针对我国清洁生产推行工作中的实际问题规定了一系列措施，其中明确了政府对清洁生产的责任、对企业提出实施清洁生产的要求，并对企业实施清洁生产给予支持鼓励。

三、我国清洁生产存在的不足

（一）经济和环境在企业总体发展目标中权重差异较大

由于受到自身发展条件的约束，大多数国有和乡镇企业从减少企业成本角度考虑，对企业运营中实施清洁生产制度缺乏较高的积极性；而就产品销售与出口来看，购买方更看重的是末端产品的无污染性，对企业是否进行清洁生产并不关心。这在一定程度上也导致了许多企业重结果、轻过程环境治理的态度，使得清洁生产制度与企业发展目标存在一定的冲突。

（二）全社会推动清洁生产的合力机制欠缺

由于教育、宣传、环境意识、环保社团等多种因素的影响，我国公众环保意识尚停留在重视个体环境而漠视公众环境的阶段，尚未形成绿色消费的普遍倾向，对产业界也难以形成强大的市场压力，多阶层、多行业推动清洁生产的机制在我国的形成尚需时日。

（三）我国环境法律规制力度不足

立法未促进经济与环境的深层次结合，立法的指导思想未完成向清洁生产的转变，我国环境法各项具体制度对清洁生产的贯彻极为有限。

（四）我国环境管理政策引导不足

虽然“预防为主”原则早在上世纪70年代就已提出，但由于经济发展政策中清洁生产提得很多，具体可行的规划较少，最主要缺乏有效的经济刺激政策，利用经济手段保护环境、促进我国可持续发展尚未摆到应有的位置，因而未得到充分落实。

四、推行清洁生产的重要意义

为了解决危害群众健康和影响可持续发展的环境问题，就必须加快建设资源节约型、环境友好型社会。优化产业结构，发展循环经济，推广清洁生产，节约能源资源，依法淘汰落后工艺技术和生产能力，从源头上控制环境污染。必须站在贯彻落实科学发展观和构建和谐社会两大战略思想的高度，充分认识推行清洁生产的重要性和紧迫性。

（一）推行清洁生产是实施可持续发展战略的必然选择

目前，我国资源短缺，特别是水资源、耕地资源和矿产资源短缺以及利用效率低的问题，已经成为关系我国经济安全和长远发展的大问题。造成我国资源短缺、浪费严重、生态破坏加剧的根本原因，在于我国还没有从根本上摆脱粗放型的经济发展方式，结构不合理，技术装备落后，能源原材料消耗高、利用率低。解决这一问题的根本途径之一就是要大力推行和实施清洁生产，提高资源利用效率，预防和减少污染的产生和排放。

（二）推行清洁生产是促进污染防治从单纯的末端治理向污染预防转变的必由之路

传统的末端治理与生产过程相脱节，即“先污染，后治理”，立足点是“治”。清洁生产从源头抓起，实行生产全过程控制，减少乃至消除污染物的产生，立足点是“防”。传统的末端治理设施投资大、运行费用高，造成企业成本上升、经济效益下降，企业缺乏治理的积极性；末端治理存在污染物转移等问题，不能彻底解决环境污染；末端治理未涉及资源的有效利用，不能制止自然资源的浪费。清洁生产最大限度地利用资源，将污染物消除在生产过程之中，不仅环境状况从根本上得到改善，而且能源、原材料和生产成本降低，经济效益提高，能够实现经济与环境“双赢”。清洁生产与传统的末端治理的最大不同是找到了环境效益与经济效益相统一的结合点，能够充分调动企业防治污染的积极性。

（三）推行清洁生产是增强企业竞争力的重要措施之一

清洁生产可实现经济、社会和环境效益的统一，提高企业的市场竞争力，是企业的根本要求和最终归宿。开展清洁生产的本质在于实行污染预防和全过程控制，通过工艺改造、设备更新、废弃物回收利用等途径，实现节能降耗、减污增效，从而降低生产成本，提高企业的综合效益。同时，清洁生产还可有效改善操作工人的劳动环境和操作条件，减轻生产过程对员工健康的影响，为企业树立良好的社会形象，促使公众对其产品的支持，提高企业的市场竞争力。

五、推行清洁生产的主要措施

（一）抓好重点行业的结构调整

加大冶金、有色、石化、电力、煤炭、建材、轻工等重点行业的结构调整，加快淘汰落后生产工艺、技术和产品，对浪费资源、污染环境、产品质量低劣、不具备安全生产条件的厂矿，要坚决依法予以关闭和取缔。

（二）推进清洁生产技术进步

进一步加大清洁生产先进工艺技术的推广应用，利用高新技术和先进适用技术改造传统产业。开展清洁生产企业对标活动，引导企业按照清洁生产的要求，把节能、节水、资源综合利用、预防污染等清洁生产项目列为重点，加大投资力度，不断提高清洁生产技术水平。

（三）依法加强监督管理

认真贯彻落实《清洁生产促进法》，依法加强对企业实施清洁生产的监督管理。对固定资产投资项目，严格实行合理用能评价和环境影响评价制度，优先选用资源利用率高、污染物产生量小的清洁生产技术、工艺和设备，并在项目设计、施工和验收等各个环节加以落实。对污染物超过标准或总量控制指标的污染严重企业、使用有毒有害原料进行生产或生产中排放有毒有害物质的企业，要实行强制性的清洁生产审核，并依法监督企业实施经主管部门审批的清洁生产方案。

（四）加大对企业清洁生产的支持

加大落实在节能、节水、资源综合利用以及技术进步等方面的减免税优惠政策，对企业通过清洁生产审核的重点技术改造项目，在安排节能减排资金时优先给予支持。在国债项目计划和资金安排时，对符合规定的清洁生产项目优先考虑。

（五）加强咨询指导和协调服务

建立国家清洁生产技术信息平台，及时向社会提供清洁生产政策、技术和管理等方面的信息，加强清洁生产信息交流。充分发挥各地大专院校、科研院所、设计单位以及行业协会的人才和技术优势，组建一批清洁生产审核咨询服务机构，帮助企业开展清洁生产审核。建立清洁生产专家库，为企业实施清洁生产提供技术指导和服务。

（六）广泛开展宣传教育和培训

充分利用报纸、广播、网络等宣传途径，采取多种形式，广泛深入宣传有关清洁生产的方针政策和法律法规，不断提高全社会对清洁生产的认识，倡导节俭文明的绿色消费理念，为推行清洁生产营造良好的社会氛围。加强清洁生产教育培训，特别是对企业领导、技术人员以及广大员工的清洁生产专业知识培训，为推行清洁生产工作奠定坚实的基础。

第三节　建立静脉产业体系

所谓静脉产业，就是资源再生利用产业。它是以保障环境安全为前提，以节约资源、保护环境为目的，运用先进技术，将生产和消费过程中产生的废物转化为可重新利用的资源和产品，实现各类废物的再利用和资源化的产业，包括废物转化为再生资源及将再生资源加工为产品两个过程。与之相对应，开发利用自然资源的传统产业，则被称为动脉产业。它们共同构成了资源环境和经济发展的良性循环链条。

上世纪 90 年代中期，循环经济开始作为实践性概念出现于德国、日本和美国，这些国家制定了《物质循环与废物管理法》、《建立循环社会基本法》等相应法规，其中日本和德国的循环经济有点类似，相当于“垃圾经济”、“废物经济”的范畴，大力发展静脉产业是德、日实践循环经济的主要手段。在日本，人们把废弃物转换为再生资源的企业形象地归入“静脉产业”，因为这些企业能使生活和工业垃圾变废为宝、循环利用，如同将含有较多二氧化碳的血液送回心脏的静脉。在中国，党的十六届五中全会提出大力发展循环经济，完善再生资源回收利用体系。2006 年 9 月实施的《静脉产业类生态工业园区标准（试行）》，标志着中国静脉产业进入一门独立产业的时代。

静脉产业体系可细分为资源回收产业、拆解产业、分类处理产业、再制造产业、再生产业、物流产业、资源再利用产业、技术创新产业和资源最终处理产业。在静脉产业体系中资源回收产业是起点，拆解、分解产业是基础，再生、再制造产业是核心，物流产业是纽带，再利用产业是关键、目的，科技发展是平台和保障，资源最终处理产业是辅助。

一、静脉产业在国民经济中的重要地位

国际社会普遍认为，未来几十年的新兴技术中，垃圾处理新技术位居第二，静脉产业将是 21 世纪最具发展前途的产业。废弃物的回收再利用可以减少对原生资源的需求，缓解经济发展引发的资源危机，有效解决经济发展与环境保护的矛盾。废弃物是可再生物质资源，是放错了地方的财富。

经专家研究表明：每回收利用 1 吨废旧物资，可以节约自然资源 4.12 吨，节约能源 1.4 吨标煤，减少 8 吨左右垃圾处理量；每利用 1 吨废钢铁，可出钢 0.85 吨，节约成品铁矿石 2 吨，节能 0.4 吨标准煤，少产生 1.2 吨矿渣，比用铁矿石炼钢节约 2/3 的工时；每利用 1 吨废纸，可生产纸浆 0.8 吨，节约木材 3 立方米，节约能源 1.2 吨标准煤，节水 100 立方米，少排放废水 90 多立方米，节电 600 千瓦时。电器产品换代的节律越来越快，报废电器中的元器件平均只用了 2 万小时，只相当于设计寿命的 1/25，这些元器件还有很高的利用价值。静脉产业有着广阔的前景，不仅将成为循环经济的主力军，而且能成为扩大就业机会、促进经济发展的新领域，形成新的经济增长点。

据统计，全世界每年生产的钢铁、铝、锌、纸张等的总产量中，由垃圾中提取再生资源加工而成的产品分别占到 45%、22%、30%和 35%。法国每年铜产品的原料中，有 80%来自废铜。美国每年用于新闻纸的原料中有 1/3 来自废纸。因此，静脉产业得到世界各国，特别是发达国家的高度重视，被确定为“静脉经济”、第四产业。

目前，我国垃圾累计堆放量已达 60 多亿吨，占用土地空间 5 亿立方米，对土壤、地下水、大气造成现实和潜在的污染相当严重。工业固体废物占固体废物的绝大部分。另外，目前我国城市垃圾构成已经发生了很大变化，垃圾中可回收利用的资源越来越多，有 30%~40%的垃圾是可以再利用的废纸、废玻璃、废塑料和废金属，使得从废物利用中获取资源成为可能。据统计，我国每年产生的固体废弃物可利用而未被利用的资源价值达到了 350 多亿元。如果将这些可再生资源利用起来，变废为宝，不仅能取得环境效益和社会效益，还能取得良好的经济效益。

二、我国静脉产业发展历程

我国静脉产业在20世纪50年代就有所发展，但是人们当时对静脉产业尚未有所意识，只是把它当作废旧物资的回收与简单利用。

（一）静脉产业的萌芽阶段

上世纪五六十年代我国的静脉产业走在了世界前列，中国经验得到了发达国家认可。在当时的计划经济时期，我国有很多废物回收点，大到家具、各种废旧器具，小到鸡毛、肉骨头，回收品种有100多种。

（二）静脉产业的发展阶段

上世纪七八十年代，国家为了扶持再生资源行业的发展，曾先后投资近2亿元进行技术改造和设备更新。随着上世纪80年代改革开放和市场经济的发展，再生资源的经营逐渐放开，民营企业不断介入废旧物资的回收，形成了相当规模的个体私人回收大军。

（三）静脉产业进一步发展阶段

上世纪90年代以来，在国家一系列鼓励再生资源回收利用优惠政策的支持下，我国静脉产业得到较快发展，再生资源回收加工体系初步形成。截至2009年年底，中国废弃资源和废旧材料行业规模以上企业数量达到1016家，一个遍布全国、网络纵横的再生资源回收加工体系已见雏形。

三、我国静脉产业发展中存在的问题

尽管我国静脉产业取得了巨大成就，但是我国在向市场经济转轨过程中，静脉产业出现了一定程度的萎缩，静脉产业作用没有得到应有的发挥，与发达国家相比，发展还相对滞后。

（一）缺乏足够的认识

人们对静脉产业的认识还停留在“捡破烂”、“收废品”的水平上，在城市的发展中鲜有对静脉产业的规划，使得静脉产业停留在“散兵游勇”或“拾荒者”的状态，远远没有达到循环经济所要求的市场化、产业化的程度，过分重视静脉产业的经济效益，忽视其社会环境效益。由于只顾静脉产业过程的短期经济利益，采取了破坏环境的方式进行资源回收和利用，同时忽视了对最终废弃物的无害化处置，带来了严重的次生环境问题。

（二）行业管理体制的束缚

目前，垃圾治理工作还被看做是社会公益事业。城市生活垃圾、工业垃圾、医疗垃圾、建筑垃圾，分别由环卫部门、环保部门、卫生部门以及城管部门分头负责管理，每个部门又都拥有自己的收集和处理系统。这些部门既是垃圾治理监督管理部门，又是垃圾处理的具体实施单位，缺乏独立经营的积极性，在一定程度上限制了垃圾产业运营的市场化。随着经济与科技的发展，垃圾逐步趋于多样化、复杂化、混合化，这种多头管理已经越来越难以适应新的形势。

（三）法律体系尚不完善

在经济因素尚不能成为拉动人们自觉地进行垃圾再利用的今天，利用法律来明确相关各方的权利、义务无疑是实现垃圾资源再利用的有力保障。我国近年来陆续出台了一些相关法律法规，但现在还没有一套全国性再生资源综合利用的相关法律，资源回收利用缺乏强有力的、长期的激励机制和约束机制。

（四）政策扶持不够

由于缺少税收优惠、信贷支持和财政补贴等方面的相关激励政策措施，严重制约了企业处理公共废弃物的积极性，也限制了公众投资进入静脉产业的热情。这给本来就资金紧缺、发展缓慢的静脉产业带来了十分不利的影响。

（五）技术开发进展迟缓

静脉产业的快速发展，技术是关键，没有技术支撑，废弃物的综合利用就无法提升，其广度和深度只能局限在“初级”水平上。垃圾是继污水、废气以后严重影响环境的主要因素之一，由于其分散性和成分的复杂性等特点，其处理难度很大，需要更多的技术开发工作。而目前的情况是，由于科研开发资金的短缺及资源循环利用的利润率较低，企业更愿意使用“纯净”的原材料。

四、推进我国静脉产业发展的主要任务

（一）完善法律体系

尽快构建完善的静脉产业发展制度框架，明确静脉产业在循环经济中的重要地位，制订静脉产业发展相关规划，建立起有关静脉产业的法律体系，进一步明确静脉产业的主体、责任、权利和义务，通过依法行政、科学行政，大力推进静脉产业的规范化和法制化，避免职责不清、规范不明、随意性大的问题。

（二）制定相应的扶持政策

目前我国的静脉产业仍属微利产业，其发展需要国家政策的积极扶持。要综合运用财税、信贷、投资、价格等政策手段，制定一系列支持静脉产业发展新的扶持政策。要进一步完善和落实税收优惠政策、财政补贴政策和信贷支持政策，促进静脉产业快速发展。

（三）加大开发和推广新技术

加大对具有推广应用前景的技术给予专项经费支持，鼓励、引导和组织相关企业、科研部门积极开展废物循环利用技术的研发，筛选和推荐一批具有较好应用前景和经济效益的废弃物循环利用技术。具体实施中可采取先试点、后推广的

技术路线，选择经济基础和技术条件较好的区域建设再生工业园，形成动脉、静脉产业园区互动的良性发展模式。

（四）提高公众意识

真正实现垃圾的减量化、再利用、资源化和无害化，还须从源头做起，需要每个公民的自觉行动。要提高公民的意识，必须加大宣传教育力度。利用电视、广播、报纸、网络等各种媒体进行长期大量的宣传。学生是未来的主力军和希望，也是最容易接受新的、科学的生活方式的人群，要借助教育机构，从幼儿园到高等学校都进行宣传引导，让他们从小就养成好的习惯。

第四节　大力推进循环经济产业园建设

循环经济产业园是产业集聚和企业集群的集中区域，包括工业园区、农业园区和服务业园区等。农业专业生产区和生态区及物流园区、商品一条街（市场）、旅游区等服务业园区，较之工业园区有自然的生态属性，因此，循环经济产业园建设的重点应该放到工业园的改造、提升和建设上。

目前，全国各种类型的工业园区已达上万个，以产业集聚[①]为特征的工业园区已经成为我国各地经济发展的主要形式，其发展模式将会直接影响我国经济可持续发展目标的实现程度。然而，工业园区传统的发展模式使我国经济背负着沉重的资源环境包袱。新中国成立以来，我国 GDP 增长了十几倍，而矿产资源消耗却增长了 40 多倍，实现经济的快速增长在很大程度上是依靠大量资源的消耗，致使我国资源现实状况难以维继传统的发展模式，国内资源供给不足，重要资源对外依存度不断上升。虽然我们曾积极调整产业结构，试图改善因工业园区不合理发展对环境和资源造成的负面影响。但据目前情况来看，因工业园区发展模式不合理直接或间接造成的生态环境破坏态势依然十分严峻。一方治理、多方破坏，点上治理、面上破坏，治理赶不上破坏等问题十分严重。从总体上看，生态环境破坏的范围在扩大、程度在加剧、危害在加重。因此，应立足我国产业发展的客观条件，按照循环经济的要求转变工业园区的传统发展模式，使我国经济社会实现可持续发展。

---

①产业集聚是指同一产业在某个特定地理区域内高度集中，产业资本要素在空间范围内不断汇聚的一个过程。产业集聚问题的研究产生于19世纪末，马歇尔在1890年就开始关注产业集聚这一经济现象，并提出了两个重要的概念，即“内部经济”和“外部经济”。马歇尔之后，产业集聚理论有了较大的发展，出现了许多流派。比较有影响的有：韦伯的区位集聚论、熊彼特的创新产业集聚论、E.M.胡佛的产业集聚最佳规模论、波特的企业竞争优势与钻石模型等。

一、我国工业园区可持续发展面临的挑战

改革开放以来，工业园区在我国各地迅猛发展，为我国经济注入了新的生机和活力，成为各地工业发展的主要载体，加快了当地的工业化和城市化进程。但我们必须清醒地认识到，许多工业园区在粗放型开发模式下，在为当地带来财富的同时，也给人们的资源环境构成了严重威胁。

（一）工业园区环境污染问题仍未得到有效遏制，资源利用效率低下的格局尚未有效改善

目前，国内大多数工业园区内的产业类型，主要以能源、冶金、化工、建材和机械等传统工业为主。这些产业一般为重污染型行业，需要在环境污染方面进行严密监视和防范的，但由于缺乏统一规划和科学管理，许多企业存在规模小、技术水平低、设备陈旧、生产管理不善、单位产品能耗高、资源消耗大等隐患，造成资源能源严重浪费，环境污染严重，给整个园区污染控制和管理带来很大困难，很多工业园区成为当地的污染源。

（二）园区发展定位模糊，内部企业之间缺乏有效的交流与合作

在工业园区建设中，大多数地方政府以引资数量为主要目标，能引进什么项目，就引进什么项目，尚未上升到从培育地方产业集聚的角度引资建园。各地工业园千篇一律，既未组建一批具有一定规模、上档次的特色工业园区，也未形成各具特色、集中布局的产业群，行业集中度明显不够，影响了“小企业、大集群”格局的形成和专业化产业园区的建设；有些园区产业定位不太明确，加上招商引资项目上的“饥不择食”，导致园区产业形成“大杂烩”，难以形成集聚效应。

（三）园区内部土地低效利用，产业升级乏力

工业园区大多以发展劳动密集型产业为主，以大量土地和劳动力的占用为基础，其土地产出率明显低于资金和技术密集型产业。由于工业用地的粗放利用，随着经济总量的不断增长，许多地方越来越感到建设用地的不足。由于布局、规划和区位等因素影响，一些工业园区很难引进项目，却存在随意开发、大量土地被圈占和闲置的现象，造成了资源的浪费，使得土地利用更为低效。

（四）园区整体发展模式过于粗放，资源利用和环境改善方面缺乏系统观念

目前，我国大多工业园区防治污染的主要措施是加强对企业的技术改造、推广清洁生产，即对生产过程与产品采取整体预防性的环境策略，以减少对人类与环境可能的危害。然而，清洁生产过于重视在单个企业内部开展系统化的污染预防工作，忽略了不同企业的合作。对于一个园区来说，污染和生态破坏是一个系统问题，仅从单个企业着手而不考虑整体预防是无法实现区域范围内整体环境和

生态改善的。单纯依赖清洁生产方法往往无法从各种不同产业组成的工业系统的高度来审视系统内部不同成员之间的物流和能流关系，这种缺乏一体化的思想导致大量的有用资源和能源白白浪费掉，而且也往往忽视了工业发展和周围自然环境之间的和谐问题。

当前我国正处于工业化迅速发展阶段，推进工业绿色化，实现资源节约型、环境友好型的新型工业化发展显得日益重要和紧迫。以循环经济为理论基础建立生态工业园既考虑到了单个企业的清洁生产问题，又鼓励园区内的企业相互交换副产品，从系统一体化的角度建立工业共生网络，提高园区的生态及资源效率。因此，建立生态工业园将会是实现我国工业园区可持续发展的可行途径。

二、国外循环经济工业园建设的实践

建立循环经济工业园区是循环经济在产业领域的主要实践形式。各种在业务上具有关联关系的企业聚集在一起，一家企业产生的废物将是另一家企业的生产原料，这些企业依照顺序形成一个高效率的闭环系统，既提高了经济效益又从根本上改善了生态环境，这是建立循环经济工业园的最终目的。一些发达国家，如美国、丹麦和加拿大等，很早就开始建设循环经济工业示范园区。其他国家如泰国、印度尼西亚、菲律宾、纳米比亚和南非等发展中国家，也正积极兴建循环经济工业园区。

国际上最成功的当属丹麦循环经济工业园区。该园区以发电厂、炼油厂、制药厂和石膏制板厂为核心企业，把一家企业的废弃物或副产品作为另一家企业的投入或原料，通过企业间的工业共生和代谢生态群落关系，建立“纸浆—造纸”、“肥料—水泥”和“炼钢—肥料—水泥”等工业联合体。发电厂以炼油厂的废气为燃料，其他公司与炼油厂共享冷却水；发电厂煤炭燃料的副产品可用于生产水泥和铺路材料；发电厂的余热可为养鱼场和城里的居民住宅提供热能。该园区以闭环方式进行生产的构想，要求各个参与厂家的输入和产品相匹配，形成一个连续的生产流，每个厂家的废物至少是另一个合作伙伴的有效燃料或原料。同时，对各参与方来讲，必须具有经济效益，如节省成本等。这种工业共生仍在不断进化，其成功提示着人为创造这种副产品交换网络的可能性。

由此可见，以循环经济为理论基础建立起来的工业园在这些国家中都表现出了显著的循环特性。当然，在这些企业中也存在着其他物资流动的可能性，随着园区内企业的集聚，会有越来越多的企业加入到工业共生的网络中，使循环经济工业园的发展更有利于实现平衡与稳定。

三、我国发展循环经济工业园的措施

为了实现我国工业的可持续发展，循环经济工业园将会是继经济技术开发区、高新技术开发区之后的第三代产业园区，也就是说，未来的产业园区一定是循环经济园区。通过借鉴发达国家的成功经验，我国在循环经济工业园发展过程中应做好以下几个方面的工作：

（一）按照科学发展观和“五个统筹”的要求，将循环经济原则落实到工业园区规划的编制过程中

在编制总体规划和各类专项规划、区域规划以及城市规划的过程中，要把工业园发展循环经济放在重要位置。一方面，要把发展循环经济作为编制园区规划的重要指导原则，用循环经济理念指导各类规划的编制；另一方面，在规划编制过程中，要加强对发展循环经济的专题研究，加快节能、节水、资源综合利用、再生资源回收利用等循环经济发展重点领域专项规划的编制工作。

（二）提高资源的使用效率，并鼓励在园区内进行资源的梯次流动

在工业园内提倡资源的综合利用，使废弃物资源化、减量化和无害化，把有害环境的废弃物减少到最低限度，这是发展循环经济的重要目的，使资源和能源在这个工业系统中循环使用，上家的废料成为下家的原料和动力，尽可能把各种资源都充分利用起来，做到资源共享、各得其利、共同发展。

（三）运用先进的设计手段，对产品进行生命周期分析

循环经济工业园要求把经济效益、社会效益和环境效益统一起来，并且要充分注意到使物质循环利用，做到物尽其用。对于产品，即使在使用生命周期结束之后，也要易于拆卸和综合利用。在产品设计中，尽量采用标准设计，使一些装备可以便捷地升级换代，而不必整机报废；同时，在产品设计中，要尽量不产生或少产生对人体健康和环境有危害的产品；不使用或尽可能少使用有毒有害的原料。

（四）大力发展绿色技术，完善循环经济建设的科技支撑体系

在工业园区未来发展过程中，一方面要努力突破制约循环经济发展的技术瓶颈。重点组织开发和示范有普遍推广意义的资源节约和替代技术、能量梯级利用技术、延长产业链和相关产业链接技术、“零排放”技术、有毒有害原材料替代技术、回收处理技术、绿色再造技术，以及降低再利用成本的技术等，不断提高单位资源消耗产出水平，尽快使资源消耗从高增长向低增长再向零增长转化，使污染排放量从正增长向零增长再向负增长转化，从源头上缓解资源约束矛盾和环境的巨大压力。另一方面，要积极支持建立循环经济信息系统和技术咨询服务体系，及时向社会发布有关循环经济的技术、管理和政策等方面的信息，开展信息咨询、技术推广和宣传培训等工作。要充分发挥行业协会和节能技术服务中心、清洁能源生产中心的作用。积极推动国际交流与合作，借鉴国外推行循环经济的

成功经验，引进核心技术与装备。

（五）科学和严格管理

循环经济工业园是一种新型的、先进的现代产业园区形态。但是，不能设想仅靠先进的技术就能推行这种经济形态，它是一门集经济、技术和社会于一体的系统工程，科学和严格的管理是做好这种经济的重要条件。因此，需要建立一套完备的办事规则和操作规程，并且督促其建立和实施管理机制。

另外，要使循环经济工业园得到顺利发展，单纯依靠企业的努力是不够的，还需要园区管理部门，特别是当地政府的支持和推动。从各种优惠政策方面，如在金融、人员培训和税收等方面鼓励企业进入循环经济工业园，并提倡在园区内建立循环产业链，形成工业共生网络。同时，还要制订必要的法规，对工业园加以规范，做到有法可依、有章可循。特别要使用经济激励和惩罚手段，以推动循环经济的健康发展。

总之，循环经济产业园建设在我国才刚起步，我们应认真学习国外的成功经验，同时结合我国的具体国情和产业特点，在一些具有代表性的重工业基地进行实验，及时总结经验，并在此基础上进行推广，使我国经济真正走上可持续发展的道路。

第四章　我国循环经济的保障体系

循环经济是当今世界解决可持续发展问题的最佳途径，是我国经济发展到一定阶段的客观要求，是我国 21 世纪的发展战略选择，也是我国经济社会实现可持续发展的必由之路。为了有效推动循环经济发展，国家制定和出台了一系列法律、政策、制度和技术措施，形成了较为完善合理的保障体系，在一定程度上促进了循环经济的健康快速发展。但是，从当前循环经济发展现状和存在问题看，一些地方领导和单位依然存在着口头讲得多，实际行动少；理论模式多，研究应用少；总结经验多，实际推进少的现象，影响循环经济深入发展。因此，在循环经济发展过程中应注重完善产业政策，健全指标体系，加强政府在规划、监管和咨询服务方面的力度，以技术创新促进循环经济顺利发展，形成完善的保障体系，使循环经济从理论、观念的宣传转到务实的基础技术研究方面来。从而解决政府规划、决策不到位，企业技术障碍难突破和监督管理缺指标的问题，使循环经济步入良性发展的轨道。

第一节　制度保障体系

近年来，随着我国经济的高速增长，经济发展与资源、环境的矛盾日益突出。为了克服这一现实问题，我国已将发展循环经济作为经济结构调整、转变经济发展方式的重要原则和战略。因此，在科学发展观的指导下，通过循环经济制度保障体系建设，克服原有制度框架存在的根本性制度制约与障碍，为循环经济的顺利发展提供根本制度保障。

一、循环经济制度体系现状

目前我国已初步建立循环经济制度保障体系，且在其他有关法律法规中已经包含或体现了某些有关循环经济的内容。国家于 2005 年出台了《关于加快发展循环经济的若干意见》，2008 年颁布了《中华人民共和国循环经济促进法》。还在 30 多部环境保护、资源、防止生态破坏、保护和建设生态环境的法律，20 多部与环境资源有关的其他法律法规中，直接或间接提出与循环经济有关的内容，或者大都与循环经济有不同程度的关系或联系。国家于 2002 年 6 月 29 日颁布的

《中华人民共和国清洁生产促进法》是一部重要的循环经济立法，是我国循环经济发展的里程碑。从我国循环经济的立法现状可以看出，循环经济法还处于起步阶段，虽然能够对发展循环经济起到一定作用，但法律规定过于原则，离循环经济要求实现的减量化、再利用和资源化的目标还相差甚远。但在实践中，循环经济已经受到了重视，我国的循环经济在理论研究、宣传教育以及示范试点上取得了一定的进展。这些成效为我国构建循环经济法律体系、完善循环经济法律制度奠定了基础。

二、我国循环经济制度还很不完善

发展循环经济在我国尚处于起步阶段，在现行体制下发展循环经济所产生的环境效益和社会效益并不能同时完全体现为企业收益的增加。这种投入和收益的不相匹配，决定了现阶段发展循环经济不可能成为企业的自觉选择。因而，我国循环经济发展主要面临以下制度障碍：

（一）政府强制性制度缺乏

强制性制度是由政府命令和引入而施行的制度体系，它在构成一个特定社会结构方面有着举足轻重的作用。目前，我国循环经济发展过程中缺乏政府强制性制度。

1.我国现行的有关资源和环境保护的法规主要以末端治理模式为立法核心，不能适应循环经济模式发展的要求。发展循环经济要求摒弃对废弃物进行被动的“末端处理”的思想及生产模式，而转换为在生产和消费的源头进行“源头预防”为主的模式。因此，要促进我国循环经济的发展就必须对现行的末端治理思想为指导的制度进行全面的修改和废除。

2.我国现行环境和资源制度没有具体明确企业的责任和义务，也缺乏更加具体的专项法规。细则比较笼统，缺乏系统性，对环境违法行为的处罚规定普遍偏轻，极少追究刑事责任，可操作性和强制性都受到极大的制约。如《清洁生产促进法》、《节约能源法》、《环境影响评价法》、《可再生能源法》等，都没有具体明确企业的责任和义务，缺乏强制力。

3.各级地方政府的强制性制度供给意愿和能力不均衡，阻碍了我国循环经济的全面执行。虽然我国中央政府表现出强烈的循环经济制度供给意愿，但是由于各区域经济发展的不均衡，往往采取过度消耗自然、环境资源的方法以求得经济发展、就业增加、收入提高，至于经济运行是否符合循环经济的要求，实践中常被忽略。

（二）市场诱导性制度不健全

市场诱致性制度指通过市场制度不均衡供给，诱导交易主体在响应引致的获利机会时所进行的自发变迁。这是构成一个特定社会结构的重要潜在运行制度。目前，我国循环经济发展过程中的市场诱导性制度缺乏。

1.资源定价机制不健全。循环经济以资源的高效利用和循环利用为目标，健全的市场价格机制能够使资源价格真正成为利益范畴，使它的变动对企业利益的增减有直接影响，具有较强诱导力量而能左右企业活动。其完全可以通过控制资源的价格，进而改变企业的利益来促使企业主动节约资源，发展循环经济。但是，目前在循环经济发展过程中，由于我国资源定价制度的不健全，使得市场机制无法发挥推动循环经济发展的作用。

2.市场产权制度不清晰。科学的产权制度是经济运行的根本基础，可以促使产权拥有人和产权使用人愿意为循环经济投入发展成本。由于我国缺乏市场化的产权制度，在长期的经济发展过程中，资源和环境是作为一种半公共产品来使用，在产权上具有非排他性，因而存在着严重的搭便车行为，从而导致环境使用（污染）和资源开采的低成本，不仅违背了等价交换原则，也造成了资源的紧缺和生态环境的严重破坏。

3.技术创新制度落后。由于循环经济的发展不仅是废旧资源的回收和利用，更重要的是资源综合利用率的提高。目前我国资源综合利用技术创新制度发展落后，与发达国家差距很大，制约了我国循环经济的发展。此外，由于我国对知识产权还缺乏有效的制度保护，也限制了企业研究、开发和推广应用资源节约型技术的积极性。

三、进一步构建循环经济制度体系

合理的制度保障体系是循环经济顺利发展的根本保障。理论和实践充分表明，完整合理的制度体系是一个企业、一个地区乃至一个国家经济持续发展的基本前提。它通过制度来安排和协调经济利益主体关系，有效刺激与规范经济主体行为。

（一）构建发展循环经济的制度保障体系

完整合理的制度保障体系是发展循环经济最基本的，也是最重要的前提。它是规范各个行为主体，明确消费者、企业和各级政府在循环经济方面的义务和责任，使其按照循环经济的规律进行生产活动的基本约束和依据，同时将资源利用和环境保护问题统筹考虑，解决目前环境保护与资源开发相互分割，环境执法和资源相互脱节的问题。循环经济发展的制度保障体系应包括基本的循环经济法规、专门性的循环经济制度、在其他相关法规中能够充实促进循环经济发展的规定等。

（二）构建发展循环经济的监管制度体系

制定政策体系虽然是重要的环节之一，但落实和监督执行更为重要。首先是设立专门、自上而下的循环经济领导组织体系，赋予更大的执法权限，加大执法力度，使制度落实真正有机制和体制保障，以克服由于涉及农业、林业、环保、国土资源等部门的多头管理和政出多门、政策冲突或政策盲区等问题。其次是明确将循环经济纳入政府决策者政绩的考核体系，建立新的评价和考核指标体系。第三，建立全国性的循环经济发展规划，各级政府自上而下层层签订循环经济建设目标责任书，督促其行使循环经济职能，抑制地方保护主义。

（三）建立技术创新制度、产权制度和资源定价制度的互动创新体系

一方面，通过自然资源和环境容量资源的产权制度创新，明晰自然资源和环境容量资源的产权，形成排他性的产权机制，使得自然资源和环境容量资源不再是一种无价的公共产品，并能够通过资源定价机制显现其稀缺价格，使得市场竞争主体可以将其与劳动力、土地及资本一样，作为生产要素计入企业成本，诱导企业主动寻求对自然资源和环境容量资源更合理利用的环境友善技术，推进面向循环经济的技术创新。另一方面，在环境容量资源产权可转让的情况下，对更合理利用自然资源和环境容量资源的技术需求就会增加，新的需求就会对现有技术创新制度的供给带来影响，主要表现为对技术变迁的激励制度和技术产权的保护制度的强烈需求，从而带来环境友善技术的开发与应用更加迅速。而环境友善技术的普及与推广，则会促进自然资源利用效率的提高和环境容量资源供给量的逐渐增加，从而形成技术创新制度、产权制度和资源定价制度的良性互动演进，推动循环经济的全面发展。

随着我国自然资源与环境容量资源稀缺程度日益显著，迫切需要通过转变经济发展方式，以缓解自然资源和环境容量资源严重稀缺所带来的压力，循环经济发展模式则成为实现可持续发展的必然选择。发展方式的转变依赖于一系列面向循环经济的制度保障体系建设，依靠制度创新的激励和保护。

第二节 技术支撑体系

发展循环经济要求在充分利用资源、优化利用能源和保护环境的前提条件下，实现效率和利润的最大化。这一目标是现有常规技术所无法支撑的，只有一系列先进技术的输入，才能实现循环经济的快速发展。从循环经济产业的实际运行来看，其技术支撑体系由替代技术、减量技术、再利用技术、资源化技术、系统化技术等五类技术组成。替代技术是通过开发和使用新资源、新材料、新产

品、新工艺，替代原来所用资源、材料、产品和工艺，以提高资源利用效率，减轻生产和消费过程对环境压力的技术。减量技术是用较少的物质和能源消耗来达到既定的生产目的，在源头节约资源和减少污染的技术。再利用技术是延长原料或产品的使用周期，通过多次反复使用，来减少资源消耗的技术。资源化技术是将生产或消费过程产生的废弃物再次变成有用的资源或产品的技术。系统化技术是从系统工程的角度考虑，通过构建合理的产品组合、产业组合、技术组合，实现物质、能量、资金、技术优化使用的技术，如多产品联产和产业共生技术。

一、我国循环经济技术支撑体系的现状

多年来，国家在依靠科学技术发展循环经济方面做了大量工作，重点研究并初步建立了以资源的回收、再利用、再循环、替代与综合利用技术，固体废弃物的减量化、再利用、再循环、无害化处理技术，农业生态链接技术，能量梯级利用技术，水循环利用与“零排放”技术，消减大气污染的治理技术等为主的循环经济科技支撑体系。

（一）物质的再利用与资源化技术

在物质的再利用与资源化技术方面主要有：粉煤灰综合利用技术、感光行业特种废纸综合处理技术、PTA 氧化残渣[①]资源化利用技术、废石粉资源化利用技术、厨余垃圾和农业废弃物的综合利用技术、废弃食用油脂资源化利用技术、发动机的再利用技术等。

特种废纸回收利用。拥有自主知识产权的含银固体废物综合开发技术，应用于感光行业的废相纸、废胶片，包装行业的塑封、铝塑封等不可降解特种废纸的综合处理，实现了白银、纸浆、铝粉等有效资源的全面回收。可回收 95%左右的高纯度白银，远高于传统焚烧法 75%的回收率，同时避免焚烧造成的大气污染。

PTA 氧化残渣资源化。我国自主研发的精对苯二甲酸（PTA）残渣萃取、分离、脱苯和催化反应关键技术，利用化工行业 PTA 氧化废渣生产工业级苯甲酸和不饱和聚酯树脂。在解决 PTA 企业氧化残渣处置问题的同时，也提供了质优价廉的苯甲酸及不饱和聚酯树脂原料。

废石粉生产环保砖。利用废石粉、煤渣、淤泥、建筑废土、造纸黑液等废弃物，生产装饰烧结砖。减少废石粉占用土地和污染环境，替代机砖生产取土，有

---

①PTA氧化残渣即对苯二甲酸残渣，为黄色粉末，其主要成分是含量较高的苯甲酸、对苯二甲酸、间苯二甲酸、邻苯二甲酸以及不完全氧化产物对甲基苯甲酸、对羧基苯甲醛，另外残渣中还含有钴、锰、溴等催化剂。对苯二甲酸残渣的综合利用指：(1)制备增塑剂。(2)合成聚酯漆。(3)制备黏合剂。(4)将对苯二甲酸残渣进一步氧化。

效地保护土地资源。

有机废物资源化。采用生态接口技术，规模化处理畜禽粪便、厨余垃圾、水浮莲等有机废弃物，生产转化为具有高附加值的有机、无机、微生物三维复合肥；利用废弃食用油脂加工生产供陶瓷加工用的植物燃料油、供机械加工用的淬火油剂、供皮革工业用的SOT皮革合成加脂剂、机械加工用的冷却液等产品。

（二）水的循环利用与零排放技术

在水的循环利用与零排放技术方面，我国部分地区特别是东南沿海经济较发达地区，建立了几种针对不同污水特性的技术模式。对以排放生活污水为主的企业、学校和农村，推广应用污水处理及回灌技术，通过以乔木、灌木、地被植物等有机组成的“森林式”绿地，利用好大水、好大肥的生态林进行吸收消纳污水，既节约了绿化用水，又为植物的生长提供了氮、磷等营养物质。对一些高污染行业的工业废水处理则应用膜分离技术，既回收废水中的有用物质，又使废水经膜处理后达到循环使用的目的。

（三）清洁生产技术

在企业内推行的清洁生产技术，主要以降低能耗物耗，减少污染物排放为主。节约能源方面大力推广的先进技术主要有：中央空调智能模糊控制技术、中央空调系统辅机节能改造技术、电机系统变频调速技术、注塑机节电改造技术、高温冷凝水回收技术、链条炉分层燃烧改造技术等。

（四）生态产业链接技术

在生态产业链接技术方面，基本探索出比较成熟的生态型立体养殖模式，山区是“猪—沼—果—林”，丘陵是“猪—沼—果—草”，平原是“猪—沼—渔/虾/蔬菜/食用菌”。在生态工业方面，出现了较少循环经济项目构成的企业循环体系，但就我国经济占主体地位的工业来说，目前的生态工业链接技术尚处于初级阶段，基础比较薄弱。

二、我国循环经济技术支撑体系存在的主要问题

尽管与发展循环经济相关的技术在个别企业、个别产业、个别领域得到了应用和推广，但从整体来看，我国循环经济技术支撑体系还比较薄弱、零碎和不全面，其深度和广度远不能满足发展循环经济的要求。部分企业的生产工艺、技术装备比较落后，资源利用率和废弃物处置率都比较低。现有开发的物质循环利用技术大多靠国外引进，缺乏自主技术支撑，直接影响到循环经济的全面推进。

（一）缺乏关键的生态衔接技术

生态衔接技术是建立生态工业园的关键。我国现在比较成熟的生态衔接技术是生态养殖技术，而在我国经济占主体地位的工业中基本未出现符合工业产业集

聚的生态衔接技术和生态工业园区。

（二）废旧装备和“电子垃圾”再制造和资源化技术还比较落后

再制造首先要实现以先进技术和产业化生产为手段，修复和改造废旧设备，使之恢复性能甚至获得新的性能，延长设备使用寿命。同时，再制造要充分发挥在节能、节材、降耗、减少污染和提高经济效益上的巨大作用。目前，我国已进入电器废弃的高峰期，废旧装备、“电子垃圾”再制造和资源化几乎还是空白阶段，有个别企业在进行此项工作，但还是处于初级处理阶段。应立即着手开发和推广电子垃圾再利用和资源化的先进技术，从电子垃圾中低成本、低污染、高效率地回收金属、塑料、玻璃等原料投入再生产，将电子垃圾资源化发展成为一个规范的现代化产业。

（三）循环利用技术的研发与应用存在着一定的差距

实验室开发出来的循环利用技术主要考虑的是技术上的可行性，尤其是理论上该技术是否可行。但在实际生产过程中，资源回收利用机制和经济可行性往往直接影响研发成果的应用，制约了循环经济技术的产业化。

（四）循环经济科技支撑体系的软环境不尽相宜

我国发展循环经济的技术储备和人才培养不足，研发能力水平还较低。循环经济所要实现的物质循环利用、可再生能源开发以及污染的源头防治等，不但规模巨大、种类繁杂，而且为此开发的新技术要通过“效率、效益显著”和“环境质量提高”双重标准评价，才有生命力。同时，科技以人为本，发展循环经济需要相应的技术人才和管理人才，只有人才才能使科学知识和技术水平不断创新。因此，必须加强人才的培养和信息交流，否则将难以完成上述任务。目前，国家还没有建立针对循环经济技术储备的研发机构和科研院所，也没有真正建立起一套对国内外循环经济信息技术收集、筛选、吸收、试验、示范、推广的工作机制，更缺少咨询服务等中介机构。

三、我国循环经济技术保障体系建设的主要措施

为了加快循环经济发展，国家制定了一系列的政策措施。在能源方面，由于供需矛盾尖锐、结构不合理，所以科技政策以节约能源、降低能耗为本，需要攻克主要节能领域的节能关键技术、开发清洁能源技术、发展建筑节能技术，实现可再生能源技术突破。以自主创新的原则为主，同时对先进能源装备技术进行引进、消化、吸收和再创新。在水资源方面，重点突破农业节水与城市水循环利用技术，发展海水淡化、污水治理等技术。在矿产资源方面，研究复杂地形矿区条件下采矿技术，提高冶炼技术，突破现有矿产勘探技术。在环境方面，大力发展清洁生产技术，突破生态功能退化综合治理技术，研究废弃物资源化技术，开展

海洋生物技术与环保技术研究。在农业方面，要开发环保肥料技术和生态农业技术。在制造业方面，完善企业技术创新，在产品设计、开发、加工、制造等环节推广绿色技术，形成高效、节能、可循环的新工艺。这些政策措施对循环经济发展起到了促进作用，但要稳步、全面和快速发展，这些措施还远远不够，要下大力气、下真功夫，制订切实可行的政策措施，才能确保循环经济目标任务的有效实现。

（一）认真搞好循环经济技术体系规划

做好循环经济科技战略规划工作，有利于相关资源的优化配置，同时也为科技政策法规和制度建设提供参照。我国“十一五”时期，科技发展规划中明确提出在能源开发、节能技术和清洁能源技术方面取得重大突破，促进能源结构优化，主要工业产品单位能耗指标达到或接近世界先进水平，同时在重点行业和重点城市建设循环经济的技术发展模式，为建设资源节约型和环境友好型社会提供科技支持。在编制“十二五”规划中，应对循环经济科技战略给予足够的重视，将循环经济技术支撑体系建设摆在我国实现经济社会可持续发展的突出位置，加大规划力度，突出建设重点。

（二）建立循环经济科技运行机制

1.增加科技投入。作为一个发展中国家，而且在资源环境面临危机时，国家应加大对循环经济科技的投入。从我国的科技经费占 GDP 中的比例来看，科技投入应有较大的增长空间。政府在逐步增加科技投入的同时，还应进一步采取切实有效的措施，建立循环经济科技投入的激励机制。利用多种风险资金对我国循环经济科技创新进行补充。

2.合理规划科技活动结构。目前，我国学、研、产、用相脱节的情况仍普遍存在，政府应尽可能多地提供信息，在学、研、产、用的结合中起桥梁作用，建立起立足于市场规则之上的学、研、产、用相结合的机制，对科技创新工作者的激励应完善以市场机制为核心的激励机制，保护和利用在这种结合中取得的效益。

3.完善科技法规体系。法规至少应发挥规范和保障两方面作用，一是激励循环经济科技活动，二是保障循环经济科技的成果不受侵犯，为循环经济科技成果建立确定的产权，完善知识产权法。

4.优化科技管理组织。解决目前我国存在的人才短缺问题，要在用人方面大胆探索，建立起有效的用人模式，利用现有人才的潜力，任人唯贤，为他们提供发挥自身优势、展示才华的环境，形成能进能出、能上能下的积极向上的浓厚氛围。

5.加强科技决策主体。应明确高校和科研机构、社会机构作为科技决策可行性研究的主体地位，而且以法规的形式确定下来，决策的可行性研究主要应由它们来承担，而不应由行政主体来负责。在决策之前，决策主体应尽可能地收集和分析各种信息，减少不确定性的影响。

（三）加强绿色科技立法和执法

循环经济科技的立法，包括立法保障循环经济科技的发明发现、循环经济科技的投入、循环经济科技交流和合作。

1.加强循环经济科技的立法。随着市场经济的发展，科技资源普遍被当作财产，应建立对其产权给予法律保护和利用的机制，依法奖励做出贡献的科技人员。在保障循环经济科技投入方面，应鼓励私人和民间闲散资金的利用，对发展绿色科技的企业上市和其他方式的融资有优惠政策和法律保障。在知识产权方面应完善专利制度和著作权法规，保护交流和合作者的应有利益，促进共同发展。

2.加强循环经济科技执法。造成“有法不依，执法不严”的现象，除体制转变期间出现的观念误区和条块分割等重要原因外，在立法方面的空白和不严密性也使执法者有较大的裁量权，被执法者“有空可钻”。因此，必须加强循环经济科技执法建设，加大执法力度。

（四）完善循环经济科技教育机制

循环经济科技教育是使循环经济科技体系能得到持续运转的后备条件，必须完善其机制，才能转观念、调结构、树意识。转变教育观念，使受教育者在获得知识和技能的同时，培养求知欲和学习习惯，树立循环经济科技意识。调整教育的结构，扩大学校办学自主权，设置清洁生产、环保节能等循环经济技术专业。树立循环经济科技意识，在全社会大力宣传循环经济科技理念。

第三节　道德与文化体系

循环经济不只是经济发展、环境保护工作的延续问题，而且也是一个庞大的系统工程，涉及国民经济各个行业和社会各个层面。循环经济的发展不仅需要经济手段和法律手段，还需要社会道德、文化来保证。它要求人们在考虑生产和消费的时候不再把自身置于这个大系统之外，它需要社会的广泛参与。消费者是市场的主体，只有他们自觉地选择循环经济的产品，才能形成绿色消费市场，实现可持续消费。据联合国统计署提供的调查资料，84%的荷兰人、89%的美国人、90%的德国人，在购物时会考虑消费品的环保标准。绿色消费市场能阻挡非环保产品，成为拉动循环经济发展的强大动力。可以说，道德和社会文化是绿色消费的根源，是我国发展循环经济保障体系中非常重要的组成部分。

中国是世界第一人口大国，随着经济的快速发展，资源消耗量大，环境污染严重。而日本的人口资源压力比我国更大，可资源消耗和环境问题比我们少得多，这不是经济实力的问题，而是人们的道德和社会文化问题，其主要表现在公民能否自觉响应政府的行政命令。比如，为便于垃圾回收利用，目前大部分城市设立了许多垃圾分类箱，但形同虚设；为禁止乱扔废物和随地吐痰，政府颁布了许多法规，但就是屡禁不绝。公民与政府行政的相呼应，来源于国家文化价值观和道德观，以及行政人员的以身作则。人的行为受制于社会文化氛围，社会文化会将先进的文化行为变为全社会大多数人良好的生活习惯，良好的生活习惯将转化为全社会的道德共识，道德共识将演化成为一系列法律规则。因此，道德和社会文化体系建设对我国循环经济发展起到至关重要的作用。

一、发展循环经济需要伦理道德

循环经济是经济发展与生态环境保护运动深度融合的结果，它的出现既体现了经济自身运行规律的客观必然性，也蕴涵着社会伦理演变中的道德必然性。循环经济的道德特性从根本上说是对自然生态和人自身的终极关怀，是人类全面发展的重要手段。循环经济伦理是伦理观念和伦理实践的统一，它既是一个伦理观念更新的过程，也是一个在实践中自我规范的过程。

近年来，严峻的资源环境现实，迫使人们对传统的经济、政治和文化以及传统的生产、消费和资源利用方式重新审视。随着人们对资源环境问题的反思和觉醒，已经进一步认识到资源环境问题是人类“活动”的后果，是人类干预自然造成的。人是积极主动的因素，因此调节人与自然之间的关系，关键在于调节人的行为，而伦理道德将有效调节人类与资源环境之间的关系和行为规范。

循环经济的建立依赖于以“减量化、再利用、资源化”为准则的操作原则，每个原则对循环经济的成功实施都必不可少。它也是人类伦理道德理念在涉及人与资源环境间，以及人与人之间的伦理道德关系的最佳表现。“人类的生存正面临着种种威胁，这些威胁中最直接、最具有毁灭性的是来自于人类自己，即人类日益增长的对付自然的力量。”人类要想在地球生物圈中生存下去，就必须用伦理道德思想来指导自己的经济行为和社会行为。循环经济模式与伦理道德思想相吻合，伦理道德作为一种道德范畴进入人类现实生活是人们从文化视角思考生态环境问题的结果，是伦理道德在现实生活中的体现。

循环经济的减量化，体现了伦理道德中人与自然和谐共存的思想。循环经济的减量化就是减少进入生产和消费流程的物质量，要求人们必须学会预防废弃物产生而不是产生后再治理。在生产环节，要严格排放强度准入，鼓励节能降耗，实行清洁生产并依法审核；在废物产生环节，要强化污染预防和全过程控制，实行生产者责任延伸，合理延长产业链，强化对各类废物的循环利用；在消费环节，要大力倡导环境友好的消费方式，实行环境标识、环境认证和政府绿色采购制度，完善再生资源回收体系。它体现在人与自然关系上，就是要求人与自然协同进化，达到人与自然的和谐相处。作为社会主体地位的人，包括在自然界的整体之中。自然界是人类生命和价值的源泉，人类在发展经济过程中必须学会尊重自然、善待自然、保护自然，把自己当作自然界的一员，要少索取、多给予，与自然和谐相处，珍惜自然资源环境，重视生态系统的动态平衡。在发展经济时，要遵循伦理道德的持续生存，善待自然的要求，节约资源，合理利用资源，努力避免采取耗竭资源、破坏生态、污染环境的方式来求得经济发展；倡导把经济效益同社会效益、生态效益、人的发展统一作为至上的伦理道德价值目标，改变传统的单纯追求经济增长的发展模式，努力做到经济发展的同时，减少进入生产和消费流程的物质量，保护自然资源和生态平衡，更好地协调人与自然的和谐共生关系。

循环经济的再利用，体现了伦理道德中持续生存的原则。循环经济的再利用是以废物利用最大化为目标。针对产业链的中间环节，对消费群体采取过程延续方法，最大可能地增加产品使用方法和次数，有效延长产品和服务的时间强度。对生产者采取产业群体间的精密分工和高效协作，使产品—废弃物的转化周期加大，以经济系统的物质能量流的高效运转，实现资源产品使用效率的最大化。在日常生活中，确保再利用的简易之道，是对物品进行修理而不是频繁更换。可将合用或可维修的物品返回市场体系，或捐献出自己不再需要的物品供别人使用。这些都体现了人类在自然界中持久、更好地生存的伦理道德观。

循环经济的资源化，体现了伦理道德中的代际和代内公平理念。循环经济的资源化是以污染排放最小化为目标。通过对废弃物的多次回收再造，实现废物多极资源化和资源闭合式良性循环，实现污染物的最少排放。资源化能减少人们对垃圾填埋场和焚烧场的压力，制成使用能源较少的新产品，它包括原级资源化和次级资源化两种方式：前者即是将消费者遗弃的废弃物资源化形成的与原来相同的新产品，如啤酒瓶的回收等；后者是把废弃物变成不同类型的新产品，这一过程体现了伦理道德中的代际和代内公平理念。人类代际间的公平，是从时间特征和人类认识的能动性出发而提出的一种现代人类应有的伦理道德和对下一代的责任感和义务感。代际公平要求本代人的发展不能以损害后代人的发展能力为代价，至少要留下比前辈留下的更多的自然财富，提供后代人能进一步发展的自然条件。为后代人多着想，这既是本代人的责任，也是本代人超越前代人的表现。伦理道德中的代内公平和代际公平的理念，就是要求人们在发展经济过程中，对自然资源索取要公平，要注重其反馈效果，使人们能充分享受自然所赋予的公平，这就强调在代际、代内之间都要一视同仁。发展循环经济，通过资源的循环利用和清洁生产，能更好地解决人类社会所存在的代际和代内公平问题。

二、发展循环经济需要循环经济文化支撑

文化是人类在社会历史实践中创造的不同形态的精神财富及相互关系、相互作用所构成的系统，可分为智慧文化、规范文化、意识文化和组织文化四种形态。凡致力于人与自然、人与人的和谐关系，致力于可持续发展的经济文化形态，就是循环经济文化。循环经济文化是人类的新经济文化运动，是人类思想观念领域的深刻变革，是对传统工业文明的反思和超越，是在更高层次上对自然法则的尊重与回归。几十年来，循环经济文化的理念广泛渗透到人类经济、科技、法律、伦理道德以及政治领域，预示着人类文明已从传统工业文明逐步转向生态工业文明，并将以自然法则为标准来改革人类的生产和生活方式。

我国发展循环经济有着深厚的文化基础和实践经验，人民崇尚节俭、物尽其用，是发展循环经济的文化基础。发展循环经济在我国有一个内涵不断扩大、思路逐步清晰、重点不断调整的过程。国家通过法律法规、政策激励等措施鼓励企业开展资源节约和综合利用，“吃干榨尽”工业“三废”。从 1994 年开始推行清洁生产，现在又积极倡导和大力发展循环经济，这些都是我国寻求经济可持续发展的实践探索。可以推断，循环经济将成为我国社会经济可持续发展的重要实现途径。我国发展循环经济文化，必须处理好循环经济文化与经济增长的关系。环境危机突出地表现在传统工业经济发展方式与环境保护的矛盾上，改造和提升传统工业经济的发展方式，探索生态工业经济的新型发展方式，是循环经济文化的重要内容。循环经济文化认为，资源是有限的，要使物质财富持续增长，就必须改变传统工业文明的生产方式，实现“污染排放最小化，废物资源化和无害化”，以最小成本获得最大的经济效益和环境效益，这便是循环经济理念。

对于循环经济文化的分析，可以分解成不同的层次，从一些发达国家取得的成功经验来看，主要表现在四个层面上：企业文化、消费文化、城市文化和社会文化。

（一）循环型企业文化

创建循环型企业文化是构建先进循环经济文化最重要的环节之一，必须使企业的利益与员工的利益达成平衡，必须使企业的利益与顾客的满意达成一致，必须使企业发展战略与国家、地区发展战略趋同，必须对环境保护负责等。这种系统作为一种文化氛围，它不是管理方法，而是形成管理方法的理念；它不是具体的行为活动，而是产生具体行为活动的原因；它不是人际关系，而是人际关系反

映的处世哲学；它不是工作或服务，而是工作或服务中体现的精神境界。因此，走循环型企业之路，要靠持之以恒的宣传、教育等活动进行灌输，使之潜移默化于员工的思想行为之中，从而使循环型企业文化渗透到企业的一切活动之中，又表现在企业一切活动之上，成为推动企业可持续发展、提高产品竞争力的强大动力。

（二）绿色消费文化

绿色消费文化是一个新鲜概念，是一种富于创意的消费文化理念，它引导消费的价值取向和行为方式，宣扬一种崭新的消费哲学理念和思想意识。绿色消费文化就是倡导消费者在消费时选择未被污染或有助于公众健康的绿色产品，在消费过程中不造成环境污染；引导消费者转变消费观念，崇尚自然，追求健康，在追求生活舒适的同时，注重环保，节约资源和能源，实现可持续消费。

（三）循环型城市文化

循环经济型城市是指在生态系统承载能力范围内运用生态经济学原理和系统工程方法去改变生产和消费方式、决策和管理方法，挖掘市域内外一切可以利用的资源潜力，建设经济发达、生态高效的产业，实现经济与环境和谐发展。循环经济型城市文化建设的目标是要促进传统工业经济向节约型、知识型和网络型高效持续循环经济的转型，以生态产业为龙头走出一条新兴工业化道路；促进城市生态环境向绿化、净化、美化和活化的可持续的生态系统演变，为城市经济发展建造良好的生态基础；促进城市居民的生活方式、价值观念向环境友好、资源节约、系统和谐、社会融洽的生态城市文化转型。

（四）循环型社会文化

发展循环经济，建立循环型社会，是实现我国可持续发展最为有效的重要途径，应该成为我国未来的经济社会发展模式。循环型社会需要建立一种新的价值体系和行为方式，为了达到可持续发展，建立循环型社会的要求，需要对传统的文化和价值观进行重新审视，建立一种追求人与自然以及人与人之间和谐为目标的新型文化和价值体系，以指导人们的日常行为方式。循环型社会文化和价值观具有多重的意蕴，贯穿于社会经济生活的各个层面，它既包括新的环境价值体系，又包括对人类社会自身新型的价值体系。在这种新型的价值观的指导下，生产者以提供绿色产品为生产理念，实行绿色生产模式，消费者改变传统的生活消费模式，注重消费过程中对环境的保护，自觉履行废弃物分类回收处理的责任与义务，最终形成人与自然和谐发展的价值观，建立环境友好的生活方式。总之，循环经济文化要立足于循环型企业文化、绿色消费文化、循环型城市文化和循环型社会文化，通过立法、教育、文化建设以及宏观调控，在全社会范围内树立天人和谐观念，实现可持续发展。

三、构建循环经济伦理道德和先进文化的路径选择

（一）培育循环经济道德和文化观

加强循环经济文化的研究、宣传与教育，积极开展循环经济伦理道德、循环经济文化和生态经济方面的科学研究。加大循环经济道德文化宣传，提高公众的循环经济意识，增强人们的循环经济观念。开展形式多样的生态文化创建活动和各种循环经济道德文化工程建设，培养符合循环经济文化的生活习惯。培养和提升公众的思想道德和生态文明素质，树立科学、文明生态观念的任务。倡导绿色文化，加强生态文化产业基础设施建设，兴办绿色学校，开展青年环保志愿者行动和绿色家园创建活动，使善待生命、善待自然的生态伦理道德观和循环经济文化深入人心。

（二）倡导绿色生产观

引导企业树立可持续发展观，实现企业利益与社会整体利益的有机结合。积极推行企业绿色生产经营管理目标责任制，建立完善企业绿色管理考核制度，使之与企业总体经营管理目标有机融合。加大绿色管理的学习培训，建立健全企业绿色管理组织，造就有强烈社会责任感、具备绿色生产经营管理技能的领导者和企业家，以企业为主体推进绿色生产。

确立循环型企业的经营思想和理念。应将可持续发展观作为企业的经营指导思想，要以自然资源的可持续利用和良好的生态环境为基础，以经济的可持续发展为前提，既满足当代人的要求，又不对后代人构成危害的发展观。要把传统的依赖资源消费的“资源—产品—污染物”简单流动的线性增长经济，转变为依靠生态型资源的“资源—产品—再生资源—再生产品”的反馈式或闭环流动来选择生产形式，开展绿色经营活动。

选择先进的循环经济生产形式。按照清洁生产方式组织生产，从生产设计、能源与原材料选用、工艺技术采用、设备维护管理和产品的生产、运输、消费直至报废后的资源利用等各个环节，做到资源利用的最合理化、经济效益的最大化、人与环境的危害最小化。要按照循环经济的要求组织生产，充分考虑自然生态系统的承载能力，按循环经济的“3R”基本原则实施生产，实现资源利用“减量化”，产品的“再使用”，废弃物的“资源化”，节约自然资源，提高自然资源的利用率，创造良性的社会财富。要按照新型工业化的要求组织生产，依靠先进科技，为经济发展降低资源消耗、减少环境污染提供强大的技术支撑，走科技含量高、经济效益好、资源消耗低、环境污染少、人力资源得到充分发挥的新型工业化道路。

(三) 弘扬绿色消费观

大力倡导绿色消费方式，引导消费观念的转变，增强节约资源、保护环境的自觉性。对全体公民进行思想教育，使广大群众深刻认识提倡绿色消费的必要性和重要性。要从可持续发展的高度，杜绝和减少人类对资源环境的破坏和由此而引起的对人类生存造成的威胁，让人们自觉控制自己的行为，合理开发利用资源，树立人与自然和谐发展的生存观。扩大宣传范围，以唤起全社会对绿色消费的重视，在宣传内容上，不但要宣传绿色消费的作用，而且要使广大民众掌握和识别绿色产品的标志等基本知识，引导消费者进行有效消费。认真研究居民的消费结构及居民收入对消费的影响程度，预测未来消费的变化趋势，为绿色产业发展打好基础。

第四节　法律和政策体系

循环经济是一种以资源的高效利用和循环利用为核心，以“减量化、再利用、资源化”为原则，以低消耗、低排放、高效率为基本特征的经济发展模式，是一种工业化的新路径，发展循环经济是我国建设资源节约型、环境友好型社会的核心内容。要实现稳定的循环经济运行秩序，提高循环经济运转效率，就必须构建一个适合其发展的政策支撑体系。

一、建立循环经济法律政策体系的必要性

发展循环经济涉及清洁生产、绿色消费、能源综合利用、回收和再循环、资源重复利用和替代技术、环境监测等方面。而这些活动的普遍性、复杂性又要求它是一种高度组织化、规则化和程序化的活动，是排除更多偶然性、任意性和专断性的活动。因此，建立和完善循环经济法律政策体系，可以有效地解决这些问题，可以有效地建立循环经济管理体制和运行机制，可以有效地组织、协调和管理循环经济发展的全过程。通过政策法律体系建设可以明确循环经济管理机构的设置、组织原则、权限职能和活动程序，确定循环经济发展规划、投资方向和基金预算，并设置这一系列制度运作的具体程序。循环经济政策法律体系建设，可以将国家发展循环经济的战略法制化，并将这一战略具体化、细则化、程序化，确定循环经济发展的合理布局和人、财、物的合理分配。另外，政策法律体系建设还可以调节发展循环经济过程中所产生的各种利益关系，使国家为发展循环经济所建立的奖励与处罚机制以法的形式得以公示并落到实处，使人们的生产生活行为得以规范，将有效促进我国循环经济快速发展。

建立健全循环经济政策法律体系，有助于我国突破绿色贸易壁垒，参与国际

竞争的需要。随着全球环境保护的不断加强，以关税和传统非关税措施来限制进口的余地越来越小，许多国家正在转向以苛刻的环保技术标准来构筑新的贸易壁垒——绿色壁垒。WTO[①]的《贸易技术壁垒协定》和《卫生与植物检疫协定》，要求各国在制定国内法规时以国际标准为基础，使这些标准具有更大的约束力。要想使我国的产品在国际贸易中符合这些规则的规定，就必须建立一整套循环经济政策法律体系，将这些国际规则国内化，使我国的生产过程符合国际通用标准，以提高我国产品在国际市场上的竞争力，增强国外消费者对我国产品的认同感。

二、我国已经建立与循环经济有关的法律体系

截至目前，我国已经出台了专门的循环经济促进法，还制定了一些针对资源和环境保护的法律法规。这些法律和法规与循环经济发展有着直接或间接的关系，是循环经济发展的制度保障。

（一）《宪法》中有关环境保护的规定

《宪法》是我国的根本大法。在我国《宪法》中明确规定："国家保障自然资源的合理利用，保护珍贵的动物和植物，禁止任何组织或个人用任何手段侵占或破坏自然资源。国家保护和改善生活环境和生态环境，防止污染和其他公害。国家鼓励植树造林，保护林木。"《宪法》中的这些规定，确立了我国环境保护立法的基本法律依据和指导原则。

（二）循环经济专项法律——《中华人民共和国循环经济促进法》（以下简称《循环经济促进法》）

它是2008年8月29日全国人大常委会正式颁布的，是我国目前唯一的有关循环经济的法律。该法共分7章58条，主要从基本管理制度、减量化、再利用和资源化、激励措施、法律责任等方面进行了阐述。该法是深入贯彻落实科学发展观、依法推进经济社会又好又快发展的现实需要，是实现循环经济发展战略目标的重要举措。

（三）环境保护有关的法律法规

《中华人民共和国环境保护法》是我国环境保护的基本法，内容涉及我国环境保护工作的各个方面。目前，我国有关环境保护的专项法主要有《海洋环境保护法》、《水污染防治法》、《大气污染防治法》、《固体废弃物污染环境防治

---

①WTO是世贸组织的英文简称，它是一个独立于联合国的永久性国际组织。1995年1月1日正式开始运作，负责管理世界经济和贸易秩序，总部设在瑞士日内瓦莱蒙湖畔。世贸组织是具有法人地位的国际组织，在调解成员争端方面具有更高的权威性。世贸组织与世界银行、国际货币基金组织一起，并称为当今世界经济体制的"三大支柱"。另有，世界旅游组织、华沙条约组织、世界厕所组织也简称WTO。

法》、《环境噪声污染防治法》、《环境影响评价法》、《放射性污染防治法》、《清洁生产促进法》等。还有一批环境保护行政法规、部门规章，以及地方性法规和地方政府规章。这些法律、法规和规章，形成了我国较为完整的环境保护法律法规体系。

（四）自然资源有关的法律法规

截至目前，我国立法机关先后制定了12部专门保护自然资源的法律。具体包括：《森林法》、《草原法》、《煤炭法》、《矿产资源法》、《渔业法》、《土地管理法》、《防沙治沙法》、《水法》、《水土保持法》、《气象法》、《种子法》和《野生动物保护法》等。

三、循环经济促进法解读

全国人大常委会2008年8月29日通过的《中华人民共和国循环经济促进法》，自2009年1月1日起正式施行。颁布实施《循环经济促进法》，是深入贯彻落实科学发展观、依法推进经济社会又好又快发展的现实需要，是落实党中央提出的实现循环经济较大规模发展战略目标的重要举措。当前，贯彻实施《循环经济促进法》、发展循环经济还将推动形成一批新产业和新产品，对拉动内需、创造新的就业岗位、解决民生问题具有积极的现实意义。

（一）制定《循环经济促进法》具有深刻的经济社会背景

循环经济作为一种新的发展模式，是在我国传统的高消耗、高排放、低利用的经济发展模式所带来的资源约束和环境压力背景下提出来的。上世纪80年代以来，我国经济快速增长，各项建设成就显著，但同时经济发展与资源环境的矛盾也日趋尖锐。

1.环境污染加重趋势尚未得到根本遏制。近年来，我国环境保护工作虽然取得积极进展，但环境形势依然严峻。根据《2009年全国环境质量状况》报告，长江、黄河等七大水系Ⅰ~Ⅲ类水质断面比例为57.3%；湖泊富营养化问题突出；饮用水源地取水仍有23.9%超过Ⅲ类标准；近岸海域总体水质为轻度污染。农村环境问题突出，土壤污染日趋严重。危险废物、汽车尾气、持久性有机污染物等污染持续增加。党的十七大提出，2020年要实现人均国内生产总值比2000年翻两番，在这一过程中，资源、能源消耗势必会持续增长，环境保护所面临的压力将会越来越大。

2.生态破坏问题日趋严重。2009年《中国环境状况公报》的数据显示，全国水土流失面积达356.92万平方公里，占国土总面积的37.2%，耕地质量退化趋势不断加重。根据第七次全国森林资源清查，我国森林覆盖率只有20.36%，相当于世界森林平均覆盖率（27%）的75.4%；我国90%的天然草原不同程度地出现退化，其中严重退化草原近1.8亿公顷。许多河流的水生态功能严重失调，生物多样性减少，外来物种入侵造成的经济损失严重，一些重要的生态区生态功能不断退化。

3.资源能源形势更加严峻。我国资源能源问题主要是过度消耗。2009年的《国民经济和社会发展统计公报》显示，我国GDP增长率为8.7%，而同期火力发电量的增长率却达到10.2%。这种状况如不尽快转变，势必产生资源能源难以为继的后果。

4.国际环境压力日益加大。以气候变化为例，根据国际能源机构的估算，我国目前已经是二氧化硫的第一排放大国。近年来，我国化石燃料燃烧所产生的二氧化碳排放总量排序在美国之后，居世界第二位。今后我国的经济发展仍将保持较快的增长速度，能源需求将有一个显著的增长。如果不对温室气体排放采取更加有效的减排措施，我们将面临巨大的国际环境压力。

要解决上述问题，破解制约我国经济社会发展的结构性矛盾，就必须大力发展循环经济，在保护环境、节约资源的同时保持经济平稳较快发展。而推进循环经济的发展，必须在统一的社会规范和法律体系下，把资源节约、环境建设同经济发展、社会进步有机地结合起来。这样既保证资源环境对经济发展的支持，又保证经济发展对资源节约和环境改善的促进，实现符合科学发展要求的良性循环。为此，中央领导同志对发展循环经济及其立法工作高度重视，多次做出重要批示。2005年3月，胡锦涛总书记在中央人口、资源、环境工作会议上指出，要“大力宣传循环经济理念，加快制定循环经济促进法”。全国人大常委会于2005年12月决定将制定循环经济促进法补充列入立法计划，并于2008年8月通过了《循环经济促进法》。

（二）《循环经济促进法》是践行科学发展观的法律保障

《循环经济促进法》为促进科学发展、保持经济平稳较快增长提供了政策导引。科学发展观的第一要义是发展。科学发展观要求的发展，是又好又快的发展，是长期、稳定、可持续发展。《循环经济促进法》有一系列调整产业结构、促进节能减排的政策性规定，为我国实现经济平稳较快发展提供了政策导引。按照《循环经济促进法》的相关规定，我们应依法完善宏观调控，加快调整产业结构，一方面要把扩大内需、促进增长同优化结构、产业升级结合起来，加快淘汰落后生产能力；另一方面要将严峻的经济形势转化为推动经济结构调整和发展方式转变的有利机遇，加大对节能减排和循环经济的支持力度。

《循环经济促进法》为实践科学发展观提供了制度保障。实践科学发展观的核心是坚持以人为本。要真正做到这一点，就必须建立起行之有效的法律制度。

只有依法促进循环经济发展，才能有助于搞好资源节约和综合利用，加强生态建设和环境保护，走出一条科技含量高、经济效益好、资源消耗低、环境污染少、人力资源优势得到充分发挥的新型工业化道路。

《循环经济促进法》为贯彻落实科学发展观提供了长效机制。科学发展观的基本要求是全面协调可持续。贯彻落实科学发展观的这一基本要求，就必须建立将经济增长与节约资源、保护环境统筹考虑的经济发展模式，突破环境资源瓶颈对我国发展的制约；必须大力发展循环经济，建设资源节约型、环境友好型社会；必须建立起与发展循环经济相适应的综合性长效机制。为此，《循环经济促进法》规定了一系列包括综合运用财政、税收、投资、市场准入、价格、信贷等手段在内的法律规范，为建立促进科学发展的保障和支撑体系奠定了重要基础。

（三）《循环经济促进法》的指导思想和制度内容

1.《循环经济促进法》的指导思想和立法框架。归纳起来，《循环经济促进法》的指导思想主要体现在如下几个方面：一是坚持减量化优先的原则。西方发达国家发展循环经济一般侧重于废物再生利用，而我国正处于工业化高速发展阶段，能耗物耗过高，资源浪费较为严重，因此前端减量化的潜力很大，要特别重视资源的高效利用和节约使用。二是突出重点，着力解决能耗高、污染重、影响我国循环经济发展的重大问题。对主要工业行业和重点企业，要明确提出节能减排的约束性要求。三是法律规范要有力度，对高消耗、高排放的行为要有硬约束。同时，通过制定一系列的激励政策，为企业或个人按照循环经济的要求进行生产和生活活动提供指导规范，支持和推动企业等有关主体大力发展循环经济。四是在生产、流通和消费的各个环节，注重发挥政府、企业和公众以及行业协会等主体在发展循环经济中的积极性，形成推进循环经济发展的整体合力。

“减量化、再利用、资源化”作为循环经济的主要内容，已经由全国人大批准的一系列法律性文件所确认，最能体现循环经济的本质特征。为此，《循环经济促进法》按照实施“减量化、再利用、资源化”的顺序设计该法的法律框架，并以此为主线解决发展循环经济所面临的突出问题。

2.《循环经济促进法》的主要制度内容。

一是建立循环经济规划制度。循环经济规划是国家对循环经济发展目标、重点任务和保障措施等进行的安排和部署，是政府进行评价考核和实施鼓励、限制或禁止措施的重要依据。为此，《循环经济促进法》规定了编制循环经济发展规划的程序和内容，为政府及部门编制循环经济发展规划提供了依据。

二是建立抑制资源浪费和污染物排放的总量调控制度。我国一些地方的经济发展是建立在过度消耗资源和污染环境的基础上的，对这种不可持续的发展方式必须有实在而有效的总量控制措施。《循环经济促进法》明确要求各级政府必须依据上级政府制定的本区域污染物排放总量控制指标和建设用地、用水总量控制指标，规划和调整本行政区域的经济和产业结构。依据《循环经济促进法》，发展经济决不能突破本地的环境容量和资源承载力，应把本地的资源和环境承载能力作为规划经济和社会发展规模的重要依据。

三是建立以生产者为主的责任延伸制度。在传统的法律领域，产品的生产者只对产品本身的质量承担责任，而现代社会发展要求生产者还应依法承担产品废弃后的回收、利用、处置等责任。也就是说，生产者的责任已经从单纯的生产阶段、产品使用阶段逐步延伸到产品废弃后的回收、利用和处置阶段。为此，《循环经济促进法》根据产业的特点，对生产者在产品废弃后应当承担的回收、利用、处置等责任做出了明确规定。

四是强化对高耗能、高耗水企业的监督管理。为保证节能减排任务的落实，对重点行业的高耗能、高耗水企业进行监督管理十分必要。《循环经济促进法》规定，国家对钢铁、有色金属、煤炭、电力、石油加工、化工、建材、建筑、造纸、印染等行业年综合能源消费量、用水量超过国家规定总量的重点企业，实行能耗、水耗的重点监督管理制度。

五是强化产业政策的规范和引导。产业政策不仅是促进产业结构调整的有效手段，更是政府规范和引导产业发展的重要依据。为此，《循环经济促进法》规定，国务院循环经济发展综合管理部门会同国务院环境保护等有关主管部门，定期发布鼓励、限制和淘汰的技术、工艺、设备、材料和产品名录。

六是明确关于减量化的具体要求。对于生产过程，《循环经济促进法》规定了产品的生态设计制度，对工业企业的节水节油提出了基本要求，对矿业开采、建筑建材、农业生产等领域发展循环经济提出了具体要求。对于流通和消费过程，《循环经济促进法》对服务业提出了节能、节水、节材的要求；国家在保障产品安全和卫生的前提下，限制一次性消费品的生产和消费等。此外，还对政府机构提出了厉行节约、反对浪费的要求。

七是关于再利用和资源化的具体要求。对于生产过程，《循环经济促进法》规定了发展区域循环经济、工业固体废物综合利用、工业用水循环利用、工业余热余压等综合利用、建筑废物综合利用、农业综合利用以及对产业废物交换的要求。对于流通和消费过程，《循环经济促进法》规定了建立健全再生资源回收体系、对废电器电子产品进行回收利用、报废机动车船回收拆解、机电产品再制造，以及生活垃圾、污泥的资源化等具体要求。

八是建立激励机制。主要包括：建立循环经济发展专项资金；对循环经济重大科技攻关项目实行财政支持；对促进循环经济发展的产业活动给予税收优惠；对有关循环经济项目实行投资倾斜；实行有利于循环经济发展的价格政策、收费制度和有利于循环经济发展的政府采购政策。

九是建立法律责任追究制度。《循环经济促进法》专设法律责任一章，对有关主体不履行法定义务的行为规定了相应的处罚细则，以保障该法的有效实施。

（四）《循环经济促进法》的调整范围

循环经济立法的调整对象，是指发展循环经济、建立循环型社会中所产生和存在的各种社会关系。这些社会关系所涵盖的边界和对象就是循环经济立法的调整范围。具体而言，循环经济立法主要调整以下六个方面的社会关系：

第一，资源综合利用。资源综合利用是我国一项重大的技术经济政策，也是我国国民经济和社会发展中一项长远的战略方针。资源综合利用主要包括：在矿产资源开采过程中对共生、伴生矿进行综合开发与合理利用；对生产过程中产生的废渣、废气、废水、余热、余压等进行回收和合理利用；对社会生产和消费过程中产生的各种废旧物资进行回收和再生利用。

第二，清洁生产。清洁生产是指不断采取改进设计、使用清洁的能源和原料、采用先进的工艺技术与设备、改善管理、综合利用等措施，从源头削减污染，提高资源利用效率，减少或者避免生产、服务和产品使用过程中污染物的产生和排放，以减轻或者消除对人类健康和环境的危害。

第三，废料回收与再生利用。废料回收与再生利用是指包括收集、分类、消毒、处理以及再利用那些可能成为废物的材料，使之以原材料的形式进入经济领域，用于生产新的、再生的或复合的产品，并使其符合相应的质量技术标准。

第四，绿色消费。绿色消费，也称可持续消费，是循环经济发展的内在动力。它是指一种以适度节制消费，避免或减少对环境的破坏，崇尚自然和保护生态等为特征的新型消费行为和过程。这种消费模式不仅包括购买和使用绿色产品，还包括物资的回收利用，能源的有效使用，对生存环境、对物种的保护等。

第五，循环经济产业园区。循环经济产业园区，是指按循环经济模式规划、建设、改造的产业园区。循环经济产业园区的重要表现形式是循环经济示范区。循环经济示范区是一种以污染预防为出发点，以物质循环流动为特征，以社会、经济、环境可持续发展为最终目标，最大限度地高效利用资源和能源，减少污染物排放的示范区域。积极发展循环经济产业园区是在园区层面积极探索循环经济发展的有效手段。

第六，循环农业。循环农业要求积极调整农业生产布局和产品结构，发展绿色产业和无公害食品，积极提高土、肥、水、种、药等投入要素的效率，推广使用高效安全生物农药，综合利用秸秆、牲畜粪便等废弃物，发展沼气等农村替代能源。循环农业是循环经济的重要组成部分。

（五）《循环经济促进法》的法律基本原则

法律基本原则是指体现法的根本价值的具有指导作用的基本规范，它是整个法律活动的指导思想和出发点。循环经济立法的基本原则，是指循环经济立法中规定或者体现的，对循环经济的推行和实施进行法律调整的基本指导方针和基本准则。我们认为，循环经济立法的应体现下列基本原则：

1.政府主导与经济扶持原则。循环经济立法主要应以引导性规范、鼓励性规范和支撑保障性法律规范为主，而不应以直接行政控制和制裁性法律规范为主。这是因为，经济类立法必然以须遵循经济活动的规律为前提，循环经济立法概莫能外。强制性规则虽具有简便、见效快的特点，但其弊端十分明显，容易导致扭曲经济规律、造成政府失灵等新问题。因此，循环经济立法应当以行政强制为底线，更多运用经济扶持等法律实施机制，将市场规则的基本要求体现在具体的法律制度中。

2."3R"原则（减量化、再利用、资源化）。所谓减量化，是指在生产和消费过程中，尽可能减少资源能源消耗和废物产生。所谓再利用，是指产品或者拆解后的零部件继续使用，或者修复、翻新、处理后继续使用，尽可能地延长产品的使用周期。所谓资源化，是指产品在所设计的功能消失即报废后，将其全部或者一部分转化为资源来加以利用，变废为宝，化害为利。循环经济法以"3R"原则为主线，充分体现这一原则各个环节的要求。

3.平等协作、公众参与原则。发展循环经济涉及政府、企业、中介组织和消费者的权利和义务，循环经济的推行与实施应当强调这些主体的平等协作和密切配合。实施循环经济不仅需要政府的主导，还需要企业的自律以及发挥中介组织的桥梁作用，更需要提高广大社会公众的参与意识和参与能力。循环经济立法可以通过规定公众的监督权、参与权、知情权、决策权、听证权以及权利救济途径的方式，贯彻公众参与循环经济的各项要求，同时对公众的某些行为做出必要限制，并对公众设定一定义务。

4.鼓励技术创新原则。以技术创新为基础来推动循环经济是循环经济立法应当遵循的另一个法律基本原则。依照这一原则的基本要求，循环经济立法应当鼓励企业的科技进步，采用降低原材料和能源消耗的无害或低害的新工艺、新技术；鼓励产业界的积极创新和开发；要求各级政府部门加大科技投入，组织力量研制开发清洁生产技术，推广无害或者低害的新工艺、新技术，大力降低原材料和能源的消耗；对研究和处理废弃产品的研究机构给予政策上的扶持。

（六）管理体制

循环经济立法中的管理体制，是指国家循环经济监督管理机构的设置，以及这些机构之间有关循环经济监督管理职权的划分。循环经济的推行和实施涉及经济综合、宏观调控、环境保护、科学技术、农业、建设、国土、水利、质监、统计、税收、财政、政府机关事务管理等诸多行政部门。发展循环经济离不开上述任何一个部门的积极参与和配合。良好的管理体制必须既能够发挥各个部门的优势，使其各司其职，又能够保证循环经济方针、原则、制度的统一。

因此，《循环经济促进法》确立了统一监督管理与分级、分部门监督管理相结合的管理体制。即将国家经济综合行政主管部门规定为负责组织、协调全国循环经济推行、实施工作的主管部门，同时将国务院环境保护、科学技术、农业、建设、国土、水利、质监、统计、税收、财政、机关事务管理等行政主管部门规定为按照法律规定推行和实施循环经济的分管部门。

四、发展循环经济存在的主要法律政策缺陷

循环经济建设是一个庞大的系统工程，在我国发展循环经济的关键是制度建设，一个完备的法律体系是循环经济的基本保障。目前，国家已经专门颁布了《循环经济促进法》，还有许多与循环经济发展相关的法律法规，这些对加快我国循环经济发展起到了制度保障作用。但是，我国的循环经济法律政策体系建设与发达国家还存在一定差距，存在的法律政策缺陷也不能忽视

（一）我国现有的部分法律的立法意图仍然基于末端治理或分段治理

《节约能源法》、《可再生能源法》主要针对循环经济的生产环节，强调资源和能源的投入减量。《清洁生产促进法》主要针对工业企业的生产环节，强调生产过程中的废弃物减量。《固体废物污染环境防治法》主要强调废弃物产生以后减少对环境的影响。这从一定程度上说是我国末端治理思想的体现。

（二）对资源开采环节、再生资源产生环节和消费环节的规制不够

已有的《节约能源法》和《可再生能源法》规制了资源消耗环节。《清洁生产促进法》和《固体废物污染环境防治法》主要规制了废弃物产生环节，注重了污染预防和废弃物产生后的无害化处理。在资源开采环节，涉及的条文极少。在再生资源产生环节尚缺乏明确而具体的法律规范，只涉及了包装物的回收利用。关于消费环节的条文少，强制力差。如何规制资源开采环节、再生资源环节和消费环节，制定明确、具体、具有可操作性的法律法规，这是我国今后循环经济法制建设的重点。

（三）已有的法律重点着眼于工业领域，对农业和第三产业涉及较少

为了实现循环型工业、循环型农业、循环型城市、循环型社会，循环经济法

律体系应该尽可能地涵盖各个行业、各个方面，重点是工业、农业、服务业，今后应在修改已有法律和制定新法的过程中对农业和第三产业加以关注。

我国现有的循环经济相关法律虽然已经贯彻了部分原则，规制了部分环节和产业，但仍然与循环经济法律建设的要求相距甚远。从目前的情况来看，与我国循环经济相关的法律之间不协调，相互衔接不紧密，甚至相互制约，这必将给循环经济执法带来困难。这些都表明，我国需要系统地进行循环经济法制建设，构建一个完善的循环经济法律政策保障体系。

五、我国应进一步完善循环经济法律政策工作

我国循环经济法律政策既要借鉴发达国家经验，又要突出本国特色，必须针对需要优先解决的问题，按照从点到面、从易到难的原则，实行逐步推进的策略，制定切实可行又相互协调的法律政策体系。主要做好以下几个方面的建设工作。

(一) 产业支持政策

发展循环经济需要相应的产业政策引导其发展，以使其能在较短的时间里集聚起较强的竞争力，国家产业政策明确对循环经济的支持和引导，是建设资源节约型、环境友好型社会的必然要求，国家政策应该从宏观上引导和鼓励企业发展循环经济。《中华人民共和国循环经济促进法》指出："国家制定产业政策，应当符合发展循环经济的要求。"因此，在制定产业政策时，要充分突出循环经济的重要地位，加强对企业发展循环经济的引导并给予相应的产业扶持政策，充分调动企业发展循环经济的积极性，并为不同类型的企业发展循环经济指明方向。

(二) 金融支持政策

循环经济的产业化需要高资金投入，而且循环经济技术的创新也需要大量的资金支持，只有为循环经济相关的市场主体建立一个良性的、面向市场的投融资环境和金融支持体系，才能全方位地满足循环经济产业化的金融需求。

制定有利于循环经济发展的产业金融政策。要体现政策对发展循环经济的倾斜，就应当制定有利于其发展的产业金融政策。一是必须将金融投资决策与发展循环经济的产业政策结合起来，使金融投资目标方向体现国家产业政策，从而有效地引导有利于循环经济发展的产业和结构调整。二是必须将金融投资决策与金融政策有机结合起来，从而有效传导倾斜性金融政策对发展循环经济的支持力度。三是要把金融决策与地方政府和有关部门整体规划、实施方案和政策措施结合起来，从而做到政策配套、措施协调。四是把金融决策与地区经济的特点结合起来。主要政策应当包括：实施有差别的货币政策，适度采取对发展循环经济的金融自由政策，扶持地方性中小金融机构、民间金融机构的发展等等。

完善金融市场建设，建立健全多层次的金融支持体系。应建立多层次的资本市场体系，为循环经济发展提供充分的资金支持。要改革发展循环经济的间接融资体系，使商业银行成为支持循环经济发展的金融主力军，依靠现有商业银行体系对与循环经济相关企业给予支持和约束。要有效利用政策性银行对发展循环经济的支持引导作用。国家实施发展循环经济的战略，要在金融政策上给予大力支持，可以通过政策性金融组织来弱化投入循环经济生产金融资本的逐利性，为循环经济生产提供政策性资金或廉价资金支持，为其提供低成本资金等市场竞争优势。

（三）财税优惠政策

发展循环经济需要多方支持和综合配套政策，国家财税支持循环经济发展的途径主要包括以下方面:

1.实施财政支持政策。调整财政支出结构，通过财政预算把发展循环经济作为财政支出的一个重点，调整现有的财政支出结构，加强对发展循环经济的支持。调整国家基本建设项目的结构，加大对循环经济项目的财政资金投入，优先立项发展循环经济项目。给予有关发展循环经济中的科技研究项目、新技术和新工艺的试验资金支持。

2.建立财政补贴制度。运用财政补贴是发展循环经济的一个重要手段，世界各国都普遍实行。美国国家环保局从 1978 年开始对从事资源回收的企业提供财政补贴，根据不同的情况，补贴量为 10%~90%。德国对兴建环保设施补贴数额相当于投资费用的 1%，对建造节能设施所耗费用，按其费用的 25%给予补贴。我国也应该考虑建立相应的财政补贴制度，除采取物价补贴、企业亏损补贴、税前还贷等方式以外，还可考虑运用设备折旧的方式对企业发展循环经济进行补贴。

3.实施税收优惠政策。国际通行做法主要是通过减税、免税、抵税、税收返还等形式对发展循环经济的行业和项目给予优惠。我国也陆续出台了一些鼓励废物综合利用、能源循环的税收优惠政策，如企业利用废水、废气、废渣等废弃物为主要原料进行生产的，可在 5 年内减征或免征所得税；对用垃圾发电和混凝土回收利用实行增值税的递退政策，对综合利用发电、风力发电实行增值税减半的政策，对进口先进的节能、节水、节材等技术、设备和产品实施税收鼓励措施等。为了加快循环经济的发展，优惠政策的方式还应该多样化，优惠的范围种类还应该扩大，力度还应该加大。

《循环经济促进法》专设第五章强化激励政策，包括建立循环经济发展专项资金，对循环经济重大科技攻关项目实行财政支持，对促进循环经济发展的活动给予税收优惠，对有关循环经济项目实行投资倾斜，实行有利于循环经济发展的价格、收费等政策措施等等。这将会给循环经济的发展提供良好的财税优惠政策支持，有效激励循环经济的发展。

4.社会支持政策。循环经济的发展离不开相关社会化服务平台的搭建，社会化服务平台的搭建离不开政府的支持、引导甚至是参与。在现代市场体系之下，要充分发挥中介组织的作用，建立适合于循环经济发展的社会化服务体系。

充分发挥中介组织的作用。根据循环经济发展的要求，企业有责任对其产品的废旧物进行回收，但在实践中，对一般的企业来说，自身并没有能力在全国范围内组建一个包装回收再利用体系，需要一个专门的机构来帮助它们履行这种责任，这就需要行业协会等中介组织的广泛参与。中介组织在循环经济中是一个不可或缺的环节，扮演着信息传递与反馈、促进物质循环的作用。

建立健全循环经济信息咨询服务系统。循环经济顺利发展需要有一个完备通畅的信息共享体系，以保证不同产业和企业间的物质交换链、生态链的灵活性和有效性。建立和发展从事信息咨询、技术服务、宣传培训等工作的社会中介服务机构或组织，使其在科技成果的转化与产业化中发挥桥梁和促进作用，为循环经济的发展提供更好市场化的服务和支持。

循环经济在我国发展的时间并不长，但发展的速度却很快，作用也十分明显。只有全力构建适合循环经济发展的政策支撑体系，为循环经济打造一个适合其发展的平台，才能充分发挥循环经济的价值，从而达到加快建设资源节约型、环境友好型社会，实现经济社会可持续发展的目的。

第五章 循环经济与低碳经济

低碳经济的问题实质是能源高效利用、改善能源结构和清洁能源开发问题。循环经济和低碳经济在最终目标上，都是要实现人与自然和谐的可持续发展。但循环经济追求的是经济发展与资源能源节约和环境友好三位一体的三赢模式，而低碳经济是聚焦于经济发展与气候变化的双赢上。循环经济和低碳经济在实现的途径上，二者都强调通过提高效率和减少排放。但低碳经济强调的是通过改善能源结构、提高能源的效率，减少温室气体的排放。而循环经济强调的是提高所有的资源能源的利用效率，减少所有废弃物的排放。从循环经济在世界各国的实践来看，循环经济与低碳经济的根本区别是所对应的经济发展阶段不同。换言之，循环经济是适应工业化和城市化全过程的经济发展模式，而低碳经济是新世纪新阶段应对气候变化而催生的经济发展模式。因此也可以这样认为，低碳经济是循环经济理念在能源领域的延伸，循环经济是发展低碳经济的基础，循环经济发展的结果必然走向低碳经济。对于处于工业化、城市化过程中的发展中国家来说，循环经济是不可逾越的经济发展阶段。因此，在研究如何加快发展循环经济的同时，有必要搞清低碳经济的实质和内涵，为我国实现经济社会又好又快发展打下坚实的基础。

第一节 低碳经济的产生

近几年来，随着国际间关于气候变化的种种话题不断升级，特别是国际社会应对气候变化由理念转入行动后，“低碳技术”、“低碳产品”、“低碳经济”的概念在发达国家应运而生，并迅速传播开来。特别是联合国环境规划署将 2008 年 6 月 5 日“世界环境日”的主题确定为“转变传统观念，推行低碳经济”后，低碳经济成为各种国际经济论坛中热度最高的词汇之一。已有专家断言，低碳经济会成为发达国家引领世界经济发展的新潮流和国际经济秩序的新规制。2010 年 3 月，我国全国政协大会共收到几百件提案，其中第一、二号提案均关注低碳经济，说明低碳经济已成为我国经济社会发展的重点和热点话题之一。

一、低碳经济产生的背景

低碳经济一词最早出现在 2003 年的英国能源白皮书——《人们能源的未来：创建低碳经济》中。作为第一次工业革命的先驱和资源并不丰富的岛国，英国充分意识到能源安全和气候变化的威胁，它正从自给自足的能源供应走向主要依靠进口的时代。按照目前的消费模式，预计 2020 年英国 80%的能源都必须进口，同时气候变暖已经迫在眉睫。英国主张，在本世纪要努力维持全球温度升高不超过 2℃，全球温室气体排放到 2050 年要削减一半。

低碳经济的提出是基于化石燃料的燃烧会增加大气中 CO_2 的浓度，以 CO_2 为代表的温室气体浓度的增加会导致全球气候变暖，气候变化将给全球人类的基本生活带来灾难性伤害，水资源失衡、粮食减产、生态系统损害、海平面上升等。这本来是早在 1896 年由阿累利乌斯提出的一个科学假说，长期以来没有得到世界各国特别是发达国家的重视。近年来，这个命题被国际上的政府间气候变化专门委员会（IPCC）组织的几千名科学家所做的四次评估报告以及英国的《斯特恩报告》给予了证明。IPCC 是由世界气象组织和联合国环境规划署于 1988 年共同建立，IPCC 的第四次评估报告于 2007 年公布，为这个命题提供了新的更有力的证据：在 1906—2005 年的 100 年时间里，全球地表平均温度升高了 0.74℃，而最近 50 年气温上升的趋势是过去 100 年间的 2 倍左右，且是由人类活动造成的。报告预测，到本世纪末全球温度会上升 1.8℃~4℃。报告认为，人类在本世纪所能接受温度升高的极限是 2℃~2.4℃，要做到这一点，只有到 2050 年将大气中 CO_2 浓度增幅控制在工业化前水平的 2 倍以内，才可能避免发生极端的气候变化后果。对于这样的结论，西方国家的政治家和科学家们在气候变化问题上达成高度一致。欧洲、日本、澳大利亚等发达国家把发展低碳经济作为自己的政治目标加以宣扬，即使是不关心气候变化的美国也在 2007 年 7 月由参议院提出了《低碳经济法案》，美国总统奥巴马在竞选中提出了“绿色振兴”计划，承诺到 2020 年，美国将会把温室气体排放量削减到 1990 年水平的 80%，把新能源比重提高到 30%，每年拿出 150 亿美元大力投资太阳能、风能和生物能源等，创造 500 万个绿色就业岗位，并且举全国之力构建美国的低碳经济“领袖地位”。奥巴马上台后在出台的应对金融危机的经济刺激计划中，把新能源和智能电网的改造作为政府拉动经济的主要投资方向。

不管气候变化的命题是真是伪，也不论如何看待气候变化所催生的低碳经济这个命题，在世界范围内，碳减排行动的帷幕已经拉开。到 2008 年年底，《联合国气候变化框架公约》缔约方已召开了 14 次会议，《京都议定书》缔约方也开了 4 次会议，取得了一些共识和阶段性成果，但在下一步的“可测量、可报告、可核实”的减排问题上，发达国家和发展中国家之间以及发达国家之间正在进行艰苦的谈判，这里包含着国家、民族之间利益的博弈，也有对全球实现可持续发展的共同愿景，低碳经济也因此具有多面色彩。

二、主要发达国家低碳经济发展实践

由于所处经济发展阶段不同，一些发达国家在低碳经济的研究和实践方面走在了前面。

（一）英国实践

英国是提出发展低碳经济的最早国家，在2003年就提出了温室气体减排目标，计划到2010年CO_2排放量在1990年水平上减少20%，到2050年减少60%，届时初步建成低碳经济社会。2007年6月英国出台的《气候变化法案》使它成为世界上第一个对碳排放立法的国家。2007年出台的英国建筑能源法规要求到2013年后所有公共支出的项目、住房必须达到零能耗，任何私人的建筑都必须在2020年后达到零能耗。同时，英国政府还公布了《英国低碳工业战略》、《英国可再生能源战略》和《低碳交通：更环保的未来》等一系列有关低碳经济的法律文件。2009年6月，英国政府发布了《通往哥本哈根之路》的战略性文件，表明了英国在整个全球协议中的基本原则，并呼吁发达国家和发展中国家为达成“目标远大，行之有效，公平公正”的协议而一起努力。

同时，英国政府为了促进低碳经济发展，采取了三个方面的主要措施。一是开征气候变化税。英国政府在“气候变化计划”中，提出了气候变化税，其实质是一种“能源使用税”，根据使用的煤炭、天然气和电能的数量计算税收，而使用石油产品、热电联产和可再生能源均可减免税收，此税收入的大部分以减免社会保险税的方式返还给企业，剩下部分拨给碳基金和作为节能投资的补贴。它是英国气候变化总体战略的核心部分。二是成立碳基金。2001年，英国利用气候变化税的部分收入创立了碳基金，这是一家由政府投资并以企业模式运作的独立公司，其工作重点主要是帮助企业和公共部门减少碳排放、提高能源利用效率、加强碳管理以及投资低碳技术开发。从实际情况来看，英国的碳基金运作卓有成效，其提供的免费碳管理服务帮助企业识别节能和减排潜力，识别投资机会，为企业带来较多的利益，受到企业用户的普遍欢迎。三是启动气体排放贸易计划。气体排放贸易是《京都议定书》引入的三个灵活机制之一。2002年4月，英国率先启动国内排放贸易机制，其基本思路是对一组企业确定一个总的减排目标值，然后规定每个企业的排放额度，各企业可以通过减排或者交易排放指标来完成排放目标。

（二）欧盟实践

欧盟是低碳经济发展的倡导者，视低碳经济为新的工业革命，推动2012年后全球减排协议的形成，引导全球低碳经济的发展。2008 年，欧盟制定了应对能源与气候变化的一揽子政策，包括《欧盟碳交易机制修改指令》、《碳捕集与封存（CCS）指令》、《促进可再生能源利用指令》和《关于为实现欧盟 2020 年减排目标，各成员国减排任务分解的决议》等。此外，欧盟在 2008 年还批准实施了《关于实施新的汽车 CO_2 排放标准的规定》等法规，实施了利用信息通讯技术（ICT）应对能源效率的挑战等行动。同时，欧盟也希望美国、加拿大和澳大利亚等发达国家在温室气体减排方面履行与欧盟国家类似的义务，在国际社会积极推动低碳减排。

2008 年 6 月，德国政府通过了第二份保护气候方案，目标是到 2020 年之前减排二氧化碳 40%。德国还提出要限制重型运载车辆排放，对超标者要执行严格的罚款和准入制度。2008 年，法国政府提出了到 2020 年将建筑能耗降低至少 38%，将交通工具的二氧化碳排放量减少 20%的目标。

意大利的能源 80%以上要依靠进口，因此意大利尤其注重可再生能源和新能源的开发与利用，制定了相应的政策措施来促进低碳经济的发展。一是“绿色证书”制度。“绿色证书”是通过利用可再生能源向国家电网输送电力并由国家电网管理局认可后颁发的证书。年产量或进口量在 1 亿千瓦时以上的非可再生能源生产企业，必须按前一年度实际产量的一定比例向国家电网输送可再生能源，该比例逐年递增。生产商或进口商可通过自己的可再生能源生产来完成规定的指标，也可通过购买“绿色证书”的方式完成。二是“白色证书”制度。“白色证书”是对能源消耗企业提高能源效率的一种认证，可以在市场上进行交易，管理部门可以根据市场行情调整价格。达到节能目标的企业，管理部门将给予经济奖励；超出者可出售其富余的“白色证书”；未达标者则可从市场上购买“白色证书”，否则将受到经济处罚。三是能源效率行动计划。对农业能源系统的优惠措施、对高效率工业电机和家用电器的税收减免。同时，从 2009 年开始，将汽车二氧化碳平均排放限制在 140 克/千米。

（三）美国实践

美国奥巴马政府推出了四个方面的能源新政。一是承诺减排。上一届小布什政府一直不承诺减排义务，但是奥巴马上台伊始就宣布从 2012 年起将对美国的排污、排放收费。二是要建全国统一电网。美国要建一个覆盖四个时区以超导电网和智能电网为主的大电网，可以接入包括风能、太阳能等在内的各种可再生能源，并能进行智能化管理。三是大规模能源投资。美国政府计划在未来五年准备投入 1500 亿美元，用于能源新技术方面的大规模投资建设。四是鼓励买混合动力车。奥巴马政府拟用减税的办法，为美国人购买混合动力汽车每辆 7000 美元的补贴，其目标到2015年美国市场上能够有100万台美国本土生产的插电式混合动力汽车。

美国虽然已于2001年退出了《京都议定书》，但是一直在大力发展低碳技术，尤其是开发可再生能源，采取政策措施，支持可再生能源的开发，鼓励技术创新，降低成本。美国高度重视发展太阳能、风能等可再生能源新技术新能源的研发和推广，利用技术创新来不断降低可再生能源的成本，使其与传统能源在价格上具有可比性，从而快速推广使用，成为未来能源的主力。加大扶持力度，制定强制政策。为促进可再生能源的开发与使用，联邦和州政府先后出台了《能源税法》、《大气清洁法修正案》和《能源政策法》等一系列强制性法案，同时采取减税、生产和投资补贴、电价优惠和绿色电价等激励措施，降低成本和价格，提高可再生能源的竞争力。

（四）日本实践

日本是个能源极度贫乏的国家，95%的能源供应依赖进口，迫使其发展低碳经济，积极开发新能源，推进节能。目前，日本是世界上节能最先进的国家，从1973年至2003年，日本的单位GDP平均能源消费指数下降了37%。同时，日本还是新能源开发最领先的国家，不仅太阳能发电世界第一，在风能、海洋能、地热、垃圾发电、燃料电池等新能源领域，也都处于世界顶尖水平。早在1979年日本就颁布实施了《节约能源法》，并对其进行了多次修订。从1991年至2001年，还先后制定了《关于促进利用再生资源的法律》、《合理用能及再生资源利用法》、《废弃物处理法》、《化学物质排出管理促进法》、《2010年能源供应和需求的长期展望》，通过强有力的法律手段，进一步全面推动各项节能减排措施的实施。截至2008年年底，日本先后出台了《新国家能源战略》、《京都议定书目标达成计划》、《循环型社会推进基本计划》、《环境能源技术创新计划》、《低碳社会行动计划》、《石油替代能源促进法》等法律政策。

日本政府对能源消费总量不同的企业实施分类管理制度，根据能耗多少对能源使用单位进行分类，指定能耗折合原油3000千升以上或耗电1200万千瓦时以上的单位为一类能源管理单位，能耗折合原油1500千升以上或耗电600万千瓦时以上的单位为二类能源管理单位，并要求上述单位每年必须减少1%的能源消耗。对于一类单位还必须建立节能减排管理机制，任命节能减排管理负责人，向国家提交节能减排计划，定期报告节能减排情况。对企业的节能减排管理人员实行“节能减排管理师制度”，由国家统一认定节能减排管理人员的从业资格，并加强对节能减排管理人员的培训。对用能产品实施产品标准“领跑者”制度，各种产品强制实行能效标识制度，鼓励和激发企业不断创新的内在动力。对各类建筑物实施用能管理制度，用能超过限额的建筑物必须配备能源管理员，并向政府有关部门提交节能中长期计划和年度计划等等。

三、我国低碳经济发展取得的成果

我国作为世界上最大的发展中国家、世界经济增长最快的新兴工业化国家，具有能源消费量大、人均资源少、环境承载容量小的特点。发展以低能耗、低污染、低排放的新能源为基础的低碳经济，有助于缓解我国资源环境保护和温室气体减排的压力，有助于实现可持续发展战略目标，也是落实科学发展观、推进生态文明建设的必然选择。

从党的“十六大”以来特别是科学发展观的提出，到建设资源节约型、环境友好型社会，再到党的“十七大”提出建设社会主义生态文明的一系列政治决定，表明党和政府对能源、环境和气候变化问题的高度关切，也充分体现了政府高度重视可持续发展的政治决心和国家意志。我国在“十一五”规划中确立了到2010 年单位 GDP 能源消耗降低 20%左右，主要污染物排放总量减少 10%的目标。2007 年，我国国家主席在 APEC[①] 会议上提出了“发展低碳经济，研发低碳能源技术，促进碳吸收技术发展”的战略主张，国务院印发了《节能减排综合性工作方案》，提出了节能减排目标。

我国低碳经济在政策因素推动下，低碳技术创新步伐明显加快，大量资金也被吸引到能源效率和可再生能源领域。尽管我国的能源结构仍然以煤炭为主，但我国正在迎接一场清洁能源革命。《可再生能源法》实施以来，我国可再生能源发电装机容量和发电量逐年增长。截至 2009 年底，我国水电、风电、核电等清洁能源与新能源发电装机容量约占全国总装机容量的 1/4。我国的水电装机规模位列世界第一，风电装机规模排名世界第五。我国的太阳能光伏电池生产能力仅次于日本。2009 年，我国还成为世界领先的风机出口大国。在低碳交通方面，我国汽车的燃料效率标准比美国高出 40%。2009 年我国电动自行车总产量比1999 年增加近 40 倍，预计到 2020 年我国利用非粮食用地生产出每年 1200 万吨低碳生物燃料。

四、我国发展低碳经济存在的主要问题

我国已确立了发展低碳经济之路，为应对全球气候变化做出了一系列努力，

---

①亚太经济合作组织（Asia-Pacific Economic Cooperation，简称APEC）是亚太地区最具影响的经济合作官方论坛，成立于1989年。1989年1月，澳大利亚总理霍克访问韩国时建议召开部长级会议，讨论加强亚太经济合作问题。1989年11月5日至7日，澳大利亚、美国、加拿大、日本、韩国、新西兰和东南亚国家联盟6国在澳大利亚首都堪培拉举行亚太经济合作会议首届部长级会议，这标志着亚太经济合作会议的成立。1993年6月改名为亚太经济合作组织。

并取得了一定成绩，但仍存在诸多发展中的问题。

第一，我国目前处于快速发展的工业化、城市化、现代化的过程中，能源需求能否得到满足，直接关系到“翻两番”经济增长和社会发展目标能否实现。大规模基础设施建设不可能停止，对能源需求也处于快速增长阶段。

第二，石油的二氧化碳排放系数平均仅相当于煤炭的80%、天然气仅相当于煤炭的60%，而我国是世界上少数几个以煤为主要能源的国家之一，“富煤、少气、缺油”的资源条件，决定了我国能源结构以煤为主，低碳能源资源的选择有限。

第三，我国经济的主体是第二产业，这也决定了能源消费的主要部门是工业，而工业生产技术水平落后又加重了经济的高碳特征。

第四，能源结构转换是发展低碳经济的关键，我国的基本国情是没有完成第一次能源结构转换，也没有完成第二次能源结构转换，还要进行第三次能源结构转换。用煤炭替代薪柴没有完成，用油气替代煤炭也没有完成，面对第三次能源结构转换，作为发展中国家，经济由“高碳”向“低碳”转变的最大制约是整体科技水平的落后，任务相当艰巨。

五、我国低碳经济发展的对策措施

由于低碳经济是未来经济发展的一种新趋势，也会带来贸易条件、国际市场、国际技术竞争格局的变化，我们不能违背时代大趋势。即便现阶段我国在低碳经济之路上存在一定的困难及挑战，但低碳经济仍是保持经济稳定发展、实现节能减排目标的首要选择。为走出有我国特色的低碳经济之路，应当从宏观政策和低碳技术方面着手。

（一）从宏观层面上

一是将低碳经济发展纳入国家战略，将建设资源节约型、环境友好型、低碳发展型社会作为国家战略理念和战略目标，并制定国家战略层面的低碳经济发展体系及中长期规划，将单位GDP碳排放强度指标下降纳入考核体系之中。二是以积极姿态参与有关低碳经济的国际谈判和国际规则的制定，削弱新环境贸易壁垒的制约，增强我国产品的竞争力。三是确定“城市化和低碳化”并行发展的战略，可考虑优先培育一些发展低碳的城市，建立区域性低碳经济的示范区。四是制定及实施向低碳经济投资的激励措施，进一步鼓励加大新能源投资力度。

（二）在低碳技术发展上

第一，以循环经济推进节能减排。目前，我国70%的能源消费主要集中在工业领域，特别是化工、建材、石化、冶金等产业。因此，发展循环经济既是缓解能源资源约束矛盾的根本出路，这是从源头上减少污染、减轻环境压力的治本之策。第二，以提高能源效率、调整能源结构推动节能减排。低碳经济发展模式重点必须放在能源效率的提升和能源结构的优化上，通过先进技术、能源管理、资源能源的市场机制改革等措施，实现大幅度能效的提升。在能源构成上，多开发清洁能源和低碳能源，充分利用和开发我国的水力资源、风力资源、太阳能、生物燃料、地热、潮汐能以及核能，使太阳能、风能、生物质能等综合形成一条能源链，达到调整能源结构、缓解能源短缺、减少二氧化碳排放的目的，实现资源可持续供给。能源消费结构上，通过产业政策导向和经济手段，调整产业结构，加快发展第三产业，限制资源型产品的出口，优化工业内部结构，达到优化能源使用结构，提高能源使用效率的目标。重视高碳生活方式的改变，借鉴国外的先进经验，积极发展风电、太阳能光伏发电、光热发电以及地热能、海洋能等。在广大农村广泛利用生物能源，大力发展沼气，为百姓做饭、取暖、照明提供能源。培育低碳生活方式，还必须积极研发包括清洁煤和可再生能源在内的低碳技术，形成低碳技术体系，充分发挥节能减排的积极作用。保护自然碳库，扩大碳汇，是减少大气中的二氧化碳最有效的途径之一。

总之，我国应结合国情，从政策、法规、体制上为低碳经济的发展创造制度环境，并摆正政府与市场的关系，既充分发挥政府政策主导作用，又充分发挥市场竞争作用，处理好经济又好又快发展与低碳经济的关系，最终实现由“高碳”时代到“低碳”时代的跨越，创立具有中国特色的低碳经济之路，真正实现人与自然和谐发展。

第二节 低碳城市和低碳乡村

低碳城市（Low-carbon City），指以低碳经济为发展模式及方向、市民以低碳生活为理念和行为特征、政府公务管理层以低碳社会为建设标本和蓝图的城市。低碳城市目前已成为世界各地的共同追求，很多国际大都市以建设发展低碳城市为荣，关注和重视在经济发展过程中的代价最小化以及人与自然和谐相处、人性的舒缓包容。自 2008 年初，国家建设部与 WWF（世界自然基金会）在我国大陆以上海和保定两市为试点，联合推出“低碳城市”以后，“低碳城市”迅速“蹿红”，成为中国内地城市自“花园城市”、“人文城市”、“魅力城市”、“最具竞争力城市”……之后的最热目标，该目标将具有长期的特性。因此，低碳将逐步成为城市建设的一条基本标准。这条新标准的发展将以实现高效利用、清洁生产、转变经济发展方式为目标，通过一系列环保低碳技术，推动低碳城市的全面发展。

低碳乡村是在提高农村生活水平的基础上，通过科学规划和有效实施，最大限度地降低碳排放、促进乡村经济健康可持续增长。从乡村发展的经济模式、能源使用、农业种植、生产消费以及农村生活方式等方面出发，综合考虑经济、人口、资源和环境等因素，构建低碳化发展轨迹的循环体。

一、低碳城市是实现可持续发展的战略性选择

城市是人类生产和生活的中心，在经济社会发展中起着举足轻重的作用。当前世界上一半以上的人口居住在城市中，城市的人均能耗是农村地区的 3.5 倍，而超过 75%的温室气体从城市产生。城市发展的速度、城市承载的人口数量、工作机会、城市各产业创造的财富、城市能源的消耗量以及对环境的污染都直接影响到一个国家乃至世界的发展与变革，城市因此成为平衡经济发展与环境保护的焦点所在。快速的城市化进程在中国尤为突出，也是考虑所有发展问题的时候不能规避的重要因素。从改革开放以来，我国城市数量增加较多，特别是特大、大城市分别从 13 个、27 个增加到 54 和 85 个，中国城市在发展过程中将面临严峻挑战。

（一）城市中的能源消耗急剧增加

工业、建筑和交通是城市用能增长的主要领域。在城市的生产活动中，传统的重工业依然占据主要地位。目前，中国重工业对工业的贡献率仍在 70%左右，对 GDP 的贡献率接近 50%。中国城市与发达国家相比，城市住宅能耗高出 3.5 倍，每平方米建筑用钢 55 公斤，比发达国家平均高出 20%。中国机动车保有量也快速增加，截至 2009 年底已有近 1.8 亿辆。随着城市化的进程，每年近千万人从农村转移到城市将导致城市能源消耗总量不断增加。

（二）城市中能源利用导致城市环境问题日益突出

城市空气质量、水环境质量、交通噪音、城市固体垃圾处理等与环境密切相关的指标虽然逐年得到改善，但是依然还存在严重问题。例如，受城市规划、公共交通配套建设、机动车保有量和尾气排放标准等因素的影响，机动车尾气排放已经成为中国大城市空气的第一大污染源，城市居民生活废水的处理率不到 40%。

（三）能源和环境问题同人类生产和生活的各种活动密切相关，具有长期性和惯性，非常复杂

当前的城市治理制度没有将低碳的目标纳入进来，因此，城市的公共基础设施建设、大型设备制造、房屋以及个人大件耐用消费品，如果缺乏必要的规划和节能设计，有可能在未来的十几年，甚至几十年中将在一定程度上遏制能源的衰减。在消费方式上，居民的能源消费习惯对于城市长期发展有着深远的影响，而

当前的城市治理机制在引导居民正确消费方面功能不健全，遵循大型住房、大排量汽车等能源浪费的消费方式普遍存在。能源与环境已经成为我国可持续发展的主要瓶颈，按照目前的发展模式，中国人要达到欧美国家的生活水平，需要两个地球的空间。因此，对于我们来说，要保持健康快速发展，只有走低碳经济之路。

二、我国乡村实现低碳生活方式的紧迫性

自古以来，农村的能源消耗主要是烧饭、取暖，而主要用的是柴草、秸秆。尽管这也排放废气，但排放的规模、浓度，对大自然的影响并不十分严重。20世纪下半叶以来，这种情况已发生了变化。

一是许多地方农村居民的烧饭、取暖所用能源， 绝大部分用上了方便、省力的煤，或比煤更好用的液化气、天然气、沼气。过去农村的炊烟，如今已成了“工业废气”。农村所用电力，许多也是火电，用电增加，也增加了矿物燃料的耗费。

二是农用机械、农用汽车、家庭小汽车越来越多的使用，大量的高含碳的尾气排入天空。汽车尾气这一制造温室效应的头疼问题，农村也日益严重了。

三是乡镇企业的兴起，烧的都是矿物燃料。所排放的高含碳的废气，更是前所未有。在中国乡镇企业中，制砖、水泥、铸造和炼焦四个行业，名列乡镇企业污染榜首，浓烟滚滚，“遮天蔽日”。

据有关方面统计,我国农村能源消费总量约占全国商品能源消费总量的 1/4，所排放出来的二氧化碳气体不是一个小数目。同时，不少农民对“节约”能源的认识较为缺乏。受传统利用方式和能源资源收集成本的影响，农村地区的人均能源消费远远超出其基本能量需求。另外，由于化肥对有机肥的替代、矿物燃料和二次能源对日常能源的替代等原因，我国生物质资源尤其是秸秆资源大量剩余。在没有找到经济、有效地利用秸秆途径的情况下，农民采取就地焚烧、推入水中等不适当的处置办法，造成了资源浪费，碳排放提高，构成对村民居住环境的污染。

三、建设低碳城市和低碳乡村的措施

从根本上说，建设低碳城市和低碳乡村是践行科学发展观、转变经济发展方式、推进建设“资源节约型，环境友好型”社会的探索和实践。在建设过程中，全国各地要充分发挥各自的比较优势，将低碳理念融入经济发展、城市建设和人民生活之中，加快经济转型和产业提升步伐，实现经济又好又快发展。

（一）搞好规划设计

城市的新规划中要遵循系统的低碳理念，在空间上与更大范围的区域进行平衡，城市发展需要综合考虑内部的经济、社会、资源和环境的协调发展。在低碳城市建设的同时，还需考虑乡村的发展需求，要城乡两方面协调一致，统一规划

设计和建设，实现水、市政、教育、医疗等资源的城乡共享，保证区域的总体低碳足迹不超过承载力。增强新建筑、新城内居民对城市的认同和归属感。城市经济的发展应依赖于一、二、三产业和静脉产业的协同发展，形成多次产业共同、有序、协调的可持续发展。

（二）转变农业发展方式

发展循环农业、低碳农业，实施对农产品的深度加工，将农产品加工后的副产品及有机废弃物化害为利，变废为宝，进行系列开发，推进以微生物产业为中心的新型农业化，有沼气条件的农户可用沼液代替农药，沼渣代替化肥，生产出优质、有机的农产品。

（三）调整经济结构

对原有的“两高一资”企业加快更新改造和淘汰步伐，对新建工业企业应继续筑起“绿色高地”，引导工业企业积极开发和生产低碳产品。对于产品在制造、施工、安装和使用的整个生命周期内，应尽量减少石化能源的使用，减少污染物的排放。关爱劳动者的作业环境，提高生产效率，最终降低二氧化碳的排放量。

（四）提高经营者认识

要充分认识低碳经济的竞争是未来产品竞争、品牌竞争、成本竞争的终极归宿。未来企业的竞争必然是低碳、绿色、生态的竞争，谁拥有低碳优势，谁就占据了决胜未来的制高点。如果企业做不到低碳和绿色的经营，将来不要说参与竞争，就连准入都是个问题。要积极引进和推广低碳技术的应用，实施低碳产业的集聚，加强低碳产业的管理，加大低碳产品的推广，推动低碳工业的快速发展。

（五）形成政府主导，社会和企业实施，全民共同参与的低碳发展格局

加大全国重点污染源和高能耗、高污染企业的排查力度，制定阶段性的全国减排目标，并将这些目标进行分解，定期督查。

（六）加强舆论宣传

积极利用媒体舆论、讲座和编制各种低碳宣传手册等形式，普及全体公民的低碳知识，增强他们实施低碳城市或低碳乡村的责任感和紧迫感，努力形成全体公民节能环保、降低污染的自觉行动。

第三节　低碳生活方式

低碳生活（Low-carbon living）是指生活作息时所耗用的能量要尽力减少，从而减低二氧化碳的排放量。低碳生活，对于我们普通人来说是一种态度，而不是能力，我们应该积极提倡并去实践低碳生活，从生活的各个细节开始，选择能耗相对较低的消费方式。从企业层面来看，企业需要承担社会责任，履行减排任

务，在生产、运输和销售等各个环节提高能源使用效率，减少温室气体的排放。从政府层面来看，则要从宏观、战略角度制定方针政策，约束规范人们用能行为，形成全社会积极参与节能的良好氛围。

一、我们为什么需要低碳生活

过多的碳排放将使地球变暖，我们的地球在宇宙中非常特殊，它有一个大气圈，里面有一定的二氧化碳、甲烷、氧化亚氮和水汽等。如果没有大气圈，地球表面平均温度是负-18℃。有了大气圈，短波辐射的热量通过长波辐射反射出去的时候，就会使温室气体产生增温效应，使地表平均温度成为15℃，非常适合人类生存。如果大气圈变厚，也就是温室气体的浓度增加，将会出现地球变暖的现象。

根据大气物理学家的计算，地球从太阳得到的热量短波辐射是240瓦/平方米，长波辐射出去240瓦/平方米就保持热量平衡，就是15℃。如果我们向大气中排放二氧化碳等温室气体，比如二氧化碳增加一倍，这时我们就会发现长波辐射使得排出的热量只有236瓦/平方米，中间有一个辐射差，地面必须通过增温1.2℃，才能达到“收支平衡”。这就是温室气体导致的增温现象。地球温度平均增长1.2℃，是一个了不得的数字，这样就会导致全球变暖。

随着世界工业经济的发展、人口的剧增、人类欲望的无限上升和生产生活方式的无节制，世界气候面临越来越严重的问题，二氧化碳排放量愈来愈大，全球灾难性气候变化屡屡出现，已经严重危害到人类的生存环境和健康安全。即使人类引以为豪的高速增长或膨胀的GDP也因为环境污染、气候变化而“大打折扣”。根据IPCC[①]第四次评估报告，我们的地球在过去100年间温度升高了0.74℃，这一升温看起来并不起眼，然而它却导致了地球生态系统一连串的反映。海水温度的升高、降水的分布不均导致干旱和洪涝等灾害更加频繁发生，食物和饮用水的供给将可能出现严重问题。由于海平面的上升和地面下沉，一些沿海低洼地区可能将会被淹没，而这些地方又是经济发达、人口密度大、大城市比较集中的地区，热浪也许会在更多的地方出现；气候变化加剧疟疾、血吸虫病和登革热的蔓延；台风的强度和破坏力也许会超过现有的防台抗台建筑标准。人类只拥有一个地球，全球气候变暖的威胁任何人都无法逃避。

---

①IPCC（Intergovernmental Panelon Climate Change的简称），即联合国政府间气候变化专门委员会，是世界气象组织（WMO）及联合国环境规划署（UNEP）于1988年联合建立的政府间机构。其主要任务是对气候变化科学知识的现状，气候变化对社会、经济的潜在影响，以及如何适应和减缓气候变化的可能对策进行评估。

二、切实解决我国实现低碳生活的认识问题

在气候压力日趋加大的今天，发展低碳经济、开展低碳城市建设、全面实现低碳生活逐渐成为社会各界共识。然而，我国许多民众甚至行政管理人员，在思想认识上对实现低碳生活还普遍存在一些问题。

（一）低碳生活与现实生活矛盾问题

有一种普遍性认识就是实现低碳生活就意味着降低居民的生活水平。从节约资源能源、环保以及减少碳排放角度看，实现低碳生活不仅是件大事，也是件好事。但从低碳生活的要求看，可能会降低人们好不容易提升起来的生活水平。比如人们在生活水平提高的同时，希望通过购买汽车，或者排量大、性能更好的汽车来改善自己的出行条件，希望购买较大的住房来改善自己的居住条件，这些显然与低碳生活格格不入。

低碳生活不是一个落后的生活模式，低碳经济并不会降低我们的生活品质。在低碳经济状态下，交通便利、房屋舒适宽敞是可以得到保证的，可以采取低碳技术来解决这些问题。低碳生活的目的是为了更好地改善人们的生存环境和条件，关键是要找到一个结合点，探索一种低碳的可持续消费模式，在维持高标准生活的同时尽量减少使用消费能源多的产品、降低二氧化碳等温室气体排放。如：城市中可以利用中水浇灌绿地，利用太阳能等可再生能源进行照明和日常使用，利用煤层气等清洁能源作为汽车的燃料，利用污水源、浅层水源、深层高温地下水源、土壤源等可再生能源热泵技术解决建筑的供热等。

（二）低碳生活与普通百姓关联问题

有许多人认为，低碳生活离他们日常生活遥远，只是一种理论上的设想，对他们来说犹如“遥不可及”的梦想，与他们的日常生活距离太远；也有人认为，低碳生活是一项系统工程，仅依靠他们的自身力量难以实现，与其这样，还不如按日常的生活方式“得过且过”。

在我国，人们长期以来形成的生活习惯和消费模式，在短时期内确实难以改变。在这种惯性生活模式下，推行低碳生活也可能会带来不便。但这些并不能成为百姓拒绝低碳生活的理由，只要人们从细节入手，有改变的决心和愿望，低碳生活完全可以实现。在阻止全球变暖的行动中，不仅政府、企业需要制定有效的对策，每一个普通人都可以扮演重要的角色。从身边的点滴做起，减少个人碳足迹，在生活中培养低碳的生活方式，这不仅是当前社会的潮流，更是个人社会责任的体现。

（三）低碳生活与政府关系问题

政府及相关部门认为，低碳生活主要集中于老百姓的生活领域，是老百姓自

己的事，他们可以当“甩手掌柜”，主要是依靠市民自己转变观念、加以践行，政府及相关部门一方面无权干涉，另一方面对市民日常生活方式的转变也甚感乏力。

其实，政府及相关部门不仅是社会事务的管理者，更是百姓生活的服务者。低碳生活不仅仅是市民的自觉行为，也需要政府及相关部门营造一个低碳生活环境。比如建设低碳小区、扶持垃圾回收利用等“静脉”产业，以及给自觉实行低碳生活方式的市民给予一定的奖励等，这都对形成良好的低碳生活方式具有“四两拨千斤”的作用。同时，政府及相关部门可以提供一些实现低碳生活的信息宣传服务，通过出台一些政策对他们的生活行为进行引导，推动低碳生活有效开展。

“低碳生活”最根本的挑战是，它要求人类改变自工业化以来形成的生产消费理念，特别是那种消费至上的消费文化。现有世界流行的主流经济理论基本建立在消费至上、消费者至上、竞争优先的基础上，它提高了社会生产的高效率，却也一度导致了生产与消费领域不受控制的高碳排放。虽然消费至上看起来是美好的目标，但以“低碳生活”理念看来，它却是牺牲人类长远利益和整体利益的短视行为。所以，选择“低碳生活”理念，就意味着我们必须拿出足够的政治勇气来进行一次资源和利益的再协调和再分配，而且我们还必须要有足够的能力，并准备相应的行动手段来审视我们的消费习惯。

三、低碳生活的主要方式

低碳生活说起来容易，做起来却相当难。尤其是改变一些人们已经习以为常的习惯那就难上加难。其实，只要你想做，低碳生活对普通人来说，也是可以实现的。比如时时注意节电、节油、节气，点点滴滴的小事就能实现低碳生活，从而造福子孙后代。更重要的是，如果不尽快改变这些生活中的小细节，我们生存的家园地球就会日渐变暖。总有一天，人类赖以生存的空间将会越来越狭小，这绝不是耸人听闻。或许这就是发展中国家领导人为什么会在哥本哈根与发达国家领导人争执不休的原因之一吧。

（一）能走路就不要开车乘车

在北京、上海这样的大城市，步行上班几乎是不可能的事情，但很多时候我们还真的没有必要开车乘车。比如外出不远的超市购物，再比如单位就在家门口附近。其实，步行30分钟的距离都不应该开车或乘车。但很多人并没有意识到这一点，还有的人竟然将把开车作为一种炫耀，无时不开车，无处不开车。

（二）能步行就不要乘电梯

现在很多大商场都安装了电梯，而电梯的奢华程度也成了商场豪华与否的关键。其实大可不必，一般商场也就五六层，五六层还要乘电梯，还真把人养坏了。还有就是地铁、车站这样的地方，竟然也有很多电梯。电梯，每天将会浪费太多的电力能源。

（三）冬天不使用冰箱一样可以冷冻

冬天的北方，其实南方也是比较冷的。在这样的情况下，冰箱的使用率就可以大大降低，因为把食物用保鲜袋储存在室外一样可以起到应有的效果，而且这样做还可以大大保护环境。

（四）能手洗的衣物就不必劳洗衣机大驾

诸如内衣内裤、袜子或者是衬衣这类的东西，其实完全可以手洗，但很多人却偏偏还要使用洗衣机。这不仅浪费电，也浪费水。还有就是，很多衣物其实根本没有必要干洗的，但我们却看到干洗店却越来越多。可能很多人不知道，干洗的衣物很容易让人患上皮肤病。

总之，从衣、食、住、用、行都可体现低碳生活，低碳生活可以让我们的身体更健康、环境更优美、开销会更少，不仅减轻自身的压力，也减轻了地球的压力，像这样，我们何乐而不为。比如，每用一度电，在节约经济开支的同时，还少排放了 0.96 千克的二氧化碳。因此，提倡“低碳生活”方式，就是应对气候变化的实际行动。如果大家能够少开一次车，少乘一次电梯，多节约一度电、一升水、一张纸……万涓成溪，累积起来那将为应对气候变化做出了巨大贡献。

四、政府在推进低碳生活方式上应做的主要工作

我国拥有 13 亿人口，公众个人的“小问题”往往因人口众多变成环境“大问题”。当前通过实现低碳生活，减少每个人的碳排放，已成为推动我国低碳经济发展、应对全球气候变化做出贡献的重要内容。作为一项社会工程，全面实现低碳生活方式的转变不仅要靠居民的自身努力，还需要政府及相关部门从措施、政策、宣传等方面，加大工作力度，调动全社会的积极性，使我国低碳生活方式得以较快转变。

（一）制定财税优惠措施

通过减免税费、提供财政补贴等措施引导消费者节能减排，实现低碳生活。在这些方面，国家正在或已经逐步出台了政策，比如鼓励引导消费者购买小排量汽车，推广太阳能等新能源项目，通过财政补贴方式推广节能灯，开展节能新能源汽车推广应用试点；为促进节能减排，鼓励汽车、家电“以旧换新”的政策，还有通过财政补贴推广高效节能空调等，但仍需加大推广、监督力度，出台更多、更大范围的优惠补贴政策，通过经济杠杆推动广大群众积极参与到低碳生活方式中。

（二）建立健全低碳消费的制度体系

一方面政府要出台政策和法规鼓励企业、公民和社会组织实行低碳消费，如制定奖励措施，对于开发低碳产品、综合利用自然能源、投资低碳生产流程的企业，给予支持和鼓励，并在贷款、税收等方面给予优惠政策；另一方面通过税收等政策手段，抑制消费主体的高碳消费方式。

（三）规范媒体宣传行为

避免出现过度渲染“奢侈消费”、过度追求高消费的现象，引导大家做到适度消费、低碳消费。在全社会大力提倡“低碳生活”，使大家从自己的生活习惯做起，控制或者注意个人的碳排量；反对和限制盲目消费、过度消费、奢侈浪费和不利于环境保护的消费，禁止无实用性的过度包装，规范并减少一次性用品生产和使用；进一步弘扬节约是美德的观念，彻底改变与节能减排背道而驰的陋习。

（四）充分发挥社会组织的作用

社会组织是现代多元治理结构中的重要主体，对促进低碳消费方式的全民化具有不可替代的作用。应当发挥其分布广且深入社会各阶层的优势，鼓励他们更广泛、深入地开展节能减排、低碳生活的宣传教育活动。

第四节 全球碳交易市场的现状和展望

随着国际社会对气候问题的不断关注，二氧化碳排放权正成为继石油等大宗商品之后又一新的价值符号，国际社会已经形成了碳交易货币和碳金融体系。“碳排放”技术及其产品将成为重要的国际战略资源和资产。

一、碳交易的基本概念

碳交易（即温室气体排放权交易）是为促进全球温室气体减排，减少全球二氧化碳排放采用的市场机制。在1997年通过的《京都议定书》中，把市场机制作为解决二氧化碳为代表的温室气体减排的新路径，即把二氧化碳排放权作为一种商品进行交易，简称为碳交易。依据《京都议定书》的相关规定，发达国家必须在2008—2012年间，将二氧化碳等温室气体排放量在1990年的基础上减少5.2%，其中欧盟8%、美国7%、日本6%。由于发达国家能源利用效率高，能源结构优化，新的能源技术被大量采用，进一步减排的成本较高，难度较大。而发展中国家能源利用效率低，减排空间大，成本也低。这就导致了同一减排单位在不同国家之间存在着不同的成本，形成了高价差。因此，联合国规定，发达国家可在发展中国家购买节能减排指标。这就意味着发展中国家减少的二氧化碳排放量指标，若经联合国认定，就可卖给西方大企业冲抵他们的减排指标，俗称碳排放交易。

二、碳交易的机制和型态

为达到《联合国气候变化框架公约》全球温室气体减量的最终目的，《京都议定书》约定了三种排减机制：清洁发展机制（CDM）①、联合履行（JI）②和排放交易（IET）③，这三种都允许联合国气候变化框架公约缔约方国与国之间，进行减排单位的转让或获得，但具体的规则与作用有所不同。联合履行、排放交易是连接发达国家之间的碳交易市场。清洁发展机制是发达国家和发展中国家之间的碳交易、实现双赢的机制；清洁发展机制既可以帮助发达国家以远远低于其国内成本的价格实现其在议定书上的承诺，也有助于发展中国家获得先进的技术和资金，促进可持续发展。

根据碳交易的三种机制，碳交易被区分为两种型态：一是配额型交易。指总量管制下所产生的排减单位的交易，如欧盟排放权交易制的“欧盟排放配额”交易，主要是被《京都议定书》排减的国家之间超额排减量的交易，通常是现货交易。二是项目型交易。指因进行减排项目所产生的减排单位的交易，如清洁发展机制下的“排放减量权证”、联合履行机制下的“排放减量单位”，主要是透过国与国合作的排减计划产生的减排量交易，通常以期货方式预先买卖。

三、全球碳市场现状

2009年，荷兰CLIMEX交易所、欧洲气候交易所、北欧电力交易所、纽约绿色交易所、亚洲碳交易所等都可以进行减排量（CER）④交易。尽管2009年受国际金融危机持续和后京都议定书时期全球应对气候变化政策不明朗的双重因素

---

①清洁发展机制(CDM)允许发达国家通过资助在发展中国家进行具有减少温室气体排放效果的项目，获得一部分减排指标，用于完成其在议定书下承诺义务的一部分(certified emission reductions, CERs)。与此同时，发展中国家也可以受益于这种项目。CDM是中国目前碳交易市场的主要交易方式。

②联合履行(JI)是在发达国家之间通过投资项目的方式获得低价的“减排单位”(Assigned Amount Unit, AAU)。

③国际排放贸易（IET）是指发达国家相互转让它们的部分“允许的排放量”(Emission Reduction Units, ERU)。国际排放贸易和联合履行是在发达国家之间进行的合作。

④CER（Certification Emission Reduction的英文缩写）即核证减排量，是清洁发展机制(CDM)中的特定术语，指联合国执行理事会(EB)向实施清洁发展机制项目的企业颁发的经过指定经营实体(DOE)核查证实的温室气体减排量。只有联合国向企业颁发了CER证书之后，减排指标CER才能在国际碳市场上交易。

影响，但全球碳市场却表现出强大活力，在全球 GDP 总值下降 0.6%、工业化经济体 GDP 下降 3.2%的情形下，全球交易量逆势上扬。据世界银行统计，2009 年全球碳交易市场达到 87 亿吨二氧化碳当量，较上年增加 80%，市值达 1437 亿美元，较上年增加 6%。

在 2009 年全球碳市场中，配额碳市场依然是全球碳市场的主体。其交易量达 73.62 亿吨二氧化碳当量，交易额达 1228 亿美元，均占全球碳市场的 85%，分别较上年增加了 125%和 21%，其大规模发展推动了全球碳市场的增长。其中，欧盟排放交易体系（主要是欧盟成员国间的碳排放交易）继续占据配额碳市场的霸主地位，其交易量和交易额分别占配额碳市场的 86%和 96%，交易量较上年增加了 105%。但由于交易价格大幅降低，其交易额只增加了 18%。而京都补偿量现货与二级市场交易量与 2008 年基本持平，其交易额则比 2008 年降低 33%。

占全球碳市场不足 15%的基于项目的碳市场出现大规模缩水，其交易量仅为 2.83 亿吨二氧化碳当量，较上年减少 42%，交易额仅为 33.7 亿美元，较上年减少 54%。其中，发展中国家能够参与的 CDM 一级市场交易量较上一年下降 48%，仅有 2.11 亿吨二氧化碳当量，交易额减少 59%，仅有 26.78 亿美元。

四、全球碳交易市场展望

对未来全球碳市场的发展趋势的判断，据世界银行预测：2012 年前对基于项目的碳市场总体需求约为 12.2 亿吨二氧化碳当量。这些需求量中，京都议定书确定的发展中国家（即量化了温室气体减排义务的国家）的政府需求约 4.75 亿吨，较上年的预测量降低 9500 万吨，其中欧盟 15 国的需求量约占 70%，依然是主要需求方；私营部门的需求为 7.5 亿吨二氧化碳当量，较上年的预测下降 30%。这些需求，总体上可通过 CDM 和联合履约来实现。但仍将有 2.3 亿吨补偿量需通过购买京都议定书发展中国家间的分配数量单位（《京都议定书》中分配给每个有减排义务国家的温室气体允许排放量）交易来弥补。

五、全球碳交易的启示

全球碳市场发展已较为成熟。从 2009 年全球碳市场发展状况可以发现，经过 10 年发展，全球碳市场已较为成熟，呈现产业化和规模化的特点，其在有效促进全球共同应对气候变化挑战的同时，创造了新的商机，培育了新的经济增长点。但碳市场各组成部分表现参差不齐，一头热一头冷，即配额碳市场遇热，规模大幅增加，而基于项目的碳市场遇冷，市场缩水过半。

当前碳市场下发展中国家受益有限。在 2009 年全球碳市场中，完全由发达国家参与的配额碳市场占全球碳市场的 85%，而发展中国家目前能够参与的

CDM 一级市场的份额不足全球碳市场的 2%，且其未来发展完全受制于配额碳市场的规则。

这表明，通过 CDM 为支持发展中国家应对气候变化和可持续发展引入资金、技术的作用非常有限，并在 2009 年出现了进一步降低的现象。CDM 难以满足发展中国家开展应对气候变化活动的资金需求。但是，在《哥本哈根协议》有关发达国家向发展中国家出资问题上，发达国家都将当前的碳市场机制作为资金的主要来源之一。因此，在墨西哥坎昆会议上，发展中国家应以世界银行报告披露的事实为依据，批驳发达国家在资金问题上推托责任的企图。

中国仍是 CDM 一级市场最大供应国，但市场份额有所减少。根据报告分析，在 2009 年全球 CDM 一级市场中，中国依然以 72%的份额占据不可撼动的地位，但与 2008 年的 84%相比，有所减少。而非洲及中亚地区发展迅速，市场份额均翻了一番，分别达 7%和 5%。这表明，一方面中国依然是众多碳市场投资者首选的、最现实的大卖家，另一方面当前 CDM 一级市场萎缩现状对中国的冲击更为显著。

六、我国如何应对全球碳交易

筹划建立适合我国国情的减排交易机制，利用市场手段促进我国既定节能减排目标的实现。我国的节能减排任务艰巨，承受的国际压力也大。但是，我们应清醒地看到：我国这样一个大国节能减排目标的实现，不可能完全依靠发达国家的资金支持和 CDM 一级市场的收益，必须依靠自己，但又不能全部依靠国家公共财政投入。为此，我国可以利用自身的政治、经济优势，充分借鉴成功的国际碳交易机制经验，结合我国的实际国情和应对气候变化的国际义务，以我为主，推出自己的减排交易市场机制。

碳市场长期看好，我国应抓住新的发展机遇，让更多企业从中受益。尽管 2009 年全球 CDM 一级市场暂时遇到困难，但配额碳市场的繁荣保证了对 CDM 一级市场的需求。同时，欧盟应对气候变化新战略已明确了未来将继续推动 CDM 发展，世界银行、亚洲开发银行等具有风向标作用的国际金融机构已开始购买后京都议定书时代的核证减排量，这些都表明 CDM 将会进一步发展。我国应充分抓住这一机遇，克服眼前暂时的困难，抢占发展先机。

从以前全球碳交易情况看，CDM 不仅为我国引入了一些可持续发展资金，而且还提升了我国众多 CDM 企业的软实力,为企业带来了新的管理理念，开阔了企业的国际视野，提高了员工的工作素养，有的还引进了先进技术。我国应利用新的 CDM 发展机遇，让更多的国内企业从中受益。

密切关注全球 CDM 市场发展动态，积极参与相关规则制定，为我国 CDM 发展争取有利发展空间。从当前CDM自身发展遇到的瓶颈、各方对CDM的反应来看，CDM改革已势在必行。在此情形下，我国作为CDM一级市场的最大供应国，应积极主动地参与其改革，参与新的“游戏规则”的制订，以使CDM具有更大的发展空间。

世界银行很重视新的规划类CDM项目。这类项目有望成为CDM突破现有瓶颈，争取进一步发展的有效途径之一。我国目前也在积极进行该类项目的开发，建议从国家到企业密切关注该类CDM项目的发展态势，以使我国能够在这一新型项目中抢得先机。

加强南南CDM合作，输出我国的CDM经验，团结发展中国家阵营。通过数年的实践，我国在CDM项目管理、开发、实施方面已经积累了大量的成功经验，可以通过南南CDM项目，与其他发展中国家分享我国的经验，帮助它们提升CDM项目管理、开发、实施能力，从而树立我国负责任大国的形象，进而团结发展中国家阵营，为我国气候变化国际谈判的大战略服务。

第六章　应对气候变化

人类不但面临着严峻的资源枯竭和环境污染的挑战，而且地球的大气也变得越来越恶化。近年来，海啸、地震、火山爆发频率加快，飓风、沙尘、冰雪、洪涝、泥石流、热浪、干旱等异常气候连续不断。这些极端气候变化，引发了人们对未来生存和发展的深刻思考，可持续发展不再是一句空泛的口号，它像一件“利器”叩动着人们的心弦。气候变化已经成为各国寻求发展时必须应对的难题。近年来，在国际多边和双边活动中气候变化都是主要的议题之一，可谓“逢会必议、每访必谈”。联合国有关会议在 1988 年通过了为当代和后代人类保护气候的决议、1990 年发布《联合国气候变化框架公约》、1997 年《京都议定书》、2007 年“巴厘路线图”、2009 年《哥本哈根协议》，这些议题的主要目的都是控制温室气体排放，以尽量延缓全球变暖效应。因此，采取相应措施，应对气候变化对世界各国来说都显得十分重要。

第一节　我国应对气候变化的基本情况

积极应对气候变化，是事关我国经济社会发展全局和人民群众切身利益，事关人类生存的一件大事。长期以来，我国十分重视应对气候变化工作，在统筹考虑经济发展和生态建设、国内与国际、当前与长远时，制定并实施了应对气候变化国家方略，采取了一系列应对气候变化的政策和措施。把应对气候变化与实施可持续发展战略，加快建设资源节约型、环境友好型社会，建设创新型国家结合起来，以发展经济为核心，以节约能源、优化能源结构、加强生态保护和建设为重点，以科技进步为支撑，努力控制和减缓温室气体排放，不断提高适应气候变化能力。同时，积极参与国际社会应对气候变化进程，认真履行《联合国气候变化框架公约》（以下简称《气候公约》）和《京都议定书》（以下简称《议定书》），在国际合作中发挥积极的建设性作用。

一、气候变化与我国国情

最新科学研究成果表明，全球地表平均温度近百年来（1906—2005）升高了 0.74℃，预计到 21 世纪末仍将上升 1.1℃~6.4℃。20 世纪中叶以来，全球平均温度的升高，主要是由化石燃料燃烧和土地利用变化等人类活动排放的温室气体（主要包括二氧化碳、甲烷和氧化亚氮等）导致大气中温室气体浓度增加所引起的。我国气候变暖趋势与全球的总趋势基本一致，中国气象局发布的最新观测结果显示，我国近百年来（1908—2007 年）地表平均气温升高了 1.1℃，自 1986 年以来经历了 21 个暖冬，2007 年是自 1951 年有系统气象观测以来最暖的一年。近 50 年来我国降水分布格局发生了明显变化，西部和华南地区降水增加，而华北和东北大部分地区降水减少。高温、干旱、强降水等极端气候事件有频率增加、强度增大的趋势。夏季高温热浪增多，局部地区特别是华北地区干旱加剧，南方地区强降水增多，西部地区雪灾发生的几率增加。近 30 年来，我国沿海海表温度上升了 0.9℃，沿海海平面上升了 90 毫米。我国的基本国情决定了我国在应对气候变化领域面临巨大挑战，我国气候条件复杂，生态环境脆弱，适应的任务艰巨。人口众多，经济发展水平较低，发展的任务也艰巨。同时，处于工业化发展阶段，能源结构以煤为主，控制温室气体排放任务艰巨。我国温室气体历史排放量很低，根据国际有关研究机构数据，1904—2004 年我国化石燃料燃烧二氧化碳累计排放量约占世界同期的 8%，人均累计排放量居世界第 92 位。我国作为发展中国家，工业化、城市化、现代化进程远未实现，为进一步实现发展目标，未来能源需求将合理增长，这也是所有发展中国家实现发展的基本条件。同时我国以煤为主的能源结构在未来相当长的时期内难以根本改变，控制温室气体排放的难度很大，任务艰巨。

二、气候变化对我国的影响

我国是最易受气候变化不利影响的国家之一，其影响主要体现在农牧业、森林与自然生态系统、水资源和海岸带等。

1.气候变化对我国农牧业生产的负面影响已经显现，农业生产不稳定性增加，局部干旱高温危害严重，因气候变暖引起农作物发育期提前而加大早春冻害，草原产量和质量有所下降，气象灾害造成的农牧业损失增大。

2.气候变化对我国森林和其他生态系统的影响主要表现在：东部亚热带、温带北界北移，物候期提前；部分地区林带下限上升；山地冻土海拔下限升高，冻土面积减少；全国动植物病虫害发生频率上升，且分布变化显著；西北冰川面积减少，呈全面退缩的趋势，冰川和积雪的加速融化使绿洲生态系统受到威胁。

3.气候变化已经引起了我国水资源分布的变化。近 20 年来，北方黄河、淮河、海河、辽河水资源总量明显减少，南方河流水资源总量略有增加。洪涝灾害更加频繁，干旱灾害更加严重，极端气候现象明显增多。

4.我国海平面上升趋势加剧。近 30 年来，因海平面上升引发海水入侵、土壤盐渍化、海岸侵蚀，损害了滨海湿地、红树林和珊瑚礁等典型生态系统，降低了海岸带生态系统的服务功能和海岸带生物多样性。随着气候变化引起的海温升高、海水酸化使局部海域形成贫氧区，海洋渔业资源和珍稀濒危生物资源衰退。

气候变化对社会经济等其他领域也将产生深远影响，给国民经济带来巨大损失，应对气候变化需要付出相应的经济和社会成本。气候变化将增加疾病发生和传播的机会，危害人类健康；增加地质灾害和气象灾害的形成概率，对重大工程的安全造成威胁；影响自然保护区的生态环境和物种多样性，对自然和人文旅游资源产生影响；增加对公众生命财产的威胁，影响社会正常生活秩序和安定。

三、应对气候变化的指导思想和目标

我国应对气候变化的指导思想是：全面贯彻落实科学发展观，坚持节约资源和保护环境的基本国策，以控制温室气体排放、增强可持续发展能力为目标，以保障经济发展为核心，加快经济发展方式转变，以节约能源、优化能源结构、加强生态保护和建设为重点，以科学技术进步为支撑，增进国际合作，不断提高应对气候变化的能力，为保护全球气候做出新的贡献。

我国应对气候变化坚持如下原则：在可持续发展的框架下应对气候变化、"共同但有区别的责任"、减缓和适应并重、公约和议定书是应对气候变化的主渠道、依靠科技创新和技术转让、全民参与和广泛国际合作等原则。

应对气候变化目标:力争到2020年，单位国内生产总值二氧化碳排放比2005年下降40%~45%，非化石能源占一次能源消费的比重达到15%左右，森林面积和蓄积量分别比2005年增加4000万公顷和13亿立方米。

四、我国在减缓气候变化中采取的措施

虽然我国在应对气候变化所面临的困难和问题较多，但通过国家积极的推进政策和行动，大力实施调整经济结构、转变发展方式，大力节约能源、提高能源利用效率、优化能源结构，植树造林等一系列工作措施，在应对气候变化方面取得了显著成效。

（一）调整经济结构，促进产业结构优化升级

制定和实施了一系列产业政策和专项规划，将降低资源和能源消耗作为产业政策的重要组成部分，推动产业结构的优化升级，努力形成"低投入、低消耗、低排放、高效率"的经济发展方式。在促进服务业加快发展方面，2007年发布《关于加快发展服务业的若干意见》，明确了支持服务业关键领域、薄弱环节和新兴行业发展的政策，旅游、金融、物流等现代服务业蓬勃发展。在做大做强高技术产业方面，2007年发布了高技术产业、电子商务和信息产业等领域的"十一五"（2006—2010）规划，完善促进数字电视、软件和集成电路、生物产业等高

技术产业发展的政策措施，加快培育符合节能减排要求的新兴产业。信息、生物、航空航天、新能源、新材料、海洋等高新技术产业加快发展，振兴装备制造业成效显著，基础设施、基础产业建设取得长足进展。同时，加快了小火电机组等行业落后产能淘汰工作，遏制高耗能、高排放行业过快增长，出台新开工项目管理的相关政策规定。

(二) 大力节约能源，提高能源利用效率

国家“十一五”规划，提出到2010年单位GDP能耗比2005年降低20%左右，并作为重要的约束性指标。印发了《节能减排综合性工作方案》，全面部署节能减排工作。一是建立健全节能减排目标责任制。制定了《节能减排统计监测及考核实施方案和办法》，实行严格的问责制。二是加快实施重点节能工程。2006—2010年，通过实施十大重点节能工程可形成约2.4亿吨标准煤的节能能力。三是推动重点领域节能减排。开展千家企业节能行动。积极推广节能省地环保型建筑和绿色建筑，新建建筑严格执行强制性节能标准，加快既有建筑节能改造。继续完善和严格执行机动车燃料消耗量限值标准。中央国家机关开展了空调、照明、锅炉系统节能诊断和改造，完成了办公区所有非节能灯具的改造。四是提高能源开发转换效率。2007年，6000千瓦及以上火电机组供电煤耗由1980年的每千瓦时448克标准煤下降到370克标准煤；单位原煤产量能耗比上年下降5.9%，电耗下降了5.1%。实施有利于节能的经济政策。经过全社会的共同努力，“十一五”前四年，全国单位GDP能耗累计下降14.38%。

(三) 发展可再生能源，优化能源结构

2005年颁布《可再生能源法》，制定可再生能源优先上电网、全额收购、价格优惠及社会分摊的政策，建立可再生能源发展专项资金，支持资源评价与调查、技术研发、试点示范工程建设和农村可再生能源开发利用。截至2007年底，我国水电装机容量达到1.45亿千瓦，年发电量4829亿千瓦时，电力装机和发电量均居世界第一位，其中2006年、2007年两年平均新增装机2600万千瓦，年均增长12%。风电规模成倍增长，装机容量超过600万千瓦，居世界第五位，其中2006年、2007年新增装机305万千瓦，年均增长148%。太阳能热水器集热面积达到1.1亿平方米，多年位居世界第一。生物质发电装机容量约为300万千瓦，生物燃料乙醇年生产能力超过120万吨。核电装机906万千瓦，比2006年增长30.5%。煤炭在一次能源消费中的比重由1980年的72.2%下降到2007年的69.4%，水电、风电和核电的比重由4%提高到7.2%。可再生能源总利用量约为2.2亿吨标准煤（包括大水电）。我国将继续积极推进水电流域梯级综合开发，加快风电发展速度，大力推进生物质能源的开发和利用，积极发展太阳能发电和太阳能热利用，发展以煤层气为燃料的小型分散电源，积极发展核电。

（四）发展循环经济，减少温室气体排放

高度重视发展循环经济，积极推进资源利用减量化、再利用、资源化，从源头和生产过程减少温室气体排放。近年来，循环经济从理念变为行动，在全国范围内得到迅速发展。国家制定《清洁生产促进法》等一批法律法规，发布加快发展循环经济相关政策意见，并发布循环经济评价指标体系。实施了两批国家循环经济示范试点，初步探索形成企业、企业间或园区、社会三个层面的循环经济发展模式，废旧家电回收处理和汽车零部件再制造试点取得积极进展。加大国债和中央预算内投资对发展循环经济重点项目的支持力度，形成了一批具有自主知识产权的先进技术，特别是开发、示范和推广了一批对行业有重大带动作用的共性和关键技术。纯低温余热发电等一批适用技术得到广泛应用。制定促进填埋气体回收利用的激励政策，发布行业标准，推动垃圾填埋气体的收集利用，减少甲烷等温室气体的排放。完善垃圾收运体系，开展生活垃圾分类收集，提高垃圾的资源综合利用率。垃圾无害化处理率由 1990 年的 2.3%提高到 2006 年的 52%。减少农业、农村温室气体排放。近年来，我国在减少农业和农村温室气体排放方面取得积极进展。引导农民科学施肥，减少农田氧化亚氮排放；落实草畜平衡、禁牧休牧轮牧制度，控制草原载畜量，避免草场退化。同时，大力发展农村沼气，推广太阳能、省柴节煤炉灶等农村可再生能源技术。截至 2007 年年底，全国户用沼气达到 2650 多万户，每年可以替代近 1600 万吨标准煤，相当于减排二氧化碳 4400 万吨。全国已建养殖场沼气工程 2.66 万处，推广农村太阳能热水器 4286 万平方米、太阳房 1468 万平方米、太阳灶 112 万台、小型风力发电机 20 多万台，建成一批秸秆气化、固化示范点，累计推广省柴节煤炉灶 1.51 亿户、节能炉 3471 万户。

（五）推动植树造林，增强碳汇能力

自上世纪 80 年代以来，我国政府通过持续不断地加大投资，平均每年植树造林 400 万公顷。同时，国家还积极动员适龄公民参加全民义务植树。截至 2007 年底，全国共有 109.8 亿人次参加义务植树，植树 515.4 亿株。近几年，通过集体林权制度改革等措施，调动了广大农民参与植树造林、保护森林的积极性。目前，全国人工林面积达到了 0.54 亿公顷，蓄积量 15.05 亿立方米，森林覆盖率由上世纪 80 年代初期的 12%提高到目前的 18.21%。2006 年我国城市园林绿地面积达到 132 万公顷，绿化覆盖率为 35.1%。据估算，1980—2005 年我国造林活动累计净吸收约 30.6 亿吨二氧化碳，森林管理累计净吸收 16.2 亿吨二氧化碳，减少毁林排放 4.3 亿吨二氧化碳，有效增强了温室气体吸收的能力。

（六）加大研发力度，科学应对气候变化

将应对气候变化纳入科学发展规划之中。2006年颁布的《国家中长期科学和技术发展规划纲要》，把能源和环境确定为科学技术发展的重点领域，把全球环境变化监测与对策明确列为环境领域的优先主题之一。2007年制定《我国应对气候变化科技专项行动》，提出了应对气候变化科技工作在"十一五"期间的阶段性目标和到2020年的远期目标，对气候变化的科学问题、控制温室气体排放的技术研发、适应气候变化的技术和措施、应对气候变化的重大战略与政策等方面进行了重点部署。加强人才与基地建设。不断加大对气候变化相关科技工作的资金投入。建立了相对稳定的政府资金渠道，并多渠道筹措资金，吸引社会资金投入气候变化的科技研发领域。已确定将重点研究节能和提高能效等减缓温室气体排放技术。

五、我国在适应气候变化中所采取的措施

我国在农业、森林与其他自然生态系统、水资源等领域，以及海岸带及沿海地区等脆弱区，积极实施适应气候变化的政策和行动，取得了积极成效。

（一）农业领域

制定并实施《农业法》等一系列法律法规，努力建立和完善农业领域适应气候变化的政策法规体系。加强了农业基础设施建设，实施了"种子工程"。我国将进一步加大优良品种推广力度，提高良种覆盖度。加快建立和完善动物防疫体系，加强动物疫病监测预警。开展草原退牧还草等工程建设，加强草原防火基础设施建设，保护和改善草原生态环境。开展水生生物养护行动。

（二）森林等自然生态系统领域

多年来，通过制定并实施《森林法》等相关法律法规，努力保护森林和其他自然生态系统。国家正在积极制定自然保护区等相关法律法规，推动全面实施全国生态环境建设和保护规划。我国将进一步加强林地保护管理，继续推进天然林保护等生态工程。建立健全国家森林资源与生态状况综合监测体系。实施全国森林防火、病虫害防治中长期规划。加强对濒危物种及其赖以生存的生态系统保护。

（三）水资源领域

制定并实施《水法》等法律法规，编制完成了全国重要江河流域的防洪规划等水利规划，初步建立起适合国情的水利政策法规体系和水利规划体系，初步建成了大江大河流域防洪减灾体系、水资源合理配置体系和水资源保护体系。同时，大力推进水土流失综合治理。我国将加快制订主要江河流域水量分配方案，加快实施南水北调等跨流域调水工程。建立国家初始水权分配制度、水权转让制度以及水资源节约和保护制度。基本建成以水库、河道、堤防、蓄滞洪区为主的大江大河防洪减灾工程体系和以管理措施为主的山洪灾害防治体系。对于生态严重恶化的流域，实施地下水限采。同时，加强污水再生利用等技术的研究、开发与推广。

（四）海岸带及沿海地区领域

依据《海洋环境保护法》等法规，确定了海洋领域应对气候变化业务体系的建设目标和内容，建立了综合管理的决策机制和协调机制，努力减缓与适应气候变化的不利影响。加强海岸带和沿海地区适应气候变化的能力建设。开展海气相互作用调查研究，初步建成海洋环境立体化观测网络。我国将进一步建立健全海洋灾害应急预案体系和响应机制，开展海洋领域对气候变化的分析评估和预测。建立海平面监测预测分析评估系统。推进海洋生态系统的保护和恢复技术研发以及推广力度，开展沿海湿地和海洋生态环境修复工作，建立典型海洋生态恢复示范区，大力营造沿海防护林等，加强海岸带管理。

（五）其他领域

我国加强了对极端天气气候事件的监测预警能力建设，基本建立相应的气象及其衍生和次生灾害应急处置机制。强台风和区域性暴雨洪涝等极端天气气候事件的防御取得重大进展，初步建立起气候与气候变化综合观测系统。针对气候变化可能导致流行病疫区的扩大，国家将进一步加强监测、监控网络，建立和完善健康保障体系。编制城市防洪排涝计划，提高城市防洪工程设计规范的标准。在重大工程的设计、建设和运行中考虑气候变化的因素，相应地制定新的标准，适应未来气候变化的影响。

六、提高全社会应对气候变化意识

我国一直重视环境与气候变化领域的教育、宣传和公众参与。近年来，国家通过提出贯彻落实科学发展观、建设和谐社会和坚持走可持续发展道路等先进理念，不断引导全社会提高应对气候变化意识，树立人与自然和谐发展思想。中央政治局两次就全球气候变化和加强应对气候变化能力建设组织集体学习，强调大力提高全社会参与应对气候变化的意识和能力，营造全民应对气候变化的良好环境。国家把建设资源节约型和环境友好型社会作为学校教育和新闻宣传的重要内容，利用各种手段普及气候变化方面的相关知识，提高全社会的全球环境意识。

已出版大量与气候变化相关的出版物、影视和音像作品，创办气象电视频道，建立了资料信息库，利用大众传媒进行气候变化方面的知识普及，举办“气候变化与科技创新国际论坛”，召开“气候变化与生态环境”等大型国际研讨会。从 1992 年开始，连续举办 19 届全国节能宣传周活动。2007 年国家发布了《节能减排全民行动实施方案》，在全国范围内组织开展“节能减排全民行动”，包括家庭社区行动、青少年行动、企业行动、学校行动、军营行动、政府机构行动、科技行动、科普行动、媒体行动等九个专项行动，形成政府推动、企业实施、全社会共同参与的节能减排工作机制。近年来，一些社会团体和非政府组织也以多种形式加入全民节能减排行动，发挥了积极作用。围绕大力发展循环经济主题，开展了形式多样的系列宣传教育活动，使循环经济理念逐步深入人心，社会氛围更加浓厚。国家将进一步加强应对气候变化相关的教育和培训。在基础教育、高等教育、成人教育中纳入气候变化的内容，重点引导青少年树立应对气候变化意识，积极参与气候变化的相关活动；举办针对政府部门、企业界、咨询机构和科研人员以及社区的气候变化培训和研讨班等，促使其积极承担社会责任。

七、加强气候变化领域国际合作

我国本着“互利共赢、务实有效”的原则积极参加和推动应对气候变化的国际合作，发挥了建设性作用。近年来，国家领导人分别在八国集团与发展中国家领导人对话会议、亚太经合组织会议、东亚峰会、博鳌亚洲论坛等多边场合以及双边交往中，阐述了我国对于气候变化国际合作的立场，积极推动应对气候变化的全球行动。我国长期以来积极参加和支持《气候公约》和《议定书》框架下的活动，努力促进《气候公约》和《议定书》的有效实施。国内有关专家也积极参加政府间气候变化专门委员会的工作，为相关报告的编写做出了贡献。我国认真履行本国在《气候公约》和《议定书》下的义务，于2004年提交了《中华人民共和国气候变化初始国家信息通报》，并于2007年6月发布《应对气候变化国家方案》和《我国应对气候变化科技专项行动》。在多边合作方面，我国是碳收集领导人论坛、甲烷市场化伙伴计划、亚太清洁发展和气候伙伴计划的正式成员，是八国集团和五个主要发展中国家气候变化对话以及主要经济体能源安全和气候变化会议的参与者。在双边方面，我国与欧盟、印度、巴西、南非、日本、美国、加拿大、英国、澳大利亚等国家和地区建立了气候变化对话与合作机制。同时，一直在力所能及的范围内，帮助非洲和小岛屿发展中国家提高应对气候变化的能力。积极与外国政府、国际组织、国外研究机构开展应对气候变化领域的合作研究，内容涉及气候变化的科学问题、减缓和适应、应对政策与措施等方面。积极参与相关国际科技合作计划，如地球科学系统联盟（ESSP）框架下的世界气候研究计划（WCRP）等，并加强与相关国际组织机构的信息沟通和资源共享。积极推动和参与《气候公约》框架下的技术转让，提交了技术需求清单。重视清洁发展机制工作。到2008年7月20日，我国在联合国已经成功注册的清洁发展机制项目达到244个，这些项目预期的年减排量为1.13亿吨二氧化碳当量。

八、应对气候变化的体制机制建设

我国1990年成立了应对气候变化相关机构，1998年建立了国家气候变化对策协调小组。为进一步加强对应对气候变化工作的领导，2007年成立国家应对气候变化领导小组，由国务院总理担任组长，负责制定国家应对气候变化的重大战略、方针和对策，协调解决应对气候变化工作中的重大问题。2008年在机构改革中，进一步加强了对应对气候变化工作的领导，国家应对气候变化领导小组的成员单位由原来的18个扩大到20个，具体工作由国家发展和改革委员会承担，领导小组办公室设在国家发展和改革委员会，并在国家发展和改革委员会成立应对气候变化司，专门负责全国应对气候变化工作的组织协调。为提高应对气候变化决策的科学性，成立了气候变化专家委员会，在支持政府决策、促进国际合作和开展民间活动方面做了大量工作。

目前，各地区、各部门结合各自实际，认真贯彻执行《应对气候变化国家方案》。建立健全应对气候变化的管理体系、协调机制和专门机构，建立地方气候变化专家队伍，根据各地区在地理环境、气候条件、经济发展水平等方面的具体情况，因地制宜地制定应对气候变化的相关政策措施，建立与气候变化相关的统计和监测体系，组织和协调本地区应对气候变化的行动。各级政府进一步完善产业政策、财税政策、信贷政策和投资政策，充分发挥价格杠杆的作用，形成有利于减缓温室气体排放的体制机制，增加应对气候变化工作的财政投入。完善有利于减缓和适应气候变化的相关法规，依法推进应对气候变化工作。

我国正处在全面建设小康社会的关键时期，也处于工业化、城镇化加快发展的重要阶段，发展经济和改善民生的任务十分艰巨，在应对气候变化领域面临着较为严峻的挑战。我国将继续以科学发展观为指导，坚定不移地走可持续发展道路，采取更加有力的政策措施，全面加强应对气候变化能力建设。气候变化问题是国际社会共同面临的挑战，解决气候变化问题需要世界各国和国际社会的通力合作。

第二节　气候变化对甘肃的影响和挑战

甘肃省地形复杂，气候变化异常，气象灾害十分频繁，属气候变化敏感区和生态环境脆弱区。特别是20世纪80年代以来，在全球变暖的气候背景下，全省气象灾害呈明显上升趋势，极端气候事件频繁发生，影响到全省经济社会的又好又快发展。

一、甘肃气候变化的基本情况

近50年来，甘肃省年平均气温升高了1.1℃，幅度高于全国平均水平。2006

年甘肃省年平均气温升高了 1.5℃，为近 50 年来最高。从季节来看，1997 年各季增温明显。1998—1999 年的冬季是历史上有气象观测记录以来最暖的冬季，全省大部分地方气温偏高都在 2.0℃以上，其中兰州、武威、西峰等地偏高 3.0℃以上。近 50 年来甘肃省年平均降水量逐渐减少，平均每 10 年减少 5.7 毫米，下降的幅度高于全国平均水平（每 10 年减少 2.9 毫米）；近 50 年来全省年平均降水量下降了近 28 毫米，但区域降水变化波动大。降水的季节特征表现为冬季降水量和雨日（日降雨量大于或等于 0.1 毫米以上的日子）大范围增加；春季降水量减少但雨日却在增加，表明春季降水强度在减弱；夏季、秋季表现出降水量和雨日大范围减少趋势。气象灾害的种类繁多，灾情较重。主要的气象灾害有干旱、大风、沙尘暴、暴雨、冰雹、霜冻和干热风等，次生灾害有泥石流、滑坡等。气象灾害占自然灾害的 88.5%，高出全国平均状况的 18.5%。50 多年来，甘肃省平均每年因气象灾害造成的经济损失占 GDP 的 4%~5%，高于全国平均水平。

二、气候变化对甘肃的影响

受全球气候变化的影响，甘肃省气候总体趋于暖干化，造成甘肃省境内冰川退缩，雪线上升，蒸发量加大，水资源减少，草原退化、荒漠化加剧，气象灾害频发，传染病流行等，对甘肃省经济社会产生了较大的危害作用。具体表现为：一是对种植业的影响。气候变化导致甘肃省秋播作物的播种期推迟、春播作物的播种期提前，冬小麦适宜种植区范围明显扩大至靖远、景泰一带，向北扩展 50 公里~100 公里。河西走廊玉米和棉花种植面积呈扩大趋势，而冬小麦和春小麦呈减少趋势。二是对畜牧业的影响。异常的气候变化对畜牧业有着极大的影响，主要包括饲草料损失、畜禽死亡、畜禽圈舍倒塌等三个方面的影响。2008 年一季度的冰冻雪灾，就曾经造成甘肃省各类畜禽死亡 46.34 万头（只），倒塌牲畜圈舍 20.15 万平方米，损失饲草料 7.1 万吨，直接经济损失 2.89 亿元。三是对草原等生态系统的影响。甘肃省草地退化率为 45%，草地退化面积占草地总面积的 88%。湿地面积也大大减少，如敦煌西湖湿地从 20 世纪 80 年代以来面积萎缩到现有的 18 万公顷，50 年来减少了 28%。四是对水资源的影响。1960 年以来全省的降水量变化总体呈下降趋势（2000 年以来有所回升），尤其是 1990—2000 年间，下降情况最为明显。使地下水资源量剧减，如河西走廊地下水天然资源 20 世纪 90 年代比 50 年代减少 45%。近 40 多年来除黑河和疏勒河外大部分河流径流量呈减少的趋势。祁连山冰川融水比上世纪 70 年代减少了大约 10 亿立方米，冰川局部地区的雪线正以年均 2 米至 6.5 米的速度上升，有些地区的雪线年均上升竟达 12.5 米至 22.5 米。五是对人体健康的影响。气候变化直接影响病原体的成熟和媒介的繁殖、改变媒介或宿主地栖息居住地，易引起虫媒传染病发病范围扩大和新发传染病流行。同时会影响人群的身心健康，温度变化超出冷热限值时会增加心肺等疾病和死亡的危险。由于平流层臭氧减少，太阳辐射增强，使得浅色人种的黑色素瘤和其他皮肤癌的发病率增加，强烈阳光下的急性暴露易引起红斑和雪盲的发病率增加。六是对其他领域的影响。气候变化会给甘肃省文物保护工作带来新的难题，给旅游资源等带来一些潜在的危害。如敦煌的月牙泉，水域面积由上世纪 60 年代 20 多亩锐减到现在 8 亩多一点，水深由 7~8 米降至 1 米，每年还以 20 厘米~30 厘米的速度持续下降；温度上升冻土融化，将会严重影响交通的基础设施；气候变化还给保险业带来新的考验，损失发生的频率、程度及死亡率都可能受气候变暖而发生变化，使得原有的损失估计模型不再适用等。

三、甘肃应对气候变化工作面临的挑战

（一）对经济结构与产业结构调整带来的挑战

甘肃省经济基础薄弱、结构性矛盾突出、发展方式粗放、投资主体和融资渠道单一、整体发展活力不强。应对气候变化需淘汰落后产能，发展循环经济，延长主要资源产品的产业链，优化重工业内部结构及提高技术含量，大力发展第三产业等方面的工作任务十分艰巨。

（二）对能源结构优化带来的挑战

受技术水平的限制，可再生能源技术成本相对较高，发展清洁能源缺乏市场竞争力。同时，可再生能源的发展又缺乏足够的经济激励政策、机制和完备的可再生能源产业体系。2005 年全省煤炭、石油、天然气和一次电力的消费构成比例为 72.5:17.2:3.06:7.24（构成比例按当量值计算），基于其煤炭等资源优势，以及依托此优势大力发展煤电及煤化工产业的经济增长规划，2010 年甘肃省的一次能源消费中煤炭仍将占到 70%以上。在以后相当长一段时期内，全省的能源消费结构仍以煤炭为主，这给降低单位能源温室气体排放带来更大的困难。

（三）对节能降耗带来的挑战

甘肃省工业结构偏重，能耗过高，2009 年万元 GDP 能耗仍比全国平均水平高出 79.52%，今后节能任务艰巨。应对气候变化需严格控制能源尤其是化石燃料的使用，这对当前的节能降耗工作带来更高的要求。

（四）对生态保护带来的挑战

甘肃省现有沙化土地 1203.46 万公顷，占全省国土总面积的 28.26%。在 400 多万公顷具备治理条件的沙化土地中，至少需要几十年才能完成。还有 258 万公顷的土地介于沙化与非沙化之间，沙化趋势明显。气候变化会使甘肃省草原退化，沙漠化及荒漠化现象更加严重，还将对全省湿地等生态脆弱区的生态保护与修复带来不利影响。

（五）对农业领域适应气候变化带来的挑战

甘肃省不仅是农业气象灾害多发地区，而且也是一个人均耕地资源占有量少、农业经济不发达、适应能力非常有限的省份。气候变化会带来冰川退缩、径流减少、降水波动加大、地下水位降低等问题，进而影响农业生产，给农业领域适应气候变化带来长期的挑战。

（六）对防灾减灾工作带来的挑战

干旱是甘肃省最主要的气象灾害，冰雹是仅次于干旱的气象灾害，同时滑坡、泥石流也是非常严重的次生灾害。近年来因气象灾害每年造成的直接经济损失都在 20 亿元以上，占到全省自然灾害损失的 88.5%。在全球气候变化的大背景下，极端气象灾害的频繁发生，严重威胁广大人民群众的生命财产安全，更是制约经济社会发展，特别是农业和农村经济社会发展的瓶颈问题。全省气候监测、灾害预警体系和应急响应能力不足，现有防灾减灾体系尚不完善。而气候变化又将增加各种极端自然灾害的发生频率，使甘肃省面临更为严峻的防灾减灾形势。

（七）对科技开发和自主创新能力带来的挑战

受经济条件等因素制约，不能充分发挥科研机构、高等院校应有的作用，加之甘肃省技术研发能力相对较弱，应对气候变化的科技创新能力不强，急需开展相应的能力建设活动。

第三节　甘肃应对气候变化所做的工作

为了应对气候变化，甘肃省认真贯彻落实国家宏观调控政策，合理利用资源，强化生态环境保护与建设，促进科学发展。在发展经济、消除贫困的同时，在应对气候变化方面做出了积极努力，也取得一定成效。

一、调整优化工业结构，节能降耗成效明显

近年来，甘肃省积极推进产业结构调整。由于所处的经济发展阶段和资源禀赋等原因，工业仍是甘肃省的支柱产业，工业占全省 GDP 的份额越来越大，2000 年这一比例是 34.4%，2009 年增加到 44.6%。同时，甘肃省紧紧抓住国家西部大开发的机遇，积极推进重化工业改造升级、特色优势产业培育和高新技术产业升级，加大对原材料工业技术改造，实施节能降耗，工业内部结构得到了优化调整。制定了钢铁、石化、装备制造、轻纺、电子信息等 5 个产业调整和振兴规划。

根据国家有关节能减排要求，甘肃省加大企业更新改造和淘汰高耗能工艺、设备和产品步伐，稳步推进十大节能工程，使节能减排工作取得明显成效。2009

年在有色金属、电力、建材等7个行业淘汰落后产能110.34万吨标煤；“十一五”期间，金川公司等14户千家重点用能企业须节能211.27万吨标准煤，而前四年，甘肃省已累计完成节能量197.85万吨标准煤，占目标任务的93.45%，酒钢集团等12户企业均提前完成目标任务。

二、能源效率不断提高

2000年以来，甘肃省在提高能源效率方面取得了显著成效。截至2009年底，甘肃省单位国内生产总值能耗为1.876吨标准煤，较2005年下降16.91%，完成总任务的82.99%。重点行业主要产品单位综合能耗也得到了明显改善，如吨钢能耗由2005年的0.885吨标煤降到2009年的0.634吨标煤，下降了28.36%，生产单位吨钢温室气体排放量减少了0.24吨二氧化碳当量；水泥行业吨产品能耗由2005年的0.159吨标煤降到2009年的0.133吨标煤，下降了16.35%，生产单位水泥产品温室气体排放量减少了0.04吨二氧化碳当量。

三、可再生能源发展速度加快

甘肃省水电、风电和太阳能发电等可再生能源发展迅速。水电装机由2000年的295万千瓦增加到2009年的590万千瓦；风电装机由2000年的0.12万千瓦增加到2009年的220万千瓦，2010年达到550万千瓦；全省太阳能发电装机从无到有，到2009年达到930万峰瓦（在标准测试条件下太阳能电池组件或方阵的额定最大输出功率，1峰瓦=1瓦/平方米日照强度下所产生的功率），2010年达到100兆瓦。甘肃省积极推进农村能源综合利用项目建设，截至2009年底，全省累计建成农村户用沼气池90万座，累计推广太阳灶77万台，太阳能热水器56万平方米，户用太阳能采暖房196万平方米。推广高效省柴节煤灶240万台，节能炕202万铺，形成了年开发和节约农村用能246万吨标煤的能力。相当于减排650万吨二氧化碳。与2007年相比，2009年可再生能源占能源生产比例提高2.8%。

四、生态保护取得显著成绩

2007年全省林地面积达到981.21万公顷，占全省土地总面积的21.82%；全省森林覆盖率由2001年的9.9%提高到2006年的13.42%，净增3.52个百分点；活立木总蓄积与2001年的1.99亿立方米相比，净增0.18亿立方米。1999—2007年间，全省共完成退耕还林169.22万公顷，其中退耕还林66.89万公顷，荒山荒地造林96.33万公顷；累计治理陡坡和沙化耕地65.55万公顷，绿化宜林荒山荒地88.67万公顷，建成万亩以上工程点120多处。

2000年，全省建成各种类型自然保护区36处，总面积504.87万公顷，占全省国土总面积的11.1%。2007年全省自然保护区增加到57个，自然保护区面积达995.62万公顷，占全省国土面积的22%，并建成生态功能保护区2个，生态功能保护区面积达521.9万公顷，占全省国土面积的11.5%。农村生态环境保护也取得了实质性进展，实施了秸秆禁烧、严禁采集销售发菜，制止滥挖甘草、麻黄草等工作。

五、清洁发展机制项目发展较快

甘肃省充分利用自身丰富的可再生资源优势，自小孤山水电站项目成为我国第一个水电领域的清洁发展机制项目以来，全省清洁发展机制项目得到了较快发展，目前已在水电、风电、甲烷回收利用及节能和提高能效等多个领域广泛展开。截至2009年底，甘肃省通过国家发展和改革委员会审核的清洁发展机制项目110个，项目分布在水电、风电、甲烷回收利用、节能及提高能效等多个领域，年减排量约1465万吨。在联合国清洁发展机制项目执行理事会注册项目39个，年减排量约498万吨。经核证的减排量签发项目10个，年减排量114万吨，收益约1.15亿元人民币。

六、人口增长得到有效控制

甘肃省坚持经济发展与控制人口数量一起抓的方针，努力控制人口增长率。2009年人口出生率和自然增长率分别为13.31‰和6.61‰，比2000年的14.38‰和7.97‰分别降低了1.07和1.36个千分点。人口数量的有效控制，促进了资源能源节约利用和温室气体减排。

七、初步建立了应对气候变化管理体系

2007年，为切实加强对甘肃省应对气候变化和节能减排工作的领导，甘肃省成立了应对气候变化及节能减排工作领导小组。2009年底，新一轮机构改革后，进一步加强了应对气候变化工作，根据甘肃省人民政府印发的“三定”规定，甘肃省发展和改革委员会负责全省应对气候变化工作，成立了资源节约和环境保护处（应对气候变化处）。组织实施国家应对气候变化的重大战略、方针和对策，统一部署应对气候变化工作，协调解决应对气候变化工作中的重大问题。

第四节 甘肃应对气候变化的指导思想与目标

2009年4月13日，甘肃省人民政府正式颁布了《甘肃省应对气候变化方案》。明确提出了到2015年应对气候变化的目标、原则、重点领域及其政策措施，为提高甘肃省应对气候变化能力，减少气候变化对甘肃省经济社会发展的不利影响，提供了决策依据。

一、应对气候变化的指导思想

深入贯彻落实科学发展观，加快西部大开发战略的实施。以经济建设为中心，以调整经济结构、提高能源效率、改善能源结构、加强生态保护和建设为抓手，以节能降耗和生态恢复为突破口，发展低碳经济，加快形成政府引导、社会参与、产业推动、工程依托的格局，确保全省经济社会又好又快发展，努力实现全面提高适应气候变化能力和控制温室气体排放过快增长的目标。

二、应对气候变化的原则

（一）坚持在可持续发展的框架内应对气候变化的原则

气候变化是在发展中产生的问题，也只有通过发展才能得到逐步解决，尤其是对于甘肃省来说，只有通过发展才能真正提高减缓和适应气候变化的能力，也只有通过可持续发展才能得到根本解决。

（二）坚持适应优先、注重减缓的原则

应充分认识到全球气候变化问题的长期性和艰巨性，倡导全省建立资源节约型社会，统筹规划，突出重点，分类施策，分步实施。甘肃省属生态脆弱区，适应气候变化显得更为重要和紧迫，只有进一步提高适应气候变化能力，才能更好地发挥生态系统自然修复功能，保护和恢复植被与合理利用自然资源。

（三）坚持依靠科技进步和科技创新的原则

争取创造条件，促进发达国家或地区的先进技术向甘肃省转让；同时，创造条件促进可再生能源和节能新技术的开发和应用。加强适应气候变化科学技术的研究与开发，充分考虑甘肃省的省情，确保以最低的成本获得最大的环境效益。

三、应对气候变化的目标

适应气候变化的能力不断增强，控制温室气体排放取得明显成效，公众的气候变化意识得到较大提高，气候变化领域的机构和体制初步建立。根据上述总体目标，2010 年和 2015 年，甘肃省将努力完成以下主要目标与任务：

（一）2010 年目标

适应气候变化目标：生态保护和恢复工作初见成效，适应能力有一定程度的提高。

温室气体排放控制目标：2010 年，全省万元生产总值温室气体排放量比 2005 年下降 20%。

主要通过完成以下任务来实现上述目标：

——应对气候变化机构建设：到 2010 年，甘肃省建立起应对气候变化专门的组织机构。

——单位 GDP 能源强度目标：以 2005 年可比价计算，到 2010 年，全省万

元生产总值能耗从2005年的2.26吨标准煤下降到1.8吨标准煤，降低20%。

——可再生能源发展目标：到2010年，可再生能源装机达到1000万千瓦左右；农村沼气综合利用模式户100万户。

——淘汰落后产能目标：2006—2010年关停小火电装机容量77.5万千瓦。

——热电联产、集中供热发展目标：2006—2010年新增热电联产发电装机200万千瓦以上，形成集中供热面积450万平方米。

——森林覆盖率增加目标：到2010年，森林覆盖率提高到16%左右。

——主要适应性目标：到2010年，新增治理水土流失面积1500万亩、治理沙化面积900万亩；新增造林绿化面积2300万亩；新增“三田”面积300万亩；新增种草面积3000万亩；黑河、石羊河流域综合治理、甘南草原“三化”治理等重点治理工程取得成效。

（二）2015年目标

适应气候变化目标：到2015年，争取生态环境初步好转，适应能力进一步提高。

温室气体排放控制目标：2015年，全省万元生产总值温室气体排放量比2010年进一步下降。

主要通过完成以下任务来实现上述目标：

——单位GDP能源强度目标：争取2015年全省万元生产总值能耗进一步下降。

——可再生能源发展目标：到2015年，可再生能源装机达到1870万千瓦。

——主要适应性目标：到2015年，新增治理水土流失面积2500万亩、治理沙漠化面积1200万亩；完成绿化造林面积3000万亩；累计“三田”面积达到3000万亩。

规 划 解 读

第七章 甘肃经济社会发展基本状况

发展循环经济是科学发展观的内在要求，是实现经济社会可持续发展的必由之路。甘肃省是一个西部老工业基地。加快发展循环经济，实现由高耗能、高排放、资源型的旧“两高一资”向高科技含量、高附加值、资源永续利用的新“两高一资”转变，是党中央、国务院对甘肃省的殷切希望，也是甘肃省提高经济发展质量和效益的必然选择。未来的10年将是甘肃省工业化快速发展的时期，也是对资源大量消耗的时期，要实现经济社会跨越式发展，就必须把发挥资源优势与转变经济发展方式有机结合起来。

发展循环经济，打造全国循环经济示范区，是一个关乎全局、关乎长远的大战略、大思路。作为欠发达地区、老工业基地、资源型省份、全国生态最为脆弱的地区，甘肃有责任走出一条通过发展循环经济、实现科学发展的新路子，为我国西部地区乃至全国发挥示范作用。《总体规划》的实施，对有效应对后国际金融危机时代和气候变化，推动经济发展方式转变和经济结构调整，建设循环经济体系，提高经济增长的质量和效益，实现甘肃经济社会的跨越式发展，具有重大的现实意义和深远的历史意义。

第一节 区域和自然条件

甘肃，以古甘州（张掖）、古肃州（酒泉）两地首字而得名。甘肃是华夏文明的主要发祥地之一，历史悠久，文化灿烂。秦设陇西郡，唐置陇右道，因境内的大部分在陇山之西，故称陇西或陇右，简称甘或陇。甘肃建省已有700多年的历史。北宋初期西夏统治河西时设有甘肃军司，这是最早出现的甘肃之名。元代建立帝国后，创立行省制度，元世祖至元十八年（公元1281年）正式设立甘肃行中书省，这是中国历史上第一次出现甘肃省的行政区划。甘肃省现辖14个市、州，87个县、市、区，总人口2600万人。省会兰州市是全省政治、经济和文化中心，是西北地区第二大城市。

一、甘肃自然条件和区域的基本特征

（一）西北五省的地理中心

甘肃位于祖国的西北内陆地区，地处黄河上游的青藏高原、内蒙古高原和黄

土高原的交会处，属于祖国大陆地理中心，甘肃东接陕西，东北与宁夏相连，南临四川，西与青海、新疆毗邻，北靠内蒙古，并与蒙古国接壤，总面积 45.4 万平方公里，居全国第七位。地域辽阔，地形复杂，资源比较丰富，是五省（区）交通运输的中枢、古丝绸之路的咽喉，欧亚大陆桥贯穿全境。特殊的地理中心位置决定了甘肃在整个西北地区经济社会发展中的举足轻重的桥梁和枢纽作用。

（二）多种类地形地貌交错分布

甘肃省地形呈狭长状，状似一柄“如意”，东西长 1655 公里，南北宽 530 公里，最窄处形似“蜂腰”地段，仅 25 公里。地貌复杂多样，山地、高原、平原、河谷、沙漠、戈壁交错分布，其中以山地、高原为主，地势自西南向东北倾斜，最高峰为甘、青两省的界山祁连山主峰团结峰，海拔 5547 米；最低点则在陇南白龙江中游文县罐子沟，海拔 550 米。基本分为各具特色的六大地形区域：陇南山地、陇中黄土高原、甘南高原、河西走廊、河西走廊以北地带和祁连山地。各地理区域之间形态各异，界限分明，特色突出。

（三）典型的大陆性温带季风气候

甘肃地处西北内陆地区，海洋温湿气流不易到达，降雨量少，大部分地区气候干燥，属强大陆性温带季风气候，冬季寒冷时间长，春夏界线不分明，夏季时间短，气温高，秋季降温快。省内年平均气温在 0℃~16℃之间，各地海拔不同，气温差别较大，日照充足，日温差大。全省各地年降水量在 36.6 毫米~734.9 毫米之间，大致从东南向西北递减，降水多集中在 6~8 月份，占全年降水量的 50%~70%，其他月份少雨干旱。

甘肃省幅员辽阔，地域狭长，位居我国三大自然区的交会处，地形地貌复杂，生态类型多样，光热、土地、生物、旅游、矿产和劳动力资源丰富。辖区分属长江、黄河、内陆河三大流域，为中华民族古文化的发祥地之一。随着国家经济建设重点的西移，甘肃将发展成联络东南沿海、开发西北内陆的桥梁和纽带，具有重要的战略地位。

二、甘肃具有特殊的战略地位

（一）生态屏障

甘肃地处黄土高原、内蒙古高原和青藏高原的交界处，是黄河、长江的重要水源涵养区，是我国重要的高原生态屏障，黑河、疏勒河、石羊河三大内陆河是维系河西走廊绿洲及其下游地区的生命之河，生态地位极其重要。西北沙漠化的遏止、黄河和长江上游地区水源涵养林的保护、黄土高原和青藏高原水土流失的治理、内陆河流域生态环境的恢复和保护等，大部分的工程项目都需要在甘肃境内实施。甘肃的生态环境得到重大改善，就能够对全国的大范围区域发挥屏障功能，使之少受沙化、水土流失、干旱、洪涝等灾害侵袭。

（二）经济通道

甘肃地处中国东中部地区与西部地区的接合部，在西北地区居于坐中联四的中心位置，具有承东启西、南拓北展的区位优势，是中东部联结西北、西南的枢纽，又是进入西北少数民族地区和青藏民族地区及边疆地带的桥梁。在历史上就是中外经济、文化交流的重要通道之一，闻名中外的古丝绸之路在甘肃境内绵延1600多公里，是古代中华文化与西方文化交流、融汇的地方。

甘肃是西北地区铁路、公路、航空、水运、管道兼备的综合性交通运输枢纽。西陇海兰新经济带贯穿全省，陇海、兰新、包兰、兰青四条铁路干线和兰西乌、京呼银兰、兰西拉、兰成等国家四大主干光缆在此交汇，312、212、109、310等10条国道主干线在省内纵横交错，国家4条输油管道和5条输气管道主干线通过甘肃境内，构成了联系全国并通向中亚、西亚的交通枢纽、邮电通讯枢纽和能源运输大通道。

今后几年，随着兰渝铁路、兰成铁路、西平铁路、天平铁路、兰新铁路第二双线、宝鸡至兰州客运专线等铁路建设项目和兰州铁路集装箱中心站项目、兰州枢纽编组站、兰州新客站等铁路枢纽配套工程的开工建设，甘肃的铁路路网密度将达到全国平均水平，交通运输设施通行能力将进一步增强，这对发挥甘肃的区位优势、形成新的通道经济具有重要意义。同时，国家新出台的《物流业调整和振兴规划》将兰州列为西北物流区的中心和全国性物流节点城市，将会大大加快兰州商贸流通业的发展，使兰州成为服务于西部地区、辐射全国的物流中心，并逐步发展成为面向中亚、俄罗斯及东欧诸国的区域性物流中心。

（三）战略走廊

甘肃深居西北内陆，嵌入少数民族集聚区，是中原地区联系新疆、青海、西藏、宁夏和内蒙古的战略通道，对维护边疆和少数民族地区稳定具有极其重要的作用。甘肃位于我国的地理几何中心，是联结内地与西部边疆的战略通道和国家开发建设青海、内蒙古、宁夏、新疆、西藏等边疆和边远省区的战略后方基地，在西部广大地区的建设、发展中发挥着交通通信枢纽、商贸流通中心、物资的供应和转运基地等重要作用。甘肃又是国家政治和国防安全的重要保障地区，是抵御国际三种势力（国际恐怖主义、民族分裂主义、宗教极端主义）渗透，维护祖国统一和主权安全，应对西部边疆地区可能发生的突发事件的战略纵深区和战略屏障区，在突发事件、复杂事件中，能够发挥战略后方支持前沿地带的保障功能。甘肃的整体发展状况，特别是许多重大基础设施，如平战结合、军地两用的大型航空货运机场、专用铁路、战备公路建设，战略物资通道与储备空间建设，地下快速运输通道建设等等，以及应对突发事件、复杂事件的经济和社会能力，都具有保障国家政治、经济利益和国防安全的重大意义。

甘肃在实现国家整体发展目标中发挥着特殊的区域分工作用。新中国成立以来，甘肃一直是国家重要的能源化工、原材料和机械电子工业基地，在开发西北、改变极端落后的传统农业经济和支援国家经济建设和国防建设方面做出了巨大贡献。在国家实现新型工业化目标的新时期，甘肃仍然发挥着能源原材料基地的重要分工职能，并且有条件发展成为全国最大的新能源产业基地和核工业基地，在全国范围发挥能源结构优化、转换的示范基地或能源革命示范基地的作用。甘肃作为潜力巨大的新能源基地，与陕北、宁东、新疆、山西、内蒙古等传统能源基地可以形成战略性的互补关系，有效带动示范全国的能源革命，跟上世界能源革命的潮流，对全国未来的经济社会发展具有重要的战略影响和战略支持作用。

总之，支持甘肃加快发展，是构建稳固的高原生态屏障，实现可持续发展的重要环节；是深入推进西部大开发，推动区域协调发展的重大举措；是培育特色产业，促进中东西产业链接，保障国家经济和国防安全的战略选择；是强化基础设施，提高自我发展能力，增强发展后劲的必然要求；是加强民族团结，维护边疆稳定的迫切需要。把甘肃建成国家循环经济省级示范区，既是甘肃发挥资源优势、振兴老工业基地、带动经济社会发展的客观需要，又是确保国家生态安全、维护民族团结和边疆稳定的必然要求，也是探索资源型省份实现科学发展的必然选择。

第二节 经济社会发展基础

改革开放以来，特别是党的“十六大”以来，全省上下高举中国特色社会主义理论伟大旗帜，以邓小平理论和“三个代表”重要思想为指导，深入学习实践科学发展观，认真贯彻落实中央的一系列方针政策，按照甘肃省第十一次党代会提出的发展抓项目、改革抓创新、和谐抓民生、保证抓党建，全力强化基础设施建设、特色优势产业培育、人力资源开发三大支撑的“四抓三支撑”总体工作思路，深入实施西部大开发、工业强省和区域发展战略，甘肃的面貌发生了巨大变化，经济和社会事业取得了长足发展。全省呈现出经济发展、政治稳定、民族团结、社会进步的良好局面，经济社会发展步入了历史上最好最快、基础设施条件改善最为明显、改革开放力度最大、人民群众得到实惠最多的时期。

一、甘肃经济社会发展现状

（一）经济增速保持稳定，增长质量明显提高

2009 年，规模以上工业完成增加值 1136.71 亿元，同比增长 9.9%；实现利

润155.23亿元，同比增长1.13倍。全社会固定资产投资完成2479.6亿元，同比增长28.12%。全社会消费品零售总额1183.01亿元，同比增长18.88%。完成进出口总值38.21亿美元，同比下降37.3%。城镇居民人均可支配收入为11929.78元，同比增长8.75%；粮食总产906.2万吨，同比增长2%。农民人均纯收入2980.1元，同比增长9.41%。

（二）社会发展步伐加快，发展协调性明显增强

2009年末，全省就业人员为1488.63万人，比上年增长2.92%。城镇登记失业率为3.25%，比上年增加0.05个百分点。全省城镇低保人数83.46万人，比上年下降7.15%；农村低保人数293.2万人，比上年下降9.37%；全年研究与试验经费支出33.2亿元，比上年增长2.2%。全年共取得省部级以上科技成果857项，授权专利1274件；全省共有卫生机构10324个，床位76347张，相比上年均有较大增长；全省共有普通高等学校34所，各类中等职业学校344所，中小学校16132所，成人学校5953所，在校生人数达到527.05万人。学龄儿童净入学率98.94%，"两基"人口覆盖率95.2%；文化事业蓬勃发展，《读者》、《大梦敦煌》被列为国家文化出口重点项目，全省共有文化事业机构6927个。

二、甘肃发展中的突出问题

近年来，虽然甘肃经济发展较快，但仍存在较大差距。2009年，全省实现地区国内生产总值3382.35亿元，位居全国倒数第五，人均生产总值12852元，处于全国倒数第二。社会事业不够发达，少数民族比例较高，同时也是与内蒙古接壤的边疆省份。甘肃财政对中央转移支付的依赖性较高，每年要靠大量的中央财政转移支付来维持财政支出，还处在吃财政饭的境地。从经济社会发展的现状来看，实现富民强省的目标任重而道远。由于自然条件恶劣，生态环境严酷，发展底子薄，基础设施薄弱，工业化和城镇化水平低，社会事业发展滞后，老少边穷地区贫困面大，经济社会发展的矛盾比较突出。具体表现在：

（一）经济结构不合理，发展方式粗放

经济结构和体制中许多深层次问题尚未得到根本解决，经济发展主要依靠国有大型企业支撑，非公经济和中小企业发展滞后，非公有制经济比重偏低；农业基础脆弱，非农产业发展慢；工业整体素质偏低，技术创新能力不强，核心竞争力较弱；外向型经济发展缓慢，外贸出口总量小，对经济增长的拉动作用不明显；长期形成的重型工业结构对能源原材料依赖性强，节能降耗和资源保障的压力大。

（二）投资增长难度加大，财政资金严重短缺

改革开放后，国家投资逐渐向东部地区倾斜，投向甘肃的资金日益减少。西部大开发以来，中央加大了对甘肃基础设施、生态环境、扶贫开发、国企改革和

社会事业等方面的投资力度，财政转移支付增加。2009 年，甘肃大口径财政收入 604.01 亿元，但财政支出达到 1245.57 亿元，分别比上年增长 36.63%和 28.62%，收支缺口很大。在地方性财政支出中，以保“吃饭”为主，用于民生和生产建设领域的资金总量小，加之投融资主体多元化的格局尚未形成，民间资本投资和利用外资比重低，带动地方经济发展的产业化大项目少，固定资产投资增速与结构改善的问题仍然突出，投资增长远远不能满足经济社会发展的需要。

（三）农民增收难度越来越大，扶贫任务依然艰巨

受资源和市场需求的双重制约，依靠总量扩张和价格上升来增加农民收入的空间日益缩小，加上结构调整的难度大，甘肃绝大多数地方农业效益的提高非常缓慢，相当一部分富余劳动力和剩余劳动时间得不到有效发挥，制约了农民收入的增长。全省仍有贫困人口 600 多万人，贫困面为 32%。每年大约还有几十万人因病、因灾、因学返贫。尤其是少数民族地区更为贫困，21 个民族县中有 14 个是国家扶贫重点县。在全国 30 个民族自治州中，甘南藏族自治州和临夏回族自治州人均国内生产总值均处于后位。临夏回族自治州 8 个县市有 7 个县为国家扶贫开发工作重点县，贫困人口达 87.78 万人，贫困面高达 52.52%；甘南藏族自治州 8 个县市有 5 个县为国家扶贫开发工作重点县，贫困人口达 42.1 万人，贫困面高达 63.9%，扶贫任务异常艰巨。

（四）基础设施欠账多，瓶颈制约突出

由于受自身财力薄弱、投资能力低、区位条件差、吸引外资能力弱、投资渠道多元化不足等因素影响，全省公路、铁路、机场、电网等公用基础设施薄弱的问题仍然突出，公路密度为每百平方公里 23.25 公里，居全国倒数第五位，铁路密度为每百平方公里 0.47 公里，约为东部沿海省份平均密度的 70%；农村基础设施建设由于历史欠账较多，不能满足人民群众的基本生产生活需要。突出表现在农田水利设施建设严重滞后，多数地方还处于靠天吃饭的局面；农民生产生活条件落后，一些地方人畜饮水长期没有保障；农村交通不便，乡乡通油路、村村通公路的任务十分艰巨；农村燃料普遍缺乏，部分地方主要依靠薪柴烧饭取暖；农村电网建设不足，广播电视“村村通”延伸到自然村的工程量还很大；教育、卫生基础设施和文化设施欠缺。基础设施建设滞后已成为制约经济社会发展的“瓶颈”。

（五）生态环境十分脆弱，资源约束日益严峻

甘肃生态环境先天脆弱，后天破坏严重，经济社会发展与人口资源环境的矛盾日益突出。陇中、陇东黄土高原沟壑区以及陇南石质山区水土流失严重，每年向黄河的输沙量占中上游地区总输沙量的 1/3，向长江的输沙量占中上游地区总

输沙量的1/5；祁连山冰川消融速度加快，雪线上升，水源涵养能力减弱，造成河西走廊的疏勒河、黑河、石羊河三大内陆河流域水资源逐年减少，土地荒漠化程度加剧，沙尘暴频繁发生，严重威胁着甘肃乃至整个华北地区的生态安全。甘肃人均资源拥有量相对不足。在关系国计民生的45种主要矿产资源中，除有色金属等少量几种资源的贮量相对比较丰富外，铁、铅、锌等主要矿产资源后备资源短缺的问题比较突出。金昌、白银、嘉峪关、玉门等重点资源型城市，都面临资源日益枯竭的问题，已成为制约甘肃经济社会可持续发展的重要因素。

（六）就业压力大，社会事业发展严重滞后

甘肃正处在劳动年龄人口增长的高峰期、下岗失业再就业的攻坚期、农村富余劳动力转移的加速期，总体上呈现城乡劳动力总量大、就业困难群体数量大、低技能素质劳动力所占比重大的态势，就业结构性矛盾越来越突出。同时，再就业压力十分巨大。国有、集体企业下岗失业人员再就业问题尚未完全解决，企业重组改制、关闭破产中职工安置和“并轨”的任务仍很繁重，部分困难地区、困难企业、困难群体的就业问题尤为突出。全省一半以上的县市由于财政困难，教育机构的运转只能勉强维系，“两基”攻坚中形成的欠账至今无力偿还。乡镇文化站建设水平低，无站、有站无舍和100平方米以下的乡镇文化站还很多。农村部分乡镇卫生院、村卫生所房屋破旧，设备老化短缺，医务人员匮乏，新型农村合作医疗保障水平低，“看病难、看病贵”的问题还比较突出。

甘肃生产总值在全国排名27位，人均生产总值排名30位，城镇固定资产投资排名27位，一般预算收入排名27位，社会消费品零售总额排名27位，城镇居民人均可支配收入和农民人均纯收入均排在最后一位。甘肃已成为区域协调发展和全面建设小康社会的“短板”，如果再没有大的跨越式发展，势必影响国家全面建设小康社会总体进程。因此，必须充分认识甘肃发展的阶段性特征和加快发展的特殊重要性，采取更加有力的政策措施，支持甘肃经济社会跨越式发展，为全面建设小康社会奠定坚实基础。

第三节　产业结构现状

2009年，甘肃省三次产业比例为14.7：44.7：40.6，与上年相比，第二产业所占比重下降1.6个百分点，第一、三产业所占比重分别提高0.1和1.5个百分点。经过多年的发展，甘肃的产业结构依然存在一些不合理的方面，主要表现在：产业结构和就业结构逆向变化。第二产业产值比重大，第三产业就业比重呈微幅上升，产业结构与就业结构不协调；三次产业人均产值低，发展潜力小，可持续发展能力弱；三次产业对GDP增长的贡献率不均衡；第一产业中畜牧业比重过小；第二产业中“两高一资”比重过大，节能降耗压力大；第三产业中现代服务业发展缓慢。这些问题的存在严重影响着甘肃省经济社会又好又快发展，因此，需要我们不断调整和优化产业结构，调整优化三次产业就业结构，大力发展现代农业和现代服务业，不断调整工业部门内部结构，同时调整投资方向，优化投资结构。

一、改革开放以来产业结构的变化与特点

改革开放30多年来，甘肃经济建设取得重大成就，GDP年均增长达到9.5%，人均GDP由1978年的348元上升到2007年的10346元，2009年为12872元，人民生活水平显著提高，宏观经济效益大幅提升。与甘肃国民经济持续快速增长相伴随，甘肃的产业结构、需求结构和所有制结构都发生了一系列意义深远的巨大变化，在甘肃经济发展史上留下了辉煌的一页。

（一）产业结构调整

改革开放以来，甘肃省产业结构摆脱了改革开放以前那种“农业基础薄弱，工业大而全，第三产业发展严重滞后”的局面，经过市场洗礼，形成具有甘肃特色的支柱工业体系，同时大力发展第三产业，取得了突出的成效，甘肃省产业结构调整取得实质性进展，并向优化和升级的方向发展。

1978—2007年，甘肃经济总量及其各个产业都有了较快的发展，生产总值年均增长9.5%，其中第一产业年均增长5.5%，第二、三产业增加值分别增长8.9%和13.1%。三次产业增加值在宏观经济总量中的比例关系，由1978年的20.4:60.3:19.3，演变为2007年的14.3:47.5:38.2，第三产业上升18.9个百分点。

从年度间的连续变化上观察，三次产业增加值在GDP中所占比重的变动规律互不相同。第一产业比重自改革初期到80年代初期保持上升趋势，此后基本呈稳步下降趋势；第二产业比重自改革初期到2000年呈逐年下降趋势，2001年止降转升，近年来呈快速上升趋势；第三产业比重自改革初期到2003年基本呈上升趋势，近年来呈下降趋势，但相对稳定，接近40%。

（二）产业内部结构

第一产业：在农林牧渔业总产值中，各业的比例关系也发生了较大的变化，改变了“种植业独撑天下”的局面，种植业产值比重下降，林牧渔业比重上升。在1978年的农、林、牧、渔总产值中，农业、林业、牧业、渔业分别占80.39%、2.74%、16.86%、0.01%，到2007年，农业、林业、牧业、渔业分别占72.53%、2.96%、24.32%、0.19%，农业下降了7.86个百分点，林业、牧业、渔业分别上升了0.22、7.46、0.18个百分点，农业经济多种经营、特色农业

蓬勃发展。

第二产业：第二产业比重主要表现在1978年至2000年呈下降趋势，由1978年的60.3%下降到2000年的40.1%，2000年之后呈上升趋势，2007年第二产业比重达到47.5%。甘肃第二产业结构的变化主要体现在工业结构变化方面。改革开放以前，甘肃工业发展得益于国家战略布局考虑，甘肃工业占甘肃省经济比重大，1978年工业比重为53.5%。改革开放以来，甘肃工业发展主要经历了两个阶段——轻工业优先发展和重工业加快发展的变化过程，改革开放初期至20世纪80年代末，为尽快满足城乡居民生活水平迅速提高的需要，甘肃省积极扶持轻工业发展，轻工业结构上升。1978年甘肃轻工业比重为18.7%，至1989年轻工业比重为29.8%，1989年较1978年轻工业比重上升了11.1个百分点。20世纪90年代以来，由于全局性的轻工业持续发展，出现消费品过剩，市场疲软，居民消费数量扩张潜力不大，注重产品质量、注重服务等新的消费观念逐渐形成。由于受到地缘、信息、技术进步等诸多因素的制约，甘肃工业产品特别是轻工产品质量没有及时跟进，甘肃工业发展遇到严重挑战，工业比重持续降低，工业增加值占甘肃省生产总值的比重由1978年的53.55%下降至2000年的31.11%，之后甘肃积极实施工业强省战略，甘肃工业比重下降颓势得以扭转，重工业发展加快，甘肃工业比重呈逐年上升趋势，至2007年甘肃工业比重上升到39.5%，较2000年上升8.4个百分点，2009年为43.6%。与此同时，甘肃轻工业结构比由1989年的29.8%变为2007年的12.5%，重工业比则由1989年的70.2%上升到2007年的87.5%。经过市场竞争、淘汰，甘肃形成了以电力、有色金属、冶金、石化、机械、食品等六大特色的支柱工业体系，工业调整呈现明显的重工业型特点，2007年电力、有色金属、冶金、石化、机械、食品比重分别达到13.05%、23.61%、9.71%、28.33%、6.83%、7.87%。

第三产业：内部结构变化较大。改革开放以来，甘肃省金融、保险、房地产等新兴第三产业发展迅速，改变了传统第三产业的“量小、单一”格局，2007年甘肃省第三产业实现增加值1037.11亿元，是1978年的700倍。传统产业比重下降，新兴产业发展迅速。2007年交通运输业、批发零售业增加值占全部第三产业增加值比重分别由1978年的26.3%和36.5%下降为2007年的17.5%和16.1%，而房地产业、保险业、移动通信业从无到有，保持良好发展势头，2007年甘肃省房地产业、金融保险业、现代电信业占第三产业比重分别为8.1%、5.9%、6.3%。现代服务业快速崛起，成为甘肃省第三产业经济增长的新亮点。

回顾甘肃产业结构调整历程，我们可以说改革开放以来，甘肃产业结构调整基本符合产业结构演变规律。从增加值的比重变化上看，甘肃三次产业结构在改革开放9年后发生了标志性的变化，第三产业比重于1987年开始超过第一产业，甘肃国民经济增长主要由第一、二产业带动转为主要由第二、三产业带动。三大因素力促甘肃产业结构显著改变。一是以市场配置资源为导向的起支配作用的产业结构调整；二是甘肃省委、省政府政策导向因素的作用；三是包括投资等要素投入的作用。从总体上判断，改革开放以来，甘肃产业结构基本上实现了产业结构调整合理化阶段的任务，开始进入产业结构升级并向高级化方向发展阶段。

二、甘肃需求结构的变化与特点

自改革开放以来，伴随着工业化和现代化建设进程，投资需求稳中有升，消费需求相应地逐步下降。2007年，最终消费占GDP的比重为59.78%，比1978年下降了6.64个百分点；资本形成总额占GDP的比重为48.94%，比1978年上升了1.47个百分点。从甘肃需求结构的变化看，有以下几个特点：

一是从经济增长动力来看，消费需求居首位。1979—2007年，消费需求的贡献率为59.6%，投资需求的贡献率为49%。

二是存货变动占固定资本形成比重下降。1978年，存货变动占固定资本形成的比重为8.4%，随着改革开放的深入和经济体制的转轨，市场在资源配置方面的作用日益增强，存货比重曾一路上扬，1990年存货占固定资本形成的比重高达35.9%，之后逐年下降，2007年为7.6%，较1978下降0.8个百分点。从某种程度上讲，改革开放30年来，甘肃的宏观经济运行质量在逐步提高。

三是随着经济体制改革的深入、产业结构优化升级和居民收入水平不断提高，投资率和消费率基本上分别围绕50%和60%上下波动，并且波动幅度有逐步缩小之势，表明投资与消费比例关系渐趋稳定。

四是消费率下降原因主要是农民费率降低。2007年甘肃农村居民消费占甘肃省居民消费比为32.9%，较1978年的56.36%下降23.46个百分点。

五是政府消费上升。2007年甘肃政府消费占甘肃省总消费的比重为30.89%，较1978的26.02%上升4.87个百分点。尤其是近几年来，为解决民生问题，政府进一步加大公共财政支出，加大医疗、教育等投入力度，甘肃政府消费比重上升较快，甘肃政府消费占甘肃省总消费的比重由2003的22.59%上升到2007年的30.89%。

三、甘肃所有制结构变化特点

改革开放前，甘肃经济所有制结构和全国形势一样，基本上是纯而又纯的公有制经济，“资本主义”的根子和尾巴铲除殆尽。改革开放以来，通过鼓励和支持个体、私营等非公有制经济发展，甘肃公有制经济和非公有制经济之间的关系得以调整和改进。公有制经济在甘肃省国民经济中的比重有所下降，非公有制经济比重迅速上升，形成了以公有制经济为主体，多种经济成分共同发展的良好格局。

公有经济比重下降，但其主体地位不变。2007 年，甘肃省公有经济实现增加值占国内生产总值比重为 63.4%，与 1978 年公有制经济在国民经济中的绝对优势发生了显著变化。但总体上看，公有制经济仍居主体地位。国有经济仍具有绝对优势和较强的控制力，2007 年国有经济比重为 46.8%。

非公有制经济得到一定程度的发展。2007 年甘肃省非公有制经济实现增加值占全部经济总量的 36.6%。较 1978 年微不足道的非公有制经济比重有了很大程度地发展。

四、甘肃产业结构存在的问题

（一）产值结构和就业结构逆向变化

1.第二产业产值比重呈上升趋势。1998—2007 年，甘肃第一产业产值比重呈下降趋势，第二产业比重呈上升趋势，第三产业比重波动式下降。一方面说明工业化进程中的重工业化还没有完成，工业经济还有上升空间；另一方面说明第三产业比重偏低、发展滞后，还处于较低的层次，需尽快发育成长。

2.第三产业就业比重呈微幅上升。1998—2007 年，甘肃第一产业就业比重波动式上升，第二产业就业比重波动式下降，第三产业就业比重呈微幅上升趋势。表明甘肃农村劳动力转移滞后，第二产业吸纳劳动力的能力减弱，第三产业吸纳劳动力的能力不强。不符合产业结构演进规律。

3.产业结构与就业结构不协调。1998—2007 年，第一产业结构偏离度呈下降趋势，说明甘肃第一产业就业结构和产业结构的不协调性得到改善，但还需继续努力；第二产业结构偏离度呈上升趋势，说明甘肃省第二产业就业结构与产业结构极不协调，并有加剧趋势；第三产业结构偏离度波动式下降，说明甘肃第三产业就业结构与产业结构的不协调性逐步改善。

（二）三次产业人均产值低，发展潜力小，可持续发展能力弱

1.三次产业人均增加值低。多年来，甘肃三次产业人均增加值低于全国平均水平。2007 年甘肃第一、二、三产业人均增加值分别为 1475 元/人、4888 元/人和 3963 元/人，分别是全国平均水平的 69.38%、53.21%和 52.34%，在西北地区均排末位。

2.三次产业发展潜力小，可持续发展能力弱。三次产业人均固定资产投资体现了该产业发展潜力。2007 年甘肃第一、二、三产业人均固定资产投资 234 元/人、2390 元/人和 2359 元/人，分别是全国平均水平的 90.70%、51.64%和 42.84%，在西北五省区排序分别为第四、五、五位。

（三）三次产业对GDP增长的贡献率不均衡

1998—2007年，甘肃对GDP贡献率和拉动力最大的是第三产业，全国对GDP的贡献率和拉动力最大的是第二产业。甘肃第二产业对GDP的平均贡献率比全国低9.8个百分点，其中工业对GDP的平均贡献率比全国低16个百分点；甘肃第三产业对GDP的平均贡献率比全国高7.8个百分点。甘肃和全国贡献率和拉动力最小的均为第一产业，但甘肃第一产业对GDP的平均贡献率高出全国2个百分点。

（四）第一产业中畜牧业比重过小

从甘肃第一产业内部结构看，种植业所占的比重较大，林、牧、渔业所占比重较小。畜牧业在农业结构中地位的提升是农业现代化发展的必然趋势。农业发达国家在农业生产结构上共同的发展趋势和基本特征是：畜牧业从辅助的次要生产部门逐步发展成为专业化的主要生产部门，一般占农业总产值的50%以上。2007年甘肃的畜牧业比重为19.12%，比全国平均水平低13.88个百分点，排西北地区最后一名。甘肃畜牧业机械化程度、社会化服务水平落后，但与种植业相比，畜牧业规模化水平相对较高，草地资源丰富，可以挖掘的潜力很大。

（五）第二产业中“两高一资”产业比重过大，加大了节能降耗的压力

历史形成的产业结构和多年的产业布局和市场选择，目前甘肃工业结构仍然是以“两高一资”产业为主。这些高耗能、高排放行业，一方面因其产业链条短，技术装备落后，节能降耗改造所需投入较高，短期内结构改变和突升的可能性不大。同时，国家重点监控的钢铁、建材、石化、有色金属、化工、电力等高耗能行业，正好是甘肃工业的支柱行业。随着国家对“两高一资”产品出口限制的进一步加大及取消高耗能行业优惠电价，今后甘肃省冶金、有色金属、化工、建材等支柱行业将会面临更大的运行压力；另一方面因这些行业能耗高，致使节能减排的任务十分艰巨。2007年甘肃单位工业增加值能耗为4.3吨标准煤/万元，耗煤量占全国第5位，是能耗最少的广东的4.4倍；甘肃工业能耗分别是第一、三产业的15.7倍、8.5倍，是建筑业的58.6倍；工业消耗的煤炭分别是第一、三产业的103倍、42倍，是建筑业的156倍；工业用电量分别是第一、三产业的9倍、9.8倍，是建筑业的106倍；每吨标准煤的能源效率却只有第一、三产业的16.8%和10.6%。据2006年的有关数据测算，如果甘肃省第三产业占GDP比重提高1个百分点，而第二产业比重相应降低1个百分点，单位GDP能耗可相应降低约1.4%；从工业内部看，如果石化、冶金、有色金属、建材、电力五个行业比重下降1个百分点，而其他行业比重相应上升1个百分点，单位工业增加值能耗可相应降低1%。

改革开放以来，投融资体制发生了根本性变化，加之区位条件等因素制约，传统支柱产业改造提升滞后，产业结构不合理的问题越来越突出。目前，传统产业仍然占全省工业的90%，而新兴产业仅占10%。大型企业的产值占68%，中小企业发展缓慢。工业总量小，整体实力不强。工业总量占全国的比重由1978年的2.2%下降为0.83%；工业占全省GDP的比重也由55%下降为33%，比全国平均水平低11个百分点。一部分过去的支柱产业，如轻纺、机械、电子等已经萎缩或正在萎缩；一部分现有支柱产业，如冶金、有色金属、建材等也面临巨大的挑战。产业结构单一，产业链条短，科技含量和附加值低。甘肃省工业主要依赖资源开发和初级加工，高耗能高污染、低科技含量和低附加值特征明显，总体上没有摆脱产业和产品结构单一、发展方式粗放的基本格局。全国加工工业的比重是58.94%，高出甘肃省19.97%；全省深加工产品中高附加值产品仅占10.1%，而全国占25.4%。产业布局严重失衡，全省14个市州中，只有兰州、白银、天水、嘉峪关、金昌、玉门等6个市工业比重在30%以上，其他8个市州都在30%以下；全省86个县市区，只有27%的县市区进入了工业化和半工业化，近73%的县还基本上是农业经济。老工业基地改造任务十分艰巨。甘肃省的工业是立足于资源发展起来的。经过多年的大规模开发和历史欠账，许多依赖于当地资源发展起来的工业，不仅技术装备落后，而且由于可利用资源趋于枯竭，这些老工业基地的后续改造与发展成了最棘手的问题。白银、玉门、嘉峪关、金昌等靠开发资源发展起来的城市，产业转型和可持续发展的任务十分艰巨。

甘肃的“两高一资”工业发展较快，与高耗能、高排放行业投资增长较快有着直接的联系。实践反复证明，投资结构决定工业结构，同时，工业结构反过来又制约着投资结构。可以说甘肃的三次产业结构问题和轻重工业结构问题，归根结底是一种投资困境：即资源、价格、行业竞争力、未来预期等因素成为吸引投资的向心力，不断的投入使有这类竞争优势的行业规模不断扩大，生产水平不断提升，而结构性矛盾更加突出。

（六）第三产业中，现代服务业发展缓慢

目前，甘肃第三产业中批发零售贸易及餐饮业、交通运输仓储及邮电通信业所占比重较大，金融保险、房地产和商务服务等现代服务业所占比重过小，整个服务业仍然是一种过度依赖生活型服务业的低质结构，现代服务业发展非常缓慢。2007年，北京工商大学全国31个省市现代服务业的综合评价结果显示：甘肃现代服务业发展水平全国排名第29位；比较优势全国排名第21位；综合实力排名全国第30位。

中央高度重视甘肃省服务业特别是现代服务业的发展，在2009年制定的

《物流业调整和振兴规划》中，就将兰州市确定为21个全国性物流节点城市之一。甘肃省委、省政府也做出了完善金融服务体系，建设兰州区域性金融中心，加大基础设施投入，提高全省交通、通信服务水平等一系列重要决策，有力地促进了包括现代服务业在内的全省服务业的持续较快发展。但由于历史、地理和社会等多方面的原因，甘肃省服务业特别是现代服务业的发展目前还比较落后，远远不能满足经济社会发展的需要。截至2009年，全省金融机构年末本外币人均贷款余额仅相当于全国平均水平的45.1%，人均社会商品零售总额仅相当于全国平均水平的47.8%，人均交通运输、仓储和邮电业增加值仅相当于全国平均水平的63.38%。服务业发展滞后对全省产业结构、经济结构的调整优化升级产生了明显的抑制作用。

第四节　资源能源

任何一个地区的发展，都与这个地区的自然基础、经济发展水平、社会人文条件等密切相关。省情，简单地说，就是一个省经济社会生态环境的基本情况。省情可以从多个方面去描述，包括一个省的历史文化、自然资源、生态环境、经济实力、产业发展、人口演变、民族社会、科技进步、教育卫生、人力资源等等。基本省情是一个省最基本情况的一种高度概括。主要关注对全省发展起到支撑、制约作用的自然资源、生态环境、经济实力、人力资源等。这里重点介绍甘肃的资源能源基本省情。

一、资源能源状况

（一）土地资源

甘肃土地资源丰富，但相对贫瘠。全省国土土地面积45.4万平方公里，居全国第七位，人均占有土地量居全国第五位，土地大体可分为“三山、三草、二沙、一林、一田”。其中耕地面积居全国第十一位，人均占有耕地2.65亩，居全国第六位。土地资源主要存在以下特点：一是山地多，平地少，耕地中就有近65%为山地，增大了利用成本；二是耕地占土地的比重小，仅为10.18%；三是土地瘠薄，受干旱的影响大，土地的生产能力不高；四是沙漠戈壁比重大，虽然全省土地利用率为57.2%，垦殖率为11%，远低于全国平均水平，但全省1933万公顷尚未利用土地中，戈壁、荒漠占到1533万公顷，农业上难以利用。

（二）矿产资源

甘肃矿产资源丰富，部分矿产资源具有全国性优势。截至2007年底，全省已发现各类矿产170多种（含亚矿种），占全国已发现矿种数的74%。在已查明的资源矿产中，甘肃省名列全国第一位的矿产有10种，前五位的有30种，前十位的有58种。有色和贵金属矿产镍、钴、铂族、铅、锌、钨、锑、金等及非金属矿产石膏、石棉、芒硝、重晶石、水泥灰岩、玻璃硅质原料等矿产资源具有比较优势，保证程度较高。但一些常用大宗矿产如铁矿、铜矿、铝土矿等的资源储量不足，保证程度低，持续供给能力下降。从总体上说，甘肃矿产资源的开发有力地支持了全国经济的发展，资源型产业在甘肃国民经济格局中占有举足轻重的位置，但矿产资源对经济社会发展的长远支撑能力不足。

（三）生物资源

甘肃有着丰富的生物多样性资源。全省分布有各类脊椎动物872种，其中哺乳类169种，鸟类495种，爬行类67种，两栖类32种，鱼类109种；无脊椎动物近6000种。目前已记录、定名的高等植物4500余种，其中蕨类植物292种；裸子植物59种；被子植物4000余种。甘肃是中国中药材主产区之一，中草药品种有9500多种，居全国第二位，其中野生药材资源有1270多种，居全国第一位；当归、甘草、大黄、党参、黄芪、虫草等药材最为著名。

（四）能源资源

甘肃省能源种类较多，除煤炭、石油、天然气、油页岩、铀、钍、地热、水能外，还有生物质能和太阳能、风能等新能源。其中，石油可采储量为6亿吨，天然气探明储量31.57亿立方米，集中分布在河西玉门和陇东长庆两个油区。铀矿已发现16处，探明储量居全国第六位。全省煤炭预测储量为1428亿吨，已探明125亿吨，保有资源储量120亿吨，煤炭资源集中分布于庆阳、华亭、靖远和窑街等矿区。水能资源较丰富，理论蕴藏量1724万千瓦，列全国各省区第十位，可开发容量1068.9万千瓦。黄河上游干流水力资源具有落差大、淹没损失小的特点，是我国开发较早的水力资源，开发潜力较大。生物质能来源有限，是全国密度较小的地区之一。甘肃风能资源丰富，总储量为2.37亿千瓦，风力资源居全国第五位。可利用和季节可利用区的面积为17.66万平方公里，占全省总面积的39%，主要集中在河西走廊和省内部分山口地区。河西的瓜州素有“世界风库”之称。甘肃充分利用河西走廊丰富的风能资源和戈壁荒滩建设河西风电走廊，打造西部“陆上三峡”，有望在10年内成为全国最大的风能产业带。甘肃是我国太阳能最为丰富的三个区域之一，各地年太阳总辐射值大约为4800兆焦/平方米~6400兆焦/平方米，其中河西西部、甘南西南部是我国太阳能资源最丰富的地区，按现有利用水平测算，可开发资源量约为520万吨标准煤/年。甘肃是中国重要的核工业基地，聚集了一大批优秀的核工业技术人才和管理人才，发展核能产业有着得天独厚的优势。

（五）水资源

甘肃属于水资源比较缺乏的地区，全省人均水资源占有量1152立方米，仅为全国平均水平的1/2；全省每公顷土地平均水资源占有量5835立方米，为全国平均水平的1/5。多年平均降水量仅为全国平均降水量的43%，按三大流域多年平均降水量，河西内陆河流域为129毫米，极度干旱地区仅有30毫米~52毫米；黄河流域为463毫米，长江流域为593毫米。由于水资源的时空分布极不平衡，加之水土资源的分布不相匹配，加剧了水资源紧缺的矛盾，成为制约全省经济社会发展的重大问题。

（六）旅游资源

甘肃旅游资源非常丰富，极富特色，类型多样，品位高，地域组合良好，整体优势度较高。截至2008年年底，甘肃省共有世界遗产地2处、国家5A级旅游风景名胜区2处，4A级风景名胜区27处，国家历史文化名城4座、全国重点文物保护单位72处、国家级自然保护区13处、国家级森林公园23处。为加快发展旅游业、建设旅游强省提供了雄厚的资源基础。但旅游基础设施建设滞后，开发利用不够。

二、发展的后发优势

甘肃立足资源优势的传统产业占绝大比重，但近几年新能源和新能源装备制造产业取得了重大突破，呈现出快速发展的良好势头。同时，《甘肃省循环经济总体规划》开始启动并取得了一定成效，生物制药、生物农业以及航空航天、信息等产业也蓄势待发，可以说，甘肃省具备加快发展战略性新兴产业的后发优势。

（一）建设全国新能源基地条件优越

甘肃省风能资源理论储量为2.37亿千瓦，技术可开发量在4000万千瓦左右。近年来，甘肃省着力发展风电产业，加快建设酒泉千万千瓦级风电基地，取得了明显成效。2009年装机容量达到220万千瓦，到“十一五”末，达到550万千瓦装机容量。同时，带动了风电装备制造业的快速发展。甘肃为全国太阳能资源最丰富的地区之一。2009年，敦煌20兆瓦、嘉峪关10兆瓦光伏发电项目开工建设，这是继2008年在武威建成0.5兆瓦太阳能光伏并网型荒漠电站后，目前全国最大的太阳能光伏并网荒漠电站。2010年全省太阳能发电装机达到100兆瓦，一批重大光伏电站项目也在谋划之中。

（二）发展新材料产业有雄厚的基础

石油化工、有色冶金、电力、煤炭以及装备制造等传统支柱产业经过改造升级，无论是产业规模和技术装备水平，都有了新的提升。原油加工量、乙烯及10种有色金属等主要产品在全国占有重要地位。目前已具备30万吨高密度聚乙烯、20万吨高压聚乙烯、30万吨聚丙烯的生产规模。乙烯产量占到全国的7%，镍产量占58%，铜占9.7%，铝占7.3%，稀土分离占10%。镍、钴新材料产品产量占到全国的90%以上，镍、钴、铜及贵金属新材料精深加工、有色金属精细加工、精细化工等新材料生产在全国占有明显的产业优势，具有强大的发展潜力。

（三）兰州生物医药产业基地建设初具规模

甘肃生物资源较为丰富，据调查，全省有动植物资源4900多种，其中植物4000多种。甘肃是全国中药材主要产地，现有中药材资源2540种，人工种植药材已有350多种，分布面积大的野生药用植物资源200余种。当归、党参、大黄、黄芪、板蓝根等品种产量大，分别占全国的95%、60%、60%、50%和65%，品质优良。产业发展已初具规模，全省现有生物技术企业超过100家，其中规模以上企业有20多家，生物技术产业初具规模，形成了具有市场竞争力的生物技术产品群和产业链，产业技术水平居全国领先地位，部分领域已达到国际先进水平。

（四）农副产品资源丰富

马铃薯、草食畜、现代制种、酿酒葡萄、啤酒大麦、啤酒花、食用百合、高原夏菜、紫花苜蓿等特色优势资源位居全国前列，特色优势产业基地建设面积达到了2600多万亩；生猪、牛、羊存栏分别为618万头、469万头和1757万只。农业产业化龙头企业已发展到1715家，农产品加工能力达到1100万吨。甘肃省的农副产品精深加工具有广阔的发展前景。

（五）具有较强的科技力量

目前，全省科研院所等科研机构有442家，兰州大学、兰州理工大学等高等院校34家，企业技术研发、创新机构283个，从事科技活动的人员有50万人。甘肃省整体科技发展水平居全国第23位，区域科技创新能力居西北地区第二位。一些科研领域达到国际先进水平或走在全国前列，航空航天、材料工程、核物理、有色金属、石油化工等领域代表着国家水平。构成了覆盖相关基础性研究、应用技术、中试开发、工程化研究和设计综合配套的自主创新体系。

第五节　环境保护

“十一五”期间，国家将二氧化硫和化学需氧量两项指标作为约束性指标纳入国民经济和社会发展规划中。2006年8月，原国家环保总局和甘肃省人民政府签订了《甘肃省“十一五”二氧化硫总量削减目标责任书》和《甘肃省“十一五”水主要污染物总量削减目标责任书》。国家给甘肃省下达的污染减排任务是到2010年，全省二氧化硫排放总量控制在56.3万吨之内，化学需氧量排放总量控制在16.8万吨之内。通过强有力的措施，全面完成了国家下达的“十一五”节能减排目标任务。万元国内生产总值能耗比“十五”末下降20%，全省以年均6%的能耗支持了13%的经济增长，万元工业增加值能耗连续5年降幅保持在7%以上，万元工业增加值用水量下降59.13%，工业固体废弃物综合利用率提高17%；二氧化硫排放总量为55.18万吨，化学需氧量排放总量16.76万吨，分别比“十五”末下降1.99%和8.07%，超额完成了“十一五”末下降1.99%和8.07%的目标任务。

一、节能减排所做的工作

近年来，甘肃把节能减排作为硬任务，花大力气、下真功夫，扎扎实实做好各方面、各环节的工作。

（一）加快淘汰落后生产能力

加大对不符合国家产业政策的小企业的关停力度，对污染严重、能耗高、长期违法排污、改造治理无望的“十五小”企业，下决心关闭。

（二）突出搞好重点行业和工业企业的节能减排

按照“管住增量、调整存量、上大下小、扶优汰劣”的思路，加大调整力度，严格执行新建项目节能评估审查、环境影响评价制度和项目核准程序，建立相应的项目审批问责制。加强对年耗能1万吨标准煤以上的160家重点耗能企业节能减排工作的检查和指导，全面组织实施“百家企业节能行动”。

（三）推进节能减排科技进步

全面实施10项节能减排重点工程，加快节能减排环保新设备、新工艺、新技术的推广应用；推动以企业为主体、产学研相结合的节能减排技术创新与成果转化体系建设，增强企业自主创新能力；抓好燃煤锅炉改造、区域热电联产、电机系统节能等10项重点节能工程；实施现役燃煤电厂脱硫工程、冶炼企业烟气二氧化硫综合利用工程等重点流域水污染治理工程；针对制约污水处理厂正常运行的“瓶颈”问题，加快管网建设，完善运行机制，加快市场化步伐，实现化学需氧量的削减。

（四）积极推行企业清洁生产，大力发展循环经济

优化能源结构，搞好煤炭洗选等能源清洁利用工作，积极发展核电等清洁能源，加快利用水能、风能、太阳能、生物质能等可再生能源。

（五）积极推动全社会的节能减排工作

大力推动建筑、交通运输、商业和农村、政府机构等全社会各领域的节能减排。

（六）着力解决兰州大气污染问题

加快实施热电联产项目，大力推进“以气代煤、以电代煤、以电补气”，强化清洁能源利用，落实汽车尾气治理和建筑施工二次扬尘污染整治措施，关闭治理污染企业。

二、节能减排面临的形势

（一）主要污染物新增排放量较大

未来5年全省经济社会将实现跨越式发展，以煤炭为主的能源消费将继续增加，经济发展与污染减排的矛盾将更加突出。根据测算，“十二五”期间，如果按照《甘肃省“十二五”国民经济和社会发展规划纲要》确定的GDP年平均增长12%，全省要实现国家下达的二氧化硫和化学需氧量的总量控制目标，至少要在2010年基础上削减二氧化硫15.4万吨、削减化学需氧量8.98万吨。完成以上增量的削减，不但要求对新、改、扩建项目严格执行“三同时”制度，而且要重点挖掘老污染源的减排潜力，依靠淘汰落后产能、实施重点减排项目和加强对污染源的监管来实现污染减排。

（二）产业结构与节能减排的矛盾依然十分突出

2009年下半年以来，全省经济特别是工业经济逐步回升向好，增速明显加快。各行业均呈两位数增长，六大高耗能行业拉动全省工业能源消费也呈两位数增长，能源消费量高位运行的企业主要集中在火力发电、水泥、铁合金、电石等高耗能行业，是工业能源消费高速增长的主要原因。在高耗能行业快速增长的推动下，甘肃省能源消费、电力消费强劲增长，增速明显快于GDP增速，单位GDP能耗呈上升态势。

（三）重点减排项目建设的投入明显不足

目前，甘肃省已建成的城市污水处理厂有21个，只有15个开始发挥减排作用。全省规划新建的城市污水处理项目有79个，其中，2008年以来有22个项目争取到部分国债资金，由于国家安排的中央预算内专项资金比例低、地方配套资金不落实等原因，这些项目还都未建成，不能保证在“十二五”期间发挥减排作用。根据甘肃省《重点流域水污染防治专项规划》，新建的25个污水处理厂项目中，仅有永靖县污水处理厂建成投运，其余都因资金短缺未能开工建设。据初步估算，“十二五”期间，仅实施城市生活污水处理设施建设、火电行业脱硝治理和工业企业减排治理等重点减排项目，资金需求量就达90亿元左右，除申请国家补助资金外，各级财政及相关企业筹措配套资金的任务仍然十分艰巨。

（四）重点行业持续减排的难度日趋加大

随着污染减排工作的不断推进，全省以有色冶炼行业烟气综合治理、火电行业脱硫设施改造为重点的二氧化硫减排取得明显成效，重点工业废水治理项目基本完成，淘汰了一批不符合产业政策的落后产能，化学需氧量减排空间不断缩小，进一步减排的难度加大。与此同时，火电行业削减氮氧化物是今后污染减排的重点，但从全省已建成的30万千瓦机组情况看，大多数在设计建设时没有预留脱硝场地，实施脱硝改造将会受到场地条件的制约。

(五) 节能减排的激励约束机制有待完善

目前，甘肃省节能减排工作积极争取国家的支持，甘肃省人民政府也出台了一些扶持政策，在一定程度上起到了推动作用，但主要还是依靠行政手段，尚未建立起系统有效的激励约束机制。比如，城市污水处理设施和燃煤电厂一体化运营机制，既可大幅度提升中水回用率，又可减少水资源消耗，提高减排效率。再如，加快研究制定有关城市污水处理厂运行电价补贴、非电力企业脱硫、火电企业脱硝等污染减排的有关优惠政策。还有，全膜双垄沟播技术已在全省大面积推广，但有效的地膜回收机制还没有建立起来，能否将废旧地膜回收和地膜补贴挂起钩来，以调动农民群众回收废旧地膜的积极性，达到减少“白色污染”的目的。如此等等，这些都需要全省各级各部门开拓创新，积极探索，勇于实践，创造性地开展工作。

(六) 发展循环经济的工作力度亟待加强

发展循环经济，打造全国循环经济示范区，是甘肃省当前和今后转变经济发展方式、加快经济社会发展的一项重大任务。各级各部门对发展循环经济都很重视，做了许多工作，取得了一定的成效。但总的来看，工作力度不够，工作合力不够，工作落实不够的问题依然存在，特别是循环经济总体规划涉及的具体政策、项目和资金的落实，还没有取得实质性的进展，任务不细化，责任靠不实，措施不得力，效果不明显。这些问题不解决，不仅甘肃省的节能减排工作将会失去最有力的支撑，也会错失千载难逢的发展机遇。

三、污染减排面临的突出困难

虽然近年来甘肃省污染减排工作取得了显著成效，但要完成全省污染减排目标任务的形势依然不容乐观。由于甘肃省属经济欠发达省份，在继续推进污染减排工作的同时，依然面临着许多困难和挑战。

从长远看，甘肃省正处于工业化、城市化加速发展阶段，以煤炭为主的能源结构在短期还得不到根本改变，主要污染物新增排放量大，污染减排特别是化学需氧量等水污染物减排压力大。根据《国家环境保护“十二五”规划》基本思路，国家将在“十一五”主要污染物（二氧化硫和化学需氧量）总量减排指标基础上，将新增大气中氮氧化物和水中氨氮两项减排考核指标。从甘肃省实际情况看，要完成国家将要下达的“十二五”减排任务，面临的形势将更加艰巨。主要存在以下困难：

（一）重点行业减排空间日益缩小，二氧化硫和化学需氧量持续减排能力不足

在二氧化硫减排方面，甘肃省已基本完成有色冶炼和火电 2 个重点行业的减排任务，全省火电机组脱硫比例已达 85.2%（全国平均 70%），省内 30 万千瓦以上火电机组已全部实施了脱硫；在化学需氧量减排方面，全省不符合国家产业政策的造纸企业已基本被取缔关闭，重点工业废水治理项目已基本完成，已建成的 21 个城市污水处理厂，经过整治已有 15 个开始陆续发挥减排作用。随着减排工作的不断深入，甘肃省以有色冶炼行业烟气综合治理、火电行业脱硫设施为重点的二氧化硫减排空间和以部分涉水企业减排治理、城市污水处理厂建设及造纸等行业产业结构调整为重点的化学需氧量减排空间日益缩小，减排潜力已经不足。

（二）城市污水处理厂建设滞后，化学需氧量和氨氮减排难度大

目前，甘肃省已投运的城市污水处理厂有 21 个。全省规划新建的城市污水处理项目有 79 个，其中，2008 年以来有 22 个项目争取到部分国债资金，由于国家安排的中央预算内专项资金比例低，地方配套资金不落实等原因，这些项目还都未建成，不能保证在“十二五”期间发挥减排作用。全省城市污水集中处理率仅为 40.79%，远低于全国 57.62%平均水平。

目前，甘肃省生活污水中化学需氧量和氨氮排放量分别占全省排放总量的 72%和 61%，要完成国家下达的“十二五”化学需氧量和氨氮减排任务，关键还是要依靠城市污水处理项目。“十二五”期间，要实现《规划》中 79 个城市污水处理项目（设计处理能力 114.38 万吨/日和新增改造配套管网长度 1935 公里）建设目标，以及对甘肃省已建成的 21 个城市污水处理厂进行脱氨除磷改造，任务都十分艰巨，要完成以上规划建设项目和改造项目后才能保证完成“十二五”化学需氧量和氨氮的减排任务。

（三）受场地条件等因素制约，火电行业氮氧化物减排实施难度大

“十二五”期间，火电行业仍将是甘肃省削减二氧化硫，特别是削减氮氧化物的重点，因此必须对现有已建成和在建的 30 万千瓦以上的火电机组进行脱硝改造。到 2010 年底，甘肃省火电机组总装机容量达到 1446 万千瓦。其中，30 万千瓦以上机组 1132 万千瓦。由于甘肃省已建成 30 万千瓦机组在设计建设时多数未预留脱硝场地，若继续实施脱硝改造，受场地条件制约，难度很大。

（四）资金匮乏，不能满足减排工作需要

据初步估算，“十二五”期间，要继续实施城市生活污水处理设施建设、火电行业脱硝治理和工业企业减排治理等重点减排项目，资金需求非常大。由于甘肃

省财力有限，在一定程度上加大了甘肃省污染减排的难度。

（五）造纸、淀粉及麦芽等部分涉水行业污染严重，很难达到国家污染减排要求

目前，甘肃省造纸、淀粉等涉水企业由于规模小、治理投入严重不足、季节性生产等原因，虽经多年治理，但还没有1家能够做到达标排放，不能达到国家污染减排核查要求。

（六）减排激励约束机制尚有待完善

近年来，甘肃省虽然在政策、资金等方面出台了一些政策，在一定程度上推动了全省污染减排工作。但总体而言，目前甘肃省的污染减排工作主要还是依靠行政手段，还未建立起强有力的污染减约束激励机制，急需创新城市污水处理厂建设及运营新体制，如城市污水处理设施和燃煤电厂一体化建设或运营机制，既可大幅提升中水回用率，又可减少水资源消耗，同时可确保减排效率；研究制定有关城市污水处理厂运行电价补贴、非电力企业脱硫、火电企业脱硝等污染减排有关优惠政策，综合运用法律、经济、技术和必要的行政手段，全面推动污染减排工作。

甘肃省“十二五”的减排任务，应该说在全面完成“十一五”任务的基础上，按照国家要求，特别是保护环境、科学发展的要求，污染减排还要更上一个台阶。已经达到治污标准、达到国家要求的，要巩固提高；处在新的发展阶段的，必须严格执行“三同时”制度。与此同时，要按照国家功能区划分的要求，对生态环境不允许开发的地方，要严格保护。功能区划有限制开发区、禁止开发区、适度开发区、鼓励开发区等几个区域，一定要按照区划要求，把甘肃的生态环境保护好。甘肃在我国版图上占有重要位置，如果甘肃的生态环境出了问题，那不仅仅会影响甘肃自身，而且还会影响到全国。

第八章　甘肃发展循环经济的必要性

甘肃省作为我国重要的生态屏障、经济通道和战略走廊，是资源丰富、生态脆弱、产业结构偏重、少数民族比例较大、经济社会发展落后的西北省份。促进甘肃经济社会又好又快发展、实现富民强省的目标，既是甘肃2600多万人民的迫切要求，也是党中央、国务院的殷切期望。如何从甘肃实际出发，走出一条西部省份赶超东部并与世界接轨的发展道路，是甘肃省上下探索的核心问题。循环经济是对发达国家工业化、城镇化过程中经验教训进行总结和反思的结晶，是在经济增长保持较高速度的前提下，实现物质消耗减量化并改善生态环境，有效解决经济增长与资源和环境约束矛盾的经济发展模式；是新型工业化道路的基本实现形式；是科学发展观在经济发展模式上的具体体现，也是甘肃经济社会发展的基本模式。

第一节　可持续发展的必由之路

发展循环经济是发挥甘肃资源优势，实现可持续发展的必由之路。循环经济是在生产、流通和消费过程中进行的减量化、再利用、资源化活动的总称。是以提高资源利用效率为核心，以资源节约、资源综合利用和清洁生产为重点，通过技术进步、结构调整和加强管理，减少资源消耗，降低废物排放，提高资源生产率，促进资源和废物利用，以尽可能少的资源消耗和环境成本，实现经济社会的可持续发展。发展循环经济是落实科学发展观的重要内容，对甘肃省具有重要的现实意义和重大战略意义。

一、实现经济发展方式转变的战略举措

党的“十七大”明确提出，要“建设生态文明，基本形成节约能源资源和保护生态环境的产业结构、增长方式、消费模式”。这是我们党对社会主义现代化建设规律认识的创新发展。总结我国改革开放30多年来经济和社会发展的实践，面对我国虽然实现了国内生产总值翻两番战略目标，但经济发展方式还未从根本上发生转变，仍然没有摆脱传统的高投入、高消耗、高污染、低效益，资源和能源的短缺、生态环境恶化等问题日益突出的形势，我们必须从战略和全局的高

度，把发展循环经济摆在更加突出的重要位置，促进节能降耗、减少污染排放、延伸产业链，进一步转变发展方式，以资源的高效利用和循环利用，促进经济、社会的可持续发展，从根本上减轻环境压力，推动经济社会又好又快发展。

甘肃资源性产业的特点是发展方式粗放，资源能源的利用水平低下，带来资源、环境的巨大压力。目前，甘肃省万元 GDP 能耗比全国平均水平高出 60%，万元工业增加值电耗是全国平均水平的 2.4 倍。甘肃省能源消费总量中，工业消费量占消费总量的比重为 74%。这样的资源、能源利用水平难以为继，必须通过发展循环经济，逐步使“两高一资”变为“两低一资”，才能实现甘肃的可持续发展。

甘肃虽然资源丰富，但产业结构单一、产业链条短、资源利用率低、发展效益不高、部分企业和地区面临的资源枯竭等问题相当突出，从长远和可持续发展的角度看，要实现“工业强省”和脱贫致富奔小康的发展目标，就必须按照科学发展观的要求，科学合理利用资源，依靠科技进步发展高附加值的深加工产业链，提高资源利用的经济效益和社会效益，努力实现由资源开采的传统模式向资源高效利用和综合利用的循环经济模式转变。发展循环经济，转变经济发展方式，弱化资源约束，是甘肃走出困境、再创辉煌的重要途径。

二、缓解资源约束矛盾的客观要求

甘肃是我国的资源大省，具有较大的资源优势。位居全国第一的矿种有 10 个，前五位的矿种 24 个，前十位的矿种 55 个。并且镍、铜、铅、锌等有色金属矿产品位高、易选冶，为甘肃省发展资源加工型产业奠定了良好的物质基础。此外，甘肃水能、风能、太阳能等可再生能源十分丰富。甘肃特定的地理和气象条件使风能和太阳能资源得天独厚。风能资源主要集中在河西走廊和省内部分山口地区，无破坏性风速，适于风机的全年运行，具有连片开发建设大型风电场的优越条件。据测算，河西走廊的年有效风能储量在 800 千瓦时/平方米，如果将河西走廊地区每年一半时间的风量利用，年可发电约 4000 亿千瓦时，按目前国内最低风电价格上网，年产值可达 1800 亿元。甘肃年太阳辐射量约在 4800 兆焦/平方米~6400 兆焦/平方米之间，可开发利用于太阳灶、太阳房、太阳能热水器、离网型太阳能发电等形式。在太阳能研究方面，甘肃走在世界前面，甘肃自然能源研究所是全球知名的能源研究机构，联合国工发组织国际太阳能研究培训中心落户兰州，对于提高发展中国家的太阳能技术及相关产品普及应用推广，提高可再生能源发展利用水平将起到重要的促进作用。

甘肃省资源储量较为丰富，但人均拥有量相对不足，一些重要资源非常短缺，大大低于全国人均水平。金昌、白银、嘉峪关、玉门、窑街等重点资源型城市和矿区，都面临着资源日益枯竭的严峻局面，主要矿区矿石资源的服务年限仅为5~40年。甘肃省土地人均面积虽然比较高，但可利用面积少，耕地质量差，土地承载力远远低于全国平均水平。随着全省人均GDP跨上1000美元台阶，随着工业化、城镇化进程的加快和消费结构的逐步升级，资源需求将持续扩大，资源供需矛盾也会越来越突出。如果我们继续沿袭传统的发展模式，不仅资源供给将难以为继，而且要耗费大量资金进口资源，这在自然资源稀缺已成为人类社会面临的共同问题的今天，又好又快发展是无法实现的。发展循环经济能够以最小的资源代价，换取最大的经济产出，从而缓解资源供需矛盾，是甘肃省可持续发展的必然选择。

甘肃资源虽然比较丰富，但由于我国长期以来存在的资源性产品与下游产品比价的扭曲，以及资源管理体制存在的问题，资源有优无势。资源优势并没有为甘肃经济发展带来巨大利益，相反，却形成了过度依赖资源的产业结构，有些老矿山、老企业面临资源枯竭的窘境。以资源型产业为主体的甘肃经济，在我国社会主义建设初期，为我国现代工业的发展提供了大量的原材料和技术人才，同时也做出了巨大牺牲。如甘肃省“一五”时期开始建设的白银公司，企业发展50多年来，累计生产有色金属产品569.9万吨，从业人员最多时达到8万人，创造了铜硫产品产量和产值利税连续18年全国第一的辉煌业绩。但是，该企业目前正面临着资源枯竭、后继乏力的困境。

第二节　国家生态安全的客观需要

进入21世纪之后，人类终于开始认真考虑生态文明的深层次问题，逐渐意识到：没有良好的生态条件，人类不可能有高度的物质享受、政治享受和精神享受；没有生态安全，人类自身就会陷入不可逆转的生存危机，不能实现可持续发展；没有生态文明，人类就谈不上建设物质文明、政治文明和精神文明，不可能实现现代化。这种认识是人类开始走向成熟的标志，也是人类对自身文明发展漫长过程中出现失误的深刻反省。把甘肃建成国家循环经济示范区，是确保国家生态安全、建设生态文明的客观需要。

一、对确保国家生态安全很重要

甘肃是长江、黄河的重要水源补给区和生态功能区。甘南黄河水源补给区是黄河源区降水最丰沛的地区，是黄河、长江上游的河源区。敦煌国家级生态功能保护区是疏勒河流域、黑河中上游国家级生态功能保护区。石羊河流域穿过河西走廊酒泉、张掖、武威等绿洲，维系着河西走廊的生态平衡，是甘肃乃至全国的生态屏障。陇南山区、祁连山水源涵养林也直接关系着长江中下游地区和河西内陆河区域的生态环境安全。作为全国重要的生态屏障，为确保国家生态环境安全，克服经济发展方式面临的不可再生资源储量下降、环境污染与水资源短缺的障碍，加速传统经济模式向循环经济发展模式转换，是实现甘肃可持续发展的必由之路，更是确保国家生态安全的现实需要。

二、国家生态文明的重要组成部分

甘肃“两高一资”的工业结构对区域内生态环境影响巨大，区域性和行业性污染问题十分严重，经济发展与资源环境矛盾突出。在西部大开发向纵深发展的新阶段，增强区域自我发展能力已经成为加快甘肃发展的战略重点。甘肃要把调整产业结构、壮大特色优势产业和推进重点地带开发有机结合起来，以区域突破的新形式，培育和增强经济的自我发展能力，需要一个加速实现生产要素空间聚集的大平台。循环经济要求在生产、流通、消费等经济活动过程中，贯彻减量化、再利用、资源化原则，通过“上游废物变成下游原料”的产业链延伸，构成新型工业化的最有效产业组织模式，实现企业集中、产业集聚、发展集约的模式，有利于提高发展的质量和效益，减少废物排放，实现资源节约、环境友好的生产方式。发展循环经济，是解决甘肃资源环境制约经济发展的主要手段，是确保国家生态安全、建设生态文明的现实需要。

生态环境脆弱是甘肃省省情的突出特征，是制约甘肃省发展的最大障碍。作为后发省份，我们决不能走“先污染后治理”的老路。只有通过发展循环经济，统筹经济发展和生态保护的关系，把生态保护和经济发展更好地结合起来，形成经济发展与生态建设良性循环的发展格局，才能实现甘肃长期持续快速的发展，才能更好地发挥西北生态屏障作用。同时，发展循环经济，改善甘肃生态，也有利于促进民族地区的可持续发展，对保持民族地区、边疆地区的长治久安有着十分重要的现实和战略意义。

第三节　调整产业结构的现实选择

发展循环经济，是优化甘肃省经济结构，实现经济发展方式转变的重要途径。甘肃省是全国有名的老工业基地之一，暴露出的问题是经济结构性矛盾突出，产业链条比较短。发展循环经济，不但有利于企业技术水平和资源利用率的提升，也可以延伸现有和未来的产业链条，拓展增值空间，促进相关高技术产业的成长和中小企业的快速发展，培育新的经济增长点；还有助于上下游产业的集约发展，推动集群发展，优化工业布局，实现规模效益；对于增强工农业之间的产业关联度，提高城市对农村的带动力和辐射力，都将起到重要的促进作用。发展循环经济是调整产业结构、振兴老工业基地的现实选择。

一、产业结构转型的必然途径

甘肃作为“一五”和“三线建设”时期的重点建设地区，是我国老工业基地之一。近年来，甘肃省产业结构调整步伐不断加快，产业改造升级取得了较快进展，通过开展大规模、高起点技术改造，推动省属企业同中央企业联合重组，实施节能减排重点改造项目，淘汰钢铁、铁合金、水泥、造纸等落后产能，关停小火电机组等措施，传统支柱产业的技术装备水平显著提高。通过加快培养和发展新能源、新材料、中藏药、生物制药等战略性新兴产业，产业结构正在朝着优化升级的方向转变。但是与后危机时代世界经济的发展趋势，与党中央国务院关于加快调整经济结构、转变经济发展方式的战略部署，与甘肃省可持续发展的现实要求相比，产业结构不合理的问题依然存在，而且十分突出。主要表现在几个方面：

（一）历史形成的产业结构改造提升缓慢

甘肃省以石油化工、有色冶金、机械电子、电力能源等为主的工业体系，是在“一五”、“二五”期间和“三线”建设时期，因国家支持布点的16个重大项目和国防需要搬迁前沿产业后形成的。改革开放以来，随着社会主义市场经济体制的建立完善，投融资体制发生了根本性变化，加之区位条件等因素制约，传统支柱产业改造提升滞后，产业结构不合理的问题越来越突出。目前，传统产业仍然占全省工业的90%，而新兴产业仅占10%。大型企业的产值占68%，中小企业发展缓慢。工业总量小，整体实力不强。工业总量占全国的比重由1978年的2.2%下降为0.83%；工业占全省GDP的比重也由55%下降为43%。一部分过去的支柱产业，如轻纺、机械、电子等已经萎缩或正在萎缩；一部分现有支柱产业，如冶金、有色金属、建材等也面临巨大的挑战。

（二）结构性矛盾突出

传统产业、初级产品、高耗低值产品比重大，高新技术产业、精（深）加工产品、高附加值产品比重小。目前，甘肃省铜、铝产量分别占全国的9.69%、7.27%，但铜材、铝材的加工能力仅占全国的0.14%、0.83%，有色金属加工产品总量远远低于冶炼产品占全国总量的比重。

（三）缺乏后续接替资源

受地域、环境、生产要素的制约，传统产业的改造严重滞后，新兴产业发展缓慢，城市面临矿竭城衰的严峻形势。以嘉峪关市、金昌市、白银市为例，三个资源型城市的轻重工业平均之比为29.2:70.8；在重工业内部，加工工业与采掘工业、原材料工业平均之比为27.7:72.3；在轻工业内部以农产品为原料的轻工业占78.5%，以非农产品为原料的轻工业占21.5%。表明三个资源型城市仍是以重工业、采掘工业和农产品初级加工为主，而附加值高的加工业及科技含量高的农产品深加工工业发展不足，这种产业结构严重制约了资源型城市的发展。

（四）工业布局亟待调整

甘肃经济的增长主要依赖于高度集中在城市中的大型工业企业，相对先进的大型企业与比较落后的中小型企业在质和量上形成强烈反差，对全省经济和社会发展产生诸多不利影响。甘肃省国内生产总值仅占全国的1%，工业综合实力大大落后于国内大部分省份。产业布局严重失衡，全省14个市州中，只有兰州、白银、天水、嘉峪关、金昌、玉门等6个市工业比重在30%以上，其他8个市州都在30%以下；全省86个县市区，只有27%的县市区进入了工业化和半工业化，近73%的县还基本上是农业经济。

（五）产业结构单一，产业链条短，科技含量和附加值低

甘肃省工业主要依赖资源开发和初级加工，高耗能高污染、低科技含量和低附加值特征明显，总体上没有摆脱产业和产品结构单一、发展方式粗放的基本格局。全国加工工业的比重是58.94%，高出甘肃省19.97%；全省深加工产品中高附加值产品仅占10.1%，而全国占25.4%。

二、振兴老工业基地的现实选择

在新的战略机遇面前，甘肃作为老工业基地和经济落后省区，要加快工业化进程，就必须按照全国主体功能区规划的总体要求，实施非均衡式发展。在工业基础条件较好、人口和经济相对集中、环境和资源条件相对较好的区域进一步加快各类要素的空间聚集，以重点区域的率先突破带动甘肃省工业化的整体进程。正是基于这样的基本认识，实施以区域聚集为特征的新型工业布局，改变甘肃省工业点状式布局、孤岛型企业、飞地型城市的现状，全力发展循环经济，创新工业发展模式，构建资源节约型和环境友好型社会，已经成为区域协调发展这个大背景下加快甘肃工业发展的现实选择。

老工业基地改造任务十分艰巨。甘肃省的工业是立足于资源发展起来的。经过多年的大规模开发和历史欠账，许多依赖于当地资源发展起来的工业，不仅技术装备落后，而且由于可利用资源趋于枯竭，这些老工业基地的后续改造与发展成了最棘手的问题。白银、玉门、嘉峪关、金昌等靠开发资源发展起来的城市，产业转型和可持续发展的任务十分艰巨。

第四节　边疆稳定的战略举措

民族团结关系到社会稳定。要牢牢把握各民族共同团结奋斗、共同繁荣发展这一主题，紧紧围绕促进民族团结、实现共同发展这一根本任务，牢固树立汉族离不开少数民族，少数民族离不开汉族，各少数民族之间也相互离不开的思想观念，切实巩固和发展平等、团结、互助、和谐的社会主义民族关系。把甘肃建成国家循环经济示范区，是维护民族团结、保持边疆稳定的战略举措。

一、民族团结意义重大

新中国成立以来的60多年，是我国各民族在党的领导下，共同团结奋斗、共同繁荣发展，少数民族的面貌、民族关系的面貌、民族团结进步事业的面貌发生历史性巨大变化的60多年。60多年来，民族团结为祖国的繁荣发展奠定了坚实基础。今天，我们可以从历史和现实的结合上更加深刻地认识到民族团结的重大意义，更加深刻地体会到民族团结的重要性和必要性。

（一）民族团结是社会和谐稳定、国家长治久安的重要保证

我国是各族人民共同缔造的团结统一的多民族国家，各民族的前途命运与祖国的前途命运始终紧密联系在一起。国家统一、民族团结始终是中国历史发展的主流，符合各族人民的根本利益，得到了各族人民的衷心拥护。在我们这个多民族的大家庭，少数民族有1亿多人口，占全国总人口的8%以上，分布在全国各地；民族自治地方占国土总面积的64%左右，西部和边疆绝大部分地区是少数民族聚居区。这一基本国情，决定了我国的民族团结在维护国家统一和长期稳定方面具有更为重要的地位和分量。60多年来，始终坚持党的民族政策，不断巩固全国各族人民的大团结，维护了社会和谐稳定，保证了国家长治久安。

（二）民族团结是增强中华民族凝聚力和综合国力的必然要求

团结就是力量。民族团结形成的力量，既是民族向心力、凝聚力的重要体现，也极大地影响着综合国力。在综合国力构成中，经济、科技和军事实力固然属于重要因素，但无论是经济实力还是科技实力、军事实力，没有民族团结所凝聚的力量来贯穿，终究形不成合力，形不成强大的国力。60多年来，民族团结始终是中华民族凝聚力的重要内核，是我国综合国力的重要组成部分。经过60多年发展，我国综合国力大大增强，这与我国各族人民大团结产生的巨大力量有着密切关系。

（三）民族团结是中华民族伟大复兴的强大动力

实现中华民族伟大复兴，是近代以来中国人民不懈追求的目标。中华民族的

伟大复兴，根本动力来自全国各族人民。只有各民族大团结，各族人民共同当家作主，才能确保各族人民的主体地位落到实处，使各族人民建设中国特色社会主义的参与热情和创造活力最大限度地激发出来，使社会主义制度下一切物质的和精神的、现实的和潜在的积极因素竞相迸发其能量，一切有利于造福社会和人民的源泉充分涌流，从而使中华民族伟大复兴的光明前景真正变为现实。经过 60 多年艰苦奋斗，中华民族迎来了伟大复兴的光明前景，靠的就是全国各族人民精诚团结、万众一心、共同奋斗。

（四）民族团结是牢牢把握重要战略机遇期的客观需要

当前，我国正处于改革发展的关键阶段，面临着重要战略机遇期。我们现在所处的战略机遇期，既是黄金发展期，也是矛盾凸显期。新中国成立 60 多年来的实践充分证明：民族团结是福，民族分裂是祸。要牢牢抓住并切实用好当前的重要战略机遇期，把方方面面的力量和智慧凝聚到全面建设小康社会、发展中国特色社会主义的伟大事业中来，就必须在全社会高举各民族大团结的旗帜，把一切可以团结的力量团结起来，把一切可以调动的积极因素调动起来，把各民族的力量凝聚起来。

二、边疆稳定的战略地位

甘肃是我国多民族地区之一，在全国 56 个民族中，甘肃有 38 个民族，少数民族人口占全省总人口的 9.26%，其中裕固族、东乡族、保安族为甘肃特有民族。甘肃既是中国革命的红色老区之一，又有集中连片的贫困地区，全省 86 个县（市、区）中，有国家扶贫县 44 个，省级扶贫县 9 个。甘肃省“坐中联六”，处于青海、陕西、四川、新疆、内蒙古、宁夏等省区的中心位置，周边省份多民族聚居，伊斯兰教、藏传佛教分布比较集中。有效利用循环经济模式，在不断改善资源利用效率、改善环境质量的情况下加快发展经济，将有力地带动少数民族地区的社会发展，在促就业、惠民生，实现跨越式发展方面发挥重要作用，也必将辐射促进周边省区经济社会发展，这对于增强民族团结，保持民族区域和边疆地区的长治久安有着十分深远的意义。因此，加快实施循环经济战略，从根本上实现甘肃经济社会发展的新跨越，是深入推进西部大开发战略，促进区域协调发展的需要；是不断提高各族人民生活水平，加快全面建设小康社会步伐的需要；是维护我国西北地区长期稳定和民族和谐团结的战略举措。

第九章　甘肃对循环经济的探索

为了贯彻和落实科学发展观，加快推进循环经济发展，促进经济发展方式转变，国家发展和改革委员会、国家环保总局等六部委于 2005 年 10 月 27 日下发了《关于组织开展循环经济试点（第一批）工作的通知》。要求通过试点，在钢铁、有色金属、煤炭、电力、化工、建材、轻工等重点行业探索循环经济发展模式，树立一批循环经济的典型企业；在重点领域完善再生资源回收利用体系，建立资源循环利用机制；在开发区和产业园区试点，提出循环经济模式的规划、建设、改造产业园区思路，形成一批循环经济产业示范园区；探索在北京、辽宁等 6 个省市和 4 个二级城市发展循环经济的思路，形成若干发展循环经济的示范基地。2007 年，国家将甘肃等省市列为全国循环经济第二批试点省市，为此，我国发展循环经济的试点工作拉开了序幕。2009 年 12 月 24 日，国务院批复了《甘肃省循环经济总体规划》，决定把甘肃建成国家循环经济省级示范区，全国对发展循环经济实现了由理论探索到全面推进的伟大实践。

甘肃省对循环经济的探索比较早，早期虽然不是真正意义上的循环经济，叫法也不是循环经济，但节约和回收利用可追溯到人民在生产生活中的勤俭节约——“修修补补又三年”；废旧物品回收利用方面，新中国成立后就有完善的废品收购公司、收购站、收购点，废纸回收后成了造纸厂的原料，废钢铁回炉又制造出了可再利用的钢材。真正意义上的循环经济探索和实践，是在进入新世纪之后，可划分为三个阶段：试点阶段（全省现场会之前）、全面探索阶段（现场会之后到《总体规划》批复）和示范区建设阶段（《总体规划》批复以来）。

第一节　循环经济试点阶段

甘肃循环经济试点阶段，自新世纪初，到 2008 年 9 月《循环经济促进法》颁布和全省循环经济现场会的召开。这个阶段，甘肃对发展循环经济做出了有益的探索，取得了初步进展，也涌现了一批比较成功的经验典型。例如，金昌市发展循环经济、促进资源型城市可持续发展的经验，兰州市和白银集团公司的治理污染的经验，祁连山水泥集团公司的节能减排的经验，都给我们以很多的启示。

特别是金川公司依靠科技进步，立足全球发展，实现国际化经营，以提高资源利用率和降低废弃物排放为目标，以技术创新为动力，不断优化产业布局，延伸产品链所取得的突出成绩更令人振奋。这些典型证明，甘肃发展循环经济潜力巨大，前景广阔。

一、开展了基础工作和不同层面的试点

甘肃作为全国第二批循环经济试点省份，发展循环经济起步较早，循环经济工作扎实推进。2004 年以来，甘肃省人大、省政府先后出台了《资源综合利用条例》、《关于加强节能工作的意见》，开展了甘肃省循环经济发展规划研究，建立了循环经济专项资金，各级政府也都成立了循环经济管理或协调机构。各示范市、区按照产业耦合、特色明晰、规模经济、资源和基础设施共享的原则，先后完成了《循环经济发展规划》和《循环经济实施方案》，明确了发展目标、指标、任务、实施步骤与措施。白银市、嘉峪关市、武威市、金昌市、定西市等五市制定了循环经济规划，酒钢公司、白银公司、中石油兰州石化公司等重点企业制定了循环经济实施方案。金川公司作为国家第一批试点单位，其《循环经济试点实施方案》通过国家评审，开始组织实施。各地对循环经济园区建设在财力、物力、人力和政策上予以倾斜，加强园区基础设施建设，建立绿色办事通道，有效提高了园区行政效率和服务水平。循环经济的各项工作在扎实推进，为全省创建循环型城市起到了良好的示范带头作用。

二、清洁生产逐步加强

成立了甘肃省清洁生产指导中心，制定了《加快推行清洁生产的实施意见》和《行业清洁生产技术要求》，编辑出版《清洁生产指南》。2007 年召开了甘肃省推行清洁生产现场会，对钢铁、有色金属、石化、食品、煤炭等行业的 200 户重点企业实行了清洁生产审核试点。加强清洁生产审核技术队伍建设，全省有近 400 人获得清洁生产审核师资格。

三、节能减排有序展开

研究制定和组织实施了有色金属、钢铁、石化、建材、轻工等五个重点行业的节能减排推进计划，对各市州政府和重点企业分解落实目标责任，积极推广节能新技术、新产品，加大淘汰落后产能力度。全省累计建成节能建筑面积 3100 万平方米，生产新型墙材实现节能 14.9 万吨标准煤。2008 年，甘肃省万元 GDP 能耗降低率 4.53%，二氧化硫排放量 50.15 万吨，化学需氧量 17.05 万吨，均完成了节能减排目标。

四、资源综合利用取得进展

据不完全统计，2008 年甘肃省供销和物资系统县以上再生资源回收企业回

收利用再生资源总量超过 202 万吨，比上年增长 6.5%以上。有 107 户企业的 35 种产品通过了资源综合利用产品认证，全年资源综合利用产品实现产值 39.95 亿元，综合利用各类固体废弃物 30 余种 720 万吨。再生资源回收利用网络建设力度逐步加大，重点城市基本建立了废旧物资回收体系。

五、节水型社会建设步伐加快

先后出台了《甘肃省实施水法办法》、《甘肃省水资源费征收管理办法》、《甘肃省行业用水定额》等一系列法规标准。借鉴张掖市节水型社会试点建设经验，甘肃省先后分两批设立了 43 个县市区作为省级节水型社会建设试点，试点面积覆盖了河西走廊全部县区。2008 年，甘肃省万元生产总值用水量为 387 立方米，万元工业增加值用水量为 108 立方米，分别较 2007 年下降 15.9%和 12.9%。废水重复利用率 92.03%，工业用水效率总体上有了较大幅度的提高。兴建了一大批大、中、小型水利工程，初步形成了以供水、灌溉、防洪、发电、水土保持、生态治理为主的水利体系。通过大力推广渠道防渗、喷灌、管灌、滴灌等常规节水和高效节水技术，2008 年节约水量 6.9 亿立方米，用水实现了负增长。

六、关键性技术在重点行业得到推广应用

在有色金属、钢铁、建材、煤炭等重点行业，推广应用了一批共性和关键性链接技术。大量粉煤灰、煤矸石、冶炼废渣、化工废渣、采矿废石等工业固体废弃物实现了再利用，采用生物冶金技术提取金川公司贫矿和白银公司露天剥离废石资源中有价金属的工艺技术应用进展良好。新型干法水泥生产线纯低温余热发电、高炉炉顶压差发电、钢渣水淬再利用、高炉转炉煤气回收等一批资源再利用技术也得到广泛应用。金川公司新的选矿工艺使贫矿选矿回收率达到 96%，具有世界先进水平。兰州大成自动化工程有限公司研制的绿色镀膜技术，达到清洁镀膜生产、根除电镀“三废”污染的目标。兰州电机有限公司变速恒频风力发电系统项目的开发，为风能有效利用提供强有力的技术支撑。在农业领域，甘肃省在农作物制种、节水灌溉、旱作农业技术等方面走在全国的前列。

在全省上下的共同努力下，发展循环经济取得了明显的初步成效。2008 年全省万元 GDP 能耗降低 4.53%，万元工业增加值能耗 4.05 吨标煤，下降 11.77%；削减二氧化硫 24.8 万吨、化学需氧量 10.7 万吨；COD 排放量 17.05 万吨，降低 2.07%；工业固体废弃物综合利用率 34.09%，同比降低 5.49%；废旧资源综合利用量 202.28 万吨，增长 7.99%。

第二节　循环经济全面探索阶段

严格地讲，2008 年 9 月初，全省循环经济现场会全面动员后至今，甘肃就进入了循环经济的全面推进阶段。但考虑到 2009 年 12 月 24 日国务院对《总体规划》的批复，国家对甘肃发展循环经济进行了全面部署，提出把甘肃建成全国循环经济省级示范区。这一过程还是有着很大不同，标志也不一样。因此，我们把 2008 年 9 月初全省现场会召开（恰逢《循环经济促进法》刚颁布）作为标志，到 2009 年 12 月国务院批复《总体规划》，还是划分为一个阶段，就是甘肃发展循环经济的全面探索阶段。甘肃把发展循环经济作为科学发展观的内在要求和实现经济社会可持续发展的必由之路。甘肃省委、省政府高度重视发展循环经济，把发展循环经济作为一项战略性举措，摆在全省经济社会发展的突出位置。2007 年甘肃省被确定为全国循环经济试点省之后，及时召开了全省循环经济现场会，提出了发展思路、目标、重点和政策措施，加大工作力度，从企业、园区和社会三个层面上推进循环经济体系建设。把发展循环经济作为应对金融危机、调整经济结构、转变发展方式的重要途径，取得了一定成效。

一、现场会对发展循环经济作了全面部署

循环经济是一个涉及自然、经济、社会各个领域，生产、流通、消费各个环节以及区域、产业、企业、农村各个方面的系统工程，体现了经济与社会发展的协调、人与自然的和谐。

（一）明确了发展思路和方向

结合甘肃省实际，发展循环经济的总体思路是：以科学发展观为指导，把发展循环经济作为转变发展方式、推进工业强省、建设新农村、实现可持续发展的重大战略举措，围绕“四抓三支撑”，以优化资源利用方式为核心，以提高资源生产率和降低废弃物排放量为目标，以科技创新和制度创新为动力，以发展抓项目为突破口，不断加大节能减排力度，突出建立节水型社会，大力发展原材料深加工，探索建立循环农业为基础，循环工业为主体，循环社会为补充的循环经济体系，在资源节约、清洁生产、废物利用和环境保护等方面取得突破，走出一条符合甘肃实际的科学发展路子，促进全省经济社会又好又快发展。

大力推进循环经济发展，要求坚持以下原则：一是坚持统筹规划、协调发展的原则。将发展循环经济与产业结构调整、企业技术进步、节能降耗、资源综合利用、加强企业管理相结合，改变传统的生产模式，实现资源的最大化利用、循环利用和可持续利用，实现经济、社会与资源的协调发展。二是坚持依靠科技、

优化结构的原则。切实提高技术进步对循环经济发展的贡献率，依靠技术进步发展循环经济。调整产业结构，加快建设节约型、循环型的经济体系，从根本上解决制约经济发展的能源、资源约束问题。三是坚持减量化、再利用、资源化的原则。在产品生产和服务过程中尽可能减少资源的消耗和废弃物、污染物的产生，并延长产品的使用周期，促进废物多级资源化和资源利用的良性循环，实现资源投入最小化和废弃物的最小排放。四是坚持分步实施、典型示范的原则。因地制宜，注重实效，突出近期工作重点，优先抓好重点企业、重点行业和重点区域循环经济的发展，通过企业、园区、城市三个层面的互动促进、协调推进，使循环经济逐步深入发展并取得明显成效。注重发挥典型案例的示范效应，加大典型宣传力度，引导面上工作开展。五是坚持政府推动、市场引导、企业实施和公众参与相结合的原则。充分发挥产业政策和市场的引导作用，促进各企业、各产业、各区域向循环型发展的方向转变。提高企业清洁生产、废物再利用和资源化水平，形成全社会共同参与循环经济发展的氛围。

（二）确定了全省发展循环经济的重点

发展循环经济是一项复杂的系统工程，涉及的技术和经济因素很多，具有长期性和艰巨性，必须有所侧重，重点突破。近期推进循环经济工作要围绕科技创新和制度创新，突出五个方面的重点。

第一个重点是：推进水资源的高效循环利用，建立节水型社会。甘肃历来干旱少雨，水资源短缺是制约甘肃省经济社会发展的客观因素，建立节水型社会对甘肃具有特殊的重大意义。努力建立和完善以农业节水为主体、以工业节水为保障、以生活节水和非常规水利用为补充的节水型体系，采取点面结合的方式推进节水型社会建设，不断提高水资源的循环利用效率。一是完善实施流域和区域的水资源利用规划，明晰初始用水权。尽快完善实施河西三大内陆河流域和黄河流域建立节水型社会规划，大力推广黑河流域节水经验，综合运用法律、经济、行政、工程、科技等多种措施保证用水控制指标的实现。特别注重运用经济手段，发挥价格对促进节水的杠杆作用，“超用加价，转让有偿”。二是以农业综合节水为重点，加快现代节水型农业建设。节水型社会建设的重点要放在农业上，逐步采取喷灌、滴灌、设施农业等科学的节水办法，来取代传统的大水漫灌，把节约的水用于支持生态用水和发展工业。三是抓好火力发电、石油石化、造纸、化工等高用水行业的节水工作。通过用水计划管理，加强总量控制、定额管理、系统节水改造和非常规水源利用等措施，降低工业企业单位产品取水量。强化节水和废水回收利用措施，在生产能力增加的情况下，实现污水零排放，提高水资源利用效率。四是开展“节水型城市”创建工作。强化城镇用水管理，合理利用多种水源，强制使用节水计量设备和器具。重点加强城市建设项目的监督管理，加快城市给排水管网改造，加快节水型城镇、社区、校园和机关建设。五是加大非常规水源利用的力度。在科学合理开发利用地表水、地下水的同时，开发利用再生水、矿井水、雨洪水等非常规水源，增加可供水量，缓解水资源瓶颈制约。

第二个重点是：不断加大节能减排力度，推动循环型工业。发展循环经济，工业是重中之重，节能减排是关键和基础。一要突出减量，大力推进节能减排。节能减排工作的关键是要做到经济总量增上去、能耗物耗降下来，排放符合国家的标准。重点是落实全省 160 户年耗能万吨标准煤以上的企业节能减排措施，确保完成任务。同时，进一步组织实施好重大节能环保项目，加快淘汰落后的生产能力，加强能耗监察、评审工作，全面推行清洁生产。依法对“双超双有”企事业单位实施强制性清洁生产审核，从源头上减少废物的产生。确保完成和超额完成 2010 年的节能减排任务，为全面实现“十一五”全省节能减排目标奠定坚实的基础。二要突出延伸，大力开展资源综合利用。延伸注重抓好两个方面的工作：一是加大下游产品开发力度，坚定不移地延伸产业链。特别是围绕石化、有色金属、冶金、煤炭、建材、特色农产品等优势资源和强势企业，通过产业链、产品链之间的延伸和耦合，引导产业集聚，培育和发展企业集群，提高附加值，努力实现集约化、集群式发展，优化产业结构，转变发展方式。二是加大工业生产废弃物料的综合利用，延伸再生资源产业链。对工业行业现有的废弃物料的利用价值进行重新评估，做到深度利用和梯级利用，提高资源利用效率。重点企业的余热、余压、高炉和焦炉煤气要基本得到回收并实现梯级利用，水资源要基本实现闭路循环利用。积极推进粉煤灰、煤矸石、冶金废渣及尾矿等工业固体废弃物的综合利用，大力发展利废建材以及新型墙体材料。按照国家资源综合利用认定管理办法，进一步完善认定工作制度，提高工作效能，落实优惠政策，鼓励更多的企业开展资源综合利用，最大程度实现废物资源化和再生资源回收利用。三要突出替代，大力发展新兴特色产业。甘肃省有很好的风能、太阳能资源。风力发电作为一种无污染的清洁电源，发展前景十分广阔。继续积极争取国家发改委等部门的大力支持，进一步加快酒泉千万千瓦级风电基地及配套电网工程，争取早日开工建设首批 380 万千瓦风电项目。依托风电项目建设，带动风电设备制造业的本地化和产业化，努力把甘肃省打造成全国最大的风电、光伏电源等清洁能源产业基地，推动全省装备制造业的快速提升。医药工业是世界朝阳产业，也是我国高新技术产业发展的重要领域。甘肃省在生物制药、中药材资源、有机合成科研、中成药加工等方面具有比较优势。充分利用这些优势，加快发展特色中药饮片、中藏药、生物制品及化学制药。继续推进医药企业改革和改造，培育和扩大品牌优势，增强实力，壮大规模。

第三个重点是：加强农村环境保护，发展循环型农业。农村环境保护事关广大农民的切身利益，事关全省人民的福祉和经济社会的可持续发展。认真解决危害农民健康的环境问题，坚决遏制“城市污染农村的水和地，农村就会污染城市的饭和菜”的悲剧发生和蔓延。全面加强农村生态保护工作，摸清状况，统筹规划，确保农村的饮水安全，建设好清洁水源。不断改善农业生态环境，着力防治工农业生产污染，大力加强农村环境的综合治理，减少农业面源污染，大力发展生态农业、绿色农业和有机农业，建设好清洁田园、清洁家园。

循环型农业是农民增收的一个重点，是实施农业可持续发展战略的内在要求，是用现代工业的理念发展农业，加快传统农业向现代农业转变的必然选择。要走现代农业之路，按照发展现代农业的要求，提高农业资源的综合利用率，不断扩展农业功能，促进生产生活的良性循环，实现农业生产高效化、庭院经济立体化、家居生活清洁化。紧密结合水、土、光热等资源条件和产业、产品特色，选择经济实用、效果显著的循环经济模式，以减少资源消耗与废弃物排放，促进农业向无害化、生态化方向发展。积极探索并推行立体农业、生态能源、清洁能源、设施农业，如建立秸秆燃气、家禽家畜—沼气—粮果菜模式，将废弃物能源化、肥料化和饲料化。少用化肥、农药，少耗水、电、油，多用有机肥、新技术和良种，实现综合发展、集约化发展。大力发展农产品深加工，延伸产业链，推进农业产业化进程。

第四个重点是：注重点面结合，抓好循环型园区和试点城市。建设循环型经济园区，要优先考虑基础设施较好、环境污染大、生态比较脆弱的地区。要按照生态型园区的要求对现有园区进行规划、建设和改造，最大限度地优化配置基础设施和能源资源，实现流失物料回收和废弃物回用。园区建设特别注重发挥大型企业的集聚和扩散作用，以大企业为核心，与园区内众多中小企业形成资源共享和产品互换的产业共生组合，使一个企业的废弃物成为另一个企业的资源或能源，逐步建立起企业间、产业间物资能源互换或转换的供求关系，形成有利于资源利用的产业链。资源型城市转型是一个世界性难题，既有成功的经验，也有失败的教训。甘肃省资源型城市的转型，说透了就是要走发展循环经济这条路。立足现有基础，发挥比较优势，改造提升传统产业，培育发展接续产业和替代产业。要大胆探索，敢于实践，勇于创新，用发展循环经济开辟资源型城市转型的成功之路。通过开展循环经济示范区和生态型城市试点活动，在中心城市、资源型城市配套中水回用、垃圾分类回收和综合利用系统，完善工业农业互动型城市和山地高原型城市的基础设施和生态保障体系。依法整顿和规范城市地下水的开采，进一步加快污水处理厂管网的配套建设，从源头上控制新污染的产生。

第五个重点是：全民动员，构建循环型社会。努力减少服务主体、服务对象直接或间接对环境的影响，用5年左右的时间在服务行业中污染和资源消耗比较大的宾馆、餐饮、物流等领域，开展服务业循环经济发展的示范，选择一批重点企业开展清洁生产和国际环境管理体系认证工作。加强对循环经济和绿色消费的宣传力度，使循环经济理念在服务业领域得到广泛认可，逐步建立起比较完善的循环型服务业体系。建立一套与循环经济发展水平相适应的社会价值体系，一方面要求经济持续增长，资源低消耗、高循环利用和污染少排放；另一方面要强化宣传和普及循环经济知识，提高全体公民的生态保护意识，创新生态管理体制，加强环境法规建设，加强生态技术设计和选择生态生活方式。将公共机构节能工作规范化、制度化，通过法律手段推动公共机构节能，提高公共机构能源利用效率，充分发挥公共机构在全社会节能中的表率作用。通过开展形式多样、内容丰富的宣传教育，使绿色消费观念深入城镇、深入农村、深入人心，帮助人民群众养成节约、文明、杜绝污染的良好习惯。

二、循环经济发展取得新进展

（一）建立和完善了工作体系

组织制订了《甘肃省循环经济试点方案》；在反复论证修改的基础上，编制了《甘肃省循环经济总体规划》，于2008年12月上报国家。建立健全政策法规体系，为配合《循环经济促进法》的施行，及时制定了《关于加快发展循环经济的实施意见》；出台实施了节能减排、清洁生产和资源综合利用等方面的一系列政策措施，《循环经济促进法实施办法》已进入地方立法阶段。组织制定监测各级各部门和企业推进循环经济的统计指标和办法、考核评价标准。

（二）加大了资金支持力度

在财力十分困难的情况下，建立了节能降耗和污染减排专项资金，每年投入1.1亿元，支持发展循环经济，重点实施了一批节能减排和循环经济项目。近年来，共上报国家节能减排项目560余项，总投资600亿元，争取国家下达各类补助项目5207项，补助资金达19.7亿元。各金融机构积极执行国家政策，对节能减排项目提供贷款和咨询服务，推进了项目的实施进度。这些项目的实施，不仅取得了良好的经济效益、社会效益和生态效益，也为全面完成“十一五”节能减排目标任务奠定了坚实的基础。

（三）积极组织开展了循环经济试点

在主要工业城市、10个工业园区和23户重点企业，开展循环经济试点，初步形成了企业小循环、园区中循环、区域大循环的格局。加快节水型社会建设，在43个县区开展了节水型社会建设试点，范围覆盖河西5市的全部县区，水资源利用率不断提高。加快了农村沼气建设，全省累计建成农村户用沼气85.4万户，示范推广了“猪—沼—粮”、“猪—沼—果”、“猪—沼—菜”、“猪—沼—药”等综合生态循环生产模式，保护了农业生态，节约了农村资源，促进了结构调整，改善了村容村貌，增加了农民收入。

（四）加快了技术改造步伐

实施了余热余压、废气和中水、工业废渣、二氧化硫等综合利用工程和工业炉窑等节能改造，纯低温余热发电、高炉炉顶压差发电、钢渣水淬再利用、高炉转炉煤气回收等一批资源再利用技术，得到了推广应用，企业“三废”和副产品综合利用率不断提高。全省有115户企业的产品通过了资源综合利用认证。

（五）大力培育了战略性新兴产业

全国首个千万千瓦级风电基地建设在酒泉全面启动，风电装机容量达到220万千瓦，风电装备制造业实现销售收入64亿元。敦煌20兆瓦、嘉峪关10兆瓦光伏发电项目开工建设，全国第一个荒漠化并网型光伏电站在武威建成，新能源及风电装备制造业迅速崛起。

循环经济的发展，推动了经济结构的调整，提升了产业层次和经济增长的质量，促进了全省经济又好又快发展。在生产总值、固定资产投资、地方财政收入、城乡居民收入等主要经济指标实现两位数增长的同时，2009年与2007年相比，全省资源产出率提高9.8%，工业固体废弃物综合利用率提高24.8%，可再生能源占能源生产的比例提高2.8%，废旧资源综合利用率提高18.5%，二氧化硫排放量降低4.17%，化学需氧量降低3.6%，万元生产总值能耗下降9.6%，万元工业增加值用水量降低22.3%。

总体上来看，甘肃省发展循环经济起步良好，但发展循环经济是一项长期的战略任务。工作才刚刚起步，面临的任务还非常艰巨，许多难题还需要我们去破解。一方面，甘肃省的产业结构比较单一，“两高一资”产业比重大，经济发展对能源资源的依赖性强，资源环境的压力越来越大。近年来，通过大力发展循环经济，甘肃省连续四年完成了节能减排目标，但万元生产总值能耗仍然比全国平均水平高出60%，万元工业增加值电耗是全国平均水平的2.4倍，工业能源消耗量占全省消费总量的75%。另一方面，甘肃省生态环境比较脆弱，土地承载力远远低于全国平均水平，随着经济的发展和气候的变化，水资源短缺的问题日益加重，局部地区生态环境恶化的趋势尚未得到根本遏止，人与自然的矛盾仍然比较突出。就发展循环经济而言，工作上也有不平衡不到位不落实的问题，特别是节约资源和环境保护还没有成为全社会的自觉行动，同建设国家循环经济示范区的要求差距还很大。所有这些都说明，只有毫不动摇地以循环经济为抓手，加快转变经济发展方式，我们才能突破资源环境对经济发展的瓶颈制约，发展的空间才会越来越大，发展的质量才会越来越高，发展的道路才会越走越宽。

第三节　循环经济示范区建设阶段

2009 年 12 月 24 日，国务院批复了《甘肃省循环经济总体规划》（以下简称《总体规划》），以此为重要标志，甘肃发展循环经济进入了全省全面推进的新阶段——全国循环经济省级示范区建设阶段。《总体规划》是国务院批准实施的第一个地区性循环经济发展规划，标志着甘肃省成为全国唯一的国家级循环经济示范区。在应对国际金融危机和气候变化的关键时刻，国务院批准这个总体规划，充分表明了国家对转变发展方式和调整经济结构的坚强决心，也体现了党中央、国务院对甘肃人民的深切关怀、充分信任和巨大支持。我们一定要着眼于经济社会的长远发展，全力实施好《总体规划》，实现由高消耗、高污染、资源型的旧“两高一资”向高科技含量、高附加值、资源永续利用的新“两高一资”转变，努力提高经济发展的质量和效益，决不辜负党中央国务院对我们的殷切期望。

一、前两个阶段所取得的基本经验

实践证明，循环经济是一个效益经济、环保经济，又是一个富民经济、强省经济。甘肃省发展循环经济，潜力巨大，前景广阔。前两个阶段成绩的取得，是全省上下各方面努力的结果，也是国家大力支持的结果。从近年甘肃省抓循环经济的总体情况来看，成效是明显的，积累了一些深入全面推进的好办法、好经验。概括起来讲，主要是：

（一）统一思想认识是推进循环经济发展的基本前提

发展循环经济是一项庞大而艰巨的系统工程，必须动员各级各部门和各企业乃至全社会的力量，才能扎实有效地向前推进。我们应按照《循环经济促进法》的规定和要求，切实把学习和宣传活动，与全党深入学习实践科学发展观活动紧密结合起来，与本地区、本部门的实际工作结合起来，与转变生产方式和消费模式结合起来。通过座谈、听取汇报、实地考察及分析讨论等多种形式，宣传循环经济相关政策、法规，普及循环经济相关知识，统一广大干部群众的思想认识，不断总结典型经验和模式，以调整经济结构、转变发展方式为主线，以机制创新和科技创新为动力，以建设资源节约型、环境友好型社会为目标，把推广资源综合利用技术，作为保增长、调结构、扩内需的重要途径。

（二）加强组织领导是推进循环经济发展的根本保证

领导重视、狠抓落实，对推进循环经济工作很关键。各级政府是推进本地区循环经济发展的组织者，必须加强组织领导，明确责任分工，健全制度，强化监督管理。各级领导干部既要积极领会、贯彻国家的法律法规和相关文件要求，充分运用政策引导、法规规范和投资扶持等方式方法，建立和完善促进循环经济发展的激励与约束机制，做好区域、园区、企业和项目的指导协调工作；也要认真理解和发掘循环经济减量化、再利用、资源化的深刻内涵，消除影响循环经济发展的体制性障碍，在生产、建设、流通、消费等各个环节、各个领域，贯彻循环经济理念，确保本地区循环经济工作又好又快地向前推进。

（三）搞好规划编制是推进循环经济发展的主要基础

循环经济涉及面十分广泛，具有很强的战略性和宏观性。同时，循环经济的发展存在长期性和复杂性，需要综合协调各方面的因素。发展循环经济应当根据区域资源环境条件和特点，用循环经济的发展理念指导区域开发、产业转型和老工业基地改造，实现经济结构合理布局，形成资源高效循环利用的产业链。甘肃省从2005年开始，就按照以人为本、协调发展，统筹规划、分步实施，贯彻减量化、再利用、资源化、减量化优先的原则，着手制定全省循环经济发展规划，从抓好重点企业、重点行业和重点区域入手，围绕基地、园区、骨干企业和重点项目等四个层面展开相关工作，为推动全省循环经济健康有序地发展打下了良好的基础。

（四）强化政策支持是推进循环经济发展的必要条件

纵观甘肃省30年来改革开放的进程，每一次政策创新都伴随着大的发展变化。发展循环经济，也需要政策强有力的支持。必须强化政策措施的引导作用，在发挥市场配置资源的基础性作用的前提下，明确政府、企业、公众在发展循环经济过程中的权利、义务和责任。政府应充分运用政策引导、法规规范和投资扶持等手段和方法，建立和完善促进循环经济发展的激励和约束机制，调动各方面的积极性，鼓励企业自觉按照循环经济理念去发展壮大自身。先后制定了支持循环经济发展的一系列政策措施，组织制订以考核办法和评价体系为主要内容的若干工作制度，包括排污许可证和排污权交易制度、自然资源有偿使用和生态补偿制度、废弃物回收和回收处理押金返还制度、政府行政监察和监督等保障制度，并启动了制订甘肃省循环经济地方标准体系工作。

（五）选准选好项目是推进循环经济发展的重要支持

搞好循环经济发展，既需要搞好现有企业的技术改造，又需要新上延伸产业链的项目，还需要配套建设相关基础设施。项目是发展循环经济的基本载体，也是推进循环经济的重要支持。结合甘肃省发展的实际，按照发展循环经济的原则，经过反复筛选和论证，全省共选择了72个减量化、再利用和资源化项目，基础设施和生态保护项目等三类项目，作为甘肃省发展循环经济的重点支撑载体。这些项目实施后，到“十二五”末，年可实现销售收入约1634亿元，利税300多亿元；对全省万元GDP能耗降低的贡献率将达到58%，万元GDP水耗降低的贡献率为85%，提高工业固体废弃物综合利用率的贡献为80%，资源综合利用、节能减排、节水效果将十分显著；可提供直接就业岗位15万~20万个。为确保这些项目早日建成并产生效益，我们将严格按照项目管理的有关程序，组织实施，建立定期检查制度，加强项目和资金管理，保证工程建设质量，提高投资效益。

(六) 技术创新是推进循环经济的重要支撑

发展循环经济，需要创新的技术体系，主要包括污染治理技术、废弃物再利用的资源化技术，生产过程中的无废、少废及生产绿色产品的清洁生产技术等三大类。这些技术的应用，可以使企业在生产过程中减少污染排放量，提高资源和能源的利用率，能够在对环境基本不产生负面影响的情况下，回收废弃物和处置残次品。金昌市、酒钢、金川公司等地方和企业成功的试点经验表明，循环经济取得显著成效的，往往是通过自主创新，引进、消化、吸收、再创新，掌握了一些关键技术。这很重要，需要企业以市场为导向，与高校、科研院所合作，建立研发机构，形成创新体系，努力研发出企业发展循环经济需要的先进技术体系；需要将企业的新产品开发、技术攻关与国家在能源、矿业、环境、农业、电子等领域的重大技术专项结合起来，获得在资金、信息、人才、税收等方面的支持，积极争取并参与到重大科技基础设施建设中，为企业的重大技术攻关，提供实验设备、中试基地支持；也需要不同产业领域及区域的大型企业，根据生态产业链链接技术研发的需要，建立联合研发机构，进行联合技术攻关和研发，对构建生态产业链，发展循环经济具有重要的作用。

二、循环经济省级示范区的基本框架

当前，甘肃省正处在加快经济社会发展的关键时期，各市州、各部门要充分认识发展循环经济的长期性、艰巨性和复杂性，进一步增强责任感、紧迫感和使命感。要从全省实现可持续发展的高度，从建设社会主义生态文明的高度，从全面建设小康社会的高度，加深对发展循环经济重大意义的认识，自觉承担起发展循环经济的历史责任，牢牢把握建设国家循环经济示范区的重大机遇，认真落实发展循环经济的各项政策措施，扎扎实实做好发展循环经济的各项工作，为建设国家级循环经济示范区不懈努力，为全国循环经济发展做出应有的贡献。

（一）要围绕战略定位，确保发展目标的实现

国务院在《总体规划》的批复中明确指出，甘肃是我国重要的生态屏障和陆路枢纽，资源蕴藏丰富，战略地位重要，发展潜力巨大。《总体规划》实施要高举中国特色社会主义伟大旗帜，以邓小平理论和"三个代表"重要思想为指导，深入贯彻落实科学发展观，以转变经济发展方式为主线，以体制机制创新和科技创新为动力，按照减量化、再利用、资源化的原则，积极培育循环经济产业链和骨干企业，切实加强循环经济产业园区和基地建设，加大循环经济支撑技术的研发力度，努力把甘肃建成国家循环经济示范区，为建设资源节约型和环境友好型社会做出贡献。这个指导思想充分体现了国家对循环经济高起点谋划和高水平建设的战略思想。《总体规划》确定的目标是：到 2015 年，通过各方面的共同努力，全社会循环经济意识明显提高，节约型循环社会初步建成；循环经济发展长效机制基本形成，法律法规体系基本确立；循环经济载体有机组合并形成规模，循环经济发展方式明显转变，取得良好的经济效益、社会效益和环境效益。2010 年 5 月 2 日，国务院办公厅下发的《关于进一步支持甘肃经济社会发展的若干意见》要求，到 2020 年把甘肃建成全国的循环经济省级示范区。国家的目标要求，既有高度又有深度，既立足当前又着眼长远，经过努力是能够达到也是必须达到的，完全符合甘肃的现实需要和发展趋势。

（二）要紧盯主要任务，突出发展重点

《总体规划》根据甘肃经济发展状况、自然资源禀赋和生态环境状况等要素，明确提出在全省范围内构建循环型农业、循环型工业、循环型社会三大体系，以不同行业的骨干企业为龙头，打造 16 条产业循环链；以推行清洁生产为重点，培育 100 户循环经济示范企业，以改造提升省以上开发区为重点，形成 36 个环境友好型开发区；逐步形成覆盖全省的各具特色的七大循环经济专业基地，即兰州和白银石油化工、有色冶金循环经济基地，平凉和庆阳煤电化工、石油化工循环经济基地，金昌有色金属新材料循环经济基地，酒泉和嘉峪关清洁能源、冶金新材料循环经济基地，天水装备制造循环经济基地，张掖、武威和定西特色农副产品加工循环经济基地，甘南、临夏和陇南生态循环经济基地。《总体规划》把发展目标落实到具体的项目和投资上，提出了总投资 2133 亿元的 72 大类重点支撑项目。这些项目的实施，可实现年销售收入 1634 亿元，实现利税总额 317 亿元；提供就业岗位 15 万~20 万个；对万元生产总值能耗降低的贡献率可达 58%，对万元生产总值水耗降低的贡献率可达 85%，对提高工业废弃物综合利用的贡献率可达 80%，对二氧化硫减排的贡献率可达 50%，对化学需氧量减排的贡献率可达 75%。

（三）要健全政策体系，完善保障措施

《总体规划》从法规、政策、管理、技术和组织等方面提出了一系列保障措施，明确了国家支持甘肃发展循环经济的十项政策措施。国务院明确要求有关部门按照职能分工，制定完善支持甘肃发展循环经济的具体政策措施，在有关专项规划编制、政策实施、项目安排、资金筹措、体制机制创新等方面，切实加大支持和指导力度，指导和帮助解决规划实施中的困难和问题，加强对总体规划实施的跟踪分析和监督检查，组织规划实施中期评估和后期评估，认真做好与“十二五”规划、主体功能区规划和其他相关规划的衔接工作，这为落实《总体规划》提供了制度保障。同时，国务院要求我们按照规划确定的循环经济产业园区模式、基地建设布局，扎实推进相关项目的组织实施，探索发展循环经济的新思路、新举措，建立循环经济统计、监管和考核机制。这实际上赋予了我们改革创新的先试权，要求我们承担起全国发展循环经济试验田的责任，积极营造敢闯敢试的良好氛围，在改革创新上取得明显突破。

三、谱写科学发展的新篇章

蓝图已经绘就，关键在于落实。在《总体规划》实施过程中，要紧密结合贯彻落实国务院办公厅《关于进一步支持甘肃经济社会发展的若干意见》和甘肃省“中心带动，两翼齐飞，组团发展，整体推进”的区域发展战略，解放思想、破解难题，抢抓机遇、锐意进取，把循环经济发展提高到一个新水平。

（一）加快产业转型

对传统支柱产业进行高起点、大规模的新一轮技术改造，加快开发下游产品，不断延伸产业链，推动资源开发由粗放向集约、资源加工由简单向精深、资源产品由初级向高级、资源项目由分散向集中转变；充分发挥资源优势，加快发展新能源、新材料、生物工程、现代制药、航天航空等战略性新兴产业，为实现科学发展提供产业支撑；把发展服务业作为产业转型的关键环节，增强服务业在经济发展中的作用。通过产业转型，推动绿色经济、循环经济和低碳经济发展，形成分工合理、特色鲜明、优势互补、良性互动的产业新格局。

（二）优化要素投入

把推广应用新技术、新工艺、新材料、新装备作为要素投入的重点，加快建设有利于能源资源科学开发和循环利用的项目。在工业和城市领域，以石化、有色金属、冶金等行业为重点，实施一批节能、节水、减排、综合利用、清洁能源、城市污水和垃圾处理等项目。在农业和生态领域，加快重点生态保护工程建设，实施绿色种植、能源作物、户用沼气、农产品深加工等项目，因地制宜地发展循环农业经济链。坚决杜绝新上高污染、高耗能、高耗水项目，特别是在承接产业转移中，避免引进不符合发展循环经济要求的低科技含量和低附加值项目。

（三）推进技术创新

加快实施《建设创新型甘肃行动纲要》，加大公共财政对科技创新的投入力度，把自主创新和引进、消化、吸收、再创新结合起来，突出抓好重大产业技术开发专项，开发一批具有普遍推广意义的资源节约、回收利用和替代技术，力争在循环经济关键技术领域取得突破。加快产学研用体系建设，开展高层次人才创新创业扶持行动，实施一批重大科技成果转化和科技创新名牌工程，加大先进技术的推广应用。充分发挥企业在技术创新中的主体作用，完善企业科技投入机制，加强创新人才培养和研发队伍建设，以高强度的投入推进科技创新，以市场需求引领企业自主创新，为发展循环经济提供科技支撑。

（四）倡导绿色消费

把绿色消费作为发展循环经济的重要内容，贯穿于生产生活的全过程。在生产领域，加强节能、节水、节地、节材和资源综合利用，推动大宗工业废弃物资源化利用，抓好再生钢、铜、铝、铅、锌等拆解集散市场和回收利用工程，推动废旧金属等回收利用，加强集中供热、供水、供电、供气和水处理系统化管理，最大限度地提高能源资源利用率。在生活领域，大力倡导绿色消费和环保观念，坚决杜绝有害包装和过度包装，鼓励消费者购买节能、节水和再生利用产品，形成绿色消费和勤俭节约的生活方式。

（五）完善体制机制

完善政府主导、企业主体、公众参与、政策引导、市场运作、科技支撑的运行机制。在认真执行发展循环经济法规政策的基础上，加快建立循环经济定量考核、政府绿色采购和居民绿色消费、废弃容器和包装物回收利用等规章。完善排污许可证和排污权交易制度，合理确定污染排放总量指标，建立排污权交易市场，严格控制污染物排放量。建立自然资源有偿使用和生态补偿机制。积极探索从源头上减少废弃物产生的办法，推行废弃物抵押金返还制度，建立生产者与消费者共同承担责任的有效机制。通过改革创新，破除体制机制性障碍，为发展循环经济提供制度保障。

四、加大总体规划的实施力度

发展循环经济，打造全国循环经济示范区，是甘肃省当前和今后10年经济社会发展的一项重大任务，对加快甘肃省经济发展方式转变，促进经济社会可持续发展具有重大的现实意义和深远的历史意义。我们要聚全省之智、集全省之力、借助国家政策的扶持，全力推进这项工作。各市州各部门和各个重点企业必须进一步增强发展循环经济的紧迫感、责任感和使命感，在落实《总体规划》的各项工作中，要有改革创新的勇气，要有敢闯敢试的胆略，要有只争朝夕的精神，要有创造性开展工作的干劲。

（一）加大循环经济政策落实的工作力度

国家为推动甘肃省循环经济发展，明确批复了10个方面政策；生态建设和循环经济贯穿于国务院办公厅《关于进一步支持甘肃经济社会发展的意见》始终，这些政策涉及产业优化升级、重大项目布局、加大财政支持力度、加强基础实施建设、设立循环经济发展产业基金、加快推广节能新技术等方面，具有较高的含金量。但这些政策在批复中是原则性的，各有关部门的当务之急是认真研究和梳理政策内涵，按照甘肃省的实际需要，细化分解具体的政策要求，并主动与国家相关部委沟通对接，把这些政策用活、用足、用好，落到实处。最近，国家发改委、中国人民银行、银监会和证监会联合出台了《关于支持循环经济发展的投融资政策措施意见的通知》，提出了规划、投资、产业、价格、信贷、债权融资产品、股权投资基金、创业投资、上市融资、利用国外资金等方面支持循环经济发展的具体政策措施。各有关部门和单位要尽快提出实施细则，使这些政策措施尽快进入到实际操作层面，为加快甘肃省循环经济发展创造良好的政策环境。

（二）加大循环经济法规层面的工作力度

要在认真执行《循环经济促进法》和已经出台的相关法规的基础上，尽快出台《甘肃省循环经济促进法实施办法》。各市州、各有关部门要充分发挥主观能动性，紧密结合工农业生产领域和服务消费等生活领域的实际，加快建立围绕循环经济发展所需要的经济定量考核、清洁生产、再生资源和废物回收综合利用、节水节地节材节能、政府绿色采购和居民绿色消费等方面的法律法规，形成一套涉及一二三产业、覆盖全社会循环经济发展的比较完整的法律法规体系。明确政府、部门、企业、公民在生产、消费、回收使用和监管等方面的权利义务，为循环经济发展提供必要的制度保障。这项工作是一个打基础的工作，不能等，也不能拖，各市州和各有关部门要敢于探索，勇于创新，在实践中不断地加以完善。

（三）加大循环经济项目落实的工作力度

《总体规划》明确提出要打造16条产业循环链、培育100户循环经济示范企业、形成36个环境友好型开发区以及72大类重点支撑项目。这些项目的具体目标任务都有了，也都分解到各有关部门，现在的关键是要抓紧落实。规划中提出的72大类重点支撑项目，相当一部分还没有落到具体项目上，16条产业链延伸项目和36个循环经济园区项目，也需要进一步梳理和落实。特别是16条产业链，规划中是以重点企业为核心来提出产业链项目。这还不够，因为我们有些企业有这个能力，多数企业缺乏这个能力。必须整合社会资源，优化要素配置，组织科研院所、大专院校、行业协会等方面的力量，围绕循环经济产业链，提出符合甘肃省实际、科技含量高、市场需求大、经济效益好的项目，只要有了好项目，可以通过招商引资、企业扩张、联合重组等多种方式加快项目的建设。只有这样，产业链才能延长，产业集聚、企业集群才能形成，我们的循环经济开发区才真正有了发展的载体。

(四) 加大市州和部门发展循环经济的工作力度

各市州、各部门从现在开始，要以循环经济总体规划为依据，结合“十二五”发展的需要，谋划思路，确定目标，明确任务，安排工作。要按照甘肃省人民政府分解循环经济总体规划主要任务的要求，在每年的工作计划中，明确要完成的具体任务，争取每年各市州、各县区和省上各个部门都能干成几件循环经济发展的实事。经过几年的努力，总体规划才有可能落到实处。落实循环经济发展的各项工作任务，必须一个环节一个环节地紧抓不放，一个步骤一个步骤地盯住落实，一个项目一个项目地实现突破。

(五) 加大企业发展循环经济的工作力度

各个企业特别是省内的重点企业，在循环经济的发展上要一如既往地加大工作力度，抓紧落实与循环经济相关的技术改造、节能减排和产业链延伸等项目。要落实这些项目，必须进一步拓宽融资渠道，充分利用外资和银行信贷资金，积极发挥证券市场的融资作用，吸引更多的民间资本参与项目建设。同时，要加大科技投入，把自主创新和引进、消化、吸收、再创新结合起来，充分发挥企业在自主创新中的主体作用，在产品的精深加工、资源节约、综合利用等方面，加强产学研联合，实现关键技术的突破。使企业真正走出一条科技含量高、经济效益好、资源消耗低、环境污染小的新的发展路子。各有关部门要进一步加强对企业的各项服务工作，特别是要围绕循环经济总体规划中确定的重点支撑项目，配合企业积极向国家有关部委争取政策和资金的支持，加快重点支撑项目的落实。

发展循环经济是全面落实科学发展观，加快转变经济增长方式，实现全面建设小康社会目标和可持续发展的必然选择，意义重大，任务艰巨。各市州、各部门和各企业及全省人民要真正把循环经济工作纳入重要议事日程，在省委、省政府的正确领导下，开拓创新，真抓实干，为全面落实循环经济总体规划奠定坚实的基础。

第十章　甘肃发展循环经济的总体思路和目标

甘肃省发展循环经济要按照《循环经济促进法》和《甘肃省循环经济总体规划》的要求，把发展循环经济作为调整经济结构、转变经济发展方式、推进工业强省、建设社会主义新农村、实现跨越式发展的重大战略举措，围绕省委“四抓三支撑”的总体工作思路和区域发展战略，以优化资源利用方式为核心，以提高资源生产率和降低废弃物排放量为目标，以科技创新和制度创新为动力，以发展抓项目为突破口，不断加大节能减排力度，突出建立节水型社会，大力发展原材料深加工，探索以循环农业为基础，循环工业为主体，循环第三产业为补充的循环经济体系，在资源节约、清洁生产、废物利用和环境保护等方面取得突破，走出一条符合甘肃实际、符合科学发展的路子，实现生产清洁化、生活环保化和生态良性化，构建循环型和谐甘肃。

第一节　甘肃发展循环经济的思路和方向

本世纪头 20 年，甘肃省将处于工业化和城镇化加速发展阶段，面临的资源和环境形势十分严峻。为抓住重要战略机遇期，实现全面建设小康社会的战略目标，必须大力发展循环经济，按照“减量化、再利用、资源化”原则，采取各种有效措施，以尽可能少的资源消耗和尽可能小的环境代价，取得最大的经济产出和最少的废物排放，实现经济效益、环境效益和社会效益相统一，建设资源节约型和环境友好型社会。

一、甘肃发展循环经济的指导思想

《总体规划》中对甘肃发展循环经济的指导思想做出了明确规定：全面贯彻落实党的“十七大”精神，以邓小平理论和“三个代表”重要思想为指导，牢固树立和落实科学发展观，以转变经济发展方式为主线，以机制创新和科技创新为动力，以建设资源节约型、环境友好型社会为目标，遵循统筹规划、合理布局、因地制宜、注重实效、政府推动、市场引导、企业实施、公众参与的方针，在生产、流通、消费领域全面贯彻“减量化、再利用、资源化”原则，促进产业结构优化，形成节约能源资源和保护生态环境的增长方式、消费模式，不断提高能源资源利用水平，努力闯出一条资源型省份实现科学发展的新路子，实现甘肃经济社会跨越式发展。

二、甘肃发展循环经济的原则

（一）坚持全面贯彻“3R”、减量化优先的原则

减量化、再利用、资源化（简称“3R”）是发展循环经济的基本原则，也是循环经济的基本内容。“3R”之间有着内在不可分割的联系，但减量化作为循环经济的第一原则，对处在工业化中期阶段的中国，具有重大意义。“3R”原则要求首先从生产的源头减少物质投入量，提高资源利用效率；在生产过程中循环利用或综合利用废弃物，减少废物产生和排放；在产品消费变成废弃物后，不是简单地抛弃，而是尽可能经过加工处理变成再生资源回到生产或消费环节。要树立人与自然和谐的新价值观、新资源观、新产业观，形成循环经济产业体系和技术支撑体系。进一步突出废水、废气、废渣的综合利用，提高资源利用率，对当年新产生的工业废渣，争取做到“吃干榨尽”，实现“零”排放。

（二）坚持统筹规划、优化布局的原则

发展循环经济是个系统工程，也是一个不断地持续改进的过程，必须遵循统筹规划、循序渐进、优化布局的原则，把长期战略目标和近期工作重点结合起来，把社会整体推进和重点领域突破结合起来，把老工业基地生态化改造与新建园区循环型布局结合起来，把试点示范与循环型产业体系建设结合起来，在生产、建设、流通、消费各个领域贯彻循环经济理念，在企业、园区、社会三个层面，对旧有的生产和消费体系按照循环经济的理念和模式进行创新改造，对新的建设和发展项目，按循环经济的理念和模式进行规划设计，形成布局合理、互动发展、协调推进的循环经济发展格局。

（三）坚持政府推动、市场引导的原则

我国的基本经济体制是社会主义市场经济，发展循环经济要在遵循市场经济规律的基础上展开，要在发挥市场配置资源的基础性作用的前提下，明确政府、企业、公众在发展循环经济过程中的权利、义务和责任。政府应充分运用政策引导、法规规范和投资扶持等方法手段，建立和完善促进循环经济发展的激励和约束机制，消除影响循环经济发展的体制性障碍，推动企业自觉按循环经济理念去发展壮大自身。要通过开展宣传教育，建立公众参与和舆论监督机制，使人们认识到发展循环经济是现阶段甘肃经济发展规律的内在要求，使企业经营和管理人员把发展循环经济看做是当代企业家义不容辞的历史责任。引导公众开展“绿色消费”，夯实发展循环经济的群众基础。

（四）坚持科技创新、制度创新并重的原则

循环经济是对传统经济发展模式的重大变革，必须有制度创新和科技创新来

引领和支撑。发展循环经济需要科技创新的支撑，针对循环经济发展面临的重大瓶颈与需求，研究提出一批循环经济科技支撑项目，加大技术创新力度，充分引进先进技术，鼓励有实力的企业与国内外知名科研机构和大学开展“产学研”合作。依靠科技进步，大力推进钢铁、有色金属、石油化工、电力、建材、煤炭等重点产业副产品的综合利用和废弃物再生利用，解决二次污染和不经济的问题。要深化改革，从体制、机制上为循环经济发展创造良好的外部条件，通过制度创新改变生产者和消费者的行为，引导资本、技术转向有利于资源循环的方向，逐渐在全省建立起资源节约、循环和环境改善的长效机制。

（五）坚持资源节约与环境保护有机结合的原则

坚持资源节约与环境保护相结合，切实把加强生态建设和环境保护放在更加重要的位置，将发展循环经济与调整产业结构、推动科技进步有机结合起来，改变传统的生产和生活模式，实现资源的高效利用。坚持解决当前紧迫问题与谋划长远发展相结合，统筹解决人口、经济、社会、生态协调发展问题，实现人与自然和谐相处。大力调整和优化经济结构，坚持走科技含量高、经济效益好、资源消耗低、环境污染少、人力资源优势得到充分发挥的新型工业化道路。根据资源环境承载能力和发展潜力，按照优先开发、重点开发、限制开发、禁止开发的主体功能区划要求，确定不同区域的功能定位，促进形成各具特色的区域循环经济发展格局。

第二节　甘肃发展循环经济的目标

经过 2009—2010、2011—2015（《总体规划》分为两个阶段）、2016—2020 年（《若干意见》提出了后阶段目标）三个阶段的发展，到 2015 年，建立起较为完善的循环经济发展的法规政策体系、科技支撑体系；通过改造提升，形成一批符合循环经济要求的试点示范企业、园区和城镇；建立起比较完善的再生资源回收网络体系；形成以循环经济模式为核心的农业、工业、服务业的新型产业体系；形成资源节约和环境友好的增长方式和消费模式；依托甘肃丰富的水能、风能、太阳能资源，把甘肃建成我国新能源大省，可再生能源比例进一步提高；拥有一批具有自主知识产权的循环经济技术，经济发展对资源的依赖性明显降低，产业生态化水平显著提升，生态环境明显改善，可持续发展能力显著增强，重点产业、重点区域循环经济发展处于全国前列。到 2020 年把甘肃建成全国循环经济省级示范区，为我国全面发展循环经济提供典范。这里只按《总体规划》分两个阶段进行解读。

一、第一阶段目标（2009—2010 年）

为与国民经济和社会发展的五年规划相协调，本规划把甘肃第一阶段目标年确立为 2010 年。第一阶段的特点是围绕总目标要求，承接已有的发展基础，在抓好试点的基础上，重点突破，夯实基础，全面铺开。在现有 32 户国家和省级试点企业、10 个省级试点园区、4 个试点城市的基础上，把试点提升为示范，并使示范企业增加到 60 户、示范园区增加到 16 个、示范城市增加到 6 个。在全省范围内打造 16 条循环经济主导产业链，重点建设“兰白”、“平庆”、金昌、“酒嘉”、天水、“张武定”、“甘临陇”等 7 个循环经济基地。到 2010 年，初步构建覆盖工业与农业、城市与农村的循环经济发展框架体系，基本形成循环经济发展的推进机制，再生资源回收体系初步建成，公众参与循环经济建设的社会氛围基本形成。资源产出、资源消耗、资源综合利用、废物排放等循环经济主要指标与 2005 年相比，有较大幅度提高。

表 10-1 第一阶段循环经济发展指标体系

类别	指标	单位	实际值		目标值
			2005	2008	2010
资源产出指标	资源产出率	元/吨	834	1039	1136
	能源产出率	亿元/万吨	0.44	0.50	0.55
	水资源产出率	元/立方米	15.68	25.84	30.49
资源消耗指标	万元 GDP 能耗	吨标煤/万元	2.26	2.01	1.81
	万元 GDP 取水量	立方米/万元	628	387	328
	单位工业增加值能耗	吨标煤/万元	4.99	4.05	3.79
	单位工业增加值用水量	立方米/万元	211	108	93
	农业灌溉水有效利用系数		0.47	0.49	0.51
	吨钢能耗	吨标煤/吨	0.76	0.65	0.62
	吨镍能耗	吨标煤/吨	3.99	3.61	3.61
	吨铜能耗	吨标煤/吨	1.17	0.63	0.63
	吨钢水耗	立方米/吨	6.80	5.73	5.65
	吨马铃薯淀粉水耗	立方米/吨	23	18.9	16.8

续表

类别	指标	单位	实际值		目标值
			2005	2008	2010
资源综合利用指标	工业固体废物综合利用率	%	29.43	34.09	61.00
	工业用水重复利用率	%	89.31	92.03	92.50
	城市生活垃圾无害化处置率	%	70	90	95
	城市污水再生利用率	%	11.05	15.45	30.20
	废钢铁回收利用率	%	51.90	58.10	65.70
	废有色金属回收利用率	%	52.10	66.10	71.10
	废纸回收利用率	%	28.40	35.40	66.00
	废塑料回收利用率	%	19.80	35.10	66.00
	废橡胶回收利用率	%	45.50	59.60	68.40
废物排放指标	工业固体废物处置量	万吨	480.86	1222.83	2000.00
	工业废水排放量	万立方米	16798.21	16403.02	15800.00
	二氧化硫排放量	万吨	56.25	50.15	52.26
	化学需氧量排放量	万吨	18.23	17.05	16.77
其他指标	可再生能源占能源生产总量的比例	%	33.4	32.5	37.47

二、第二阶段目标（2011—2015 年）

在经过第一阶段的重点突破和全面铺开后，第二阶段要继续围绕总体目标，深化完善、全面提升。在第一阶段的基础上，继续深化省级试点示范工作，到 2012 年，使省级示范试点企业达到 100 家，示范试点园区达到 36 家，示范试点城市增加到 8 个，并选择 50 家企业重点培育为示范企业。完善和提升 16 条产业链、7 个循环经济基地。到 2015 年，形成较为完善的促进循环经济发展的法律法规体系和推进机制，循环经济重点项目得到全面实施并取得良好的经济效益、社会效益和环境效益，产业结构得到优化，循环经济产业链有机组合并形成规模，建立起循环型农业、工业、服务业产业体系，再生资源回收体系得到完善，静脉产业形成较大规模，生态环境得到明显改善，资源产出率等指标在 2010 年基础上实现重大进展，成为国内发展循环经济的省级示范区。

需要指出的是，发展循环经济是甘肃省长期的重大战略选择，任务十分艰巨。第二阶段结束后，甘肃省将根据新的情况变化，制订新的循环经济发展规划。

表 10-2 第二阶段循环经济发展指标体系

类别	指标	单位	实际值		目标值	
			2005	2008	2012	2015
资源产出指标	资源产出率	元/吨	834.7	1039.6	1233.6	1379.1
	能源产出率	亿元/万吨	0.44	0.50	0.57	0.66
	水资源产出率	元/立方米	15.68	25.84	35.97	46.08
资源消耗指标	万元 GDP 能耗	吨标煤/万元	2.26	2.013	1.703	1.557
	万元 GDP 取水量	立方米/万元	628	387	278	217
	单位工业增加值能耗	吨标煤/万元	4.99	4.05	3.39	3.26
	单位工业增加值用水量	立方米/万元	211	108	80	64
	农业灌溉水有效利用系数		0.47	0.49	0.52	0.53
	吨镍能耗	吨标煤/吨	3.990	3.610	3.600	3.590
	吨钢水耗	立方米/吨	6.80	5.73	5.60	5.20
资源综合利用指标	工业固体废物综合利用率	%	29.43	34.09	66.00	75.00
	工业用水重复利用率	%	89.31	92.03	93.50	95.00
	城市生活垃圾无害化处置率	%	70	90	100	100
	城市污水再生利用率	%	11.05	15.45	28.10	40.02
	废钢铁回收利用率	%	51.90	58.10	69.30	77.70
	废有色金属回收利用率	%	52.10	66.10	76.30	84.40
	废纸回收利用率	%	28.40	35.40	69.00	74.50
	废塑料回收利用率	%	19.80	35.10	69.00	75.00
	废橡胶回收利用率	%	45.50	59.60	76.90	86.50
废物排放指标	工业固体废物处置量	万吨	480.86	1222.83	2200.00	2500.00
	工业废水排放量	万立方米	16798.21	16403.02	15400.00	15000.00
	二氧化硫排放量	万吨	56.25	50.15	52.24	52.21
	化学需氧量排放量	万吨	18.23	17.05	16.70	16.55
其他指标	可再生能源占能源生产总量的比例	%	33.4	32.5	38.93	37.55

三、指标的可达性分析

根据国家发展和改革委员会等部门《关于印发循环经济评价指标体系的通知》（发改环字〔2007〕1815号）的要求，结合甘肃省循环经济发展实际，提出了全省循环经济发展的主要指标。甘肃省发展循环经济指标，是以甘肃省历年的统计年鉴及相关统计资料为基础，结合《甘肃省"十一五"规划》、《甘肃省生态建设和环境保护规划》、《节能减排全民实施方案》、《甘肃省主要工业产品单位能耗限额指导目录》及《甘肃省资源综合利用条例》，参照《国务院关于印发节能减排综合性工作方案的通知》（国发〔2007〕15号）、《国务院关于"十一五"期间各地区单位生产总值能源消耗降低指标计划的批复》（国函〔2006〕94号）、《中华人民共和国国民经济和社会发展第十一个五年规划纲要》、《全国城市生活垃圾无害化处理设施建设"十一五"规划》、国家《节能中长期专项规划》等确定的。

《总体规划》制定了2010年和2015年两阶段的循环经济发展目标和相应指标。受"两高一资"工业结构影响，加上企业装备落后、技术水平较低，农业用水效率不高等原因，在甘肃省循环经济指标中，资源产出率指标虽较过去有很大提高，但与先进水平相比仍较低；资源消耗减量化程度也较低。特别是工业固体废弃物综合利用率目标仅按国家要求的最低限设置。原因是过去累积堆存的采矿剥离废石、选冶尾矿和冶炼弃渣量很大，造成全省固体废弃物综合利用率较低。甘肃省充分利用作为国家循环经济试点省的有利时机，将历史累积的废弃物作为二次资源在本规划中作了详尽的综合利用规划。为不断缩小与全国先进省份之间的差距，保证规划目标的实现，本规划的第七章从法律、政策、管理、技术、组织等方面提出了具体的保障措施。主要循环经济评价指标的可达性分析如下：

（一）资源产出指标

资源产出指标包括资源产出率、能源产出率、水资源产出率等三个指标。甘肃省资源产出率是依据全省消耗的一次资源（包括煤、石油、铁矿石、10种有色金属、稀土矿、磷矿、石灰石、沙石等）进行计算的。随着工业强省战略的实施，工业产品加工度提高，附加价值率上升，必将带来资源利用效率上升，资源产出率提高。尤其是由于本规划中所列的72个减量化、再利用和资源化、基础设施和生态保护项目的实施，可充分保证上述资源产出指标的完成。

（二）资源消耗指标

资源消耗指标包括万元GDP能耗、万元GDP取水量等指标。根据国务院颁布的《单位GDP能耗指标考核体系实施方案》，对省级政府节能目标考核，不再考核万元增加值能耗和万元产值电耗两项指标。为实现GDP能耗降低率的目标，甘肃省将采取以下主要措施：

调整经济结构，加大对装备制造企业的重组和资源整合，重点加快已具备一定基础和优势的石油钻采及炼化装备制造业、风力发电成套设备制造业、新型环保装备等行业的发展。大力发展风能、水能、太阳能、生物能发电等可再生能源。在工业企业中大力开展节能降耗活动。全省能源消耗中工业占 74.17%，抓住工业领域节能，就是抓住了全省节能工作的关键。综合能耗在万吨标准煤以上的 178 户企业年可节能 50 万吨标煤；截至目前，取缔小锅炉约 300 台，年可节约 15 万吨标准煤。改造电机 3000 多台，节能 16 万吨标准煤。“十一五”期间淘汰落后产能为：淘汰关闭水泥生产线 50 条，产能 386.8 万吨，涉及企业 36 户；关闭火电机组 29 台，装机 77.5 万千瓦；关闭造纸企业 91 户，产能 41.3 万吨；淘汰关闭钢铁企业 12 户，产能 17.4 万吨；淘汰关闭小铁合金企业 40 户，产能 6.94 万吨；淘汰关闭电石企业 2 户，产能 1.3 万吨。此外，还将积极争取国家政策扶持，关闭一批小砖窑、小石灰企业。以上措施加上其他手段，可以保证资源消耗指标的顺利实现。

（三）工业固体废物综合利用率

甘肃省在规划期内，一方面将着力提高煤及有色金属矿产回采率，推广先进适用的资源综合回收工艺及选矿技术，采用超细粉碎设备和高效节能、环保的大型浮选设备，提高有色金属的选矿回收率。到 2015 年，矿山企业平均采选回收率要在 2010 年的基础上再提高 3%~5%，共（伴）生矿综合利用率提高到 40%。另一方面，将充分利用矿山废石、尾矿和固体废弃物中的有用成分，实现废弃物的综合利用和无害化，加强尾矿资源的综合利用，加大粉煤灰发展新型建材和利用粉煤灰筑路、回填、造地的力度，加快煤矸石发电项目的建设进度，建设一批重点示范工程项目。本规划中的 72 个项目完成后，年综合利用固体废弃物可达 1536 万吨，在消纳每年新增工业固体废弃物的同时，将逐步消纳历史堆存的固体废弃物，有效保证该指标目标值的实现。

（四）水资源利用指标

水资源利用指标包括单位工业增加值用水量、农业灌溉水有效利用系数、工业用水重复利用率等指标。为保证在规划期内上述指标的完成，甘肃省将采取以下几方面的措施：

一是实施农业节水措施。包括渠系工程配套与渠系防渗、低压管道输水、喷灌、膜下滴灌和微灌等。在全省推广“全膜双垄沟播”技术，在河西绿洲灌溉农业区重点推广膜下滴灌、垄畦沟灌、交替灌溉和微喷灌等农田节水技术。按照以上农业节水措施，全省 2010 年可节约灌溉用水量 4.38 亿立方米， 2015 年可节约灌溉用水量4.89亿立方米。2010—2015年全省累计节水量27.81亿立方米。

二是落实工业节水措施。合理调整工业布局和工业结构；鼓励节水技术开发和节水设备、器具的研制，推广先进节水技术和节水工艺；加强用水定额管理，逐步建立行业用水定额参照体系；建立工业节水发展基金和技术改造专项资金，或向工业节水项目提供贴息贷款；对污水排放征收污水处理费；鼓励企业使用再生水，提高用水重复利用率和循环使用率。通过上述节水措施，到2010年全省单位工业增加值取水量从108立方米下降至93立方米，重复利用率从92.03%提高到92.50%，可节约水量1.4亿立方米；到2015年全省单位工业增加值取水量从108立方米下降至64立方米，重复利用率从92.03%提高到95.00%，可节约水量1.5亿立方米。2010—2015年累计节水8.7亿立方米。

三是推广城市节水措施。降低城市供水管网漏失率，推广应用节水型用水器具，发展绿化节水和生物节水技术，发展景观、游泳池用水循环利用，发展机动车洗车节水技术，大力发展免冲洗环保公厕设施和其他节水型公厕，提高分户装表率，加大节水宣传力度，运用经济杠杆促进节水。通过以上措施，到2010年全省节水器具普及率达到50%，管网输水漏失率降低为16%，可节约水量0.31亿立方米；到2015年全省节水器具普及率达到60%，管网输水漏失率降低为14%，可节约水量0.41亿立方米。2010—2015年城镇生活累计节水2.16亿立方米。

（五）再生资源综合利用指标

再生资源综合利用指标包括城市生活垃圾无害化处理率、城市污水再生利用率、废旧资源回收利用率等。为保证规划期内上述指标的实现，甘肃省将在全省建设总处理能力123万吨/日的城市生活污水处理工程57座，建设总处理能力3943吨/日城市（镇）生活垃圾处理工程36项，在全省主要城市构建以绿色环保回收中心站、社区流动运输收购为基础的再生资源回收利用网络体系，建设5个区域再生资源综合利用基地。项目建成运行后，年实现再生水回用5000万吨，年可处理生活垃圾144万吨，年回收各类再生资源260万吨，综合利用再生资源约150万吨。同时，充分利用现有基础设施，全省再生资源综合利用目标完全可以实现。

（六）废物排放指标

废物排放指标包括工业固体废物排放量、工业固体废物处置量、工业废水排放量、二氧化硫排放量、化学需氧量排放量等指标。为完成上述指标，甘肃省将实施工程减排、结构减排和管理减排三大措施。具体而言，工程减排的重点为火电企业的烟气脱硫、有色冶炼企业烟气的综合治理、部分老工业废水污染源的治理和城市生活污水的达标处理，计划实施 113 项工程，削减二氧化硫 21.1 万吨，削减化学需氧量 9.8 万吨。结构减排的重点是小火电机组关停、部分小硫酸企业的关停，不符合产业政策的水泥机立窑、烧结锅方式炼铅工艺、造纸生产装置的淘汰关停和污染严重的马铃薯淀粉加工企业的关停取缔。管理减排的重点是通过实施污染减排“三大”体系建设，提高环境监督管理水平，保证已经建成的污染减排工程持续、稳定发挥减排效益。涉及 7 个子项目，最终形成省级监控中心、市级监控中心、重点污染源互联的广域网络系统。

（七）其他指标（可再生能源所占比例）

甘肃省具有得天独厚的可再生能源资源。水电方面，理论储量 1304.16 亿千瓦时，可开发装机容量 1062 万千瓦。截至 2008 年，有大型水电企业 4 家，总装机容量 240 万千瓦。到 2020 年水电总装机容量达到 960 万千瓦。风电方面，截至 2008 年有风电企业 4 家，装机容量 31 万千瓦。目前在建风场 7 座，装机容量 70 万千瓦，2010 年酒泉风电基地总装机容量达到 550 万千瓦。到 2015 年风电装机容量达到 1700 万千瓦，2020 年风电总装机容量达到 3000 万千瓦。太阳能方面，全省太阳能资源理论储量 67 万亿千瓦时，开发利用前景广阔。目前敦煌 10 兆瓦太阳能光伏并网电站正在建设中。其他可再生能源有生物质能、秸秆气化工程等。随着甘肃清洁能源建设工作的不断向前推进，甘肃可再生能源的比例将逐年提高。

第十一章　甘肃发展循环经济的主要任务

发展循环经济，构建资源节约型、环境友好型社会，必须将循环经济理念贯穿到农业、工业和第三产业的发展过程中。要根据甘肃省经济发展状况、自然禀赋、区域地理条件以及生态环境等要素，紧紧围绕《甘肃省循环经济总体规划》的目标要求，在全省范围内全面实施循环型农业、循环型工业和循环型社会三大体系建设，对推进全省循环经济又好又快发展至关重要。

第一节　甘肃发展循环经济的主要任务概述

把循环经济理念贯穿到农业、工业以及第三产业的发展过程中，构建资源节约型和环境友好型产业体系。根据当地经济发展状况、自然资源禀赋、区域地理条件以及生态环境状况等要素，围绕把甘肃建成国家循环经济示范区的目标，在全省范围内全面建设循环型农业、循环型工业和循环型社会三大体系，着力打造16条循环经济产业链、重点培育100户骨干企业、改造提升36个省级以上开发区，形成覆盖全省的、各具产业特色的七大循环经济基地、初步筛选一批重点项目和支撑技术（图11-1）。

一、十六条产业链

主要是以不同行业的骨干企业为龙头，围绕资源的循环利用、节能减排和产业链延伸，培育发展横向关联配套、纵向延伸拓展的产业网络，形成16条循环经济产业链。一是依托金川集团和金化集团，打造有色与精细化工循环经济产业链。二是依托酒钢集团等企业，打造冶金—资源综合利用—冶金化工—新材料产业链。三是依托酒钢集团、中科宇能等企业，发展风电设备制造业。四是依托兰州石化、银光集团等企业，打造石油化工—特色精细化工一体化产业链。五是依托白银公司、中铝兰州分公司、中铝连城分公司、甘肃稀土集团等企业，打造有色金属及废弃物采选冶—深加工—再生—再加工产业链。六是依托长庆油田、庆阳石化等企业，打造石油炼制—石油化工—精细化工产业链。七是依托华能集团、华煤集团、庆阳煤田等企业，打造煤电化工循环经济产业链。八是依托靖煤集团、窑街煤电、国电靖远发电公司等企业，打造煤电—建材—综合利用产业链。九是依托中核四〇四厂等企业，发挥风能、太阳能和核能等清洁能源优势，打造河西“陆上三峡”。十是依托兰石集团、兰州电机公司、星火机床公司等企业，打造设备制造—回收—再制造产业链。十一是依托白银公司、中铝兰州分公司、甘肃稀土集团等企业，打造资源高效利用—节能环保产品—新型材料产业链。十二是依托长开厂、213 电器公司、电传所、电缆厂和华天集团、天水 6913 工厂、天光半导体等企业，打造西部电工电器工业基地和集成电路封装基地。十三是依托天水农业高新技术产业园等，打造养殖—沼气—种植—养殖生态农业产业链。十四是依托腾胜公司、银河食品公司、马铃薯雪花全粉食品公司等企业，打造畜产品—特色农副产品—农业废弃物循环经济产业链。十五是依托扶正药业公司、岷州实业公司等企业，打造中藏药产业链。十六是依托张掖甘绿、民乐银河、武威市祁连蔬菜公司等企业，打造绿色食品产业链。

二、一百户骨干企业

主要是以推行清洁生产和开展循环经济试点（32 户）的企业为重点，在全省培育 100 户循环经济示范企业。

三、三十六个开发区

主要是对甘肃现有的 36 个省级以上开发区按照循环经济理念进行改造提升，通过完善循环经济链条、提升循环经济发展功能，逐步形成遵循循环经济“3R”原则的环境友好开发区。

四、七大基地

在兰州、白银建设以石油化工、冶金有色为主的“兰白”循环经济基地；在平凉、庆阳建设以煤电化工、石油化工为主的“平庆”循环经济基地；在金昌建设以有色金属新材料为主的金昌循环经济基地；在酒泉、嘉峪关建设以清洁能源和冶金新材料为主的“酒嘉”循环经济基地；在天水建设以加工制造和电子信息产业为主的天水装备制造循环经济基地；在张掖、武威、定西建设节水型区域工农业复合型“张武定”特色农副产品加工循环经济基地；在甘南、临夏、陇南建设以林业、草业和中药材等生态经济为主的“甘临陇”生态农牧业循环经济基地（图 11–2）。

五、一批重点项目和支撑技术

主要是围绕“七大基地”、“36 个开发区”、“16 条产业链”、10 个现有省级循环经济试点园区、32 户省级循环经济试点企业的项目建设，筛选实施一批循环经济重点项目，研发一批关键循环经济技术，产业化一批重要循环经济支撑技术，推广应用一批成熟的循环经济先进适用技术，把循环经济发展切切实实落实到项目和关键支撑技术上。

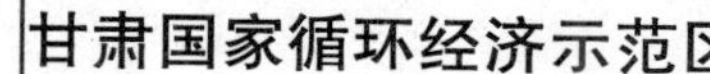
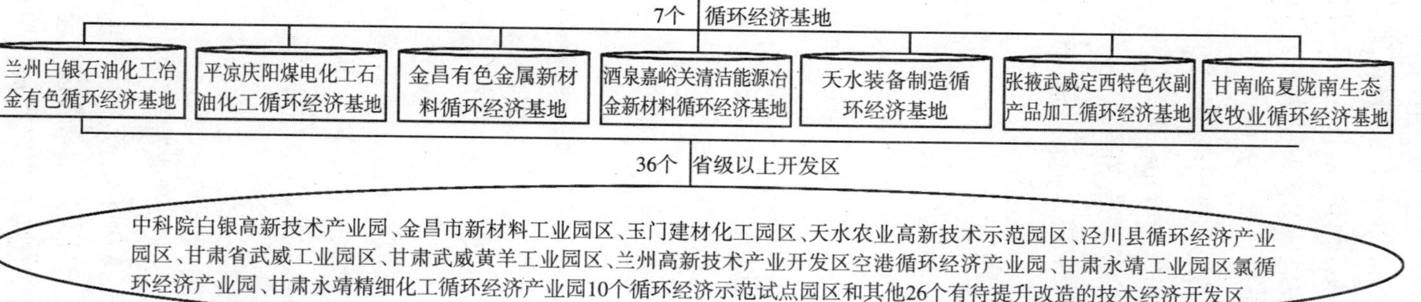
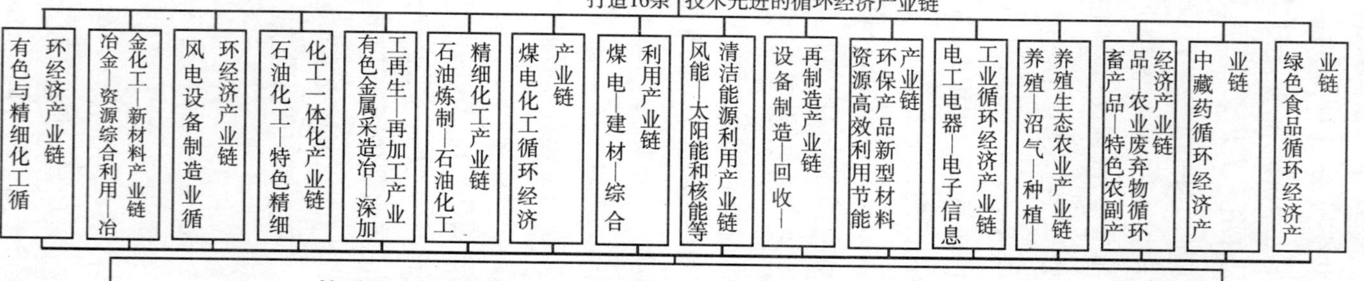

图 11–1　甘肃省循环经济体系

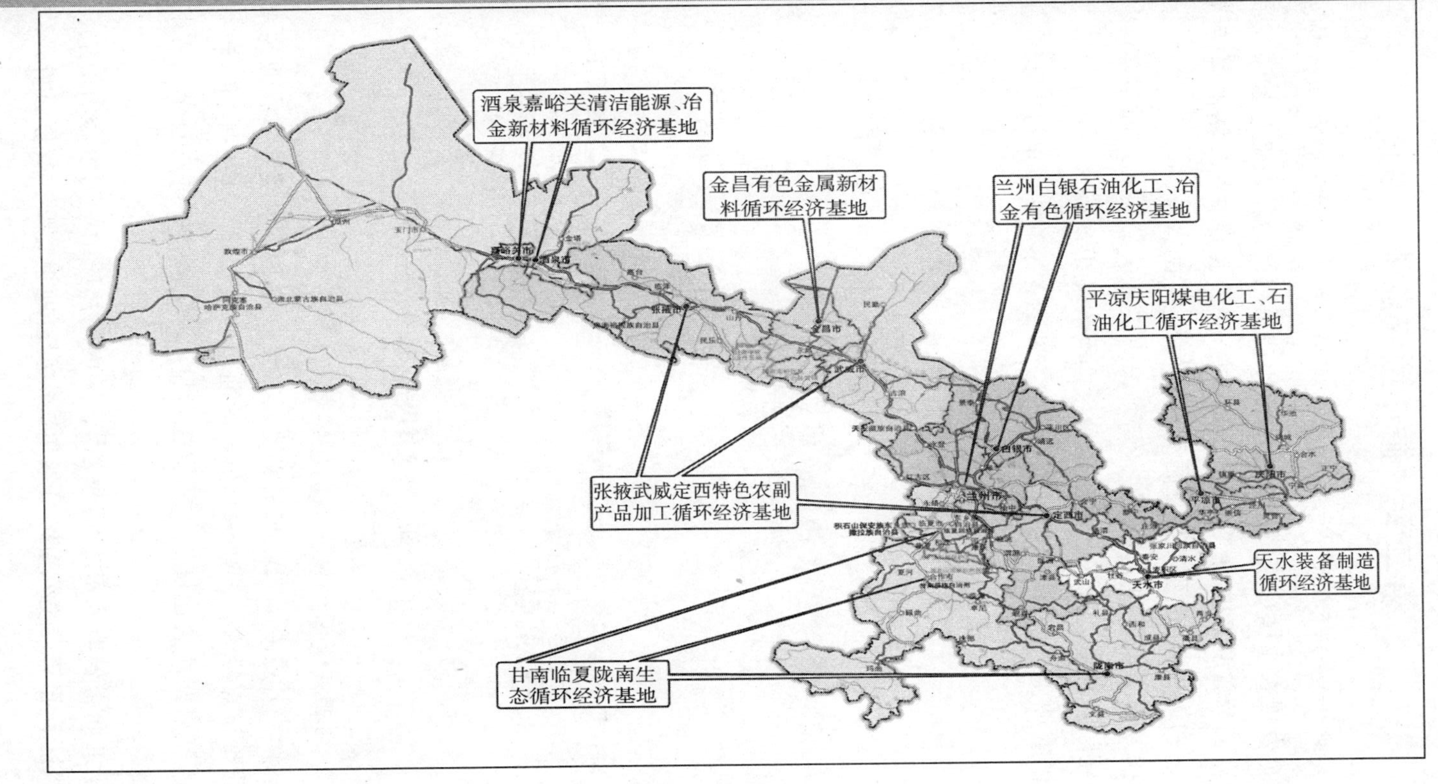

图 11-2 甘肃省循环经济基地分布

第二节　循环型农业体系建设

甘肃省作为农村人口比重大的农业大省，发展循环经济绝不能忽视农村和农业，应把发展农业循环经济放在特别突出或重要的地位，通过探索发展农业循环经济的途径及对策来推动“三农”问题的解决，实现农村经济的可持续发展。

一、构建各具特色的农业循环经济发展模式

根据气候、水分和土壤条件，将甘肃省农业区域分为河西干旱区、陇东陇中黄土高原区、甘南高寒区和陇南山地区四个农业生产分区（图 11–3），各地区结合当地的农业生产条件和主导产业优势，构建适合本地区情况的农业循环经济模式。

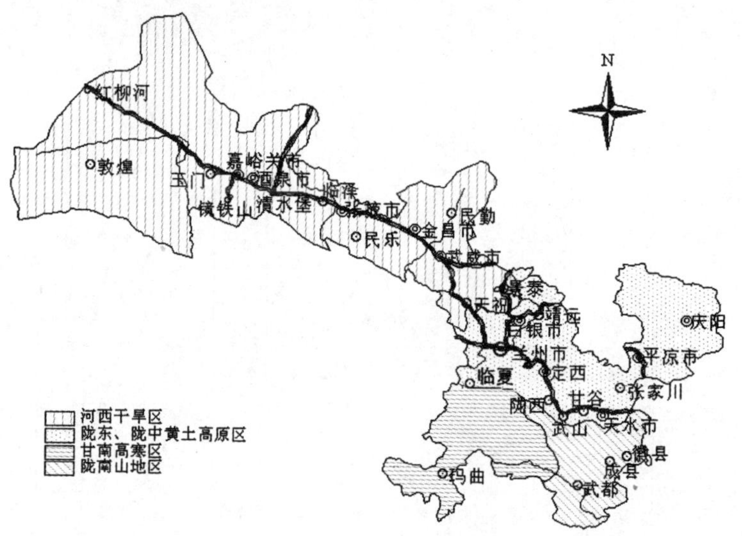

图 11–3　甘肃省农业生产分区图

（一）河西荒漠绿洲农业循环经济模式

河西作为甘肃灌溉农业的主要地区，要以发展节水型灌溉农业为重点，巩固和推广张掖试点经验，加快编制出台《河西节水型社会建设规划》和《关于加快河西地区节水型社会建设工作的实施意见》，争取早日将河西建成节水型社会建设示范区。

由于河西干旱地区东西跨度较大，区内的祁连山—阿尔金山山地、中部走廊绿洲灌溉区、北部丘陵荒漠区自然生态类型，地貌类型、气候条件及农业生产条件差异较大。

祁连山—阿尔金山山地：采取水源涵养生态林牧业模式。根据当地的气候、水文和土壤条件等选择适宜种植的生态树种和宜牧草种，保护山地生态系统的良好生态功能，实行限时轮牧，发展山地牧业，实行“草—牧—沼”的农业循环经济链条，通过沼气池建设，减少废弃物排放，优化农户能源结构，美化周围环境，维护脆弱的生态功能区。

中部走廊绿洲灌溉区：采取“粮—菜—瓜果—牧—沼气”模式。充分发挥中部走廊绿洲灌溉农业优势，以沼气池为纽带，联动粮食和蔬菜种植、瓜果栽培及畜牧业养殖，全面普及节水设备，大力发展节水农业，综合利用自然资源，延长生物链和农业产业链，实现生态的良性循环和经济的多元化发展（图 11–4）。

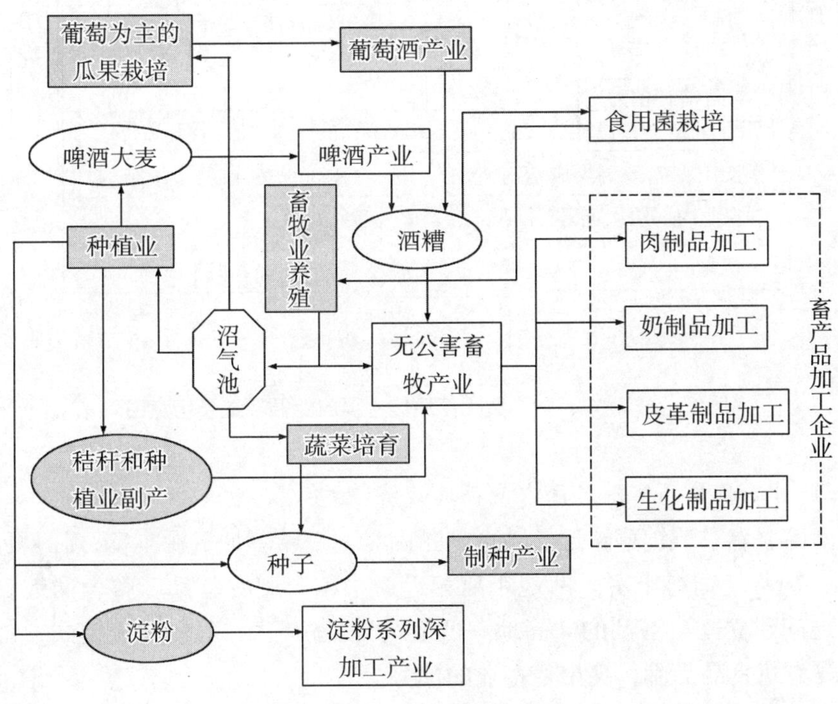

图 11–4 河西中部走廊绿洲灌溉区农业循环经济发展体系

（二）陇东、陇中黄土高原干旱半干旱区农业循环经济模式

本区是雨养农业区，干旱少雨，土质松散、土壤贫瘠。要以推广全膜双垄沟播等旱作农业技术为重点，大力发展旱作农业。同时，积极维护和改善生态环境，改良土壤结构，因地制宜发展“退耕—林果—畜牧—沼气—梯田—水窖”一

体化的循环型农业模式（图 11-5）。

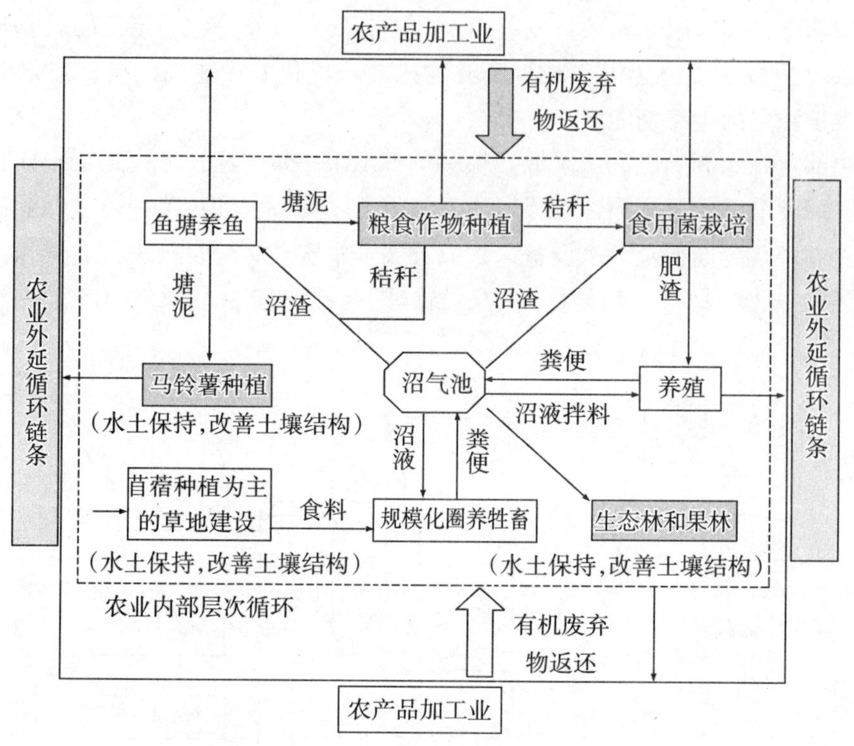

图 11-5　陇东、陇中黄土高原区主要农业循环链条示意图

（三）甘南临夏高寒阴湿区农业循环经济模式

甘南冬、春季节饲草缺乏，牲畜越冬困难，夏秋草地资源丰富；临夏种植业比例高，饲草、饲料丰富。两地距离相近，牛羊育肥有基础。整合两地资源优势，两地间建立互惠互利的“高地—低地”、“畜—草”双向对流模式，打造甘南—临夏有机食品品牌，突出草畜业的优势。

（四）陇南山地湿润半湿润区立体农业循环经济模式

陇南山区降雨量大，可利用集雨灌溉发展集雨农业，重点开发经济作物，逐步形成一批高附加值的绿色农业产业基地。探索独特的循环型农业发展模式，即：山顶发展“林—山野菜—茶—沼”的循环经济链条（图 11-6），以生态林保持水土为中心，林间种草；山腰发展“果—菌—牲—沼”的循环经济链条（图 11-7），仍以保持水土为中心，栽培果林，林、菌、药材间种，互利共生；山底利用其优势气候、水文条件，发展“果—粮—渔—沼”的循环经济链条（图 11-

8)，发挥原有的商品粮基地优势，做好粮食种植，同时发展创收型经济果林，利用鱼塘和沼气池有机肥料还田，补充土壤肥力。

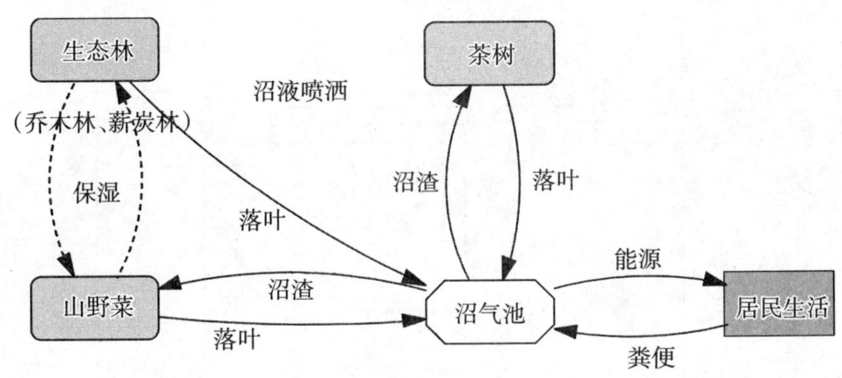

图 11-6　山顶发展林—山野菜—茶—沼的循环经济链条

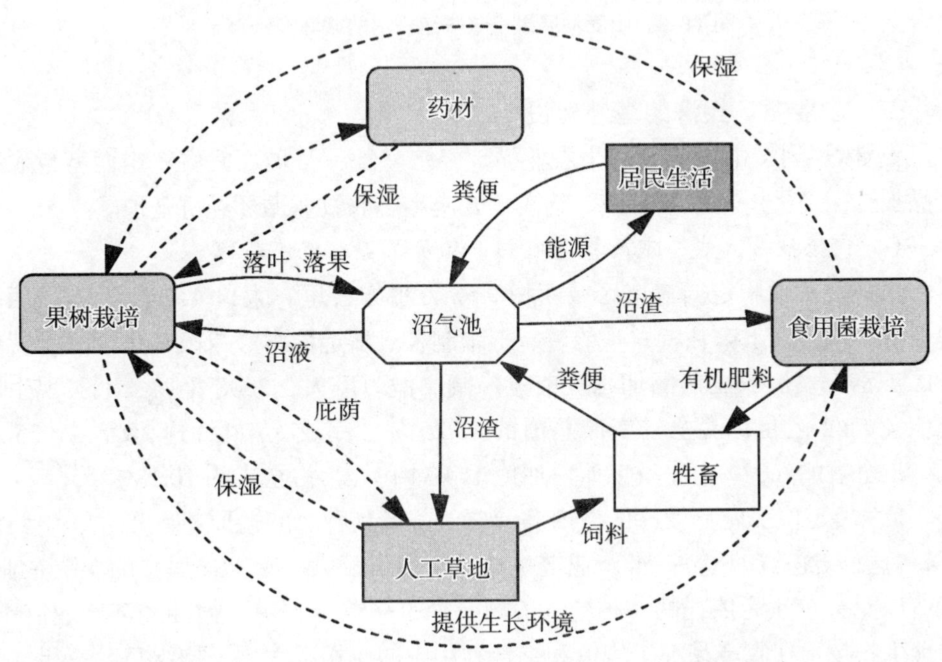

图 11-7　山腰发展果—菌—牲—沼的循环经济链条

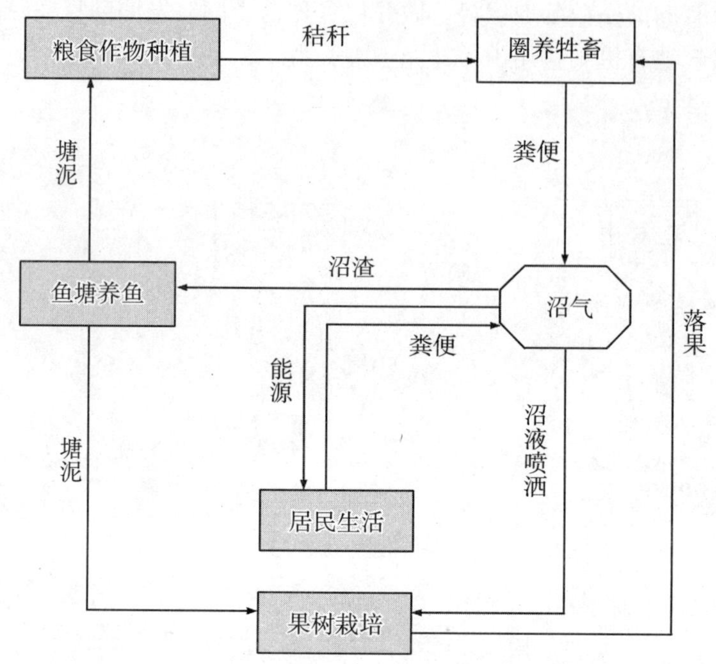

图 11-8　山底发展果—粮—渔—沼的循环经济链条

二、农业循环经济的基地建设

《总体规划》中设计了两个农业循环经济基地：张掖、武威、定西特色农副产品加工循环经济基地和甘南、临夏、陇南生态农牧业循环经济基地。

（一） 张掖、武威、定西特色农副产品加工循环经济基地

张掖、武威和定西三市区域面积 9.52 万平方公里，人口 612.81 万人。区域内地形、气候、土壤独特，马铃薯、玉米制种、酿造原料、果蔬、中药材等特色资源丰富，发展农副产品加工业前景广阔、潜力巨大。2008 年，三市实现生产总值 485.62 亿元，占全省生产总值的 15.29 %；完成大口径财政收入 28.35 亿元，占全省的 6.02%；完成工业增加值 124.34 亿元，占全省的 10.18%。

1.发展定位。充分发挥区域内马铃薯、玉米制种、酿造原料、果蔬、中药材等特色资源优势，培育一批产业链条长、市场份额大、带动作用强的龙头企业。打造以龙头企业为依托的“种植、养殖—加工—综合利用”循环经济产业链条，推动生物技术在农产品加工增值和综合利用中的应用，大力发展绿色、有机、无公害原料。采取先进节能、无污染技术改造传统加工工艺，以生产要素为基本纽带，规划建设具有上下游共生关系的农副产品加工企业循环经济园区，实现有害

污染物的闭路循环，努力把特色农产品加工业培育成新的循环经济支柱产业。以节水型农业、特色种植业、农产品加工区、生物饲料制造业、特色养殖业、沼气、生物特效有机肥制造业、太阳能等多种关键技术系统集成为目标，打造世界领先水平的干旱地区节水型区域工农业复合循环经济系统集成示范基地。

2.发展方向。马铃薯产业重点加强新品种选育、脱毒种薯扩繁、高产栽培技术推广、精深加工及终端产品开发等方面的能力建设，建成淀粉原料基地，全粉、薯条、薯片加工专用薯基地，实现品种布局的区域化，发展马铃薯精淀粉、变性淀粉、全粉、薯条薯片及高档休闲食品。

制种产业发展杂交玉米、瓜菜、花卉制种。发展具有自主知识产权的品种，加大品牌运作，提高加工、贮运能力，使河西走廊成为名副其实的北方种业基地。

酿造原料产业发挥龙头企业的带动，发展葡萄酒、啤酒酿造原料，在提高现有制酒企业产品质量的同时，重点发展原汁生产。

果蔬产业充分发挥光热资源优势，加快发展鲜果的分级、清洗、打蜡、包装、贮藏等商品化处理，大力发展加工型品种，扩大浓缩果汁、制干、制酱和膨化食品生产。重点发展高原夏菜、反季节特色蔬菜、出口脱水蔬菜、番茄酱及果蔬食品等。

中药材产业积极推进中药材 GAP 生产进程，生产优质无污染的“绿色药材”。依托中药材市场的带动，稳定种植面积，提高产品品质，增强药材综合加工能力。

开发适合当地气候、土壤条件的 EM 肥产业，提高农产品产量，减少农药、化肥施用量，大力发展有机农业，增强食品安全性。

循环经济重点建设项目有：甘肃黑河流域（张掖）段湿地保护工程、石羊河流域防沙治沙与生态恢复工程、张掖市农业和工业废弃物综合利用及回收网络体系建设项目、武威市农牧业综合开发及废弃物综合利用项目、沙漠生态产品产业化示范项目、农副产品深加工产业化示范项目、定西市节水型区域工农业复合循环经济关键技术集成示范基地项目等。

3.发展目标。通过加快循环经济园区和一系列循环经济项目建设，大幅提高农副产品加工过程中各种废弃物的有效利用。到 2015 年，农副产品加工业加工转化能力提高到 50%以上，能源利用状况明显提高，废弃物排放系数明显下降，综合能耗、万元产值水耗下降 10%~20%，达到国内先进水平。2010 年化学需氧量排放量计划控制在 3.31 万吨。

（二）甘南、临夏、陇南生态农牧业循环经济基地

甘南、临夏、陇南三市州区域面积8.107万平方公里，人口538.9万人。区域内有畜牧、水电、矿产、旅游、古文化遗迹、藏医药和山野珍品等重要资源。2008年，三市州实现生产总值243.59亿元，占全省生产总值的7.67%；完成大口径财政收入28.53亿元，占全省的6.06%；完成工业增加值53.56亿元，占全省的4.38%。

1.发展定位。甘南藏族自治州应建立生态自然保护区；对退化草地实行休牧、轮牧和围栏封育措施；合理控制载畜量，实施鼠虫害防治工程；对生态极脆弱区实施生态移民工程；调整产业结构，发展生态旅游。

临夏回族自治州区内旅游资源丰富，农业和农村经济发展较快，生态文明建设和绿化美化工作取得显著成效。应积极发展生态循环农业，培育无公害农产品，加强对畜禽环境治理，积极开展农业资源的综合利用。充分利用刘家峡水库、松鸣岩、炳灵寺石窟等一批旅游资源，发展生态旅游。推广以沼气建设为主的生态养殖模式，初步建成乡村循环体系。

陇南市应坚持资源开发和生态保护并重，科学开发矿产资源，做到边开发边恢复生态。重点发展立体农业循环经济模式，逐步形成一批以经济作物为主的高附加值绿色农业产业链。

2.发展方向。加强甘南黄河重要水源补给生态功能区的保护和建设，加快建立生态补偿机制，切实解决好转产转业农牧民的长远生计。加快发展生态畜牧业和高原特色农业，发挥中藏药的优势，带动藏族聚居区特色农副产品发展。循环经济重点建设项目有：甘南黄河重要水源补给生态功能区生态保护与建设规划等。

临夏发展特色农副产品等区域循环经济，形成“养殖+沼气+种植+养殖”的生态循环圈，发展庭院经济。在蔬菜产区形成沼气池、厕所、暖棚圈舍与蔬菜温棚有机连接的“四位一体”模式；在花椒、果品产区形成沼气池、厕所、暖棚圈舍与果园连为一体的“猪—沼—果”模式；在果品蔬菜综合产区形成沼气池与厕所、暖棚圈舍、水窖、果园（蔬菜温棚）相配套的“五配套”模式，带动全州养殖业、林果业和蔬菜业的良性互动发展。循环经济重点建设项目有：临夏市污染减排及资源综合利用项目、夏河安多投资有限责任公司循环经济示范区项目等。

陇南加强已有自然保护区保护和天然林管护力度；对已破坏的生态系统，要结合生态建设工程，做好生态恢复与重建工作，增强生态系统水源涵养和土壤保持功能；严格矿产资源、水电资源开发的监管；发展生态旅游和特色产业，走生态经济型发展道路。循环经济重点建设项目有：陇南市长江上游（嘉陵江—汉江

水系）重要生态功能区建设。

3.发展目标。甘南通过全面封禁保护、退牧还草、人工种草等综合治理措施，实现草畜平衡，恢复林草植被，增强水源涵养功能，提高水源补给能力，为黄河流域的可持续发展提供强有力的生态安全保障。开发资源节约型、环境友好型的绿色产业，加快科技推广，推进经济增长方式的转变和产业结构的升级。

促进临夏民族地区经济可持续发展，有效改善生态环境，增加农民收入，提高农民的生产生活质量。

结合灾后重建工作，做好陇南灾区生态修复和建设。加大对陇南矿产资源开发的监管力度，有效解决矿山生态治理恢复问题。加强对嘉陵江、汉江流域的生态保护工作，增强生态系统水源涵养和土壤保持功能。

2010 年化学需氧量排放量计划控制在 1.89 万吨，二氧化硫排放量计划控制在 3.5 万吨。

三、农业循环经济的重点工程

甘肃地处我国西北内陆的半干旱与干旱气候区。农业是国民经济中的一个重要组成部分，也是发展循环经济的重要基础产业，在大力构建循环型农业发展体系方面，将重点推进以下三个工程的实施。

（一）节约型农业技术推广工程

1.推广节水农业技术。综合运用农艺、生物和工程等技术措施，以节水和保墒为核心，大幅度降低农业灌溉用水，充分积蓄和利用自然降水，最大限度地提高农业水资源利用效率，保障农业高产、优质、高效和可持续发展。到 2015 年，在河西灌区及沿黄灌区示范推广大田膜下滴灌施肥一体化技术和垄膜沟灌技术 600 万亩，在中东部干旱半干旱农业区示范推广全膜双垄沟播技术 1500 万亩。

2.推广节肥技术。依托测土配方施肥项目，优化配置肥料资源，合理调整施肥结构，提高肥料利用率，预防农业面源污染的发生。到 2015 年全省配方施肥技术推广面积达到 3500 万亩，提高肥料利用率 8~10 个百分点。

3.推广节药技术。筛选高效、低毒、低残留农药，加大无公害农药引进力度，推广物理、生物等综合防治技术，引进推广新型防治施药器械，建立多元化、社会化病虫害防治专业服务队。开展调查研究，确定农作物病虫害防治指标和最佳时期，减少农药用量和防治次数，减轻污染，增加农民收入。到 2015 年无公害农药推广面积达到 2000 万亩。

4.推广节能农业技术。大力推广节煤（柴）灶、节柴炕、太阳灶、太阳能暖房、节油、节电、节煤等农业机械和微水电等技术；推广节能型日光温室、塑料大棚设施栽培示范 100 万亩，暖棚养畜 200 万户，积极稳妥发展秸秆气化技术，应用高效节能产品，提高资源的利用率，减轻能源紧缺的压力。

5.推广保护性耕作技术。改革铧式犁翻耕土壤的传统耕作方式，在适宜地区实行免耕或少耕；将30%以上的作物秸秆、残茬覆盖地表，在培肥地力的同时，用秸秆盖土，根茬固土，保护土壤，减少风蚀、水蚀和水分无效蒸发，提高天然降雨利用率；采用免耕播种，在有残茬覆盖的地表实现开沟、播种、施肥、施药、覆土镇压复式作业，简化工序，减少机械进地次数，降低成本；改翻耕控制杂草为喷洒除草剂或机械表土作业控制杂草。到2015年，示范推广免耕或少耕、地表覆盖等保护性耕作技术500万亩，平均减少径流量60%、减少土壤流失80%。

（二）农业生物质产业开发工程

1.积极试验示范能源作物。按照“不与人争粮、不与粮争地”的原则，利用荒山、荒坡、荒滩及盐碱地等土地资源，积极试验示范甜高粱等能源作物，提高资源的利用率，减轻能源紧缺的压力。

2.稳妥推进秸秆气化。在秸秆较集中的乡村，以农村居民炊事和取暖为重点，积极稳妥地发展秸秆气化技术。以推广户用秸秆气化炉为重点，每100户农户为一个基点，到2015年建立20个示范基点，逐步探索和完善秸秆气化技术，为下一步开展大型秸秆气化工程奠定基础。

（三）废弃物循环利用工程

1.普及农村户用沼气。农村沼气以“一池三改”（沼气池，改圈、改厕、改厨）为主要内容，积极引导有条件的农户进行改水、改路、改院。在有条件的地方因地制宜发展“四位一体”（沼气池、厕所、暖圈、日光温室）和“五配套”（沼气池、厕所、暖圈、果园、水窖）等生态模式。2009—2015年全省新建户用沼气95万口，达到140万口，普及率达到30%。

2.建设养殖场沼气。在规模养殖场和养殖小区建设大中型沼气工程，以“一池三建”为建设单元，即建设沼气发酵池、原料预处理设施、沼气供气和沼肥利用设施，统一规划、统一建设、统一供气，形成养殖和庭院清洁化、废物资源利用化、农业生产无害化的生态农业模式。

3.实施乡村清洁工程。以自然村为基本单元，开展秸秆、粪便、生活垃圾等有机废弃物无害化处理，推进人畜粪便、生活垃圾、污水向肥料、饲料、燃料转化。推广秸秆覆盖还田、秸秆快速腐熟还田和机械化还田技术。推广节肥、节水、节药技术，减少农业生产过程中的环境污染，实现农村庭院整洁、水源清洁和田园清洁化。2009—2015年建设乡村清洁工程示范点300个。

4.推广生物有机肥技术。利用四次发酵技术制造EM高效叶面有机肥，在全省范围内全面推广，提高农业单产，减少农药和化肥施用量，发展有机农产品，提高食品安全性，提高农业综合效益。

5.推广农作物秸秆综合利用技术。大力推广“玉米—秸秆青贮—草食畜养殖—沼气—沼渣、沼液还田”和“玉米—食用菌—有机肥”循环农业技术，把农作物秸秆向饲料、燃料、肥料、原料等方面转化，延长产业链条，增加农民收入。同时通过秸秆直接还田、过腹还田、堆腐还田，降低化肥使用量，增加土壤有机质，培肥地力，减少秸秆焚烧，清洁农村环境。到2015年建设“玉米—秸秆青贮—草食畜养殖—沼气—沼渣、沼液还田”模式示范户50万户，“玉米—食用菌—有机肥”模式示范户30万户。

6.生物饲料开发技术。运用农业有机废弃物（秸秆等）、农产品加工废弃物（土豆加工业废渣等）、食品废弃物（果皮、果核等）等含有蛋白质和糖分的废弃物经生物发酵制高效饲料，降低养殖业成本，提高养殖业效率。

7.建立乡村物业服务站。按照“政府引导、协会搭桥、联合农户、民办民管”的总体思路，以行政村为单元，依照“七有标准”，即有机构、有场所、有制度、有人员、有活动记录、有报酬、有零配件的标准专柜，建设村级物业服务站。物业服务站有固定的维管人员，专门负责收集处理生活垃圾、污水、秸秆等废弃物，承担沼气、垃圾处理、污水净化等设施的维护、指导和服务。2009—2015年建设乡村物业服务站2000个。

第三节　循环型工业体系建设

作为全国老工业基地之一，甘肃省工业结构性矛盾突出，传统产业、初级产品、高耗低值产品比重大，高新技术产业、精（深）加工产品、高附加值产品比重小。“两高一资”产业结构和点状式工业布局制约经济可持续发展。《甘肃省循环经济总体规划》明确提出，要加快工业化进程，就必须按照全国主体功能区规划的总体要求，实施非均衡式发展，创新工业发展模式，实施以区域聚集为特征的新型工业布局，构建资源节约型和环境友好型工业经济体系。

一、发展工业循环经济的主要途径

（一）调整产业结构

产业结构优化调整是循环型工业体系建设的重要内容，是推动甘肃工业向生态工业系统演进的基础。要改变甘肃工业初级产品多、深加工产品少的“两高一资”产业格局，必须依靠科技进步，淘汰落后产能，加大绿色深加工产品研制开发力度，大力发展深加工、精加工产品，延长产业发展链条，促进资源的合理有效利用和循环利用，实现污染物的减排和零排放，提高甘肃工业的市场竞争力和经济效益、生态效益。

根据国家产业政策，综合考虑资源状况、环境容量、污染现状等因素，合理进行项目布局，扶持能源消耗少、科技含量高、污染排放少的项目建设，坚决关闭淘汰资源利用率低、污染严重的企业，加快淘汰落后产能。今后几年，电力行业要完成酒钢集团公司、大唐八〇三厂、西固热电公司、永昌电厂等小火电机组的关停拆除。到 2015 年底，电力行业关停小火电机组装机 110 万千瓦以上；电石行业淘汰落后产能 31 万吨；铁合金行业淘汰 6300 千伏安及以下矿热炉，淘汰落后产能 14.36 万吨；焦化行业淘汰 46.6 万吨；钢铁行业淘汰金昌铁业集团 30 万吨钢铁生产线，酒钢公司 100 万吨钢铁生产一代炉役结束后即按期淘汰，淘汰落后产能 23.2 万吨。

（二）推行清洁生产

在推行清洁生产方面，要依法加大企业清洁生产实施力度，着力降低工业生产过程中的资源能源消耗和污染物产生量，大力开展以节能、降耗、减污、增效为目标的清洁生产，重点实施化工、有色、钢铁、电力、建材和食品等行业的“零排放”试点示范工程。

推进环境管理体系认证。积极引导企业开展 ISO14000 环境管理体系、环境标志产品和其他绿色认证，增强企业的市场竞争力。主要行业的重点企业、重点出口生产企业全部通过 ISO14000 认证。

（三）开展园区建设

以工业园区的生态化作为发展循环型工业的有效途径，充分发挥工业园区的产业集聚和工业生态效应，推动生态工业示范园区建设。

优化整合工业园区。以市场为导向，统筹规划管理，加强土地资源控制，建立入园企业的经济和资源环境综合控制要求，制订生态工业园区建设管理办法和实施方案，优化调整全省各级各类工业园区。实施“退二进三”，加速城市工业企业向外围工业园区转移。按照国家级、省级定位，整合提升全省工业园层次，避免盲目竞争和不合理的圈地行为。在国家级和省级工业园区发展基础上，以配套互补、合作衔接为原则，突出特色产业和主导企业的发展，提升园区产业素质和竞争力。国家级和省级工业园区要推进产业集聚耦合，培育产业群体竞争优势，建设成为规模化系列名牌产品和企业的集聚区，形成区域经济增长的强大凝聚核心，辐射和带动区域经济的快速增长。市县级工业园区要紧密结合地方优势，根据市场需求，做好基础产业的配套服务，壮大发展特色优势产业，培植发展物资回收、物流配送和废物利用等循环型产业。

(四) 打造循环经济基地

除了在企业层次和园区层次大力发展循环经济之外，还应在更大范围内形成循环经济的若干聚集区，即循环经济基地。这种聚集区的形成可以避免遍地开花所带来的负面影响，使聚集区在实现经济发展的同时，实现资源能源的有效利用和废弃物的就地资源化。

循环经济基地建设必须考虑当地经济发展状况、自然资源禀赋、区域地理条件以及生态环境状况等要素，根据上述特点来规划每个基地的未来发展方向。

二、行业循环经济

(一) 石化行业

加大油气资源勘探开发力度，依托兰州石化公司，适度扩大炼油和乙烯生产能力，优化生产工艺，大力发展基本化工原料和乙烯深加工产品，重点向乙烯中下游产品深加工、精细化工、化工新材料方向延伸，实现产品质量和品种结构的优化。

(二) 有色行业

依托兰州、白银、金昌国家新材料基地平台，加快产品结构调整，发展深加工产品，形成镍、铜、钴、铅、锌、铝等的冶炼、压延加工、粉体材料、精细化工及稀土应用材料、功能材料等产品系列，实现产业转型。白银市依托白银集团公司和甘肃稀土集团公司，重点发展有色金属新材料、稀土功能材料、环保材料、精细化工、新能源技术等五大高新技术产业，形成铜、铝、铅锌、锂、稀土新材料、功能材料及精细化工一体化等新的产业链。金昌市主要围绕金川集团公司，突出镍、钴、铜与贵金属产品的精深加工与产业化，加快发展镍、铜、钴等有色金属盐类产品、粉体材料、高纯金属、高附加值压延加工产品和贵金属材料产品及无机化工、新型建筑材料。

(三) 钢铁行业

以酒钢集团公司等优势企业为龙头，通过联合、收购和股份制等多种方式，整合全省黑色金属矿产资源。加强与国内外原料企业、下游用户的合作，加大新产品的研究开发，重点向碳钢镀锌板、彩涂板、建筑钢结构、不锈钢薄板、中板及深加工等方向延伸。实现采、选、冶、精深加工一体化，全面提升黑色金属冶炼及压延加工业整体竞争力。积极引导、鼓励和支持炭素制品、铁合金企业的联合重组，提高产业集中度，鼓励发展特种铁合金。

（四）非金属行业

建立以优势资源为依托的非金属矿开采及深加工基地，充分利用甘肃省石棉、石膏、石墨、萤石、菱镁矿、芒硝、重晶石、石英岩、石灰石、铸型黏土、凹凸棒石等非金属矿产资源，加大资源整合力度，合理规划，规范产品生产加工，开发系列产品，形成规模经济，不断提高产品档次和市场占有率。鼓励发展新型干法水泥、新型墙体材料、中高档陶瓷材料、装饰材料、新型保温材料和防水材料，重点开发复合材料，超细、改性功能材料。围绕多晶硅延伸非金属产业链，把甘肃建成全国重要的多晶硅光伏产业基地。

（五）清洁能源行业

抓好酒泉等地的风能资源详查，高起点规划、高标准建设，加快风电产业开发，做好风电调峰电源建设；发挥核工业方面技术和人才优势，建设大型商用核乏燃料后处理项目，发展核电产业。积极发展相应规模的非风电电源，争取实现风电和火电、水电、光电的互补，加快电网建设，着力打造能源大省，使甘肃成为西电东送的重要基地。积极探索风电“直供”和就地转化的途径，发展适应电源特点的高科技、高附加值的高载能产业。加大风电设备自主创新力度，支持有条件的企业进入风电设备制造领域，培育一批有较强竞争力的风电设备制造企业。

（六）煤炭行业

加快庆阳煤田的勘探开发力度，为甘肃东部迅速崛起奠定基础。加快华亭煤炭基地建设，走“煤、电、化、运”一体化道路。加大靖远、窑街煤田扩能改造和勘探力度，积极发展煤—电、煤—化工、煤—建材等高附加值产业，实现煤炭资源的加工增值。建设民勤红沙岗煤炭工业园区，形成煤及非煤矿产品协调发展。

（七）农产品加工

把培育农产品加工龙头企业与发展节水型特色农业和农产品基地结合起来，积极扶持特色优势产业基地建设和农产品加工。以啤酒原料、酿造葡萄、马铃薯、果蔬制品、玉米淀粉、乳制品、肉制品等优势资源为重点，扩大加工规模，提高加工深度，创立区域品牌，鼓励关联企业或配套企业联合重组和向工业园区集中，形成以龙头企业为核心，中小企业分工协作的产业集群和加工基地。

（八）中医药行业

利用中药材特色资源和生物制药技术优势，建设规范化中药材种植基地、中药饮片加工基地和特色中藏药生产基地，积极发展特色中成药、生物制品、藏药及药物类保健品，提升制药企业的生产水平和产品档次。积极推进国家新药和中药保护品种的产业化和规模化生产，形成中成药、藏药优势品牌群。依托兰州生物制品研究所、甘肃药物碱厂等企业，加快发展生物制药及具有优势的化学合成药。

（九）装备制造业

充分发挥甘肃在石油钻采、石油炼化、专用数控机床、真空设备、电工电器、电机和发电设备、机械基础件等领域的优势，围绕数控和专用机床、集成电路、风力发电机、中高压电器等优势企业和优势产品，通过与国内外强势企业的联合重组，做精做强一批重点企业和企业集团，在石油钻采和炼化设备、数控机床、风力发电设备等方面向成套和高端产品发展，积极拓展装备制造业发展的新领域。围绕全省 1000 万千瓦风力发电基地建设，加快电机、叶片、塔架等主要部件的本地化生产，组织研发控制系统、齿轮箱等关键技术，努力实现成套化生产，在酒泉建设风力发电设备制造基地。围绕宇通客车、吉利汽车发展汽车零部件等配套产品，积极发展汽车产业。

三、循环经济产业链

以信息化带动工业化，以“三废利用”（废水、废气、废渣）、提高“四率一综”（矿石回采率、选矿回收率、冶炼回收率、加工材成品率和综合利用水平）、“零排放”、节能降耗、节水、提高产品档次和技术水平、延长产业链等为重点，大力推进用高新适用技术改造传统产业，努力打造钢铁、有色、石油化工、煤电化工、清洁能源、建材产业、农副产品加工和装备制造等循环经济产业链。

（一）钢铁、有色产业链

钢铁行业以酒钢集团公司为重点，大力推广“三干”（干熄焦、高炉、转炉煤气干式除尘）、“三利用”（水的重复利用、副产煤气综合利用、高炉转炉废渣处理及利用）、“三治理”（氮氧化物治理、烟气二氧化硫治理、焦化酚氢废水治理）等节能和综合利用技术。通过行业上下游企业间的有效衔接，发展利用废渣生产建材产品、利用废气废水生产化工产品等，力争实现“负能”冶炼、废水“零排放”和废渣全利用。有色行业以金川集团公司、白银集团公司等骨干企业为重点，着重提高“四率一综”（矿石回采率、选矿回收率、冶炼回收率、加工材料成品率和综合利用水平），加大余热、余压利用和冶炼烟气中的二氧化硫回收利用，降低消耗，减少排放。加大资源整合力度，提高共（伴）生矿的综合利用率。进一步提高有色金属深加工能力和技术水平，不断延长产业链，提高附加值。钢铁、有色行业循环经济产业链如图 11-9 所示。

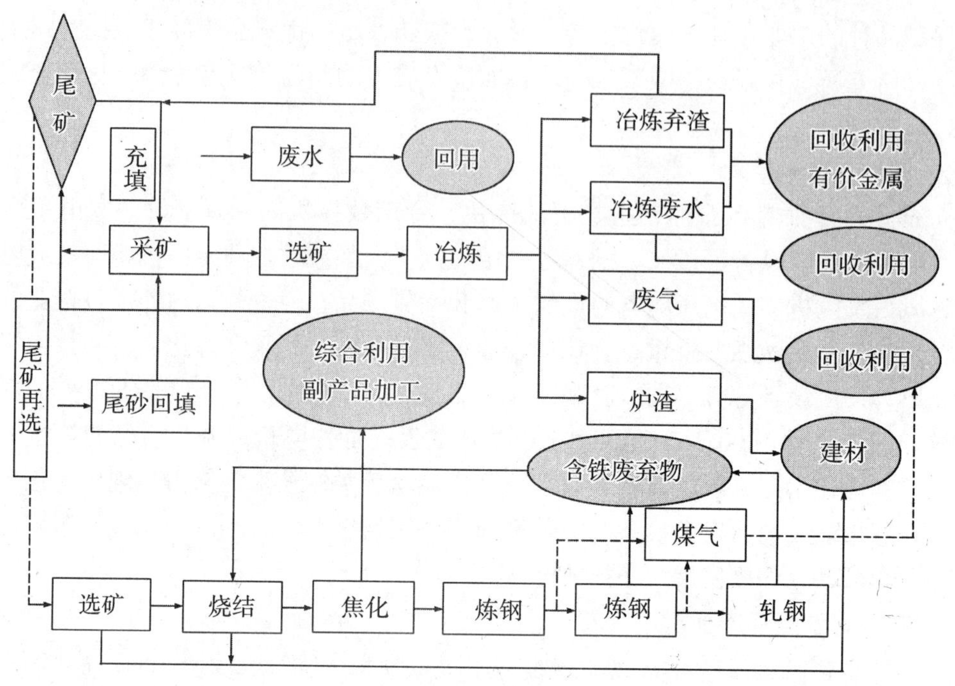

图 11-9 甘肃省钢铁、有色行业循环经济产业链示意图

（二）石油化工产业链

依托兰州石化公司、玉门油田、庆阳石化、银光公司、金化集团、刘化集团等骨干企业，着力降低炼油和化工生产能耗。提高石油炼制装置的开工负荷和换热效率，降低加工过程能量损失。优化乙烯生产原料结构，采用先进技术改造乙烯裂解炉。推进大型合成氨装置节能工艺改造，推广新型催化剂、高效节能设备，提高转化效率，加强余热回收利用；中小型合成氨要采用节能设备和变压吸附回收技术降低能源消耗。推广应用循环流化床锅炉技术和石油焦气化燃烧技术，采用能量系统优化、重油乳化、高效燃烧器及吸收式热泵技术回收余热。推广应用催化裂化烟气能量回收、煤气化和合成氨气体净化、火炬气、污水回收利用等技术，提高副产品及余热、余压、中水等的综合利用。以炼油、合成氨、PVC 生产为重点，进一步延伸产业链，加大乙烯、汽煤柴润、TDI、合成橡胶等产品的产量，提高精细化工产品的比重。石油化工行业循环经济产业链如图 11-10 所示。

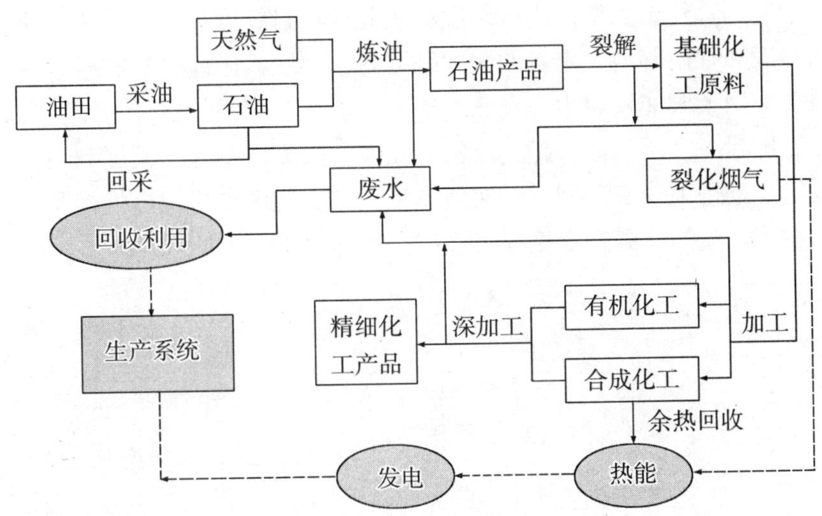

图 11-10 甘肃省石油化工行业循环经济产业链示意图

（三）煤电化工产业链

围绕华亭、靖远、窑街等重点产煤区，在开采过程中注重生态环境保护与建设，研发推广先进技术，加大尾矿渣等综合利用，适当开发残弃难采的煤炭资源。合理开发薄层煤层气，加大油页岩、煤矸石的综合利用程度，发展利用瓦斯发电、利用煤矸石等低热值燃料生产电力和新型建材产品。以靖远电厂、兰州热电公司、西固热电公司、平凉发电公司等骨干企业为重点，以提高燃煤发电效率、降低水耗和烟气除尘脱硫为中心，推广节能、节水、环保新技术，提高中水循环利用率，积极推进热电联产及热能梯级利用。加快城市集中供热建设，重点支持"以大代小"热电项目，逐步淘汰耗能高的小火电，加强风能、太阳能、生物质能等可再生能源的开发利用。以平川煤化工基地、窑街煤电公司、平凉煤电化运综合基地建设等为重点，加快实施煤电化一体化，在现代煤化工示范工程取得成功的基础上，适度发展甲醇、二甲醚、合成氨、烯烃等煤化工产品，实现煤炭资源的加工增值。煤化工的用水问题，通过农业节水解决。

（四）清洁能源产业链

发挥甘肃省清洁能源的资源优势，大力发展风力发电、水电、核能、太阳能供暖及日光温室、生物质能、地热等可再生能源。积极推进酒泉 1000 万千瓦风电基地及配套电网建设，力争到 2015 年风电装机容量达到 1000 万千瓦以上，打造西部"陆上三峡"。加大风电设备自主创新力度，培育一批有较强竞争力的风电设备制造企业。发挥甘肃在核工业方面雄厚的技术和人才优势，依托中核五〇四厂、四〇四厂，建设大型商用核乏燃料后处理项目，发展135核电产业。开发利用河西走廊和甘南等地区丰富的太阳能资源，发展太阳能供热与建筑一体化的生态建筑，应用太阳能发展生态农业。进一步加大农村沼气建设力度，实施“一池三改”（即建一个沼气池，配套改厨、改圈、改厕）措施，发展利用生物质能供热及发电。推进地热资源利用，在地热集中丰富地区推广地热供暖和地热高效农业发展技术。清洁能源行业循环经济产业链如图11–11所示。

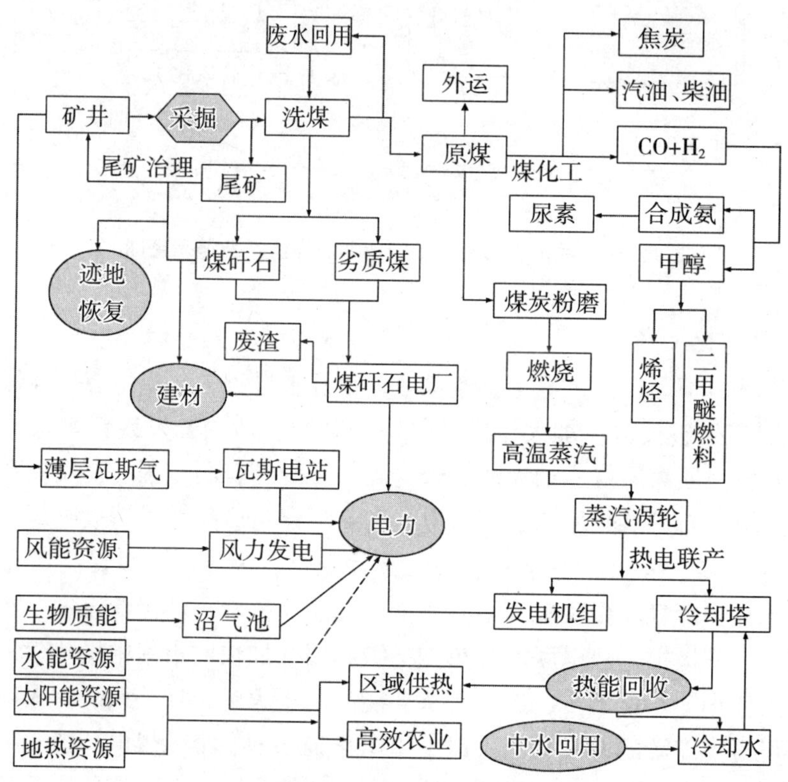

图11–11 甘肃省煤电化工及清洁能源行业循环经济产业链示意图

（五）建材产业链

建材行业循环经济发展的重点是，实行总量控制，加速淘汰小水泥、小玻璃、实心黏土砖等落后工艺和产品，积极支持新型干法水泥和浮法玻璃的发展。以中材集团甘肃分公司、祁连山水泥公司、金昌水泥公司等骨干企业为重点，推广应用新型干法窑外分解、窑尾余热发电及利用工业废弃物和生活垃圾生产“生态水泥”等工艺技术。以蓝天浮法玻璃公司为重点，发展先进的浮法工艺，淘汰落后的垂直引上和平拉工艺，推广窑炉全保温、富氧和全氧燃烧等工艺技术。以酒钢宏达建材公司、白银市华旺建材公司等企业为重点，利用粉煤灰、煤矸石等工业废渣生产新型建材产品，有效扩大生产规模。建材及新材料行业循环经济产业链如图 11-12 所示。

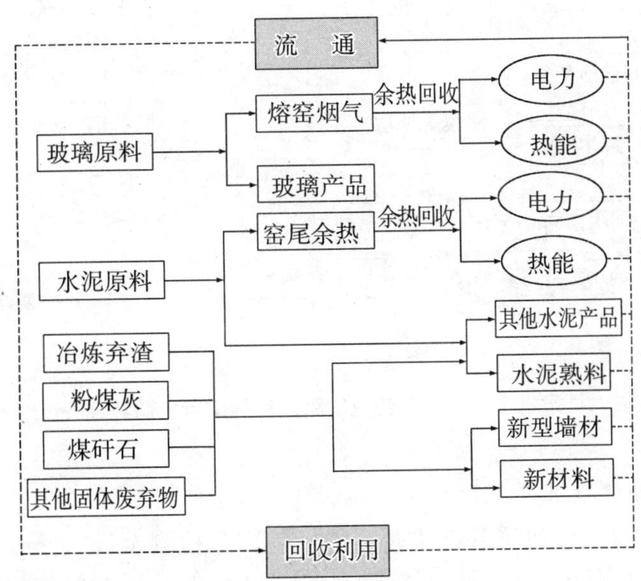

图 11-12　甘肃省建材及新材料行业循环经济产业链示意图

（六）农业及农副产品加工产业链

该产业链将农业和工业两大体系连接起来，能充分发挥甘肃省的农业优势，是十分重要的循环经济产业链。

充分发挥甘肃马铃薯、啤酒大麦、制种、果品、畜产品等特色农产品资源优势，推行"公司—基地—农户"的产业化运作模式，积极培育一批产业链长、市场份额大、带动作用强的龙头企业和农业生态示范园，打造"种植、养殖—加工—综合利用"产业链，推动生物技术在农产品加工增值和综合利用中的应用。大力发展农产品精深加工，形成与农业优势产业带相适应的加工布局，推进农业剩余物的资源化，支持利用农作物秸秆发电和生产燃料乙醇，在有条件的地方尝试生物质能的规模开发和利用。发展有机肥和户用沼气，形成"种植—秸秆—养殖—沼气—有机肥还田"的循环产业链。推广农副产品加工过程的废弃物处理和综合利用关键技术，降低加工过程中废弃物的排放量，提高废弃物资源化利用水平。生态农业及农副产品加工行业循环经济产业链如图 11-13 所示。

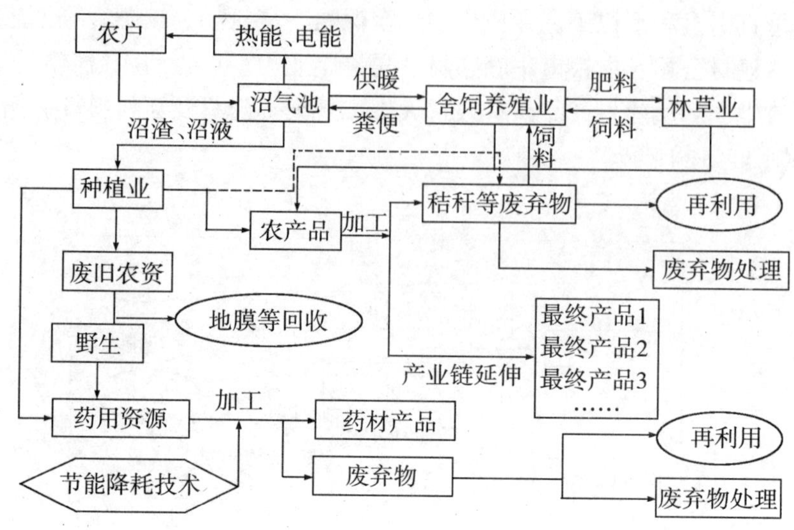

图 11-13 甘肃省生态农业及特色农副产品加工行业循环经济产业链示意图

（七）装备制造业产业链

加大资金投入，改善基础工艺，更新生产和检测设备，重点推进风电设备、石油钻采、炼化设备、数控机床、中高压输配电设备、绿色镀膜设备、矿山采选设备、煤化工设备、军工电子和节能环保设备、汽车及配套零配件加工等产品的发展，有效延伸产业链。装备制造业循环经济产业链如图 11-14 所示。

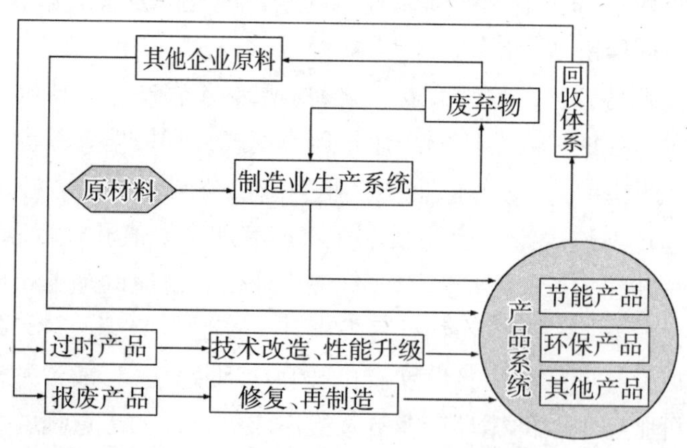

图 11-14 甘肃省装备制造业循环经济产业链示意图

研究推广节能、节水、废弃物处理及回收利用等关键技术，实现企业生产层面的物料循环和能量梯级利用。大力发展再制造产业，对废旧零部件在失效分析和寿命评估的基础上，采用表面工程等先进技术进行再生产，对过时的产品进行性能升级，通过技术改造和更新，延长产品使用寿命。修复和改造废旧机电设备，使其恢复性能或获得新的性能，延长设备使用寿命。开发低成本、低污染、高效率地回收金属、塑料、玻璃等废旧电子垃圾资源化利用工艺设备，发展电子垃圾利用产业。

四、园区建设

（一）中科院白银高技术产业园

中国科学院白银高技术产业园是白银市政府与中国科学院共同组建的高科技园区，2002 年 7 月 3 日奠基。产业园地处国家重要的有色金属工业基地白银市，距省会兰州 60 公里，位于白银市区南郊，国道 109 线以南、白兰高速公路南北两侧，总规划面积 16 平方公里。按照功能区分，规划为产业发展区、生活服务区、生态绿化区和高科技创业服务中心。重点发展领域为精细化工、有色金属新材料、新能源技术、生态恢复材料与技术、环保材料五大高新技术产业。

1.化工循环经济产业链。建设煤气化和空分装置，并提供合格的原料气体产品（H_2、CO、N_2、CO_2、甲醇合成气）。这样一方面可满足甘肃聚银公司年产 10 万吨 TDI 生产需要，另一方面还可生产合成氨、尿素、硝酸、甲醇、醋酸、醋酸乙烯等化工产品，形成一条共生和互补的化工循环产业链。同时还将配套建设 8 万吨污水集中处理厂和利用废弃物（粉煤灰）生产新型油田固井减轻剂项目。实现水资源和废弃物（粉煤灰）的循环再利用，降低资源消耗，减少废弃物排放。

2.新能源循环经济产业链。以碳酸锂、电池氧化钴、无水氢氟酸等上游材料为依托，整合相关资源，开发高纯度碳酸锂、电池级碳酸锂、钴酸锂六氟磷酸锂、金属锂等新材料项目。将产业园区逐渐形成一个以锂产业为主导的多元化、多层次发展的产业链条，实现资源型城市向新能源城市的转变。

3.新材料循环经济产业链。以有色金属原材料和稀土材料为基础，开发铜基、铅基、锌基、铝基多元合金材料，发展稀土金属、稀土贮能、稀土发光、稀土功能材料，实施好铰青铜带材、铜镍加工材、超薄电解铜箔、高耐蚀冷凝管、精铝、铝箔、金属粉体材料等开发项目。同时重点选择开发稀土磁性材料、能源材料、发光材料、研磨材料、环保材料，延伸产业链条，大力开发终端产品，形成新材料产业链条。

（二）甘肃武威工业园区

甘肃武威工业园区是农业部批准命名的首批“全国乡镇企业东西合作示范

区”，为农业部“全国乡镇企业科技园区”，是甘肃省首家被国家环保总局正式确认的国家级生态工业示范园区，2006 年 3 月更名为甘肃武威工业园区。分八大功能区：生物化工区、食品加工区（I）、食品加工区（II）、综合加工区、商贸服务区、高新技术产业区、仓储物流区和生态绿化区。

1.玉米淀粉产业循环体系。园区发展玉米淀粉产业是在荣华集团发展玉米淀粉加工的同时，利用淀粉生产药用淀粉（红霉素、麦迪霉素等）、淀粉糖、食用有机酸、变性淀粉、微生物多糖、氨基酸、微生物色素等产品；利用副产品浸泡液生产肌醇、黄色素；利用副产品胚芽生产玉米精炼油；利用废弃物玉米渣提取菌体蛋白，生产 DDGS 饲料；利用工业污水生产全元有机复合肥，提高水的重复利用率，进行热电联产，节能降耗。园区应加速淀粉、味精、玉米精炼油、乳酸、谷氨酸、赖氨酸等项目的投产达标，构建玉米淀粉精深加工产业循环体系。

2.畜产品加工产业循环体系。充分利用凉州区绿色无公害畜产品资源优势，以海林肉制品公司，“康尔壮”、“天健”乳品公司、张义皮革厂为依托，开发排酸肉、分割肉和直接食用的高档、优质、方便、卫生、营养的各类熟肉精制品；发展学生奶、酸奶、含乳饮料；利用家畜副产品生产高档服装革、医用肠衣，利用家畜内脏、头、血进行生化制品的加工，形成畜产品加工群，构建畜产品加工循环体系。

3.绿色蔬菜储运加工产业循环体系。依托祁连蔬菜公司，利用凉州区在果蔬业上已有的优势，在“原料—加工—流通”各个环节中建立全程质量控制体系，用现代食品生物工程、现代分离技术等改造提升果蔬加工业工艺水平，发展果蔬贮运保鲜、果蔬汁、果酒、果蔬粉、切割蔬菜、脱水蔬菜、速冻蔬菜、果蔬脆片等产品及果蔬皮渣的综合利用，构建果蔬加工产业循环体系。

4.马铃薯淀粉深加工产业循环体系。依托甘肃达利食品公司马铃薯颗粒全粉生产线，利用凉州区马铃薯种植业优势，在原料—加工—流通各个环节建立全程质量控制体系，用现代分离技术生产淀粉、全粉、雪花粉、精淀粉等，发展再加工膨化淀粉用于医药生产，同时发展方便食品、糊化 α 淀粉和为饲料、造纸、铸造、石油、纺织等行业提供原料，薯渣、薯皮、薯水用于生产饲料、酒精、发展沼气等，沼渣等返回原料基地用作肥料，构建马铃薯淀粉深加工产业循环体系。

5.建材、机械加工产业体系。依托圣龙石膏公司、铂锌板厂、金马力农用车制造公司、西牛公司等机械加工企业，充分利用电厂产生的粉煤灰和当地石灰石等非金属矿物，及玉米、小麦秸秆等资源生产空心砖、石膏板、陶瓷、防火建材等适应市场需求的高附加值的建材、机械产品，构建建材、机械加工产业体系。

(三) 金昌市新材料工业区

金昌市是全国最大的镍钴金属盐类产品生产基地，也是甘肃重要的化工生产基地和能源基地。新材料工业区规划在金昌经济开发区以东，区内按功能分为工业区、物流区和行政管理综合服务区。工业区充分利用金川公司100多万吨的副产硫酸等副产品，通过产业集聚、整合和升级，着力壮大支柱产业，特别是四川新希望集团与金川集团公司的合作为园区大力发展接续产业，做大做强化工产业，实现由单一资源型经济结构向多元综合型经济结构转变提供了机遇。

新材料工业区企业间的物料流动采用全封闭廊桥输送，上下游企业间依据生态工业原理，合理布局，形成了金昌循环经济发展模式。该模式有利于实现企业的强强联合、优势互补和共同发展，有利于实现资源循环利用，发展接续产业，扩大社会就业。

园区通过不断延伸优势产业链条，大力发展后续产业，重点引进和发展镍基合金材料、电池材料、电子材料等新材料产业项目，促进形成了镍、铜、钴及贵金属产品由初级加工向精深加工方向转变，逐步形成镍铜钴压延产品精深加工、镍铜钴粉体材料、镍铜钴金属盐化工、贵金属及稀有金属新材料高技术四大产业链。以循环经济发展为主线，发展壮大化工产业，重点抓好以消化硫酸、氯气为主的硫化工、磷化工、氯化工等化工产业。以新材料工业园区为载体，进一步理顺园区管理体制，创新园区发展模式，优化园区运行机制，逐步形成规划科学、规模结构有序、功能定位互补、空间布局合理的工业园区。

园区主要规划项目有：金川公司新厂区一期建设项目，包括新建年产30万吨烧碱生产线、1.5万吨海绵钛生产线、精密铜镍合金管棒生产线、1.5万吨钛冶金、1万吨羰基镍、5000吨羰基铁等。新川化工产业区，一期新建2万吨硫酸钾和20万吨/年PVC生产装置。金泥集团建材工业区，一期利用生产PVC的电石渣新建2000吨/日新型干法水泥等。二期建设锆冶金、钛化工、5万吨草酸等生产线，扩建80万吨/年PVC生产装置和120万吨硫基复合肥生产线。

(四) 甘肃武威黄羊工业园区

武威黄羊工业园区核心区规划面积4平方公里。园区以循环经济理论为指导，采用实体与虚拟相结合的工业园区模式，致力于建设“实践循环经济理念、走生态工业道路”的全新型生态工业示范园区。目前形成了面粉加工、葡萄酒酿造、啤酒麦芽、调味品、食品添加剂、方便食品与功能食品、特种医药等七类产业。2000年黄羊经济开发区被农业部列为“全国乡镇企业东西合作示范区”，2006年经国家发改委批准为甘肃武威黄羊工业园区（省级开发区）。园区共有工业企业90家，其中规模以上工业企业30家。

园区将依托10万吨酒堡、20万吨小食品生产等重大项目建设，大力推进技术创新和产业升级，延伸产业链条。重点培育、着力打造在西部具有明显优势的食品工业基地。从空间布局看，园区已形成面粉加工、葡萄酒酿造、啤酒麦芽、调味品、食品添加剂、方便食品与功能食品、特种医药七类产业区。包括以原312国道为轴线的黄羊面粉工业区，主要企业有武威红太阳面粉集团、金三角面粉有限公司、武威金穗面业集团等面粉加工企业；以甘肃畜牧工程技术学院、甘肃农垦职业中专、甘肃农垦农业研究院及新建的医药、食品工业为主导产业的甘肃黄羊农业科技示范园区，主要企业有甘肃中旺食品有限责任公司、四川铁骑力士集团武威分公司、甘肃普安药业等企业；以葡萄酒酿造、啤酒麦芽产业、方便食品和功能食品产业为主的黄羊河实业公司产业集聚区，主要企业有甘肃莫高实业发展股份有限公司、黄羊河集团等企业；以镇区发展路为轴线的公共建设综合服务区，主要入驻企业有甘肃药物碱厂、皇台集团制糖分公司、柏树庄醋业、甘肃丰蕾色素厂等。

（五）天水现代农业循环经济示范区

天水现代农业循环经济示范区为省级农业示范区，位于天水市麦积区中滩镇，占地面积2300亩，交通便利，自然条件优越，水、电、路、暖、网等硬件配套设施完善。示范区内有16家现代化的农业高新企业，涉及产业有花卉、蔬菜、食用菌、果品生产、畜牧养殖、农产品深加工等。项目与中国科学院、中国空间技术研究院、中国农业大学、西北农林科技大学、甘肃省农科院、甘肃农业大学等国内外多家知名农业高校及科研院所建立了良好的技术指导与技术合作关系，具有较强的技术力量。示范区建设项目以产业链发展为载体，按照循环经济“减量化、再利用、资源化”的原则，以建立养殖业、种植业和食用菌生产循环体系，雨水收集综合利用体系，生态农业与农产品加工体系等为内涵，实现资源的高效利用。通过温室棚面收集雨水、蓄水池蓄水，再通过滴灌系统用于温室蔬菜、花卉生产。以上循环体系中，蔬菜、花卉、牧草的生产严格按照无公害生产标准生产，施用有机肥，减少化肥、农药的使用量，达到节水节能，降低污染，保护环境，促进资源的再利用。

（六）甘肃陇原中天循环经济生态园

陇原中天生物工程有限公司生态园位于陇西县首阳镇，成立于2004年，系甘肃省农业产业化重点龙头企业，占地面积100000平方米，建筑面积12000平方米 。园区以服务“三农”为宗旨，依托兰州大学、中科院兰州化学物理研究所、甘肃中医学院、甘肃农业大学、西北农林科技大学等大专院校与科研院所，以种、养殖结合，节能环保为示范，进行良种肉牛羊繁育、科学饲养及订单式规模育肥；特色中药材 GAP 生产示范、优质种苗繁育及优良品种选育；连栋温室名特优珍稀蔬菜、花卉及珍稀食用菌的现代化生态化生产。建设了一个“四位一体”的肉牛繁育场，配套建设沼气系统工程，包括沼液、液渣综合利用以及沼气发电等。

（七）定西市节水型农业复合循环经济系统关键技术集成示范园

依托国家“十一五”科技支撑计划项目，在定西市示范节水型农业种植业、养殖业沼气、太阳能、农产品深加工等领域关键技术集成应用的工农业复合型循环经济体系。示范项目以规模化、设施化、品牌化、有机化、循环化等“五化农业”为内涵，试验膜下滴灌、太阳能、生物发酵、马铃薯深加工、EM 生物肥等技术的集成效果，为干旱地区实现农业节水、农业增产、农民增收、结构升级等创造新的模式。项目将同中国社会科学院、中国农业大学及骨干企业合作建设。

五、循环经济基地建设

循环经济工作的开展依托于循环经济的基地建设。在本规划中，根据产业发展现状、资源禀赋以及生态环境状况等特点，布局了 7 个循环经济产业发展基地，其中两个基地属于农业循环经济产业范畴，已在上一节中进行了阐述，本节规划的是其余 5 个循环经济基地。

（一）兰州、白银石油化工、冶金有色循环经济基地

兰州和白银市区域面积 3.43 万平方公里，人口 497.4 万人。区域内有兰州高新技术产业开发区、兰州经济技术开发区、中科院白银高新技术产业园等产业集聚区，是当前甘肃省经济和社会发展的核心区域。2008 年，该地区全年实现生产总值 1090.56 亿元，占全省生产总值的 34.34%；完成大口径财政收入 180.24 亿元，占全省大口径财政收入的 38.27%；完成工业增加值 439.66 亿元，占全省工业增加值的 35.99%。

1.发展定位。石油化工、有色金属、装备制造、煤电化工等是该区域的支柱产业。发展重点是针对区域内产业特点，围绕提高资源利用效率，节能减排，延伸精细加工，发展新材料，依靠科技创新，实现石油、煤炭、有色金属等产业资源的节约利用、废弃物的循环利用，在资源消耗总量和污染排放总量不增加的前提下，保证产业持续发展，为其他资源开发型地区循环经济发展起到示范和带动作用。

2.发展方向。石油化工主要依托中石油兰州石化、甘肃银光集团等大型骨干企业，重点围绕资源节约利用和高效利用，污染治理，发展精细化工新材料，采用先进技术，打造石油化工—特色精细化工一体化循环经济产业链。循环经济重点建设项目有：中石油兰州石化分公司 26 万吨/年碳五综合利用项目、兰州金浦

化工有限公司6万吨/年的丁基橡胶（IIR）装置和20万吨/年低碳烃芳构化装置项目、甘肃银光聚银化工有限公司氯化氢气体回收建设三氯氢硅和多晶硅项目等。

有色以白银集团公司、中铝兰州分公司、中铝连城铝业分公司、甘肃稀土集团等优势企业为龙头，围绕提高资源利用效率，降低能源消耗，污染治理，采用先进技术，淘汰落后产能，打造资源高效利用—节能环保—新型材料产业链。循环经济重点建设项目有：白银有色集团公司资源节约与环境保护产业化项目、中科院白银高技术产业园废弃物综合利用产业化工程、有色金属环保治理及节水项目、甘肃大成金属有限责任公司电机节能改造及铜冶炼弃渣综合利用项目等。

装备制造业以兰州兰石集团、兰州电机公司、中科宇能等优势企业为依托，充分利用现有基础，整合优势资源，重点打造设备制造—回收—再制造产业链。

煤电化工行业以靖煤公司、窑街煤电、国电靖远发电公司等企业为依托，围绕发展清洁能源、精细化工等产品，以及煤矸石、粉煤灰等资源综合利用，打造清洁能源—精细化工—综合利用循环经济产业链。循环经济重点建设项目有：窑街煤电有限责任公司循环经济示范项目、靖远煤业集团有限责任公司资源节约与环境保护项目。

在循环经济基础设施建设方面，重点项目有：兰州市黄河兰州段水污染治理中水回用工程、兰州市再生资源产业园及废弃物综合利用项目、黄河上游白银段（258公里）水资源综合治理再生回用及生态工程项目、白银亚高原现代生态农业循环产业项目等。

3.发展目标。以实现优化产业结构、资源型城市可持续发展为目标，到2015年，工业固体废物综合利用率达到60%，城市生活垃圾无害化处理率达到100%，再生资源回收利用率达到80%，城市污水二级处理率达到70%以上。2010年计划化学需氧量排放量控制在5.83万吨，较2005年削减6.4%； 2010年计划二氧化硫排放量控制在19.5万吨，较2005年削减10.3%。

（二）平凉、庆阳煤电化工、石油化工循环经济基地

平凉和庆阳市区域面积3.8万平方公里，人口480.39万人。区域内石油、煤炭等资源丰富，鼓励开发和限制开发主体功能区已经划定。2008年，该地区实现生产总值418.5亿元，占全省生产总值的13.18%；完成大口径财政收入53.67亿元，占全省大口径财政收入的11.40%；完成工业增加值204.96亿元，占全省工业增加值的16.78%。

1.发展定位。在鼓励开发区域，依托华亭煤业、庆阳煤田的勘探开发，庆阳炼化的石油炼制，积极发展煤电、煤化工和石油化工等高附加值产业，坚持开发

与节约并重，节约为先原则，提高资源和废弃物的综合利用水平，打造石油化工—精细化工—煤电化工循环经济产业链。在限制开发区域大力发展生态农业，推广以沼气建设为中心的农村清洁能源体系，打造特色农副产品—生态农业—农业废弃物循环经济产业链。

2.发展方向。依托华煤集团、华能平凉电厂、长庆石化等大型骨干企业，发展煤层气、煤泥、煤矸石发电项目，发展清洁、高效节能工业。循环经济重点建设项目有：华亭煤业集团有限责任公司煤气资源综合利用、洗煤厂及煤矸石发电项目、庆阳大明燃气发电有限公司利用西峰油田轻烃厂火炬气进行发电和利用机组烟气余热供热等项目等。

同时，依托区域内特色农副产品优势，发展畜产品—特色农副产品—农业废弃物循环经济产业链。循环经济重点建设项目有：静宁县农业综合开发及废弃物资源化项目、泾川县循环经济产业园区循环经济示范项目、庄浪马铃薯淀粉深加工及其废弃物综合利用生产线等。

3.发展目标。到 2015 年，基本建成高效能源、精细化工基地，通过延伸加工、资源综合利用，使煤电化工业增加值达到 74 亿元，年均增长 19%；农产品加工业增加值达到 9.7 亿元，年均增长 20%。努力培育以煤炭、石油化工为主，电力、石化、煤化工等相关产业相关联的循环经济产业化基地。2010 年计划化学需氧量排放量控制在 1.86 万吨，较 2005 年削减 4.6%； 2010 年计划将二氧化硫排放量控制在 8 万吨。

（三）金昌有色金属新材料循环经济基地

金昌市区域面积 8896 平方公里，人口 47.29 万人。依据《全国生态功能区划》和《甘肃省生态功能区划》，属于中西部干旱荒漠、绿洲农业生态亚区。金昌市是全国最大的镍钴生产基地和铂族贵金属提炼中心，同时也是甘肃省重要的重化工基地。2008 年，金昌市全年实现生产总值 192.26 亿元，占全省生产总值的 6.05%；大口径财政收入 38.67 亿元，占全省大口径财政收入的 8.21%；完成工业增加值 144.82 亿元，占全省工业增加值的 11.85%。

1.发展定位。金昌市是典型的资源型矿业城市，也是全国 108 个重点缺水城市和 13 个资源型缺水城市之一，应结合水资源短缺、产业链相对完整的实际情况，以节约利用水资源和提高资源综合利用为重点，着力构建有色行业与精细化工行业间的循环经济产业链。运用循环经济和工业生态学理念来规划建设金昌市新材料工业园区、河西堡工业园、永昌工业园区等生态工业园区。

2.发展方向。依托金川公司和金化集团，以有色金属冶炼废气循环利用和初级化工产品深加工为重点，在不增加水资源消耗的前提下，综合开发各种共

（伴）生矿和有用物质，进一步对资源开发和转换过程中产生的各种副产品（如硫酸）及废弃物（如冶炼渣、粉煤灰、高炉渣、尾矿砂等）进行综合利用和深度加工。循环经济重点建设项目有：金川集团公司资源综合利用产业化工程项目、金川铜镍矿资源合理开发与综合利用示范工程、金昌市工业废弃物综合利用及节能减排项目、金昌化工循环产业链工程项目等。

3.发展目标。用5年左右的时间，围绕金昌开发区、河西堡工业园、永昌工业园区三个工业聚集区，以项目建设为支撑，加快金川公司、金化集团等企业产业结构调整步伐。到2015年，工业固废综合利用率达到60%，主要再生资源回收利用率达到65%，工业用水重复率达到95%。2010年计划二氧化硫排放量控制在9万吨，较2005年削减26.6%。

（四）酒泉、嘉峪关清洁能源、冶金新材料循环经济基地

酒泉和嘉峪关市区域面积19.69万平方公里，人口121.85万人。区域内有丰富的风能、太阳能、核能资源，仅酒泉市初步测定可开发利用的风能就在4000万千瓦以上，具有发展清洁能源产业得天独厚的优势。2008年，酒嘉地区全年实现生产总值392.12亿元，占全省生产总值的12.35%；完成大口径财政收入47.8亿元，占全省大口径财政收入的10.15%；完成工业增加值215.43亿元，占全省工业增加值的17.63%。

1.发展定位。大力开发利用风能等清洁能源、可再生能源，使甘肃成为国内新能源的重要基地，形成清洁能源、可再生能源产业链。通过利用冶金行业粉煤灰、冶炼渣等固体废弃物生产新型建材，回收再利用冶炼废水、废气生产化工产品，构建冶金及相关工业循环经济产业链。

2.发展方向。重点发展以风力发电为主的可再生能源，以及适应风电电源特点的高附加值、高载能产业。积极发展风电、太阳能等清洁能源和可再生能源，打造“陆上三峡”。依托酒钢集团公司等企业，打造冶金—资源综合利用—冶金化工—新材料产业链。循环经济重点建设项目有：建设玉门、瓜州两个百万千瓦级风电项目，及与风电配套的酒嘉千万千瓦级煤电基地项目；敦煌光伏并网发电示范工程；酒钢（集团）公司煤气资源优化和工业固废综合利用产业化项目、玉门建材化工工业园区管委会“三废”循环利用建设项目等。

按照主体功能区规划，在限制开发区域，积极发展农业循环经济及生态旅游业。重点建设嘉峪关市农业废弃物资源综合利用项目、酒泉市再生资源回收利用及工业、农业废弃物综合利用项目等。

3.发展目标。到2015年，形成以风电和冶金为纽带的跨行业、跨区域的循

环经济产业集群，较大幅度地提高重点行业资源利用效率，发展一批具有较高资源生产率、较低污染排放率的清洁生产企业。电网建设加快，风能、太阳能等清洁能源开发初见成效。资源产出率达到1600元/吨，矿产资源综合利用率达到92%，工业用水重复率达到98%，城市中水回用率达到70%。2010年计划二氧化硫排放量控制在5.6万吨。

（五）天水装备制造循环经济基地

天水市面积1.43万平方公里，人口342.59万人。天水是国家老工业基地技改重点城市，具有良好的工业经济基础。特别是电工电器、电子信息、机械制造等在国内具有一定的影响和优势。至2008年年底，全市全年实现生产总值226.6亿元，占全省生产总值的7.13%；完成大口径财政收入29.19亿元，占全省大口径财政收入的6.20%；完成工业增加值61.2亿元，占全省工业增加值的5.01%。

1.发展定位。以振兴装备制造业为突破口，大力推广清洁生产，提高工业废弃物的再利用水平，降低材料消耗，研发支撑循环经济发展的技术装备，建设机械制造、电工电器、电子信息等三大循环经济工业园区，使天水成为西部有影响的装备制造和电子信息业聚集城市和加工制造循环经济基地。

2.发展方向。发挥产业集聚效应，形成清洁生产和工业废弃物再利用水平高、具有循环经济支撑技术和研发能力的装备制造和电子信息集群。循环经济重点建设项目有：天水再生资源产业园及资源节约和环境保护项目等。

3.发展目标。到2015年，全市加工制造产业工业总产值达到180亿元，年均增长20%；销售收入达到160亿元，年均增长20%；完成工业增加值65亿元，年均增长20%；实现利税25亿元，年均增长20% 。培育产值、销售收入达到10亿元以上企业5户，5亿元以上10户，1亿元以上50户。2010年计划化学需氧量排放量控制在1.25万吨，较2005年削减8.1%。

第四节　循环型社会体系建设

循环型三产体系建设是循环经济建设的重要组成部分，发展和培育循环型第三产业，是调结构、扩内需、保增长、促就业的重要举措。甘肃省将围绕完善再生资源回收利用体系、推进可持续消费、构建节约型政府以及建设循环型社会等方面开展循环经济三产体系建设工作。

一、开展循环型社会实践

（一）建立建筑节能准入制度

新建建筑严格执行《公共建筑节能设计标准》（GB 50189-2005）中的强制

性条文和相关标准中建筑节能的强制性规定，到2020年新建建筑都要执行节能50%的标准。建立以建筑能效测评与标志为主要内容的准入制度，新建商品房销售时必须在买卖合同等文件中标志所采用的节能标准和采取的节能措施等内容。达不到能耗设计标准的建筑，不准进入市场。

（二）推进建筑节地和节能

鼓励发展多层、小高层住宅和多层厂房建设，积极推进墙体材料革新，大力推广应用新型建筑材料。推广使用装配式可多次使用的施工临时用房，逐步取缔砌筑式的临时施工用房。推广散装水泥。逐步取缔城区内建筑施工现场搅拌，实现中心城区商砼化。大力开展整顿取缔黏土砖瓦窑厂和禁止使用实心黏土砖的工作，逐步提高新型墙体材料的比重。

加大建筑节能新技术和新产品的推广力度，提升建筑节能技术水平和能源利用率。推广集中供热，城市推行分户供热和分户计量。采用节能型建筑结构、材料和产品，推动新建住宅、公共建筑节能和既有建筑节能改造。加快太阳能等可再生能源在建筑上的利用。推动既有公共建筑开展以节电为主的节能改造，鼓励采用蓄冷、蓄热空调及冷热电联供技术，大力推广变频调速电机技术。妥善处理建筑废弃物和垃圾。从设计源头优化方案、削减废弃物产生量、注重建筑垃圾的深度回收利用、逐步建立建筑垃圾分类回收和余土调剂系统等，最大限度地提高废弃物资源化利用率。

选择若干拟建的写字楼、大型商场、酒店三类大型公共建筑作为绿色建筑示范。从设计、建材、供水、供电、供冷、照明、垃圾分类回收设施等方面全面引入循环经济理念，使之达到节水、节电、节材、节地、绿色环保、方便舒适的目标。

（三）建设绿色交通系统

完善现有交通运输系统。加快省际干道网、市（州）、县、村镇四级道路网络建设，提高支路网密度，提高交通运输信息化水平，调整优化运力结构，形成以高速公路为骨干的现代化综合交通系统。“十一五”时期到2020年间，加快推进该地区铁路建设，加快兰渝铁路、西安至平凉铁路、天水至平凉铁路、兰新铁路电气化改造等在建项目建设进程，规划实施兰新铁路第二双线、兰州至西安客运专线、兰州至成都铁路、敦煌至格尔木铁路；兰州至合作铁路等工程，大幅提高运输能力和运输质量。

在完善现有交通运输体系的基础上，实施公交优先发展战略，鼓励购买使用低油耗汽车，加快推行清洁燃油汽车或单一燃料天然气汽车、混合动力车和纯电动汽车示范运行。加速淘汰高耗能的老旧汽车，严厉打击报废旧机动车违法交易。严格在用机动车污染控制管理，强化检测和维护制度，确保机动车排放符合标准。倡导绿色出行方式，促进使用绿色交通工具，构建以人为本的绿色交通系统。

（四）积极发展现代物流体系

建设兰白（兰州—白银）、天水、嘉峪关—酒泉三大物流中心，为配合新疆煤炭外运，研究建设煤炭集散中心，完善物流基础设施和信息平台，依托大型工商企业的仓储、运输、分装等设施，建设辐射西北乃至中亚的现代物流基地和多层次、社会化、专业化现代物流网络体系，促进商品合理流动、资源节约利用和设施共享。推动物流企业采用现代物流管理技术和装备，提高物流业社会化、规模化、信息化程度，实现物流过程中的资源消耗和废弃物排放最小化。加强生态物流标准建设，推进物流经营者物流运作的绿色化。完善物流企业经营资格制度。

在物流中心建设中，要以循环经济理念为指导，按照满足需求、适度超前的原则，将存储保管、物资集散、物流中转、仓储、加工、配送、运输等业务加以有效整合，突出配送、中转和采购功能。

（五）完善循环经济信息平台

加快循环经济数据库建设，建立各行业有关技术、政策法规、标准规范、重点项目、企业、科技专家等数据库。建设甘肃省循环经济信息网，通过专题资讯、节能降耗、循环利用、清洁生产、环境保护、能源资源、产业观察、区域发展、经验交流、领导讲话、政策法规、成功案例、专家研讨等形式，为循环经济发展提供指导信息。建立与经济社会发展相适应、以市场需求为导向、以高素质人才和网络信息资源为基础、以现代信息技术为手段、规范化运营的信息咨询中介服务体系，培育高水平的信息咨询服务队伍。

（六）加快中介服务体系建设

支持发展环境认证和环境咨询等中介机构，促进技术创新和环保产业发展。重点发展ISO14000体系认证机构、清洁生产咨询服务机构，为企业开展清洁生产、环境认证和技术改造提供技术支持。推广合同能源管理和节能投资担保体制，为企业实施节能改造提供诊断、设计、融资、改造、运行管理一条龙服务。实施“走出去、引进来”的环境服务业发展战略，切实提高环境服务业竞争能力。

积极培育壮大农民经纪人队伍，建立完善“三农”服务体系，鼓励兴办各类农产品流通、中介服务、民营科技和农业产业化龙头经济组织，增强农产品开发、信息和技术推广、市场销售服务功能。逐步建立与国际市场接轨的、健全的、开放的要素市场体系，重点培育和完善科技、资金以及人才服务市场。

（七）大力发展循环型生态旅游业

旅游产业关联度高，前向、后向带动效应明显，属于环境友好型产业。要发挥甘肃省深厚独特的历史文化资源、大漠—绿洲—高原—雪山—森林—峡谷等自然生态旅游资源，以及民族风情旅游资源的区域比较优势，积极引入循环经济的理念，把旅游业培育成为带动相关产业和经济发展的战略先导产业。重点构造“一心、二极、三带、五轴”旅游产业发展布局。“一心”：把兰州建设成为全省最大的游客中转地与城市旅游中心。“二极”：东部天水旅游发展极，西部敦煌旅游发展极。“三带”：河西走廊丝路—长城—绿洲旅游带，东部始祖文化—黄土民俗旅游带，西南部祁连山脉—甘南高原—陇南山地绿色生态—民族风情旅游带。“五轴”：陇海兰新线丝绸之路发展轴线，312 国道和 310 国道中华始祖文化发展轴线，黄河风情发展轴线，213 国道藏域风情发展轴线，212 国道陇南山水发展轴线。同时，要加强景区景点环境的整治和保护，减少并尽可能消除开发商、旅游者、旅游企业和当地居民对环境造成的直接和间接的负面影响，构建有循环经济特色的旅游业发展空间格局，促进甘肃省旅游业可持续发展。

政府在政策、行政、服务等方面给予统一指导，把旅游业作为新的经济增长点给予优先发展，对旅游企业投资开发制定出优惠政策，在人才培养方面实行倾斜。鼓励各种企业以各种方式加入旅游行业进行经营，促进整个旅游行业系统的发育和完善。企业要加速自身体制与机制的转型，加大旅游企业的科技创新能力和经营管理能力，把握市场动态，调整产品结构，力争实现三大效益的优化。

选择 5 个重要旅游景点，通过合理规划，实施环保、生态、资源节约以及废弃物循环利用等措施，建设循环型绿色旅游示范基地。

二、完善再生资源回收利用体系

再生资源回收与利用是物质循环链条的重要环节，按照“建立和完善再生资源回收利用体系，发展静脉产业”的任务要求，全省要逐步建立以城市社区和乡镇为基础的再生资源回收网络。将再生资源回收与社区建设结合起来，以社区为单位，建立再生资源回收站点（网点），实行分类回收。新住宅区统一规划，统一管理。老住宅区整合社区资源建立网点，利用已经形成再生资源回收的市场机制，加强规范化管理，减少再生资源的流失，提高资源利用效率。鼓励社区居民家庭分类处置生活废弃物，鼓励社区自主建立再生资源回收网点（如图 11–15）。

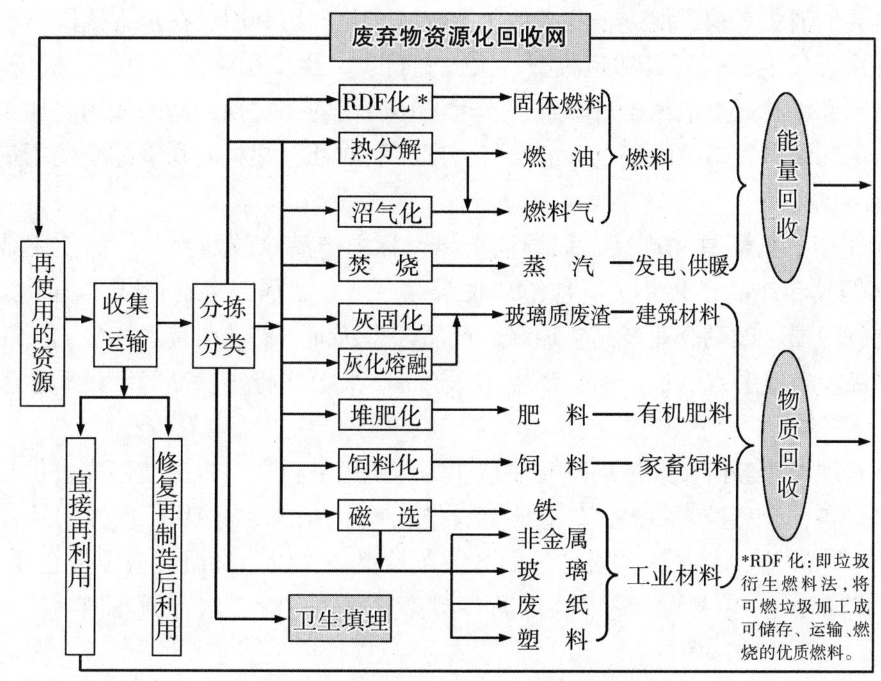

图 11-15　循环经济资源化利用体系示意图

完善再生资源储运系统，建立若干集中的再生资源分拣整理场所，开办各类废旧物资交易市场，吸纳和组织包括个体经营户在内的从业人员进入交易市场开展合法经营，形成废旧物资回收、分类再使用、再生利用良性联动发展的产业链。全面推进生活垃圾的分类收集和分类处置。在部分产品领域探索推行生产者责任制，提高重点领域的再生资源加工利用技术水平，建立与完善绿色产品研制、开发与生产的激励机制，鼓励科研机构与企业参与节能、节水、无污染的产品以及再生产品的研制、开发和生产，通过政府引导、市场化运作，将再生资源回收利用培育成新兴产业。

建设嘉峪关、白银生产性废旧金属集散交易和再利用基地。在白银、金昌和平凉设立废旧橡胶、废旧轮胎交易市场并发展综合利用基地。建设兰州、天水废旧电器电子集散交易和综合利用基地。

三、推进可持续消费

（一）倡导节约和循环型消费理念

增强节约资源和能源的意识，倡导理性消费和清洁消费理念。引导公众自觉做到节能、节水、节粮、节材、垃圾分类回收，培养和转变消费观念，逐渐减少对过度包装的消费需求，促进企业产品包装的减量化和再利用；在全省范围内禁止生产一次性发泡塑料餐具和超薄型一次性塑料袋，逐步在商场、酒店、机场、车站、公园和旅游景点取消不可降解、不可循环使用的一次性产品的使用。加大对农贸市场和农村集市“限塑令”的执行力度，争取社会塑料购物袋综合使用量下降60%~80%。

鼓励使用节电器具和产品，倡导消费绿色标志产品。鼓励社会广泛使用节电、节水器具和产品，公共场所杜绝“长明灯”现象，居民家庭形成“随手关灯”的良好习惯。鼓励企业产品参加绿色产品标志认证。倡导消费者积极购买能效标志产品、节能节水认证产品、环境标志产品、无公害标志食品等绿色标志产品。

积极开展循环经济实践活动。在住宿业等传统服务行业，推广使用先进供暖供电技术设备，合理控制室温，倡导旅客自带洗漱用具，减少使用一次性用品。

在商贸、物流、信息科技服务等服务业领域里，建设一批循环型服务企业，倡导绿色营销，创建绿色医院，宣传循环型物流运作理念，培育循环型物流企业。

（二）建设循环型市（区）和社区

根据全省各市（州）发展循环经济的基础条件，选择白银、金昌、嘉峪关、武威4个市，兰州市西固区、平凉市崆峒区、武威市凉州区3个区作为全省发展循环经济的示范市、区。在各示范市、区和社区，推广使用节能环保型建筑材料和新能源，建立社区废弃物分类回收清运系统，倡导绿色文明的消费观和环境价值观。在大型商场、超市和专业店大力开展节能技术升级改造，全力推动照明、空调、电梯及其他耗能设备的节能工作，推广先进节能措施和管理模式。引导社区对现有商用建筑进行保温、隔热及采暖、通风、空调系统等方面的能效系统设施改造。要将环境保护理念切实贯穿于整个社区管理全过程，建立健全社区公众环境管理体系，建立专门的循环型社区管理机构，制订相应的管理制度，实行专人负责制，建立有公众参与的环境监督机制，让社区内居民积极参与社区的环境监督管理。大力开展绿色文化活动，创建社区绿色文明，定期组织居民开展保护环境公益活动。到2015年，力争实现零售行业万元营业额能耗降低20%。

结合全省社区建设的实际情况，选择5~10个街道作为循环型社区建设试点，展开绿色社区创建活动。试点社区管理机构要高度重视，积极配合，做好宣传教育工作。试点社区要编制循环型社区发展规划和实施方案，明确发展目标、指标、任务、实施步骤与措施，配合相关政策，抓好落实，并总结经验，为推广做好准备。

循环型社区的建设要有一定的量化标准，社区住宅要达到节能建筑新标准，要建立社区中水回用系统。重点推进新型保温隔热墙体材料、可循环利用的建筑材料、阻热遮阳门窗、太阳能利用、节能空调及照明、节水器具等“四节”应用。要建立再生资源回收利用系统，设置不可回收垃圾、可回收垃圾、电子废弃物三类回收箱，推广车载桶装密闭式垃圾收运模式和密闭式垃圾自动收集系统，使社区生活垃圾分类收集率达到100%。要定期开展绿色消费讲座与交流，让绿色消费观念深入人心。到2010年，全省建成循环型社区30个以上。

四、构建节约型政府

（一）突出抓好节约用电

一是要合理设置空调温度。办公室、会议室等办公区域夏季空调温度设置应不低于26℃，冬季空调温度设置应不高于20℃。工作时间提倡每天少开1小时空调。二是要做好照明系统节电工作。要尽量使用自然光，以减少照明设备电耗。大力推广使用节能灯具，走廊、通道、卫生间等公共区域的照明灯要安装自动控制开关，坚决杜绝长明灯。三是要加强用电设备管理。使用计算机、打印机、复印机等办公自动化设备时，要尽量减少待机消耗。

（二）高度重视节约用水

政府机关全面使用节水设备，加强用水设备日常维护和管理，及时更换老化设备，防止跑冒滴漏。禁止使用高压清洁水冲洗车辆，禁止使用自来水直接冲洗墩布。单位内部绿地养护用水，要根据季节和天气变化情况，科学、适时进行灌溉，鼓励建立中水回收利用系统和雨水收集系统，用于绿地浇灌用水和景观环境用水。

（三）精打细算节约办公用品

要根据工作需要，制定办公设备配备标准，严格控制办公设备的采购。坚持办公用品登记、签字、领用制度，有条件的部门和单位，可试行办公经费和办公用品包干制度。大力推进电子政务建设，严格控制文件印刷数量，减少重复清印次数。提倡双面使用信纸和使用再生纸。尽可能使用钢笔书写，减少圆珠笔和一次性签字笔的使用量。打印机、复印机的墨粉用完后，要重新灌装，再次使用。积极组织开展废旧电池、电脑等办公用品耗材和废旧照明灯具的回收利用工作，推广使用节能环保型办公用品和再生材料。

（四）严格公务车辆节能管理

严格按照有关规定，执行公务车辆配置标准，压缩配置规模。对车辆购置、维修、加油等要实行政府采购管理，落实公务车辆节能措施。加强车辆使用管理，实行车辆定点定车加油，登记单车燃油消耗，公布单车行程数量、燃油消耗、修理保养费等制度。建立车辆定点维修和定期保养制度，加强平时的内部保养，对发现的一般性问题和故障，要及时排除。加强对车辆管理人员和驾驶人员的定期培训，提高业务操作技能。对达到《汽车报废标准》规定，油耗高、环保不达标的老旧车辆，要及时报废淘汰。加强公务用车的日常管理，严禁公车私用。进行集体公务活动时，提倡集中乘车；上下班时，提倡以步代车，或乘坐公共交通工具。积极稳妥地推进公务用车改革，加快公务用车服务社会化进程。

（五）加强政府建筑节能管理

各级政府机构新建的办公、接待、培训等相关工程项目，必须严格执行65%建筑节能设计标准。加强对工程项目从规划、设计、施工、监理、竣工验收和运行管理等全过程的节能监督管理，积极采用节能新技术、新产品和新型墙体材料。有条件的，鼓励建设利用地热、太阳能等可再生能源取暖的低能耗绿色建筑。对剩余设计使用年限10年以上的既有建筑，要进行节能诊断，不符合节能要求的尽可能采取无成本、低成本的措施，适当进行围护结构的改造、节电改造和节水改造。要按照简洁、大方、适用的原则，加强对办公楼、会议室的装修控制和管理，杜绝过度装修。

（六）大力实行集约使用土地

各级政府机构要认真贯彻落实国务院文件精神，建立健全集中统一的土地管理体制，加强土地利用规划的编制，充分挖掘现有土地潜力，优先建设节能省地型住宅和公共建筑。对既有房地资源，要按照集约高效的原则进行整合，依法规范和加强政府机构房地资源管理。严格控制新增土地利用项目，严格执行楼堂馆所的审批程序，严禁越权审批项目、擅自扩大建设规模、提高建设标准、违规新建办公楼及培训中心。

（七）全面实施政府绿色采购

认真落实《节能产品政府采购实施意见》和《环境标志产品政府采购实施意见》，将再生材料生产的产品、通过环境标志认证的产品、通过清洁生产审计或通过ISO14000认证企业的产品列入优先采购计划，逐步提高政府采购中可循环使用的产品、再生产品，以及节能、节水、无污染的绿色产品的比例。建立政府采购评审体系和监督制度，保证节能和绿色采购工作落到实处。到2010年，列入政府采购目录的绿色产品要达到40%以上，绿色产品价值占采购总价值的40%以上，能耗、水耗、办公耗材等大幅度下降。

通过以上措施，确保到2010年全省政府机构以2005年为基数，实现节电20%以上、节水20%以上、单位建筑面积能耗和人均能耗分别降低20%以上、人均办公纸张使用量减少 20%以上、单台公务用车平均耗油量减少 20%以上的目标。

（八）绿色办公场所示范

选择 5 家政府部门作为绿色办公场所示范，重点从现有照明、给排水、供冷、垃圾分类回收等设施入手，对办公楼进行“绿化改造”。同时，研究制订节水、节电、办公用纸、打印耗材、一次性用品等节能降耗指标，提出可操作的考核办法，为全面建设绿色政府打下基础。

第十二章　甘肃发展循环经济的重点项目

循环经济重点项目是指符合减量化、再利用和资源化基本原则的资源节约、污染减排、综合利用以及循环经济高新技术开发、推广示范等项目。循环经济重点项目是《总体规划》的重要支撑，实施好循环经济重点项目是实现《总体规划》目标任务、建设甘肃国家循环经济示范区的关键，是推动经济发展方式转变和经济结构调整、努力形成新的经济增长点和新的竞争优势的重要手段。目前，抓好循环经济项目是各级政府和主管部门的重要职责，是发展循环经济工作的头等大事。在《总体规划》三个阶段，以什么样的循环经济项目为实施重点，如何通盘考虑、统筹兼顾、扎实推进，如何用足用好国家的政策，需要引起高度关注。

第一节　循环经济重点项目

《总体规划》结合甘肃省经济社会发展实际，按照循环经济发展的“3R”原则，参照《产业结构调整指导目录（2007年本)》、《国家重点行业清洁生产技术导向目录》（第一、二、三批）等政策文件要求，在各市州上报的基础上，经过反复筛选、研究，共确定甘肃省发展循环经济重点支撑项目72大项，分为减量化项目、再利用和资源化项目、基础设施和生态保护项目等三大类。

一、减量化项目

减量化是循环经济的重要内容。减量化是指在生产、流通和消费等过程中减少资源消耗和废物产生。《中华人民共和国循环经济促进法》中规定：“发展循环经济应当在技术可行、经济合理和有利于节约资源、保护环境的前提下，按照减量化优先的原则实施。”为了促进甘肃省循环经济发展，在《甘肃省循环经济总体规划》中，将减量化进行了明确的项目界定，其项目重点放在节能、节水及减排类项目上。

（一）节能项目

1.节能项目：燃煤锅炉（窑炉）改造、余热余压利用、节约和替代石油、电机系统节能、能量系统优化（系统节能）、绿色照明、建筑节能（节能新型建材）

等工程项目。具体包括：节能设备和节能产品制造类项目，利用废弃物生产生物柴油及代油、代煤项目，采用合同能源管理方式实施的节能技术改造项目，城市供热锅炉改造项目，绿色照明产业化（白炽灯企业转产高效照明产品、LED 照明产业化示范）项目，节能建材产业化示范项目等。

2.目前全省正在实施和即将实施的节能重点项目包括：白银有色集团股份有限公司 2×300MW 热电联产工程，腾达西北铁合金有限责任公司矿热炉余热发电工程，甘肃酒钢集团宏兴钢铁股份有限公司复合难选铁矿石铁精矿提质降杂改造工程，甘肃酒钢集团宏兴钢铁股份有限公司新建洗煤厂项目，兰州兰石集团有限公司百万千瓦级核电站用板式换热器国产化产业能力建设项目，甘肃东兴铝业有限公司铝电解槽铝液流态优化节能技术推广项目，甘肃稀土新材料股份有限公司高性能稀土三基色紧凑型荧光灯生产线项目，国电兰州热电有限责任公司“上大压小”2×300MW 热电联产项目，嘉峪关宏电铁合金有限责任公司大型集群电炉低温烟气余热回收发电项目，天水天光半导体有限责任公司 LED 节能显示与照明产品推广应用项目等 64 项。计划总投资 206 亿元，主要集中在有色、冶金、化工、建材、煤炭、电力等行业领域。项目建成投产后，年可新增销售收入 145 亿元，实现利税 29.2 亿元；年实现节能 227 万吨标煤。

3.《总体规划》批复实施以来甘肃省已经完成或即将完成 60 项节能重点项目的建设，其中包括甘肃稀土集团有限责任公司稀土窑炉系统节能改造项目、稀土主厂区能量系统优化项目，嘉峪关大友企业公司石灰生产预热、燃烧系统及余热锅炉节能改造项目，甘肃金昌化学工业集团有限公司余热余压利用项目，兰州远东化肥有限责任公司合成氨系统节能改造项目，酒泉钢铁（集团）有限责任公司高炉鼓风机节能改造项目，甘南合作热力有限责任公司集中供热节能改造项目，中国石油兰州石化分公司 HS 裂解炉替代毫秒炉节能改造项目、炼油系统余热利用及蒸汽改热水伴热项目，甘肃祁连山水泥集团股份有限公司水泥窑纯低温余热发电项目，兰州蓝天浮法玻璃股份有限公司玻璃熔窑节能改造项目，白银有色集团有限责任公司铜冶炼炉窑系统节能改造项目、电机系统节能改造项目、第三冶炼厂炉窑系统节能项目，腾达西北铁金有限责任公司能量系统优化项目，甘肃电投张掖发电有限责任公司汽轮机组及电机系统节能改造项目等，总投资 37.7 亿元，年实现节能量 153 万吨标准煤。

（二）节水和减排项目

1.节水项目：具有示范意义的高用水行业（电力、钢铁、有色、石油石化、化工、造纸、纺织、食品加工等）的节水技术改造项目，矿井水利用项目。

2.污染防治项目：黄河中上游水污染防治规划内的重点工业污染治理项目，

铬渣综合整治项目。电力、钢铁、有色、化工、造纸、纺织等重点行业清洁生产示范项目。

3.目前全省正在实施和即将实施的节水和减排重点项目包括：白银有色集团股份有限公司深部铜矿、小铁山矿废水处理零排放及矿坑积水综合利用项目，西北永新化工股份有限公司节约用水技术改造、废水治理与水资源综合利用技术改造项目，兰州长城电工股份有限公司电工电器生产节能治污综合利用项目，中国铝业股份有限公司兰州分公司污水处理及综合利用改造项目，甘肃中天化工有限责任公司污染治理及水资源综合利用项目，国电靖远发电有限公司 2 号锅炉（1×220MW）脱硫系统升级改造工程，兰州西固热电有限责任公司再生水深度处理系统项目，甘肃稀土新材料股份有限公司稀土冶炼水资源综合利用项目，方大炭素新材料科技股份有限公司工序通风除尘设备改造项目，甘肃瓮福化工有限责任公司磷石膏渣场废水回收利用节水工程技术改造项目，武威市全圣实业集团纸业有限责任公司草浆黑液深度处理及节水改造项目等 64 项。计划总投资 36 亿元，主要涉及轻工、电力、有色、化工、第三产业、环保等领域。项目建成投产后，年可新增销售收入 23.8 亿元，实现利税总额 7.7 亿元；节水约 11.8 亿吨，减排气体污染物 4300 吨。

4.《总体规划》批复实施以来，甘肃省已经完成或即将完成 11 项节水和减排重点项目的建设，其中包括金川集团有限公司低浓度二氧化硫烟气综合利用项目，甘肃锦世化工有限责任公司 10kt/a 无钙焙烧生产红矾钠新工艺示范工程技术补充完善项目，白银有色金属（集团）有限公司铜冶炼制酸系统污染治理项目、第三冶炼厂 ISP 工艺三废治理及综合利用工程、铜冶炼污染治理粗炼工程，甘肃雪晶生化有限责任公司废水资源化利用节水项目，兰州连城铝业有限责任公司工业废水零排放工程，天水长城果汁饮料有限公司果渣综合利用及污水处理扩建项目，西北永新化工股份有限公司、甘肃刘化（集团）有限责任公司废水治理项目等。总投资 10 亿元，年实现节水量 1000 万吨，年减排二氧化硫 12 万吨。

二、再利用和资源化项目

再利用是指尽可能分级多层利用物质，并尽可能多次或多种方式利用产品，延长产品的服务时间、强度，避免产品过早、过多地成为废物和垃圾的过程。资源化是指将废物直接作为原料进行利用或者对废物进行再生利用。为了做好甘肃省循环经济发展工作，在《甘肃循环经济总体规划》中，对再利用和资源化项目进行了比较详细的分解，具体包括综合利用项目、循环经济产业链项目和清洁能源项目。

（一）综合利用项目

1.综合利用项目包括共伴生矿产综合利用、工业固体废弃物资源化、再生资源高效加工利用、以农林废弃物为原料生产木制品及代木产品的木材节约代用项目。

2.目前全省正在实施和即将实施的综合利用重点项目包括：白银有色集团股份有限公司阳极泥综合利用污染治理工程、氟石膏综合开发利用、冶炼过程烟灰及中间渣料循环高效利用项目，甘肃稀土新材料股份有限公司稀土冶炼尾气综合利用项目，兰州再生资源回收公司废旧电子产品再生利用项目，镍都实业公司冶炼含铜废渣综合回收利用项目，嘉峪关宏丰实业有限责任公司利用金属尾矿生产可控缓释肥项目一期工程建设项目，甘肃祁连山药业有限公司抗生素废渣综合利用项目，金塔县亚泰有色金属有限公司甘肃省金塔县白山堂铜矿老矿区贫矿资源保护性开采及尾矿综合治理项目，民勤县威瑞环保有限责任公司废旧塑料回收再利用项目共 214 个项目，计划总投资 194 亿元。主要涉及农业废弃物、工业废渣、矿渣、尾矿等的加工利用领域。项目建成投产后，年可新增销售收入 271.6 亿元，实现利税 63 亿元。节能 63 万吨标煤，节水 1.75 亿吨，减排各类废水污染物 292 万吨，综合利用废渣 2247 万吨。

3.《总体规划》批复实施以来甘肃省已经完成或即将完成 10 项综合利用重点项目的建设，其中包括酒钢（集团）宏达建材有限责任公司工业废渣生产新型墙材项目、80 万吨/年矿渣资源综合利用项目，阿克塞县富利达非金属开发有限责任公司年综合利用 2 万吨石棉尾矿项目，金川集团有限公司 10kt/a 白烟灰综合利用项目，天水长城果汁饮料有限公司果渣综合利用及污水处理扩建项目，金昌水泥（集团）有限责任公司 2500t/d 电石废渣综合利用水泥熟料带低温余热发电新型干法水泥生产线工程，甘肃圣大方舟马铃薯变性淀粉有限公司定西市安定区马铃薯淀粉废渣废水综合利用项目，甘肃省平凉新世纪工贸开发集团有限责任公司粉煤灰综合利用项目，甘肃省格瑞斯生物科技有限公司番茄、葡萄等果实皮籽综合利用项目等，总投资 12.7 亿元，年综合利用各类废渣 240 万吨。

（二）循环经济产业链项目

1.以降低能源资源消耗、循环利用资源、“零”排放和再制造等对发展循环经济起到关键作用的项目为主。其中包括：（1）降低资源消耗项目。采冶领域，采用先进适用的工艺技术和设备，大力推进尾矿、废石综合利用，提高采矿回采率、选矿和冶炼回收率，提高资源综合回收利用率的项目；冶金、有色、电力、煤炭、石化、化工、建材（筑）、轻工、纺织、农业等重点行业降低能源、原材料、水等资源消耗，提高资源利用率的项目。（2）降低污染排放项目。强化污染预防和全过程控制，推动各行业加强对各类废物资源化再利用产业链的合理延伸，促进试点地区或企业废物零排放项目；加快再生水利用设施建设以及城市垃圾、污泥减量化和资源化利用，降低废物最终处置量的项目；农业废弃物资源化利用以及“猪—沼—果—林”等农业循环利用项目。（3）资源循环利用项目。回收和循环利用各种废旧资源、汽车零部件以及废旧机电产品再制造项目；建立垃圾分类收集和分选系统，完善再生资源回收利用体系项目（主要支持再生资源的回收、分拣、加工利用以及集中污染治理等）。

2.目前全省正在实施和即将实施的循环经济产业链项目包括：窑街煤电集团有限公司油页岩回收利用循环经济产业链项目，兰州长城电工股份有限公司电工电器循环经济产业链建设项目，兰州黄河企业股份有限公司啤酒产业链循环经济项目，兰州蓝天浮法玻璃股份有限公司蓝天太阳能光热新材料工业园项目，甘肃驰奈生物能源公司餐厨垃圾资源化处理项目，金昌化学工业集团公司 20 万吨/年合成氨、30 万吨/年尿素项目共 152 个项目，计划总投资 489 亿元。项目建成投产后，年可新增销售收入 567 亿元，实现利税 131.7 亿元。节能 98.6 万吨标煤，节水 1278 万吨，减排各类废水污染物 671 万吨，减排气态污染物约 168.6 万吨，综合利用废渣 604 万吨。

（三）清洁能源项目

清洁能源项目包括酒泉风力发电基地项目、陇南水力发电项目、敦煌光伏并网发电示范工程、甘肃驰奈废弃物综合利用及沼气发电等项目，计划总投资 587 亿元。目前正在实施项目 32 项，总投资 294 亿元。主要涉及风电、水电、太阳能、沼气发电等可再生能源的资源节约与环境保护项目。项目实施后年可实现收入 53 亿元，利税 7 亿元。年可新增清洁能源装机 605 万千瓦，年发电量 110 亿度，相当于每年节约标煤 440 万吨，每年减少气态污染物排放 1.5 万吨。

三、基础设施及生态保护项目

基础设施及生态保护项目主要包括循环经济园区建设项目、城市污水和垃圾处理设施项目、再生资源回收体系建设项目、生态示范园和生态保护等项目，计划总投资 515 亿元。目前正在实施项目 115 项，总投资 415 亿元。项目完成后，年可实现销售收入 242 亿元，实现利税 96 亿元。年节水约 5082 万吨，年减排 BOD 等废水污染物约 30 万吨，年可卫生处理生活垃圾 144 万吨。年回收各类再生资源 260 万吨，综合利用再生资源约 150 万吨。年发电量 10 亿千瓦时，相当于每年节约标煤 40 万吨，新增就业岗位 42600 多个。项目的实施将为全省发展循环经济提供有力的支撑和保障。

（一）循环经济园区建设项目

全省重点示范、试点循环经济园区基础设施建设项目46项，计划总投资208亿元，园区的建设，为循环经济产业链的形成、循环经济重点产业的培养提供了良好的平台。

（二）城市污水和垃圾处理设施

城市污水和垃圾处理设施项目包括建筑业及第三产业节水重点工程示范项目、黄河兰州段水污染治理再生水利用工程、城市污水处理再生利用及污泥处理资源化利用工程、城镇生活垃圾处理工程共4类项目，计划总投资91亿元，主要包括全省主要城镇污水和垃圾处理设施建设。项目建成运行后，年综合效益2亿元。年节水约5000万吨，年减排BOD等废水污染物约28万吨，年可卫生处理生活垃圾144万吨。

（三）再生资源回收体系

再生资源回收体系项目包括全省再生资源网络体系建设、兰州再生资源回收加工利用体系及物流中心、白银再生资源综合利用基地、天水再生资源产业基地、嘉峪关废旧金属集散交易和再利用基地、平凉再生资源交易市场及综合利用基地共6个项目，计划总投资54亿元。项目建成投产后，年可实现销售收入200亿元，实现利税21亿元，年回收各类再生资源260万吨，综合利用再生资源约150万吨，新增就业岗位42600多个。

（四）生态示范园

生态示范园项目包括天水现代农业循环经济示范区建设项目、甘肃陇原中天循环经济生态园建设项目、沙漠生态产品产业化示范项目、白银亚高原现代生态农业循环产业项目、定西节水型区域工农业复合循环经济关键技术集成示范项目，共5个项目，计划总投资27亿元，主要涉及农牧业生态示范园区建设。项目建成投产后，年可实现销售收入42亿元，实现利税3亿元。年节水82万吨，节能0.14万吨，减排各类污染物2万吨。

（五）生态保护

生态保护项目包括中国黑河流域（张掖）湿地保护工程、陇南市嘉陵江—汉江水系重要生态功能区建设、甘南黄河重要水源补给生态功能区生态保护与建设规划、引洮供水一期工程、甘肃敦煌生态环境保护工程、祁连山冰川与生态环境综合治理工程、石羊河流域防沙治沙与生态恢复工程、甘肃省黄土高原泾渭河流域综合治理工程、甘肃长江上中游水源涵养功能区生态保护与建设、甘肃黄河流域水土保持工程、太统—崆峒山国家级自然保护区管护能力建设共11项，计划总投资343亿元，主要涉及湿地保护、生态功能区建设、动植物监测系统及其配套设施建设。项目建成投产后，年可产生综合效益约70亿元。年发电量10亿千瓦时，相当于每年节约煤炭40万吨。通过实施生态保护建设工程，对区域生态环境及其动植物资源进行有效监测和管理，改善区域生态环境，为我国西北地区生态环境安全提供重要保障。

第二节 项目资金来源

《总体规划》确定了全省发展循环经济重点项目的资金筹措方式，即以自筹资金和银行贷款为主要筹资渠道的前提下，积极争取政策性资金支持。目前已经明确的政策性资金支持渠道主要有三个方面。一是通过申报国家发改委的资源节约环境保护中央预算内投资补贴项目，取得中央预算内投资补贴资金支持；二是申报财政部、国家发改委节能技术改造财政奖励项目，取得国家节能技术改造财政奖励资金支持；三是申请省级财政节能、发展循环经济专项资金支持。下一步甘肃省将积极努力争取国家财政设立专项支持资金，争取设立甘肃省循环经济产业发展基金，支持全省发展循环经济重点项目的实施。

一、自筹资金

1.自筹资金即投资项目资本金。这是指在项目总投资中，由投资者认缴的出资额，对投资项目来说是非债务性资金。其总投资是指投资项目的固定资产投资与铺底流动资金之和。

2.公益性投资项目不实行资本金制度。1996年，国务院下发《关于固定资产投资项目试行资本金制度的通知》（国发〔1996〕35号），要求各类经营性投资项目，包括国有单位的基本建设、技术改造、房地产开发项目和集体投资项目，必须首先落实资本金才能进行建设，但公益性投资项目不实行资本金制度。

3.资本金占总投资的比例。根据不同行业和项目的经济效益等因素确定，具体规定如下：交通运输、煤炭项目，资本金比例为35%及以上；钢铁、邮电、化肥项目，资本金比例为25%及以上；电力、机电、建材、化工、石油加工、有色、轻工、纺织、商贸及其他行业的项目，资本金比例为20%及以上。

4.投资项目资本金的具体比例。由项目审批单位根据投资项目的经济效益以及银行贷款意愿和评估意见等情况，在审批可行性研究报告时核定。

5.适时对部分行业的资本金比例进行调整。国家将从加强宏观调控、调整和优化产业结构、促进产业健康发展的角度，适时对部分行业的资本金比例进行调整。2004年，国务院下发《关于调整部分行业固定资产投资项目资本金比例的通知》，将钢铁项目资本金比例由25%及以上提高到40%及以上；将水泥、电解铝、房地产开发项目资本金比例由20%及以上提高到35%及以上。

二、中央预算内投资补贴项目申报程序

（一）资源节约和环境保护中央预算内投资补贴项目的支持范围

资源节约和环境保护中央预算内投资补贴项目主要支持节能、节水、循环经济、资源综合利用、污染防治五个方面。

1.节能方面。主要包括：电机系统节能、能量系统优化、余热余压利用、燃煤锅炉（窑炉）改造、节约和替代石油、绿色照明等重点节能改造项目，重大节能技术和高效节能产品产业化示范项目，重大合同能源管理项目，节能监察、监测等节能能力建设项目，建筑节能（节能建材）示范工程。

2.节水方面。主要包括：矿井水利用项目，具有示范意义的高用水行业节水改造项目。

3.循环经济方面。主要包括：国家两批循环经济试点及省级循环经济试点单位减量化、再利用和资源化项目，省级以上产业园区循环化改造项目，"城市矿产"示范基地建设项目，再制造产业化项目，餐厨废弃物资源化项目，重大循环经济技术示范推广项目。

4.资源综合利用方面。主要包括：粉煤灰、煤矸石、工业副产石膏、尾矿、冶炼废渣等大宗固体废弃物综合利用项目，农作物秸秆、废弃木材综合利用项目，建筑垃圾综合利用项目，废旧服装、包装废弃物综合利用等示范项目。

5.污染防治方面。主要包括：黄河中上游水污染防治规划内的重点工业污染治理项目，铬渣污染综合整治项目，工业清洁生产示范项目。

（二）资源节约和环境保护中央预算内投资补贴项目的支持条件

1.符合国家产业政策。不得申报项目主体属《产业结构调整指导目录》限制类、淘汰类项目，严格限制"两高一资"行业借机增加生产能力。

2.节能减排效果明显。项目内容以节能、资源循环利用、污染治理改造为主，实施后能够迅速形成显著的节能、节水、节材、提高资源利用效率和减少污染物排放的效果。

3.示范和带动作用明显。以推广潜力大的关键技术和推动试点工作为主，在行业内或某一地区具有较好的示范意义，对节能减排工作有较强的带动作用。

4.企业综合实力较强。承担项目的企业具有适度的经济规模，近三年经济效益较好，企业银行信用等级AA以上，资产负债率60%以下，项目资本金落实，企业净资产不低于所承担项目总投资。

5.投资规模较大。除重点工业污染治理项目外，节能项目总投资原则上3000万元以上，其他项目的总投资原则上应在5000万元以上（西部地区适当放宽）。

6.项目前期工作扎实。项目配套条件好，前期工作基本落实，能够保证按期开工建设。

（三）资源节约和环境保护中央预算内投资补贴项目的申报材料

1.上报的正式文件。

2.备选项目汇总表。

3.有关项目材料单行本（即项目资金申请报告）。

（1）由甲级资质的咨询设计单位编制的项目可行性研究报告及其论证意见。

（2）项目的备案、核准或审批文件。

（3）环保部门对项目环境影响报告书（表）的批复文件。

（4）用地证明（仅对需新征土地的项目）。

（5）自筹资金证明。包括：银行近期存款证明、经法定机构评估的项目前期资金投入证明和企业用款说明等。

（6）需要贷款的项目，需提供相应级别银行出具的贷款承诺函，或贷款合同、授信协议。对出具贷款承诺函银行的要求是：全国性银行需分行及以上级别，城市商业银行、农村信用联社需最高级别。对贷款合同、授信协议的要求是：合同或协议中应明确贷款或授信额度，用途应明确为固定资产投资或项目资金。

（7）申请补助 500 万元及以上资金的项目在可研报告中必须增加有关招标的内容。其中，不招标或者邀请招标的事项，务必在招标基本情况表中说明理由。

（8）项目实施单位对所附材料真实性的承诺声明。

（9）企业基本情况表。

（10）项目基本情况表（填写经济效益和社会效益情况，经济效益包括销售收入、利润、税金和创汇，社会效益包括节能量、节水量、资源综合利用量、污染物减排量等）。

4."中央投资项目编报系统软件"（软件及使用说明在国家发改委网站 http://tzs.ndrc.gov.cn/xmrjxz 下载最新版本）导出的项目库文件。

三、节能技术改造财政奖励项目申报程序

（一）支持范围和条件

《"十一五"十大重点节能工程实施意见》（发改环资〔2006〕1457 号）中确定的燃煤工业锅炉（窑炉）改造、余热余压利用、节约和替代石油、电机系统节能和能量系统优化等节能技术改造项目。项目符合国家产业政策，具备完善的能量计量、统计和管理体系，实施后年可实现节能量在 1 万吨标准煤及以上。前置否决的项目不在申报范围内。

前置否决分总体前置否决和分工程前置否决。总体前置否决适用于所有各个工程的项目，主要包括：(1) 项目承担企业经营状况和经济效益较差，不具备建设条件；(2) 以扩大产能为主的新建项目、非技术改造项目；(3) 项目改造所依附的主体装置不符合国家政策，已列入国家明令淘汰或按计划近期淘汰的目录，属违规审批或违规建设，未建成投产；(4) 项目建设内容不属于燃煤锅炉窑炉改造、余热余压利用、节约和替代石油、电机系统节能和能量系统优化五大工程；(5) 项目年可实现的节能量无法测算或监测，节能量小于 1 万吨；(6) 非直接节能或改造（产品或设备制造、节能技术产业化、管理节能类、变相新建）等。

分工程前置否决内容按项目工程类别不同分别设置，否决的项目包括：(1) 燃煤锅炉（窑炉）节能改造方面，建设内容以管网、换热站等基础设施为主的热电联产类项目，利用天然气、煤气等替代燃煤的项目，利用废弃生物质、非废弃生物质、秸秆、稻壳和其他废弃生物质代煤、掺烧，或以燃烧煤泥、煤矸石等劣质煤等替代燃煤的项目；(2) 余热余压利用改造方面，属于新建装置同步配套建设类（如新建水泥生产线配套建设纯低温余热发电项目，新建高炉、焦炉配套建设炉顶压差发电和干法熄焦项目），改造依附的主体政策限制类（如炉顶压差发电改造的高炉容积小于 450 立方米，改良焦炉如全燃烧式焦炉，矿热炉东部地区小于 25000 千伏安，中西部小于 12500 千伏安，烧结机小于 180 平方米等）的项目；(3) 节约和替代石油改造方面，粮食作物为原料（以玉米等粮食作物或农业油料作物为原料），原料来源未落实（生产替代石油产品，其原料来源不明确或难以落实），替代煤类（项目主要替代煤，而非替代石油）等项目；(4) 电机系统节能改造方面，高效节能电机生产及生产线技术改造，非电机及传动系统节能技术改造；(5) 能量系统优化改造方面，属于新能源类项目，如利用太阳能、煤层气等，但利用工业废弃物制沼气除外。

（二）申报材料

1.上报文件。上报文件后附节能备选项目汇总表，汇总表中注明项目建设内容、总投资、节能量、备案（核准或审批）文号、环评批复文号以及主要采用的节能技术等。项目建设内容应包括：项目名称、改造依托主体的生产能力或规格型号、本次改造的主要内容及节能效果，要求文字精练，不超过 200 字。

2.企业财政节能奖励资金申请报告。资金申请报告由正文部分和附件组成。正文部分包括：项目申报承诺表、企业基本情况表和项目基本情况表、企业能源管理情况、项目实施前用能状况、项目拟采用的节能技术措施、项目节能量测算和监测方法、其他需要说明的事项。附件包括：项目可行性研究报告，项目的备案、核准或审批文件，相应级别环保部门对项目环境影响报告书（表）的批复，企业能源管理制度、程序等文件，项目改造前后用能设备和能源计量设备清单等（资金申请报告编制提纲见附件）。

3.通过节能技术改造项目资金管理系统生成的电子文档（下载网址为 www.jjrjw.com）。

附件：节能技术改造财政奖励项目资金申请报告编制提纲

（一）企业财政节能奖励资金申请报告正文部分

1.企业基本情况表和项目基本情况表。

2.企业能源管理情况。

(1) 企业能源管理目标。

(2) 企业能源管理组织结构、人员及职责。

(3) 企业能源管理规章制度。

(4) 能源计量器具的配备及管理情况。

3.项目实施前用能状况。

(1) 项目实施前工艺流程和主要生产装置的规模（用文字和图表说明）。

(2) 项目实施前消耗的能源种类、数量。

(3) 项目实施前能源计量措施（文字、图表说明）。

(4) 项目实施前产品种类、数量和统计方法。

4.项目拟采用的节能技术措施。

(1) 项目实施节能改造的工艺流程和主要生产装置（用文字和图表说明）。

(2) 项目改造后拟使用的能源种类、数量。

(3) 项目改造后能源计量措施（文字、图表说明）。

(4) 项目改造产品种类和数量。

5.项目节能量测算和检测方法。

(1) 项目节能量测算的依据和基础数据。

(2) 项目节能量测算公式、折标系数和计算过程。

6.其他需要说明的事项。

7.项目申报材料真实性声明及法人代表签字。

（二）企业财政节能奖励资金申请报告附件部分

1.项目可行性研究报告。

2.项目的备案、核准或审批文件。

3.相应级别环保部门对项目环境影响报告书（表）的批复。

4.企业能源管理制度、程序等文件。

5.项目改造前后用能设备和能源计量设备清单。

第三节　项目管理

项目管理，简称“PM”，就是项目的管理者在有限的资源约束下，运用系统的观点、方法和理论，对项目涉及的全部工作进行有效的管理。即从项目的投资决策开始到项目结束的全过程进行计划、组织、指挥、协调、控制和评价，以实现项目的目标。

一、项目的备案、核准和审批

根据国务院《关于投资体制改革的决定》，投资项目分审批制、核准制和备案制。审批制，只适用于政府投资项目和使用政府性资金的企业投资项目；核准制，则适用于企业不使用政府性资金投资建设的重大项目、限制类项目；对于大多数企业投资项目，政府将不再审批，而是由企业自主决策，按照属地原则向地方政府投资主管部门备案，以便政府全面掌握投资意向信息，及时、准确地监测投资运行情况，适时发布投资信息，引导社会投资方向。对于投资项目的备案、核准和审批制度，可以从以下方面进行把握。

1.对企业不使用政府投资资金的建设项目，一律不再实行审批制，政府只对其中的重大项目和限制类项目进行核准，对其他项目实行备案制。

2.政府投资主要用于关系国家安全和市场不能有效配置资源的经济社会领域，用于加强公益性和公共基础设施建设、保护和改善生态环境、促进欠发达地区的经济社会发展、推进科技进步和高技术产业化。采取直接投资、资本金注入、投资补助、转贷和贷款贴息等方式，合理使用各类政府投资资金。对于企业使用政府补助、转贷、贴息投资建设的项目，政府只审批资金申请报告。

3.政府只是从社会和经济公共管理的角度审核企业的投资项目，审核内容主要是“维护经济安全、合理开发利用资源、保护生态环境、优化重大布局、保障公共利益、防止出现垄断”等方面。

4.《政府核准的投资项目目录（2004年本）》规定了核准制的适用范围。

二、项目竣工验收

按照批准内容建成，具备验收条件的中央预算内投资项目，应当及时组织验收，并办理资产移交手续。

（一）竣工验收的依据

经批准的项目可行性研究报告、环境影响评估报告、初步设计、投资计划、设备中标通知书，以及技术设备合同和说明书、有资质的注册会计师事务所出具的竣工决算审计报告等。项目实施过程中建设内容等若有调整，按照批准后的调整文件执行。

（二）竣工验收应当具备的条件

1.生产性项目和辅助性公用设施已按照设计要求建设完成，并能满足生产使用。

2.主要工艺设备及配套设施联动负荷试车合格，能够生产出符合设计文件规定的产品。

3.生产准备工作能够满足投产的需要。

4.环境保护、劳动安全卫生、消防等设施已按照设计要求与主体工程同时建成使用，并经有关主管部门单项验收合格。

5.项目技术资料按照要求归档，能够满足生产使用和维修的需要。

（三）竣工验收原则

凡项目建成，符合设计要求，并具备竣工验收条件的，由项目承担企业向项目批准单位提出验收申请。按照谁审批、谁验收的原则，由项目审批单位组织验收。

（四）竣工验收程序

成立由行业主管部门、财政、统计、环保、劳动安全、卫生、消防等部门组成的竣工验收委员会，由竣工验收委员会负责审查工程建设的各个环节，听取各有关单位的工作报告，审阅工程档案资料并实地查验建筑及公用工程、设备安装工程的质量和使用情况，并对投资、工程设计施工、设备质量和投资效益等方面做出全面评价。

（五）竣工验收鉴定

由竣工验收委员会向组织验收单位提出验收意见，验收组织单位据此做出验收鉴定，向项目单位发出《竣工验收鉴定书》。

三、项目实施管理

1.凡使用政府投资补助或贴息资金的项目，要严格执行国家有关政策要求，不得擅自改变建设内容和建设标准，不得转移、侵占或者挪用投资补助或贴息资金。

2.使用投资补助和贴息资金500万元及以上的项目，要严格按照项目审批单位核准的项目招标内容和有关招标投标的法律法规开展招标工作；其他使用投资补助和贴息资金的项目，也要按照国家有关招标投标的法律法规开展招标工作。

3.投资项目不能按计划完成确定的建设目标的，项目单位应及时报告情况，说明原因，提出调整建议。审批部门可视具体情况进行相应调整。

4.项目审批单位、有关行业主管部门和各级地方政府投资主管部门，依据职责分工，对使用投资补助和贴息资金的项目进行监管，保证政府投资资金的合理使用；项目单位应保证项目能够按照国家的要求顺利建设实施。

5.国家发改委按照有关规定对使用投资补助和贴息资金的项目进行稽查，财政、审计、监察等部门依据职能分工进行监督检查。

四、项目效果预测

到 2015 年末，甘肃省循环经济 72 类重点项目建成投产后，年可实现销售收入约 1634 亿元，利税约 317 亿元；实现节能 1084 万吨标煤，节水约 13 亿吨，减排气态污染物 8 万吨，减排 BOD 等废水污染物约 38 万吨；综合利用固体废弃物 1536 万吨，年卫生处理生活垃圾 144 万吨；年回收各类再生资源 260 万吨，综合利用再生资源约 150 万吨；新增清洁能源装机 635 万千瓦，年发电量 120 亿度。如果按照人均产值 100 万元估算，可提供直接就业岗位 15 万~20 万个。

到 2015 年，项目实施后对甘肃省万元 GDP 能耗降低的贡献率约为 58%，万元 GDP 水耗降低的贡献率约为 85%，提高工业固体废弃物综合利用率的贡献率约为 80%，对二氧化硫减排的贡献率约为 50%，对化学需氧量减排的贡献率约为 75%，资源综合利用、节能减排、节水效果十分显著。

第十三章　甘肃发展循环经济的支撑技术

循环经济技术涉及过程工程、环境工程、生物工程、系统优化、工业生态等多学科，包括绿色化学化工与清洁生产、废弃物资源化利用、产业生态链接、污染集成控制、系统优化集成等循环经济关键技术。

循环经济技术体系是在传统技术体系基础上的延伸与深化。从产业层次上看，循环经济技术要求延长企业和社会的技术链和产业链，实现技术的纵向延伸和横向扩展。

纵向延伸是指企业技术链条由过去的止于产品制成，向三个方向延伸。一是在生产的前端延伸，主要就是高效利用资源，提高资源利用效率，实现资源效率最大化；二是在生产过程中延伸，主要是全部利用生产过程中产生的废弃物，实现清洁生产和污染排放最小化；三是向产品报废后延伸，主要是回收、再使用、再生利用和无害化报废产品，使得产品报废后不是以对自然生态系统有害的形式被抛向自然界。

横向扩展是指企业技术体系从纵向深入向横向技术网络方向扩展。其一是企业技术体系从原材料加工和产品制造向产品的生态设计扩展，而且不使用有毒有害的原材料，使产品在“胚胎”形成期就具有易于回收和综合循环利用的先天特质，便于废旧产品的综合回收和再利用，以降低废弃物处理和再利用的成本，并在使用过程中具有环境友好和低消耗的特点。其二是与其他企业进行技术链接、向着跨行业循环经济联合体的技术网络方向扩展。包括使用其他企业或社会的废弃物或废旧产品为原料的技术开发，把自己的废弃物加工成其他企业或行业的原材料的技术开发等等。

在甘肃省全面实施循环经济发展战略，可应用的循环经济技术可分为推广一批成熟的先进适用技术、研发一批关键技术和产业化一批重要支撑技术三大类并同步实施。

第一节　推广一批成熟的先进适用技术

近年来，甘肃省在钢铁、有色、石化、建材等行业淘汰落后产能和技术工艺，大力推广应用成熟、适用、先进的新技术、新工艺和新设备，取得了显著的节能减排效果。

一、国家鼓励推广的循环经济先进适用技术

根据行业特点，目前我国重点发展循环经济的行业为钢铁、有色、煤炭、电力、化工、建材、制糖等高能耗、高污染重点行业，再生资源集散市场建设、再生金属利用等是发展循环经济的重点领域。国家已出台的重点行业循环经济支撑技术如表 13–1 所示。

表 13–1　重点行业循环经济支撑技术

重点行业	循环经济支撑技术
钢铁工业	1. 干熄焦技术
	2. 焦化废水处理及回用技术
	3. 焦炉高炉处理废塑料技术
	4. 高炉煤气干式除尘余压压差发电技术
	5. 转炉煤气干法烟气除尘及尘泥压块技术
	6. 冷轧含油乳化液回收技术
	7. 冷轧盐酸酸洗废液回收技术
	8. 能源管理中心技术
	9. 大间距无底柱分段崩落法采矿新工艺与低贫化放矿新技术
	10. 高炉喷煤技术
	11. 全烧高炉煤气锅炉发电技术
	12. 高炉煤气等低热值煤气燃气—蒸汽联合循环发电(CCPP)技术
	13. 双预热蓄热式燃烧技术
	14. 氧化铁皮回收利用技术
	15. 钢铁企业综合污水深度处理脱盐回用技术
	16. 含铁尘泥综合利用技术
	17. 焦炉煤气脱硫脱氰工艺技术

续表

重点行业	循环经济支撑技术
有色金属工业	1. 氧气底吹熔炼—鼓风炉还原炼铅新工艺及成套装置
	2. 有色矿山固体废物资源化技术
	3. 湿法炼锌高酸浸出—低污染黄钾钞矾法及其大型设备
	4. 冶炼业非稳态低浓度 SO_2 废气治理技术及设备(氨吸收法)
	5. 氧化锌渣脱除烟气中二氧化硫
	6. 开采大型低品位矿床的自然崩落法
	7. 低铝硅比一水硬铝石矿的利用——选矿拜耳法
	8. 选冶联合强化钴铜贫杂多金属矿综合回收技术及产业化
	9. 高效节能选矿新设备(万吨级高压辊磨机、大型浮选机及新型浮选柱)
	10. 有色冶金炉窑烟气余热利用
	11. 有色金属加工企业轧制油的回收技术
	12. 电解铝液生产变形铝合金铸锭
	13. 铜线杆连铸连轧技术
	14. 水平连铸—行星轧管生产盘管坯技术
	15. 铝及铝合金连铸轧技术
	16. 铝线杆连铸连轧技术
	17. 废旧充电电池的循环利用技术
石油和化学工业	1. 多元料浆气化制备合成原料气技术
	2. 黄磷尾气净化及提纯一氧化碳
	3. 氯乙烯尾气净化回收氯乙烯和乙炔
	4. 北方铁矿山尾矿中磷、钛的回收利用
	5. 非水介质法 DSD 酸氧化还原合成新工艺
	6. 液膜分离工艺从废水中回收酚、氰技术
	7. 3000 kw 炭黑尾气发电装置
	8. 高效节能低排放物料回收循环技术
	9. 2,3-酸生产废水的治理与资源化技术
	10. 2-萘酚生产废水的治理与资源化技术
	11. 树脂法处理 DSD 酸氧化工序生产废水及资源化技术

续表

重点行业	循环经济支撑技术
石油和化学工业	12. 苯肼生产废水的治理与资源化技术
	13. 氯化苯生产过程中副产盐酸的精制
	14. 邻甲苯胺和对甲苯胺生产废水的治理与资源回收
	15. 过程工业的节能与节水集成应用技术
	16. 硝基苯气相催化加氢生产苯胺技术
	17. 硝基苯萃取废水中苯胺的技术
	18. 苯酚丙酮装置分子筛催化剂生产工艺
	19. 有机硅装置膜分离回收氯甲烷技术
	20. 有机硅装置恒沸酸水解盐酸回收利用技术
	21. 丁苯橡胶装置苯乙烯废水再利用技术
	22. 硫黄回收技术
	23. ABS 废水压缩排污回收粉料技术
	24. 飞灰重熔技术
	25. 炼油厂含氢尾气膜法回收技术
	26. 聚乙烯装置尾气膜回收技术
	27. TL-500 型油气回收装置回收装车油气技术
	28. 催化裂化 CO 余热锅炉省煤器系统改造技术
	29. 催化裂化废催化剂磁分离回收技术
	30. 腈纶装置含氰工业固体废物的回收、再生技术
	31. 活性炭纤维有机尾气净化回收
	32. 催化干气蒸汽转化法制氢
	33. 利用催化烟道气生产液态二氧化碳
	34. 氮肥生产污水零排放技术
	35. 煤气发生炉监测与优化控制系统
	36. 造气生产优化控制技术
	37. ZWL 系列锥型煤气发生炉
	38. 组合式热管废热锅炉
	39. 全燃式造气吹风气余热回收系统
	40. 三废混燃炉
	41. 全燃渣循环流化床锅炉

续表

重点行业	循环经济支撑技术
石油和化学工业	42. 一氧化碳低温变换工艺技术
	43. 中低低变换工艺及配套设备
	44. 888 法脱硫技术
	45. 常温精脱硫工艺技术
	46. 合成氨原料气醇烃化精制新工艺
	47. 新型垂直筛板塔
	48. 电石渣综合利用制水泥
	49. 橡胶防老剂中间体 RT 培司清洁生产工艺
	50. 新型促进剂 TBSI 的生产技术
	51. 防焦剂 CTP 中间体生产中过量硫化碱的回收技术
	52. 废橡胶动态脱硫生产再生橡胶技术
	53. 再生橡胶生产尾气净化技术和装置
	54. 丁基橡胶高温连续再生技术
	55. 废橡胶再资源化技术
	56. 用脱硫石膏、磷石膏生产纸面石膏板
	57. 用磷石膏生产建筑石膏粉体材料及系列建材的技术
	58. 磷铵副产磷石膏制硫酸联产水泥新技术
	59. 利用磷石膏等废料生产多功能石膏砌块的技术
	60. 磷石膏制新型石膏建材技术
	61. 磷石膏制水泥缓凝剂生产技术
	62. 从染料废水中回收溴素
	63. 从染料废水中回收 2,4-二硝基苯酚
	64. 高纯规整分散染料晶型的生产技术
	65. 钛芯体Ⅲ效盐水浓缩回收技术
	66. 水基化农药新剂型技术
	67. 草甘膦与有机硅生产中的氯元素循环利用技术
	68. 密闭电石炉尾气热能利用及除尘技术
	69. 无钙焙烧红矾钠生产技术
	70. 红矾钠铬酸酐生产新工艺
	71. 20000 千伏安密闭电石炉炉气治理及综合利用
	72. 树脂吸附法处理氯化苯水洗废水及资源化技术
	73. 电石渣上清液循环利用
	74. 高电流密度自然循环复极式离子膜电解槽

续表

重点行业	循环经济支撑技术
煤炭工业	1. 薄煤层螺旋钻机在新汶矿区的应用
	2. 煤炭地下气化(UCG)技术
	3. 气动脱硫(AFGD)技术
	4. 煤矸石烧结砖生产技术
	5. 煤矸石发电技术
	6. 煤矿矿井水综合利用技术
	7. 平煤集团 1.5 米左右煤层高效开采技术
	8. 褐煤露天矿全煤矸石空心砖的生产技术
	9. 短壁综合机械化开采技术
	10. 两硬条件大采高综采技术
	11. 煤矸石在小型火力发电厂的应用
	12. 煤矿矿井水净化回用技术
	13. 用煤矸石生产新型墙体材料的自烧结技术
	14. 煤矿低位综放工作面老空区残煤回收装置的应用
	15. 煤矸石烧结空心砖技术
	16. 戊组动力煤改洗冶炼用肥精煤技术研究
	17. 寺河煤矿井下煤层气利用技术
电力工业	减少能源消耗:
	1. 电力工业与社会节能
	2. 循环流化床锅炉发电
	3. 城市生活垃圾发电
	4. 煤粉锅炉等离子点火及稳燃
	5. 高压变频调速系统
	6. 燃气脉冲激波吹灰装置
	7. 火电厂循环冷却水新型滤网
	8. 冷热电三联供系统
	9. 蓄冷空调技术

续表

重点行业	循环经济支撑技术
电力工业	减少水资源消耗：
	10. 火电厂节水
	11. 城市中水回用综合处理技术
	12. 全膜法水处理技术
	13. 中水回用于电厂的超滤膜处理技术
	14. 火电厂循环水电子—化学协合处理技术
	15. 燃煤锅炉干式排渣技术
	火电厂固体排放物的综合利用：
	16. 燃煤电厂粉煤灰综合利用
	17. 涡式粉煤灰分选机
	18. 涡流离心式气流颗粒分级机
	19. 烟气脱硫石膏综合利用
矿产资源采选业	1. 盘区机械化细砂水砂充填采矿技术
	2. 立式砂仓活化全尾砂高浓度连续充填技术
	3. 短壁机械化开采技术
	4. 厚煤层一次采全高长壁综采技术
	5. 急倾斜柔性掩护支架开采技术
	6. 特厚煤层分层开采技术
	7. 中厚与厚煤层短壁工作面综采技术
	8. 三下一上采煤技术
	9. 无底柱分段崩落法低贫化放矿方式
	10. 大参数多分段并行无(低)贫化放矿的无底柱分段崩落法
	11. 大结构参数无底柱分段崩落法采矿新工艺及高效凿岩设备
	12. 低贫化放矿工艺
	13. 缓倾斜中厚氧化矿体采矿方法参数优化技术
	14. 陆相水驱油藏剩余油富集区开采技术
	15. 铜铅锌锡矿细粒浮选新技术——粗粒的载体—中介助凝作用
	16. 复杂难处理富锗硫化氧化混合铅锌矿的选矿新技术
	17. 富含铁镍超基性岩体全组分利用技术
	18. 低品位金矿综合利用技术
	19. 低品位铁矿的综合开发利用技术
	20. 细粒嵌布磁铁矿磁筛高效利用技术
	21. 中低品位赤(磁)铁矿细筛—反浮选高效技术

续表

重点行业	循环经济支撑技术
矿产资源采选业	22. 微细粒级钛铁矿选矿技术与选钛装备
	23. 铜矿伴生金属综合利用新技术
	24. 旋流静态微泡柱分离方法及应用技术
	25. 立式螺旋搅拌磨机在金属矿山的应用
	26. 低品位钴锰共生矿浆电解技术
	27. 从碳酸盐型富锂卤水中提取锂的方法
	28. 难浸金精矿生物氧化预处理提金新技术
	29. 含砷难处理金银精矿的催化氧化酸浸湿法冶金新工艺(COAL法)
	30. 浸金液吸附解吸电解一体化装置
	31. 伟晶岩型钽铌矿伴生非金属矿的回收技术
	32. 氰化尾渣综合回收低含量有价金属研究与应用
	33. 铁矿尾矿综合利用及零排放技术
	34. 铅锌等有色金属冶炼废渣中铟等稀有金属综合利用技术
	35. 冶金矿山与钢铁厂废水电氧化气浮深度处理工艺
	36. 基于尾矿资源化综合利用的新型建筑材料
	37. 矿山尾矿全尾充填技术
	38. 淮南矿区瓦斯综合利用技术
造纸工业	化学法制浆技术:
	1.应用于化学制浆清洁生产的封闭筛选技术
	2.造纸工业草浆碱回收技术
	3.造纸黑液碱回收中直接生产沉淀碳酸钙新技术
	4.国内置换压榨双辊挤浆机技术
	5.PL 波纹板式多圆盘真空过滤节水洗浆技术
	机械法制浆(高得率制浆):
	6.APMP 制浆成套设备技术
	废纸制浆:
	7.废纸的再资源化利用技术

续表

重点行业	循环经济支撑技术
造纸工业	纸张抄造技术：
	8. 造纸机干燥部热泵干燥及废热资源化技术
	9. 高速膜转移施涂技术
	10. 造纸机的干燥部烘缸供热蒸汽引射器技术
	白水回收和废水处理：
	11. 废纸造纸废水封闭循环应用技术
	12. 超效气浮澄清器技术
	13. 涡凹气浮技术
	14. 同向流水处理技术
	15. FlooBed 好氧废水生物处理技术
	16. 废纸造纸废水的处理回用和零排放技术
	生物技术：
	17. 以纸浆废液为培养基生产微生物制剂用于污染土壤的生物修复
发酵工业	1. 资源化综合利用味精高浓度有机废水
	2. 玉米原料生产味精中、低浓度废水处理新技术
	3. 玉米浸泡水和谷氨酸离交尾液混合培养饲用酵母粉
	4. 谷氨酸发酵新工艺
	5. 小麦综合利用生产味精
	6. 谷氨酸发酵尾液生产有机无机复混肥料
	7. 谷氨酸发酵液生产新工艺
	8. 玉米原料味精生产废水的治理及综合利用
	9. 不锈钢膜用于味精生产新工艺
	10. 不锈钢膜用于赖氨酸生产新工艺
	11. 氨基酸发酵液的锯齿超滤膜分离纯化技术
	12. 赖氨酸离交废水生产蛋白饲料
	13. 玉米淀粉生产废水、废气、废渣、能源综合利用技术
	14. 玉米浸泡水生产复合饲料
	15. 冷凝水回用无离交废水结晶葡萄糖生产技术
	16. 玉米深加工过程中冷凝水封闭回收与综合利用
	17. 玉米淀粉及淀粉糖生产用水阶梯式循环利用技术
	18. 连续变温错流色谱提纯柠檬酸新技术
	19. “吸交法”提取柠檬酸新工艺工业化生产
	20. 发酵剩余资源的综合利用及沼气生物脱硫新技术

续表

重点行业	循环经济支撑技术
造纸工业	21. 蒸汽蓄热器在发酵工业中的应用
	22. 柠檬酸行业的树脂脱色技术
	23. 糖蜜原料生产高活性干酵母废水治理及综合利用
	24. 玉米浸泡水发酵法生产单细胞蛋白(饲用酵母)全干燥新工艺
	25. 燃料乙醇生产中的资源综合利用技术
	26. 酶制剂发酵残渣资源化处置及其农业利用技术
皮革工业	1. 氧化沟处理制革废水及废水回用技术
	2. 制革废水厌氧处理技术和硫回收系统
	3. 制革废水处理改进技术
	4. 新型清洁化脱毛浸灰技术
	5. 不浸酸高吸收铬鞣技术
	6. 制革脱毛废液、复灰废液和铬鞣废液循环使用技术
	7. 废铬液闭路循环使用技术
	8. 牛皮少污染、无污染脱毛工艺技术
	9. 清洁化牛皮制革技术
	10. 制革废弃物——铬鞣革屑制备皮革复鞣填充剂
	11. 不浸酸高吸收铬鞣助剂
	12. 制革污泥强制通风堆肥技术

二、甘肃省先进适用技术的推广应用

近年来，甘肃省为减少资源的浪费、保护生态环境、加快循环经济的发展，针对甘肃省的工业特色，在冶金、有色、石化、建材等行业积极淘汰落后产能和技术工艺，推广和应用了一批具有普遍推广意义的资源节约、能耗低的先进技术。制定了《行业生产技术要求》等，完成了多项科技攻关，促进企业实现技术进步，提高经济效益，推动产业结构的调整和循环经济产业链条的有机链接。

根据国家编制发布的《国家鼓励发展的资源节约综合利用和环境保护技术目录》、《国家重点行业清洁生产技术导向目录》、《重点行业循环经济支撑技术》

等，甘肃省的企事业单位自主研究开发了一批循环经济新技术、新工艺。如：金川集团国家镍钴新材料工程研究中心的生物冶金研究，已掌握了从筑堆、生物浸出、溶液处理到产出镍、铜、钴氢氧化物的整套工艺。甘肃省目前推广应用的部分先进技术如表 13–2 所示。

表 13–2　甘肃省推广应用的先进技术

行业	先进技术	关键作用
钢铁和有色行业	尾矿再选技术	回收尾矿
	生物冶金技术	贫矿资源的开发利用
	选冶药剂的绿色合成技术	污染防治、提高回收率
	冶炼废水治理及回用技术	水的处理、回用
石油化工行业	石棉湿法浮选改性工艺	资源再利用
	废旧轮胎低温粉碎制取精细胶粉的技术	资源化
	好氧生物处理高含盐废水技术	污水处理回收
	炼油污水回用技术、油田污水处理回注技术	工业废水回收利用
煤电化工行业	煤泥循环流化床燃烧固硫技术	三废治理
	煤矸石、煤泥综合利用技术	低热值能源利用
	热电联产技术	资源高效利用
	煤粉强化燃烧及劣质燃料燃烧技术	能源高效利用
建材及新材料行业	高掺量粉煤灰烧结空心砖(多孔砖)技术	粉煤灰利用
	节能型隧道窑焙烧技术	节能
	新型干法水泥生产技术	资源高效利用、节能
	新型干法水泥纯低温余热发电技术	余热利用
装备制造业	清洁能源开发与电网稳定性技术	清洁能源
	失效零部件修复和废旧机电设备再制造技术	节能、节材
	“电子垃圾”资源化单元技术与设备	资源回收利用
	绿色镀膜成套装备技术	污染防治
生态农业	超声波—大孔树脂提取洋葱黄酮类物质技术	节能、资源再利用
	农业节水技术集成模式建立和推广	农业节水
	厌氧发酵技术及大型沼气池“三沼”综合利用技术	资源回收利用及清洁能源开发利用

第二节 研发一批关键技术

基于本省的资源禀赋和产业结构，甘肃省在有色冶金、清洁能源、节水型社会建设等方面，目前尚有一些提高资源利用效率、优化清洁能源结构、完善“五化农业”模式等方面的关键技术还不太成熟，需要加大研发力度。

一、羰基冶金技术及羰基镍产业化示范研究

羰基冶金工艺是气化冶金技术的重要分支，其原理是利用Ⅷ过渡金属与一氧化碳反应，生成易挥发的羰基化合物进行分离提取金属的一种方法，普通镍氢电池的主要原料羰基镍粉就是使用该技术获得的。利用该技术可生产羰基镍粉、羰基镍丸等上千种性能独特的高质量产品，产品广泛应用于军工、粉末冶金、化工、电子、能源、航天、通讯、汽车及其他特种行业。

羰基镍（$Ni(CO)_4$）和羰基铁（$Fe(CO)_5$）络合物都是一种易挥发的液体，它们分别是利用金属 Ni 和 Fe，在一定温度、压力作用下，与 CO 气体反应而合成的。羰基镍（或铁）极不稳定，在较低温下极易离解成金属 Ni（或 Fe）和 CO，通过控制羰基化合物的热解温度、时间等，可以大批量制备出从纳米级到微米级，甚至到厘米级的包括零维（纳米、微米级颗粒材料）、一维（针状及丝状材料）、二维（薄膜材料）和三维（丸、包覆、梯度及空心材料）材料在内的形状不同、性能各异的镍（铁）产品。随着当前材料科学与技术的突飞猛进的发展，以这些形状各异、性能奇特的羰基镍（铁）产品为原料，可以研制许多性能优异的高新技术产品，它们在电子、化工、能源以及国防等领域中都有着广泛的应用前景和极大的市场需求。

我国从 20 世纪 50 年代末开始进行羰基法生产镍技术的研究，60 年代中期曾建设小规模生产厂，为军工和原子能工业服务，但由于工艺落后、技术装备水平低、环境污染严重、生产成本高，产品质量和品种无法满足市场的需求。甘肃省某企业公司于 2000 年 5 月开始羰基镍工业化生产技术的开发，“应用羰基法技术从铜镍合金中制取镍产品富集贵金属工艺”项目被列入国家“十五”科技攻关课题，并于 2003 年建成国内第一条完整的 500 吨/年生产线，先后生产出合格羰基镍粉、羰基镍铁粉和镍丸产品，成为全世界第三家掌握羰化冶金技术和工程化装备的公司，标志着中国全面掌握了羰化冶金这一国际先进技术，实现了镍产品的多样化，提高了镍铜矿中低品位铂族金属的回收率，为我国的电镀、超合金钢、航空工业、原子能工业等行业的发展提供质优价廉的原料，从而结束我国对羰基产品依赖进口、受制于人的被动局面。

应用羰基冶金技术这项技术，贵金属的回收率将提高 10%，同时，依靠这个生产平台可以开发出更多的产品。另外，甘肃省的企业集团还相继开发出了非金属化高镍锍加压浸出生产电积镍、低品位镍钴硫化矿生物冶金等 13 项具有国际先进水平的核心技术。羰基镍粉及其合金粉末是许多高技术、新材料的重要原料，在粉末冶金、催化、电子及新材料等领域有着极其重要的应用，2006 年全世界羰基镍制品用量已达 14 万吨/年，可以预期，随着新技术、新材料的快速发展，羰基镍的用量还在不断增加。

二、低品位、难选铜（镍）矿和锌矿的直接提取技术

我国铜保有储量虽然有 7000 万吨左右，但大部分是低品位、难处理矿石，用常规工艺方法不能经济有效地回收。几十年来，大量低品位氧化锌矿不能有效利用而被堆放和废弃。近年来，随着湿法冶金技术在我国的快速发展，不仅在铜的提取技术上取得突破，而且在低品位氧化锌矿的湿法冶金技术方面也有较大进展，从而使这部分矿石可以采用多种湿法冶金方法直接提取，而且生产成本大大低于传统的火法提取工艺。

通过近十年的研究，生物冶金技术在甘肃省有色金属低品位复杂难选矿的金属提取研究中取得了良好的成果。但针对甘肃省气候特点及矿产资源特性的生物冶金技术还未取得突破性进展，特别是高效、经济处理有色金属低品位矿的浸出—萃取—电积工艺（如生物浸出、堆浸、地下溶浸、搅拌浸出和溶剂萃取）等技术还未得到广泛应用。该课题旨在充分借助循环经济专题研究，以甘肃省大型骨干企业为依托，采用先进的湿法冶金工艺，逐步实现工业化生产规模，使我国的铜、镍和锌资源得到充分有效的利用。

三、铜冶炼废渣资源化关键技术集成研究及示范

目前我国铜产业存在三大问题，即冶炼原料的对外依存度仍在增加，高精产品仍不能满足需求，铜加工产业集中度不高。据不完全统计，国内目前各类铜加工企业 1200 多家，去年铜加工材产量近 750 万吨，平均每家产量仅 6200 吨，产量超过 10 万吨的在全国也不过 4~5 家企业。2008 年底，全国粗铜冶炼能力超过 310 万吨，比 2007 年增加 30 万吨，而国内自产铜精矿只增加约 5 万吨，与高速增长的冶炼能力极不相称，铜精矿对外依存度不断增加。此外，除内螺纹铜管以外，国内企业在其他品种特别是高精铜板带产品的质量、档次上总体没有大的突破，仍然靠进口满足国内需求。虽然在建、拟建生产规模较大，但是要形成现实的生产能力和达到预期目标，还需要经过较长时间的探索。

铜渣中含有大量的可利用的资源，现代炼铜工艺侧重于提高生产效率，渣中的残余铜含量增加，回收这部分铜资源是现阶段处理铜冶炼渣的主要目的。渣中的大部分贵金属与铜共生，回收铜的同时回收大部分的贵金属。这些废渣含铜高达 2%~3%；含锡少则 2%~3%，多则 5%~6%，还不同程度地含铅、锌，综合回收利用价值很高。几十年来对这种杂铜冶炼废渣的开发利用一直没能取得工艺上的突破，全国累计“储量”已相当可观，不仅导致资源的严重浪费，而且对环境构成污染。甘肃省在这方面准备依托本省有技术实力的公司开展铜冶炼废渣资源化的技术研发，从铜冶炼工艺配套优化、熔融渣还原生产铁合金工艺及装备、含铜耐磨铸铁或高硅铸铁中硫的脱除技术、二次渣综合利用技术四个互为依托、高度关联的方面开展技术研发及工程示范，建立铜冶炼废渣资源化循环经济系统。

四、节水型区域工农业复合循环关键技术集成

甘肃的节水技术可归纳为“蓄、截、节”，即陇东、陇中、陇西地区以蓄水保墒、集雨微灌技术为主，陇南地区以截流蓄水灌溉技术为主，河西走廊绿洲灌溉农业区以节水工程、节水管理、农艺节水体系建设为主。在具备发展“五化农业”（规模化、设施化、有机化、品牌化、循环化）条件、农产品深度加工业有基础和发展前景的甘肃定西市，通过节水灌溉技术、规模设施化种养技术、沼气与太阳能集成技术、沼液高附加值利用技术、马铃薯淀粉深加工生物技术、加工有机废物资源化利用和废水循环利用技术等多种技术集成，建设定西节水型区域工农业复合循环经济模式示范。

五、镍铜冶炼废渣资源化关键技术集成研究及示范

以金川集团为依托，在产渣源头环节，开展镍铜冶炼工艺配套优化技术研究，选择利于资源化的新渣型并减少产渣量；在渣的初级资源化环节，开展熔融渣还原生产铁合金的工艺及装备研究；在高附加值化环节，开展以含镍、铜、钴、硅的铁水为基础材料生产新牌号合金钢产品、工艺及钢材深加工工艺研究；在二次废物处理环节，开展镍铜熔融渣还原生产铁合金后二次冶炼渣利用技术研究。通过各环节关键技术集成实现完整的镍铜冶炼废渣资源化循环经济系统。

六、可再生能源风光互补关键技术集成研究及示范

风光互补是一套发电应用系统，该系统是利用太阳能电池方阵、风力发电机（将交流电转化为直流电）将发出的电能存储到蓄电池组中，当用户需要用电时，逆变器将蓄电池组中储存的直流电转变为交流电，通过输电线路送到用户负载处，是风力发电机和太阳电池方阵两种发电设备共同发电。风光互补发电站系统主要由风力发电机、太阳能电池方阵、智能控制器、蓄电池组、多功能逆变器、电缆及支撑和辅助件等组成一个发电系统，将电力并网送入常规电网中。夜间和阴雨天无阳光时由风能发电，晴天由太阳能发电，在既有风又有太阳的情况下两者同时发挥作用，实现了全天候的发电功能，比单用风机和太阳能更经济、科

学、实用。适用于道路照明、农业、牧业、种植、养殖业、旅游业、广告业、服务业、港口、山区、林区、铁路、石油、部队边防哨所、通讯中继站、公路和铁路信号站、地质勘探和野外考察工作站及其他用电不便地区。为了大力发挥甘肃省“风光”优势，计划开展大型风电场与大型光伏电场互补发电对电网的平稳输电和合理调度技术研究；开展在风电监控的平台上实现对光伏系统的监控、管理与维护技术研究，减少光伏发电的监控系统投入成本和维护管理成本；研发高效、环保、可循环利用的储能装置，配合风光互补发电上网。研究甘肃风力与日照资源分布，选择大型风光互补示范项目最佳实施地点，完成可行性研究报告和兆瓦级示范工程。

七、白银市太阳能综合利用研发、生产及应用示范

白银市年日照时数 2659 小时~3085 小时，日照率为 57.62%，重点研发光伏硅材料、晶硅太阳能电池、太阳能电池及组件制造装备等，建设研发试验及产业化示范基地。研发并推广为分散的气象台站、地震台站、公路道班、广播电视、公路铁路信号及太阳能阴极保护系统等提供电力的工业用光伏电源。太阳能研发成果产业化后，可实现产业转型，有利于资源枯竭型城市的可持续发展。

第三节　产业化一批重要支撑技术

近年来，甘肃省依托省内的大型企业以及科研单位的研发基础，开发了一批对甘肃省发展循环经济具有重要支撑作用的关键技术，已经取得了初步的中试成果，此外，在全国其他地区研发的先进技术也需要尽快在甘肃推广。

一、冶炼弃渣综合回收利用技术

支撑项目：冶炼弃渣（硬锌、锑烟灰）综合回收利用产业化项目。该技术利用真空蒸馏技术对硬锌进行真空蒸馏，使锌经蒸馏后直接成为 $2^{\#}$ 锌铸锭，铟、锗、银等稀贵金属则得到高倍富集后残留在渣中，并通过破碎、浸出、还原、熔炼、铸模、电解后得到精铟等稀贵金属。该项目产业化后，可将白银有色集团有限公司产生的硬锌及锑烟灰进行综合回收利用，每年可产铟 1.5 吨、金 5.3 千克、银 2.88 吨、铅 15.2 吨、锑 12.8 吨，既减少冶炼弃渣对环境的污染，又可创造可观的经济效益，还可带动相关产业的发展。

二、炉冶炼弃渣高效回收与尾矿资源化利用技术

支撑项目：白银炉冶炼弃渣中有价金属的高效回收与尾矿资源化利用产业化项目。“白银炉”炼铜法是我国唯一具有自主知识产权的铜冶炼技术与装备，白银公司铜冶炼弃渣是白银公司冶炼厂用“白银炉”炼铜过程中形成的“工业三

废”，主要由铜、铁、硅、硫等多种元素构成，目前约有650多万吨，同时每年仍以25万~30万吨的速度继续增加。本项目采用三段两闭路的破碎系统，两段两闭路的磨矿和一初选两次扫选三精选工艺，年回收铜金属3000吨、铁粉85万吨，年创利润3000多万元，不仅实现了对铜金属的高效提取，副产品铁粉全部得到利用，而且可解决近300名职工就业，具有良好的经济效益、社会效益和环境效益。

三、环保型固（脱）硫催化剂和添加剂产业化技术

支撑项目：年产20万吨固（脱）硫催化剂、10万吨添加剂生产线。目前，国内火力发电厂烟气脱硫工程大多是引进国外技术，且投资造价最低也在200元/kW以上。本项目利用甘肃省特有的凹凸棒石资源为主要原料，采用具有自主知识产权、国家科技成果重点推广计划项目、国家火炬计划项目的高新技术，扩建现有的8000吨催化剂、4万吨添加剂生产线。该技术可使火电厂烟气脱硫工程投资造价控制在200元/kW以内，一般固硫率可达60%左右，最高可达80%，并对高温下全硫的排放有较好的抑制作用。项目建成后，年实现销售收入17亿元、利润3.12亿元、税金2.21亿元。

四、金昌化工循环产业链链接技术

支撑项目包括三个子项目：其一，在一次盐水过滤中采用的“预处理+HVM膜过滤”技术是世界最新型高效的分离技术，每吨碱可节约3.5吨蒸汽，综合能耗（折标煤）降低37.3%，每年节能22.64万吨标煤。其二，采用干法乙炔工艺，节约一次水的用量，降低不含有氯根和钠盐的电石渣含水量，用于下游干法水泥生产线，保证电石渣制成高品位的水泥。该项目可减少乙炔气体排放量5000吨/年，节约成本9000万元，减排废水1700万吨/年，回收废盐酸量8万吨/年，减少排入大气的氯乙烯单体5580吨/年。其三，把CDM项目首次引入甘肃省水泥工业企业，工艺达到国内领先水平。每年减少电石渣排放量72万吨，节能1.07万吨标煤，减排$CO_2$41.81万吨/年。通过强调产业链的构建和延伸，使金昌市矿产资源开发利用向更高、更深层次发展，实现节约资源、培育和发展下游接续产业的目的。

五、啤酒麦芽加工新技术

支撑项目：采用生物技术建设大麦循环经济产业链项目。该项目以大麦、麦芽为主要原料，采用列入国家级星火计划项目的啤酒麦芽加工新技术体系研制与应用示范技术，产品为啤酒浓缩麦汁、固体麦精、单细胞微生物提取物、高蛋白饲料。其中，啤酒浓缩麦汁是啤酒新原料，固体麦精是新的食品原料，单细胞微生物提取物是以生产过程中的副产物为主要原料，经生物提取变废为宝、高值利

用，高蛋白饲料是以生产过程中的糖渣、残渣、麦根为原料，经固态发酵而成。麦芽的生产、加工及销售，通过 ISO9000 质量体系认证、ISO14001 环境体系认证。

六、废旧电池资源化技术

支撑项目：废旧电池资源化回收项目。运用具有国际先进水平的 MZP 法生产技术和国内领先水平的中南大学低浓度含锌液体萃取富集锌技术，采用闭路循环系统、封闭操作、负压加工生产和净化分离的全新工艺，掌握低浓度含锌液体萃取富集锌的先进技术。整个工艺从设计上已经完全避免了二次污染的产生，对废电池分解处理后，全部作为有价产品销售市场，真正实现环保、节水、节能。

七、微波萃取技术

支撑项目：中药材有效成分提取及固体废弃物综合利用项目。采用微波技术，选用高活性凝胶过滤与渗透色谱、大孔离子交换色谱、生物皂化、结晶、膜分离等生物新技术，实现低成本、高纯度中草药有效化学成分的生产。微波萃取技术具有高效、低耗、无污染的特点，被誉为“绿色”萃取技术，并达到国内领先水平。

八、废旧轮胎低温粉碎制取精细胶粉技术

支撑项目：废旧轮胎低温粉碎制取精细胶粉生产线建设项目。该技术采用常温和低温并用的粉碎工艺，即先在常温下将废旧轮胎粉碎至 50 目的胶粉，然后在低温下将 50 目的胶粉低温粉碎，制得 180 目~200 目精细胶粉，克服常温法下由于机械设备升温后胶粉交链，最大只能研磨至 80 目，且产品用途窄、性价比低的缺陷。该技术将液化天然气（LNG）冷能利用与废旧橡胶轮胎常温粉碎技术相结合，实现了冷能的有效利用，通过省级科技成果鉴定，技术水平达到国内领先，并已申请国家专利。

九、洋葱皮渣废弃物资源再利用技术

支撑项目：洋葱加工后皮渣废弃物综合利用项目。该技术以洋葱皮渣废弃物作为生产原料，采用“真空冻干法”和“气流对撞制粉法”等高技术，通过“洋葱皮渣废料—清洗杀菌—消毒漂洗—离心脱水—真空冻干—气流磨制粉（100 目~300 目)—计量包装—运输—出口”工艺过程，年产洋葱粉 3000 吨。该技术拥有自主知识产权，在国内处于领先水平。

十、粉煤灰生产新型油田固井减轻剂技术

支撑项目：综合利用废弃粉煤灰生产新型油田固井减轻剂项目。该技术选用超轻硅酸盐和粉煤灰作为生产新型油田固井减轻剂的主要材料，采用新材料及有

效混配，有效提高水泥浆的流动性、热稳定性和耐久性，降低失水，使新型油田固井减轻剂配置的水泥浆具有低密度、高强度的特性。该技术达到国内领先水平。

十一、葡萄酒酿造废渣提取技术

支撑项目：嘉峪关市 10 万亩葡萄种植节水及废弃物综合利用项目。该技术以葡萄酒加工废料葡萄籽皮为原料，提取葡萄籽油、原花青素、葡萄皮色素，葡萄籽油采取二氧化碳萃取技术进行提取，原花青素采取有机溶剂提取技术。提取技术成熟，前景广阔，达到国内领先水平。

第十四章　甘肃发展循环经济的资源支撑能力

天然来源的生产资料和生活资料我们称之为资源，资源是人类赖以生存和发展的物质基础，是全社会共有的财富，它关系到国家和民族的生存、发展与兴旺，关系到子孙后代的幸福安康。由于甘肃的自然资源禀赋，解决资源问题对甘肃当前及今后来说十分重要，决定了甘肃经济社会的可持续发展，特别是对甘肃省循环经济发展起着支撑和决定性作用。因此，有必要进一步了解和分析甘肃省资源状况，增强节约能源资源意识，从而更加明确建设资源节约型经济和社会的现实意义和历史意义。

第一节　水资源支撑能力分析

水资源，从广义来说是指水圈内水量的总体。包括经人类控制并直接可供灌溉、发电、给水、航运、养殖等用途的地表水和地下水，以及江河、湖泊、井、泉、潮汐、港湾和养殖水域等。水资源是发展国民经济不可缺少的重要自然资源，是世界上分布最广、数量最大的资源，也是世界上开发利用得最多的资源。水覆盖着地球表面70%以上的面积，总量达15亿立方千米，现在人类每年消耗的水资源数量远远超过其他任何资源，全世界用水量达3万亿吨。中国水资源总量少于巴西、俄罗斯、加拿大、美国和印度尼西亚，居世界第六位；人均水资源占有量仅占世界平均水平的1/4，排名在第110名之后。缺水状况在中国普遍存在，而且有不断加剧的趋势。全国约670个城市中，一半以上存在着不同程度的缺水现象，其中严重缺水的有110多个。

一、甘肃水资源现状及特点

甘肃淡水资源存在的形式有天然降水、地表水、地下水和冰川水四种。全省降水时空分布不均，大部分降水集中在夏季6月、7月、8月三个月，占年降水量的一半以上。年降水量在36.6毫米~734.9毫米。2008年年降水量为392.2毫米。全省多年平均降水量为276.9毫米，降水总量为1258.31亿立方米。其中：长江流域、黄河流域和内陆河流域多年平均降水量分别为599.4毫米、463.0毫米和130.4毫米，折合成降水总量分别为230.66亿立方米、675.50亿立方米和

352.15 亿立方米，分别占 18.3%、53.7%和 28.0%。

全省地表水资源主要来自分属长江流域（嘉陵江、白龙江、汉江），黄河流域（洮河、渭河、湟水），内陆河流域（疏勒河、黑河、石羊河）的三大流域 9 个水系，以及年径流量大于 1 亿立方米的 78 条河流，多年自产水资源总量为 282.14 亿立方米，多年平均入境水资源量 287.33 亿立方米，平均总计 569.47 亿立方米。多年平均出（省）境水资源量 482.34 亿立方米。平均年径流深 62.0 毫米。长江流域国土面积为 38370 平方公里，自产径流 100.36 亿立方米，占全省自产水资源量的 35.6%，是甘肃省相对地少水多，地高水低，地表径流相对丰沛的地区；黄河流域有国土面积 144519 平方公里，自产径流 125.16 亿立方米，占全省自产水资源量的 44.3%，是地多水少，地高水低，地表径流利用困难的地区；内陆河流域有国土面积 271100 平方公里，自产径流 56.62 亿立方米，占全省自产水资源量的 20.1%，是三大流域中面积最大，地表水最少，水资源不足，但却是利用最为方便的地区。全省水资源主要分布在嘉陵江和洮河水系，分别占全省水资源总量的 34.6%和 16.3%。

全省多年平均地下水资源量 109.855 亿立方米。冰川冰储量 786.875 亿立方米，折合水总量 669 亿立方米。

水资源的特点：（1）降水偏少、地区差异悬殊。（2）地表径流不足，且东多西少，中东部地高水低，西部径流利用方便。（3）河流含沙量大。（4）水资源年际间变化剧烈。连续丰水或连续枯水年的情况经常发生。（5）地下水资源面积广、水质好，可补充地表水的不足 。（6）高山冰川形成固体水库，发挥调节河西走廊地区径流的良好作用。

二、甘肃水资源利用情况

水资源的利用情况可从供水量、用水量以及耗水量的比较中加以分析。供水量指各种水资源工程为用户提供的水量，一般可分成蓄水、引水、提水、跨流域调水等地表水以及地下水和其他水源供水；用水量指分配给各类用户的包括输水损失在内的毛用水量，可进一步分成农业、工业、城镇公共、居民生活、生态环境用水；耗水量指在输水、用水过程中，通过蒸腾、蒸发、土壤吸收、产品带走、人畜饮用等各种形式消耗掉，而不能回归到地表水体或地下含水层的水量。从多年平均分析全省资源利用情况如下：

（一）从供水情况看

全省地表水供水占 3/4，地下水和其他水源供水占 1/4。在地表供水中，蓄水为 27%，引水 34%，提水 13.5%，跨流域调水 0.5%。结合全省水资源的分布情况分析，全省供水中的主要问题在于蓄水工程供水量偏少，调蓄能力偏低，特别是黄河流域蓄水工程供水量只占5%左右。

（二）从用水情况看

农业用水量大，工业产生废水多。2008年，水利为农业年供水量97.7亿立方米；为工业年供水量13.7亿立方米；为城乡生活年供水量6.9亿立方米。农业和工业用水占据主要位置。农业使用了大量的水资源，农田灌溉占用水总量的86.4%，耕地亩均用水量800立方米~1200立方米，不及全国的1/4。工业用水产生的主要问题是废水排放量大，排放达标率低。2008年达标率仅58.94%。亟须按照建设节水型社会的要求，把节约用水与污水治理结合起来，促进废水循环利用和综合利用，实现废水资源化。

（三）从耗水情况看

农业是甘肃省的耗水大户，农业耗水率高达85.8%，工业耗水率为5.9%，居民生活耗水率为5.2%，生态环境耗水率为1.8%，城镇公共耗水率最低，仅为1.3%。

（四）水资源短缺与粗放低效利用的状况并存

全省人均水资源占有量1052立方米，仅是全国人均水资源的1/2，而且地域分布相差悬殊。由于输水方式、灌溉方式、农田水利基础设施、耕作制度、栽培方式等方面的问题，农业用水的利用率很低，输水渠渗漏严重、大水漫灌等问题使水资源浪费严重。甘肃推广喷滴灌面积2.870万平方公里，微灌面积0.510万平方公里，管灌面积3.710万平方公里，分别占全省总耕地面积的0.5%、0.1%和0.7%，除微灌面积占耕地面积的比例达到全国平均水平外，喷滴灌、管灌的比例分别低于全国平均水平1.1和2.0个百分点。工业生产，单位产品用水量大，生产用水重复率低。甘肃省自新中国成立以来，水资源调查评价曾全面展开3次，每次评价成果都在证明水资源呈减少趋势。

三、甘肃水资源开发利用的主要做法

（一）大力开展水利工程建设，在“开源”上做文章，提高水资源的综合开发利用率

一方面陆续建成或正在建设了一批跨流域调水工程，如大通河水跨流域调至兰州永登县秦王川的“引大入秦”工程、酒泉市肃州区的“观山河”饮水工程、从青海省硫黄沟引水到金昌的“引硫济金”工程、从洮河引水的“引洮工程”、平凉市崆峒后峡引水工程等。另一方面通过实施“121雨水集流工程”、集雨补灌水窖以及徽成盆地、白龙江、白水江沿岸、礼县红河、西和县晚家峡灌区等一批水利灌溉工程和小型水库的建设，有效缓解了季节性干旱引起的人畜饮水困难问题，部分补充了农业灌溉用水。

（二）加强水资源的使用管理，在节流上做文章，提高水资源的利用效果

如：理顺水务管理体制，狠抓节水管理，调整优化用水结构；通过水权有偿转让等措施筹措资金，实施截源、蓄水、调蓄、供水、输水、节水工程建设；大力发展农民用水协会，建立了农民参与的节水管理新机制。其中，特别值得一提的是张掖市节水型社会建设所取得的经验，值得借鉴。

（三）加大水污染治理力度，在"水资源循环利用和保护"上做文章，提高水资源的重复利用率

各地区和部分企业纷纷上马污水处理项目，兴建污水处理工程，提高污水处理能力，实施污水回收利用。如：工业用水大户金川公司，通过新建和更新改造设施，工业废水基本能够实现零排放。兰州市为了保护母亲河流域水资源，提高黄河总体水质，制定了水污染综合治理项目，重点实施三大水污染防治项目：一是兰州市城市污水处理项目；二是兰州城市河洪道综合治理项目；三是兰州市城市垃圾综合治理项目等。

四、甘肃水资源开发利用存在的主要问题

据测算，目前甘肃省人均年用水量 471 立方米，高于全国的 430 立方米；人均年耗水量 280 立方米，高于全国的 236 立方米；农业灌溉定额用水为 598 立方米/亩，高于全国的 479 立方米/亩；工业用水重复利用率低，约为 37%，低于全国的 45%；工业万元产值用水量为 148 立方米，高于全国 91 立方米的水平；万元 GDP 用水量是 1300 立方米，高出全国平均水平一倍以上，也较北方一些人均水资源比甘肃少或相当于甘肃的省份如北京、天津、河北、山西、山东、河南、陕西、辽宁等明显要高。与国外相比，以色列与荷兰是两个淡水资源奇缺、人均水资源量也远低于甘肃省的国家，其在 1995 年每 1000 美元 GDP 用水量只有约 20 立方米，而甘肃省每 1000 美元 GDP 的用水量却高达 1000 立方米，相当于以色列或荷兰的 50 倍。甘肃省单方水的 GDP 产出量是 8.8 元，远低于全国 16.4 元的水平；单方工业用水产出的增加值为 21.7 元，同样低于全国 34.7 元和西北地区 32.1 元的平均水平。由此可知，与全国相比，甘肃省的用水效率指标呈现出"五高"、"三低"特征。即人均年用水量、人均年耗水量、农业灌溉定额用水量、工业万元产值用水量和万元 GDP 用水量均明显高于全国平均水平；而单方水 GDP 产出量、单方水工业增加值量和工业用水重复利用率又明显低于全国和西北地区平均水平。这反映出甘肃省用水水平明显低下，用水效率严重偏低，单方水效益十分不经济。

社会节水意识淡薄的问题仍没有从根本上得到扭转，节约用水、循环用水新技术的推广应用仍然比较缓慢。一是农业用水、城市绿化用水中喷灌、管灌、滴

灌等高新节水技术普及应用程度低，虽然部分地区实施了节水灌溉，但未能形成规模效应；大水漫灌现象在整体上并没有得到改善，加之渠系配套不完善，农业用水中的浪费现象依然十分突出。二是城市工业用水循环利用程度低，工业污水和生活污水处理力度偏小，水污染形势日益严重。三是居民节水意识不强，节水开关、省水卫生用具用品的使用比例不高，洗浴等环节生活用水浪费严重。

水利基础设施薄弱、建设资金短缺、水利工程建设步伐缓慢，严重制约了水资源的开源节流进度。资金投入力度不足，一方面限制了节约用水、循环用水新技术的推广应用；另一方面制约了水库等调蓄工程建设以及供水设施的完善配套，从而影响了地表水资源和地下水资源的开发利用。在兰州地区，地表水的利用量不足10%，地下水的利用量不及三分之一，蓄水工程供水量仅占用水总量的2.5%。

管理体制机制不健全，水资源分配利用监管不足，依法管理与保护水资源的工作不到位，水政执法力度不严，导致水资源开发利用中的无序化现象突出。在河西地区，由于无序开荒、无序移民、无序打井，地下水乱采、超采现象突出，导致地下水位下降，石羊河、渭河、大夏河等河流断流频次增多、断流天数增加，局部地区荒漠化、沙漠化趋势明显。平凉、庆阳等地河道乱挖滥采、乱堆乱放、非法取水现象逐年增多，对水资源的破坏性开采加剧了本就十分严重的水土流失现象，黄河流域每年流失水土5亿吨，造成生态环境的不断恶化。陇南地区大量民办公助形式的小水利工程由于缺乏统一规划和有效管理，存在着工程标准低、分布零散、易损率高的问题，因此，不仅生态环境效益差，且水资源开发利用的规模效益并不高。

五、甘肃提高水资源利用需要做的工作

目前，河西内陆河流域三大水系的综合开发利用率已达120%，黄河流域受国家分水指标的限制，考虑引洮等在建和已规划的工程，基本没有开源余地，长江流域虽然水源较为丰沛，但山大沟深，土地少而贫瘠，开发难度极大。因此，未来甘肃省水资源开发的潜力有限，发展循环经济，实现水资源可持续利用的重点应围绕水源保护和节约两方面展开。

一方面要进一步加大城市污水处理力度，不断提高水资源的循环利用能力。具体措施包括：一是继续健全城市污水处理设施，提高工业和生活污水综合处理能力。二是在有条件的大城市要鼓励开发和利用中水资源。所谓的中水，就是将城市污水和生活污水通过沉淀、过滤、加氯、消毒、混凝、澄清等多道工艺进行处理，达到一定的水质标准后，用于工业、农业、市政用水和回灌地下含水层等各个方面。中水的开发可以促使各种不同水质的水资源更加合理的利用，降低用水成本，使污水处理企业持续稳定地发展。三是促进城市污水管网的建设，解决好污水处理厂与管网配套的问题。四是逐步试行居民家庭生活用水和卫生洗浴用水两套管网供水系统。五是加大水污染事件处理力度，对污水未经处理或不合格排放的企业给予重罚甚至停产处理。

另一方面要大力推广张掖节水型社会建设试点经验，积极建设推进节水型社会，提高水资源的利用效率，实现水资源的可持续利用。一是建立健全水资源利用开发制度，规范水资源在各行业、各地区的使用，使水资源在各行业、各地区中分配均衡，避免某些地区或企业出现水资源过度利用或浪费的情况；二是加大水利执法力度，切实加强水资源管理，严格控制地下水开采，严厉打击浪费水资源行为，使水资源管理步入科学化、制度化、规范化的轨道；三是加快农业节水技术推广进程，加强灌渠防渗改造；四是要加快农业结构调整步伐，优化粮经草种植比例，大力发展优质高效节水型特色农业，积极发展耗水量小并具有环保作用的植物，处理好粮食作物和经济作物的关系，实现水资源合理分配和有效利用；五是做好重点缺水地区部分群众的移民安置，及时发放足额补偿金，确保他们被安置到合适的地区，解决好住房、子女上学等问题；六是加强节水宣传和水法教育，提高全社会的节水意识。

第二节　土地资源支撑能力分析

土地资源指目前或可预见到的将来，可供农、林、牧业或其他各业利用的土地，是人类生存的基本资料和劳动对象，具有质和量两个内容。在其利用过程中，可能需要采取不同类别和不同程度的改造措施。土地资源具有一定的时空性，即在不同地区和不同历史时期的技术经济条件下，所包含的内容可能不一致。如大面积沼泽因渍水难以治理，在小农经济的历史时期，不适宜农业利用，不能视为农业土地资源。但在已具备治理和开发技术条件的今天，即为农业土地资源。土地资源是在目前的社会经济技术条件下可以被人类利用的土地，是一个由地形、气候、土壤、植被、岩石和水文等因素组成的自然综合体，也是人类生产劳动的产物。因此，土地资源既具有自然属性，也具有社会属性，是“财富之母”。

一、甘肃土地资源的基本情况及特点

甘肃土地总面积 45.4 万平方公里，居全国第七位，人均占有土地量居全国第五位，耕地面积居全国第十一位，人均占有耕地 2.65 亩，居全国第六位。从东南到西北呈狭长状伸展，东西最长处可达 1655 公里，南北宽 68 公里~530 公

里，南北最窄处只有25公里，处于黄土高原、内蒙古高原和青藏高原的交会处。甘肃省土地可分为七个类型：（1）陇南山地南部湿润北亚热带；（2）陇南山地北部湿润、半湿润暖温带；（3）陇中黄土高原；（4）甘南高原；（5）祁连山、阿尔金山；（6）河西温带干旱荒漠；（7）河西暖温带极端干旱荒漠。

甘肃省土地按地形分，山地11.8万平方公里，占总面积的26%；高原13.4万平方公里，占总面积的29.5%；川地13.45万平方公里，占总面积的29.6%；戈壁沙漠6.8万平方公里，占总面积的14.9%。按主要地类面积及地类构成情况分：农用地25.41万平方公里，占土地总面积的55.90%；建设用地1.0万平方公里，占土地总面积的2%；未利用地19.08万平方公里，占土地总面积的42.1%。按土壤类型分：有黄褐土、灰褐土、黑垆土等40多种土壤类型。

土地资源的特点：（1）土地人均占有比全国人均水平高出一倍多，但多属于沙漠、戈壁、裸地、沼泽、永久积雪区等难以开发利用的土地。（2）土地广袤，农用地多，耕地不多，仅占农用地的18.2%，且土壤贫瘠，五等地约占54%左右，2/3为坡地，近90%的中低产田。（3）牧草地面积较大，占耕地面积的55.5%。（4）城市和城镇建设用地占土地总面积的数量持续增加。1997年为8812平方公里，2003年为10831平方公里，2008年为9767.33平方公里。（5）未利用地较多，占到土地总面积的41.98%。（6）土地荒漠化和盐渍化严重。甘肃省是全国荒漠化和盐渍化影响最严重的省份。荒漠化面积252.20平方公里，占总土地面积9.15%，占绿洲面积的19.60%，受盐渍化（原生和次生盐渍化）影响的土地接近3万平方公里，占总土地面积的6%，其中次生盐渍化耕地420万亩，占耕地的8%左右。

二、甘肃土地资源开发利用现状

（一）土地需求的构成和比例发生变化

建设用地、城镇及工矿用地增加，交通用地增加，城市化、工业化和土地利用之间出现矛盾。市场配置土地资源，实行招标拍卖挂牌出让，2008年土地总收益达到52.2亿元。

（二）土地总体利用效率不断提高，实现了耕地占补略有盈余

城市用地结构不尽合理，工业用地比例偏高，道路、广场、公共绿地用地偏低。例如，国际工业用地一般不超过城市面积的15%，而据2003年的统计，甘肃有8个城市超过这一比例，全省平均值也略高于当年全国21.49%的平均值，全省的15个城市工业用地占22.04%。节约集约用地的水平有待提高。

（三）耕地的自然生产力比较差

全省由于植被、水源、灌溉、耕作、土壤肥力等方面的原因，宜农耕地的自

然生产力比较差，土地中普遍缺锌和钼，部分地区少硼和锰。农药、化肥、地膜等大量使用以及养殖业畜禽粪便等造成土壤和水体的污染，工业“三废”污染土地进一步加剧。

（四）粮食生产稳定发展

粮食播种面积在2008年达到4024.49万亩，创造了总产量888.5万吨的历史最高纪录，连续多年实现了省内粮食供求的基本平衡。

（五）土地后备资源有一定的潜力

甘肃省未利用土地面积较大，后备资源较多，其中一些资源只要经过一定的改造措施，还可提供一定的可利用土地。

（六）生态系统向好的方向转变

由于注重土地利用变化对生态环境的影响，特别是林地、草地、水域的保护，林地、草地、水域占土地利用类型的比例有所增加，尤其是林地面积有了大幅度增加，1997—2007年林地增加面积达49.38万平方公里。有关人员对甘肃省2000—2006年生态系统服务的总价值所做的评价是，林地所占的比例达到61%以上，其次是牧草地达到21%以上，全省生态环境处于上升趋势。

三、甘肃土地资源开发利用存在的主要问题

（一）土地利用结构与布局不尽合理，土地利用效益低

长期以来，土地利用缺乏统筹规划和综合协调，土地利用结构与布局随意性较大。从全省土地利用现状看，农业用地中耕地、林地比例小，牧草地面积大。林地中包括有较大面积的疏林地、灌木林地和未成林造林地，每公顷森林蓄积量只有28.2立方米，为全国平均值的73.42%；牧草地中改良草地和人工草地面积比重很低，天然草地中50.8%为荒漠及半荒漠草场，草地质量差，产草量低，平均七八十亩地承载一个羊单位。耕地中旱地比例高，中低产田面积大，耕地单位面积产量较全国平均水平低47%。近年来果园发展较快，由于种植结构单一、品种老化，造成果品滞销，价格下跌。城乡建设也存在各自为政、分散建设、布局不合理的问题。陇海、兰新铁路沿线集中了较多的城市和集镇，各业用地矛盾较为突出，而南北部基础实施建设投资少，交通不发达，经济发展缓慢。

（二）重利用、轻保护，土地生态环境脆弱

由于对土地资源可持续利用缺乏应有的认识，不少地区对土地的利用经营粗放，重用轻养，忽视对土地的有效整治与保护，土地生态环境问题较为严重。据有关调查结果，全省因水蚀、风蚀、冻融等灾害引起的土壤侵蚀面积达39.54万平方公里，占土地总面积的86.9%。其中水力侵蚀面积14.81万平方公里，每年因水蚀而造成的土壤流量达5.79亿吨；沙漠及沙漠化面积1428.9万公顷。陇南、

陇东、陇中一些传统耕作区已垦殖过度，25度以上的坡耕地有28.43万公顷（426.41万亩），其中陇南地区就有15.19万公顷，占该地域耕地总面积的26.55%。广大旱作区陡坡种植、轮荒种植，广种薄收，土壤侵蚀严重；由于人口压力大，一些贫困山区陡坡地不能退耕还林还牧，土地生态系统难以向良性循环转化。部分林区采育失调，林地利用的生态效益下降；牧区草场超载放牧，草场大面积退化。河西内陆河流域水土资源开发利用不尽合理，常出现上游盲目开荒超量用水，下游耕地撂荒，缺水而弃耕的农田常受到沙化的威胁；井灌区过度开采地下水，使地下水位大幅度下降，沙生植被枯死，生态环境进一步恶化。近年来，工业"三废"污染土地进一步加剧。全省每年耕地受灾面积约140万公顷，成灾面积达100万公顷左右。

（三）土地利用短期和盲目行为多，资源浪费与破坏严重

甘肃省内不少地区对土地投入不足，或只重视化肥而不重视有机肥料，耕地土壤肥力有所下降。农村砖瓦厂为了短期的经济利益，不惜占用大量耕地。据统计，全省砖瓦厂用地4000多公顷，每年用于取土的用地667公顷以上，且大部分是耕地。有的地方不顾土层塌陷，掏沙卖钱，资源破坏严重。各类建设盲目用地行为较多，一定程度破坏和浪费了宝贵的土地资源。部分乡镇企业、市场建设缺乏科学的前期论证，盲目上项目，占用大量土地，建成后效益不好，或土地闲置不能还耕；一些项目多方投资，重复建设，建成后又面临原料不足，达不到设计要求；部分小城镇盲目扩大、超前用地，挤占周围的菜地和粮田；城市土地行政划拨仍占一定比例，部分企业、机关圈大院、多占地或占而不用；农民建房违法超占土地、川塬区违反村镇规划，在良田中间乱建房屋屡禁不止；一些乡镇企业置土地管理法于不顾，随意占用集体土地而不报批；各级政府越权批地也时有发生。

（四）土地整治有效投入少，基础条件改善缓慢

甘肃自然环境较差，要从根本上改变土地生产力低的现状，必须加大对土地整治的资金、物质、科技投入，努力改善基础条件，提高土地质量等级。多年来各级政府逐年加大投入，使基础条件有了很大的改善，但与全国的建设水平仍有很大差距。一方面国家对农村基础建设投入的资金有限，另一方面农民对土地的投入能力很低，而且目前农村大部分青壮劳力长期外出打工，许多年轻人不安于农业生产，务农的只剩下老人和妇女，农田基本建设质量难以保证。一些地方还存在边建设边毁坏的现象，基础建设速度缓慢，许多贫困及边远地区基础条件难以很快改善。省内大部分地、县财政困难，经费紧缺，中小城镇职工住房无力统建，形成城镇居民住宅也像农民宅基地一样一家一院，建筑混乱，不仅浪费土地

资源，而且给未来城市设施配套、旧城改造更增加了难度。

四、土地资源开发潜力

(一) 土地资源广度开发潜力

甘肃省河西走廊地势平坦、光照充足、热量丰富，除目前已开发利用的绿洲农耕区外，还有一定面积的可垦荒地资源。据有关部门的调查，河西走廊共有土质平地 120 万～133.3 万公顷，宜农一、二等荒地资源就达 45.2 万公顷，其中开发难度较小的有 28.6 万公顷。河西荒地资源的开发利用取决于水资源的开发，与大中型蓄水、引水、外流域调水工程紧密相关。现已有多项论证规划，部分水利工程正在建设；一些地区可适度开采地下水；通过实施各项节水灌溉措施，也可进一步扩大灌溉面积。河西及陇中北部还有 200 多万公顷沙地，所在地区光照充足，热量较丰富，如果能解决水源问题，发展沙产业也大有可为。

陇东、陇西及陇南地区目前尚未开垦的土地是一些坡度较大的荒坡、荒沟。结合小流域治理，可开发用于林业或牧业，一些背风向阳的荒坡地经整理后，可以发展经济林或人工草地，也可开垦出小片耕地，建设立体的用地结构，促进农林牧业的全面发展。继续拍卖“四荒地”使用权，有助于加快荒山、荒沟的治理和利用，取得较好的生态效益和经济效益。

甘肃省陇东、陇南、中部以及甘南部分地区分布有一定面积的河流滩涂，随着现有旱耕地逐年修建梯田、建设沟坝地，提高了土地的持水能力，河川径流量明显减少。通过对河堤的治理，部分滩涂可以稳定摆脱洪水危害，开发为耕地或园地。据统计，陇中中南部、陇东、陇南、天水一带河流滩涂共约有 7.33 万公顷，按其中 25%可以治理开发为耕地计算，可以增加耕地约 1.83 万公顷。

黄土高原区农民过去以居住窑洞为主，如今富裕了的山区农民开始在塬面、川平地上盖房居住，旧庄基地经整理复垦，可成为质量较好的耕地。近年来，陇东地区已复垦旧庄基地 0.2 万多公顷。省内部分富裕地区已开始实施农村小康村建设，村庄逐步归并后，部分旧庄基地可退建还耕。

(二) 土地资源深度开发潜力

甘肃省陇东、中部、河西地区的水浇地小麦亩产最高都能达到千斤，小麦玉米带田也都可以达到 750 公斤以上。而中部半干旱地区还有大面积亩产百斤左右的坡旱地，遇到大旱年份部分耕地颗粒无收。据土地利用现状调查资料，全省还有 283.33 万公顷坡旱地，占耕地总面积的 56.78%,是全省主要的低产农田。按照农业生态区域法计算，甘肃省中部定西、通渭一带的小麦气候生产潜力产量都在 250 公斤/亩以上，实际产量还不到气候生产潜力的一半。近年来，甘肃省为了促进粮食生产，实施旱作农业新技术，大力推广双垄沟播种植，在干旱、半干旱地区实现了平均亩产500公斤以上的粮食产量，说明土地资源深度开发还有很大潜力。通过改善农业基本条件、推广先进的耕作技术等措施，可以充分利用光照、热量和降水资源，进一步挖掘耕地的生产潜力；新上引水、调水工程可实现部分旱地改水地；粮食收购价格的提高也可进一步调动农民对土地投入的积极性，促进土地资源的深度开发。非农业建设用地内部也有一定的潜力可挖。全省农村居民点建设分散，用地规模较大，人均用地面积达到215.88平方米，超出农村150平方米的最高人均用地标准43.9%，通过村镇规划、土地整理，如能将人均居民地降至国家标准之内，可腾出13万余公顷土地用于建设，降低城乡建设新增用地规模，为发展循环经济提供更多的土地资源。

第三节　矿产资源支撑能力分析

矿产资源是指由地质作用形成，具有利用价值，呈固态、液态、气态的自然资源，属于非可再生资源。它是人类赖以生存和发展最重要的物质来源，更是社会生产发展的物质基础。矿产资源按其特点和用途，通常分为金属矿产、非金属矿产和能源矿产三大类。矿产资源的品种、分布、储量决定着采矿工业可能发展的部门、地区及规模；其质量、开采条件及地理位置直接影响矿产资源的利用价值，采矿工业的建设投资、劳动生产率、生产成本及工艺路线等，并对以矿产资源为原料的初加工工业（如钢铁、有色金属、基本化工和建材等）以至整个重工业的发展和布局有重要影响。矿产资源的地域组合特点影响地区经济的发展方向与工业结构特点。矿产资源的利用与工业价值同生产力发展水平和技术经济条件有紧密联系，随着地质勘探、采矿和加工技术的进步，对矿产资源利用的广度和深度不断扩大。

一、甘肃矿产资源的总体情况

截至2008年底，全省已发现各类矿产173种（含亚矿种，下同）占全国发现矿种数的74%。全省查明资源储量的矿种有99种，其中，能源矿产7种、金属矿产36种、非金属矿产54种、水气矿产2种。列入《甘肃省矿产资源储量表》的固体矿产91种，矿区829处，矿产地1084处（含共（伴）生矿产）。在已查明的矿产中，甘肃省资源储量名列全国第一的矿产有10种，居前5名的34种，居前10名的有60种。

甘肃省矿产资源的类型和种类：（1）能源型矿产资源。主要为石油和煤炭。（2）黑色金属矿产主要为：铁、锰、铬、钒等。（3）有色金属矿产主要为：镍钴矿、铅锌矿、铜矿、钨矿、锑矿、金矿和银矿。(4) 非金属矿产主要为：铸型黏土、饰面蛇纹岩、水泥用红（黄）土、伴生硫、重晶石、冶金硅石、菱镁矿等。

矿产资源的特点：(1) 矿种多，探明储量丰富，潜在价值较高。(2) 共(伴) 生矿产或组分复杂的综合矿床多。(3) 有色金属矿产探明矿种较齐全，品位富，易选冶。重要矿产，如铁矿、磷硫铁矿等贫矿多、难采、难冶，富矿少。(4) 常用矿矿产资源储量不足。基本有保证的只有镍、钴、铂、钨、菱镁矿、石棉、水泥灰岩、膨胀土、铅、锌、锑、芒硝等品种，约占常用矿的40%。探获资源储量的矿产以中小型为主，大型矿床少；一些常用大宗矿产，如石油、天然气、铜、硫等资源的储量不足，又存在结构缺陷。

二、甘肃矿产资源的开发利用现状

(一) 矿业及相关原材料加工制品业总产值占全省工业总产值比重大

2008 年其总产值为 2403.18 亿元，占全省工业总产值 3569.97 亿元的 67.32%。其中，矿业采选工业总产值 201.48 亿元，占全省工业总产值的 5.64%。

(二) 主要有色金属矿产品有持续增长的趋势

其中，2000 年至 2008 年，铝产量由 28.87 万吨增长到 95.77 万吨；镍产量由 4.29 万吨增长到 10.43 万吨；铜产量由 7.91 万吨增长到 36.72 万吨；锌产量由 17.59 万吨增长到 20.77 万吨，资源消耗速度明显加快。

(三) 矿产资源供需总量失衡

全省查明资源储量多数呈下降趋势。矿产资源可采储量仅占探明储量的 11%，低于全国 18.9%的平均值。截至 2008 年底，资源储量的 99 个矿种中，与 2006 年比较，有 49 个矿种的资源储量发生了变化，其中资源储量增加的有 24 种，减少的有 25 种，无变化的 50 种。据预测，今后，甘肃的主要优势矿产，铬 (冶金级)、煤、铁、铜、铅、锌、金、银、锰等矿产将出现短缺。只有镍、钴、铂族、钨、冶金用石英岩、熔岩灰岩等矿产可满足一段时间的需求。

(四) 矿产资源开采和综合利用率低

甘肃省的矿产资源成分复杂，伴生有大量有益组分，但在开采和冶炼过程中，伴生组分大多被废弃，使储量的最终开采利用率低、矿产资源综合利用率低。在甘肃省的几个大型的矿山中，只有 2%的矿山综合利用率在 70%以上。

(五) 矿产资源开采和冶炼压延加工业产生的污染较重

2000 年至 2008 年，废气排放由 2800 增加到 5685 亿立方米，增长 49.3%；固体废物排放由 1704.00 增加到 3199.12 万吨，增长 53.3%。2008 年烟尘排放量占了工业烟尘排放量的 25%。

（六）矿产品产业链短，深加工程度低

甘肃省许多矿产产业都存在结构单一、产业链条短、发展效益不高的问题。矿产品多属于初级产品，加工度不高，资源利用率低。例如，煤资源，很少进行洁净煤、型煤、水煤浆、煤化工、煤变油、煤制气等延伸产品的深加工，产品附加值低，行业发展水平也低。目前，全省铜、铝产量分别占到全国的9.69%和7.27%，但作为高附加值产品的铜材、铝材的加工能力仅占全国的0.14%和0.83%。有色金属加工产品总量远低于冶炼产品占全国总量的比重。

第四节　能源支撑能力分析

改革开放前，由于地域和国家产业布局的影响，形成了“甘肃输出资源、东部加工制造”的垂直分工，这种分工给过去甘肃经济带来了大的发展，这个发展结果也同时确立了甘肃经济今天的面貌。甘肃资源富集，是经济主要依靠能源和矿产资源的开发、加工生产而形成的主导产业为主、其他产业为辅的省份。能源和矿产资源的开发加工能力相对较强，土地资源和水资源状况相对较弱，各种资源的不断开发利用，形成并提高了甘肃省的生产力水平，创造了大量的物质和价值，以能源原材料加工产业的发展，影响和带动了其他产业的形成和发展，带动了整个经济社会各个方面的不断发展和进步。2008 年度，甘肃省“工业百强”中资源型企业占到 89%，占百强主营业务收入的 92.1%，在全省经济中起到了中流砥柱的作用。

甘肃也是一个人均资源贫乏的省份，生态环境脆弱，人均资源不但拥有量少，而且资源配置不够理想，大多数资源开发利用难度大，且存在着供需矛盾和部分资源的短缺，全省经济的增长依赖资源，在相当大程度上是靠资源中的能源和矿产资源换来的。特别是能源和矿产资源的高开采、高消耗和储量的变化，产业发展的层次较低，初级产品较多，深加工的不足，已成为甘肃省资源主导产业今后快速发展的一大瓶颈。能源和矿产资源产业的发展，土地和水资源的开发利用，综合在一起考虑，必须有一个新的更好的模式来推动甘肃省经济的发展。

一、甘肃能源生产消费现状及特点

甘肃省能源的特点：（1）能源消费结构以煤炭为主，油、气、电为辅。（2）本省生产的能源不足，消费量超过生产量。（3）工业是用能大户，占能源消费总量的 75%，占煤炭消费的 87%，占电力消费的 77%。（4）能源的生产：石油以加工为主；电力以火电发电为主，水电发电为辅。风力发电刚刚起步，并呈加速发展的态势。

表 14-1　2008 年能源主要产品生产情况表

项　目	单　位	数　量
能源生产总量	万吨标煤	4096.55
原煤	万吨	3976.99
原油	万吨	365.15
原油加工	万吨	1384.63
汽油	万吨	289.45
柴油	万吨	594.71
煤油	万吨	49.58
燃料油	万吨	20.02
焦炭	万吨	243.13
发电总量	亿千瓦时	690.22

表 14-2　2008 年能源消费情况表

项　目	单　位	数　量
能源消费总量	万吨标准煤	5373.06
万元生产总值能耗	万吨标准煤	2.01
电力消费总量	亿千瓦小时	677.76
万元生产总值电耗	千瓦小时	2539
农、林、牧、渔、水利业消耗	万吨标准煤	257.53
工业	万吨标准煤	4007.1
建筑业	万吨标准煤	68.5
交通运输和邮电通讯业	万吨标准煤	344.47
商业、饮食、物资供销和仓储业	万吨标准煤	63.09
生活消费	万吨标准煤	538.81
其他	万吨标准煤	92.67

二、甘肃资源开发利用情况

甘肃省是一个资源大省，资源型产业在国民经济中占有举足轻重的地位并具有相对优势，基于矿产资源和能源的开发利用形成了甘肃的原材料工业，形成了甘肃以煤炭、有色和黑色冶金、石油加工和化学工业等为主导的现代化工业体系，并在甘肃经济的发展中发挥了重要的作用。甘肃的经济发展对矿产资源的依赖尤为突出，矿业产业在国民经济所占的比重和贡献率远高于全国平均水平。矿业资源在甘肃经济结构尤其是第二产业中居于主导地位，在第三产业相当大的部分也是由矿业所产生的产业链效应形成的。资源，尤其是矿产资源开发利用问题，是甘肃经济社会可持续发展的关键问题。

（一）甘肃省资源产业的地位

甘肃省资源产业为全省经济社会做出了重要贡献。2008 年全国 GDP 为 300670.00 亿元，甘肃为 3176.11 亿元，占全国的 1.06%。甘肃省第一产业产值为 462.27 亿元，生产税净额为 0；第二产业产值为 1471.43 亿元（其中，工业为 1221.66 亿元、建筑业为 249.77 亿元），生产税净额为 378.90 亿元；第三产业产值为 1242.41 亿元，生产税净额为 66.98 亿元。第二产业生产总值占全省生产总值的 46.33%。全省工业总产值结构中，重工业占 83.64%，轻工业占 16.36%。据统计，石化、冶金、煤炭、电力、建材等 8 个资源性产业工业增加值占全省 70%，实现利税占全省工业的 80%。说明资源类产品具有相对的优势地位，能源和原材料资源类产业为甘肃省经济社会做出了较大的贡献，在甘肃省经济社会中发挥了重要的作用。同时，资源产业是甘肃的主导产业，带动和支撑着甘肃产业和经济社会的发展与进步。

（二）甘肃省能源的现状

2000 年至 2008 年这段时间四个年份的可供消费能源总量、能源消费总量、进出口量以及一次能源生产量、工业消费量如下表：

表 14–3 甘肃省能源现状（2000—2008） **单位：万吨标准煤**

年度	可供消费能源总量	其中:一次能源生产量	进口量	出口量	能源消费总量	其中:工业消费量
2000	3012.5	1914.59	2226.01	778.92	3011.62	1924.89
2005	4367.67	3605.12	2793.02	2124.21	4367.67	3195.43
2007	5109.29	3985.59	2975.20	1968.59	5109.29	3840.28
2008	5400.19	4096.55	3498.79	2080.38	5373.06	4007.1
八年增长	56%	114%	57.2%	167%	78.4%	108%

从上表可以看出：①能源消费总量呈快速增长态势，其增长速度超过了能源供给总量增长速度 22.4 个百分点。②能源进口量快速增长。2005 年比 2000 年增长了 25.5%，2007 年比 2005 年增长了 6.52%，2008 年比 2007 年增长了 15%。③工业能源消费占能源消费总量的比重在不断加大，从 2000 年的 64%，2005 年的 73%，变为 2007 年的 75%，2008 年的 75%。工业占能源消费的总量大、比例高、增长快。在能源消费总量中，2008 年各产业所占比例分别是：第一产业占

7.6%，第二产业占 75.9%，第三产业占 4.8%。第二产业所占比很大，这与发达国家中能源消费总量中第二产业的比例一般为 30%～40%的情况相比，甘肃省第二产业的能源消费比重明显偏高。④能源供给构成上，进多出少，主要常用能源总体是“大进大出”的格局。

在甘肃省能源结构中，煤炭所占比例过高。煤炭在甘肃省一次能源生产和消费中占有中心地位，煤多油少是能源禀赋结构的基本特点。世界主要能源消费国的能源消费结构中，石油一般占 40%左右，天然气一般占 22%左右。据有关资料显示，到 2020 年煤炭占世界一次能源的比重达 28.1%，重新成为第一能源。甘肃省产业和产品结构的调整、优化，对优质能源的需求越来越大，以煤炭为主导的能源结构，在一定程度上制约了产业、产品结构的调整和企业效益的提高。

（三）甘肃省主要资源与全国资源现状的对比

甘肃省的主要资源与全国的情况相比较，可以使我们较为直观地看到甘肃省在主要资源上的优势、特色、缺乏和不足，使我们可以在循环经济发展中，能够更加主动地结合省情、结合国情，扬长避短，发挥比较优势，发挥资源优势，走科学发展的道路，走协调发展的道路，走可持续发展的道路。

我国能源结构以煤炭为主体，煤炭消费占能源消费总量的比例长期维持在 70%左右。甘肃省能源结构也是以煤炭为主体，2008 年煤炭消费（标准煤）占能源消费总量的 62.67%；煤炭进口量是出口量的 105.6%；进口量占可供量的 41.4%。我国 2008 年生产原煤 27.93 亿吨，甘肃省生产原煤 0.40 亿吨，占全国的 1.43%。全国生产原油 18972 亿吨，甘肃省生产 365.15 亿吨，占全国的 1.92%。

我国 2009 年万元生产总值能耗（吨标准煤 / 万元）为 1.10 。甘肃 2009 年为 2.01，比全国平均水平高出 83%。万元 GDP 能耗比全国平均水平高 60%，万元工业增加值是全国平均水平的 2.4 倍。

我国电力总装机已逾 8 亿千瓦，火电、水电和风电分别占电力总装机的 75%、21.5%和 1.5%。甘肃省电力装机 1538 万千瓦，火电、水电和风电装机所占比例分别为 59.5%、36.3%和 4.2%，发电量所占比例分别为 67.6%、31.5%和 0.9%。

甘肃省水资源只有全国平均的 22.8%，居全国第 27 位；人均水资源量 1152 立方米，是全国平均水平 2048 立方米的 56%，是世界水资源量的 1/8，居全国第 22 位。比国际上公认的水资源紧张警戒线（人均 1700 立方米）低 1/3，已接近国际人均 500～1000 立方米重度缺水界限，其中黄河流域人均只有 750 立方米。甘肃省耕地亩均水资源 395 立方米，不及全国平均的 1/4，农田灌溉占用水总量的 86.4%。

甘肃省风能资源总储量为2.37亿千瓦，技术可开发量在4000万千瓦左右，位居全国第五位。甘肃省是全国太阳能资源最丰富的地区之一，尤其是河西地区，年太阳能可利用总天数280天，年太阳辐射总量6680MJ/m^2～8400MJ/m^2，相当于日辐射量5.1kWh/m^2～6.4kWh/m^2

三、加快资源优势向经济优势的转变

目前，甘肃省正处在工业化、城镇化发展的重要阶段，也是实施《循环经济总体规划》的起步年。资源的消耗强度高，消费规模不断扩大，供需矛盾越来越突出，资源对经济增长的约束强度越来越大，靠过度消耗资源和牺牲环境支撑经济增长，难以持久，我们要从现有的资源优势出发，以调整经济结构和转变经济发展方式为根本途径，加强资源管理，合理配置资源，高效利用资源，调整需求结构，坚持资源的开发节约并重，节约优先的原则，着力提高经济增长的质量和效益，使资源优势加快向经济优势转变，实现经济的可持续发展和又好又快发展。

（一）推动和引导资源在产业间进行科学配置

根据甘肃省的资源禀赋和经济发展水平，强化资源管理，推动和引导资源在产业间配置，充分挖掘各类资源的潜力，使资源的开发利用尽量能够循环，通过循环形成具有竞争优势的产业，形成节约型增长方式，坚持节约发展、清洁发展、文明发展，努力使甘肃省的经济发展走上科技含量高、经济效益好、资源消耗低、环境污染少、人力资源优势得到充分发挥的新型工业化路子，实现可持续发展。

（二）科学发展资源产业

资源的利用在经济社会生活中是相互关联的，资源的数量和承载力是有限的，甘肃省的各种主要资源均处在一个对甘肃省人均资源来说并不富裕的状态，资源的开发利用水平不高，生产方式落后形成对资源的浪费，要求我们必须综合运用经济、法律、市场机制和必要的行政手段，对资源进行科学合理的配置。现在，一些资源性城市和产业的早衰现状，启示我们，为了可持续发展，必须及早寻找新的发展模式，寻求新的增长方式，发展替代产品或产业。我们必须充分把握大力发展循环经济的机遇，充分利用国际国内两种资源和两个市场，创造更加有利于甘肃省资源特别是能源矿产资源产业发展的局面。我们要以更加广阔的思路，利用我们资源的优势和存量，积极发展风能、太阳能、生物质能等新能源，积极发展战略性新兴产业和高新技术产业，积极发展生态农业和水利事业等，通过这些发展优化资源结构，促进资源节约，提高资源转化效率，以循环经济的发展支撑经济的快速发展，带动甘肃省产业结构的优化和转型升级。

（三）争取资源产业主导下的经济多元化发展

改革开放以来，甘肃能源、原材料工业的生产能力已经有了较大发展，甘肃资源的基本状况也发生了较大的变化，各类主要资源有升有降、有增有减、有优有劣，资源和经济两者开始出现既有相适应的一面，又有不相适应的一面，一些矛盾和问题开始逐步显现，但是，能源、矿产资源产业的主导地位并没有改变。虽然省内部分矿产资源不足，能源、原材料工业的主体已经开始由过去的“一头在内、一头在外”向现在的“两头在外、中间在内”的经济模式逐步转变。有的能源加工产业的原料主体已经开始出现“大进大出”的状况。这些情况的出现和发展方式的变化，改变了传统的发展方式和模式，但是，也并没有改变甘肃经济在全国经济一体化中的分工和定位。以往的经济模式和发展方式，保持了我们经济的发展继续建立在以往对矿产和能源资源的过度依赖，经济结构“单一化”，这些都不利于甘肃经济在市场经济条件下产业的效益最大化，以及经济可持续的健康、协调、稳定发展。在这种形势下，立足于甘肃经济的现状，立足于甘肃的资源，在资源问题上，一方面我们要进一步搞好矿产和能源资源的开发利用，把产业做好、做大、做强，尽量延伸产业链；另一方面，我们要搞好资源的节约，形成全社会自觉节约资源的体制机制。通过这样两个方面的努力，使甘肃省经济能够在全国经济产业链的分工中占据更加有利的位置。

（四）资源开发利用的新支撑、新方向——循环经济

资源产业是支撑甘肃经济发展的主导产业，经济发展和资源问题，是一个既要满足当代人的需要，又要考虑子孙后代的相互关联的一个问题的两个方面。发展需要资源，但无论哪里的资源都不是无限的，资源只有节约才能持久利用，资源只有用好了才能支撑发展，这就向我们提出了一个问题，我们应该有一个什么样的发展，什么样的经济，才能够达到科学发展、可持续发展、节约发展、清洁发展、文明发展，建设资源节约型、环境友好型社会。怎样抓建设，怎样抓发展？现实的选择，就是发展循环经济。循环经济以“减量化、再利用、资源化”为基本原则，以低消耗、低排放、高效率为基本特征，是促进人与自然的协调与和谐的经济发展模式，其本质上是一种生态经济。发展循环经济有着重要的战略意义，它既是缓解资源约束的根本出路，能够最大限度地减少资源消耗和废弃物的产生，将废弃物转化为资源，也是支撑甘肃省经济可持续发展的现实要求。循环经济强调在社会生产流通消费和产生废物的各个环节循环利用能源，发展资源回收利用产业，提高资源的利用率。它强调构筑“工业食物链”，通过对废弃物进行回收利用、无害化及再生的方式，达到资源的永续利用，促进经济社会的可持续发展，表现出“低开发→高利用→低排放”的特征，这可以大幅度提高资源

的利用率。循环经济不仅是一种全新的经济发展模式，也是一场物质变换的革命，更是一种新型的人与自然的关系。甘肃省的资源和资源现状已经使我们看到，只有通过合理配置各种资源要素，发展循环经济，实现循环经济主导下的产业的循环，实现资源优势→产业优势→产品优势→竞争力优势→经济优势的优势循环，使资源和国民经济都能够同步得到发展，为社会各方面带来更大的经济效益和社会效益。我们只有依靠科技进步，发展与循环经济相关联的产业，建立基于循环经济下的多元共进的产业结构，走上一条既要发展资源型产业，又不依赖资源型产业的多元化的、新型的全面发展道路，甘肃经济就可以形成新的优势。

第十五章　甘肃发展循环经济的保障措施

循环经济是甘肃发展的必由之路，采取循环经济发展模式是甘肃的基本省情、发展的特定阶段所决定的，也是历史的必然。现在发展的蓝图已经绘就，关键在于抓好落实。落实好国务院批复的《甘肃省循环经济总体规划》，需要方方面面切实可行的措施加以保障，只有这样才能实现把甘肃建成全国循环经济省级示范区的目标任务。

第一节　甘肃循环经济的法规政策保障

发展循环经济是一项长期的历史任务，不仅需要相应的法律、法规对发展循环经济的权利义务做出明确规范，而且还需要具有完善的循环型工业、循环型农业、循环型城市和循环型社会等循环经济体系的专门支持政策。全国循环经济省级示范区的建设需要完备的循环经济法律体系和政策体系。

一、法律法规保障

循环经济立法已经初见端倪，今后要认真贯彻落实《循环经济促进法》，加快建立和完善甘肃省相关法规规章，依法推动循环经济发展。甘肃省已制定出台《甘肃省节约能源法实施办法》、《甘肃省生态保护条例》、《甘肃省资源综合利用条例》、《甘肃省节约用水条例》，在此基础上，进一步研究出台《甘肃省循环经济定量考核实施办法》、《甘肃省促进政府绿色采购及居民绿色消费实施办法》、《甘肃省废弃容器和包装物回收利用管理办法》、《甘肃省废旧家用电器回收、拆解和利用办法》、《甘肃省商品包装管理办法》、《甘肃省废弃建筑材料回收管理办法》、《甘肃省废旧轮胎回收利用办法》等，明确生产、销售、回收和使用单位以及消费者在循环经济方面的法律义务。

二、政策保障

（一）甘肃省发展循环经济的优惠政策

1.价格政策。完善促进循环经济发展的价格和收费政策，更好地发挥市场在配置资源中的基础性作用。加快推行居民生活用水阶梯式水价制度和分质定价制度，逐步提高城市污水处理费征收标准，合理确定再生水价格，提高水资源重复利用水平，推进中水回用。加大实施峰谷电价力度，严格执行差别电价政策，对国家淘汰和限制类项目及高能耗企业严格实行差别电价。

2.财政政策。甘肃省财政设立促进循环经济发展专项资金，用于支持循环经济示范试点，新能源和可再生能源开发利用，资源综合利用新产品、新技术推广，循环经济宣传、教育、培训和表彰奖励等。对省内循环经济试点企业，视具体情况，采取项目资金支持、亏损补贴、财政贴息等政策。财政和环保部门安排排污费项目补助资金时，在符合原则的前提下，优先对循环经济类项目进行支持。在推进循环经济项目、技术、产品研发方面，对企业循环经济类的开发项目，采取项目前期研发经费补贴的政策。对废弃物资源化的工艺设备开发、技术改造，实行科研、实验费用的补助政策。对应用先进能源利用设备的，实行设备投资补贴政策。

3.投融资政策。把发展循环经济作为政府投资的重点领域，加大资金支持。各级政府在确定投资重大项目时，单列循环经济项目计划，对循环经济重大项目和技术开发、产业化示范项目，给予直接投资、资金补助、贷款贴息等支持。制定政策引导企业和社会资金投入循环经济项目。开展形式多样的国际交流与合作，开拓国际援助渠道，争取利用国际资金和技术援助及优惠贷款，支持循环经济发展。

4.废弃物利用政策。鼓励企业循环利用资源，鼓励发展资源再生产业。废弃物排放单位要向利用单位提供必要的条件，以便利用。对未经加工的废弃物，不得向利用单位收取任何费用；对经过加工处理的废弃物，按照利用单位效益远大于排放单位效益的原则，经双方协商一致后，排放单位方可收取一定费用。利用财政资金建设项目及财政资金补贴项目，在同等条件下优先考虑利用废弃资源生产产品的项目。企业利用废弃物生产的产品，按照国家规定享受相应的税收优惠政策。

5.政府采购政策。研究制定政府绿色采购的政策措施，将节电、节油、节煤、节水、节材、资源综合利用等产品列入政府采购目录。政府优先采购绿色产品，简化包装，减少一次性产品的使用，引导和鼓励绿色消费，在全社会营造健康节俭文明的生活消费理念。

（二）国家支持甘肃省发展循环经济的政策

循环经济发展涉及各个产业，包括经济社会发展的诸多领域和各个方面，要成功推动循环经济发展，政府在起步阶段实行强有力的支持政策予以鼓励和引导是必不可少的。国家《循环经济促进法》对制定激励措施支持循环经济发展做出了明确规定，国内外的大量实践也充分表明了这一点。甘肃的循环经济发展面临着不少困难和问题：一方面，甘肃是一个典型的资源型省份，“两高一资”的结构特征明显，资源利用水平不高的问题突出，部分循环经济指标即使与全国平均水平相比仍存在不小的差距，循环经济发展示范工作量大面广、任务艰巨。另一方面，甘肃是一个欠发达省份，经济基础差，实力薄弱，财力非常有限。在这样的条件下发展循环经济，建设循环经济示范省，国家在政策措施上应给予大力的支持。

1.国家在循环经济重大项目布局上，对甘肃省优先安排。对循环经济专业基地内的项目，在符合产业政策和项目相关管理程序的情况下，加大支持力度。

2.优先支持甘肃石化、有色、建材、钢铁、清洁能源等优势产业结构调整，形成新的原材料基地，推进工业结构优化升级，并对循环经济产业链项目适当放宽产业规模。

3.国家制定产业振兴规划实施方案、引进先进技术和实施自主创新重大项目等，向甘肃循环经济专业基地予以倾斜，并在重大关键技术和设备引进方面给予支持。

4.适当放宽中央预算内基建投资项目资金额度限制，适当提高中央预算内基建投资专项补助资金比例。

5.继续加大对甘肃节能技术改造项目支持力度，加快推广节能新技术。

6.国家对甘肃省循环经济专业基地的基础设施、水利、交通、生态环保、社会事业等公益性项目，加大支持力度。

7.完善矿山环境治理恢复保证金制度，资源型企业按政策规定足额提取矿山环境治理恢复保证金，由企业自提自用，自主按政策规定用于矿山生态环境的恢复治理，支持资源循环利用产业等。

8.按照有关办法的规定，由甘肃省和有关机构发起设立甘肃循环经济产业发展基金。具体方案由国家发改委协调有关部门和甘肃省制定。

9.支持在甘肃省实行环境税试点，具体办法由财政部、国家税务总局会同有关部门制定。

10.国家财政在实施支持节能减排、新能源开发、环境保护等方面的政策中，重点向甘肃省循环经济专业基地倾斜。

同时，2010 年 5 月 2 日国务院办公厅下发的《关于进一步支持甘肃经济社会发展的若干意见》（后简称《若干意见》），可看做是对 2009 年 12 月 24 日国务院批复的《甘肃省循环经济总体规划》的配套支持政策，因为《若干意见》自始至终贯穿着生态保护和循环经济的重要理念和内容。

甘肃省将建立健全政策措施协调落实机制，对国家出台支持本省循环经济发展的政策措施认真研究，根据各项政策的具体内容，由牵头部门负责，相关部门配合，明确工作责任，制定实施细则，认真做好组织落实，充分发挥国家支持政策对循环经济发展实际工作的有力推动作用。对贯彻落实中存在的问题和困难，及时向国家有关部门提出解决措施的建议。

第二节　管理保障

循环经济管理是循环经济制度的实现形式和组织方式，发展循环经济应发挥各类组织和公众的作用，形成全社会共同参与管理的体制。加强循环经济管理是循环经济健康发展的保障，必须把加强循环经济管理作为一项系统工程，贯穿于发展循环经济发展过程的始终，只有用管理制度来约束企业和公民的行为，才能使发展循环经济工作规范化、经常化和制度化。

一、完善许可制度和排污权交易制度

制定排污总量控制制度，合理确定甘肃省污染排放总量控制指标，实行排污许可制度，明确允许的污染物排放数量，对超标排放企业给予经济和法律方面的严惩。逐步建立和完善排污权交易市场，开展排污权转让交易，使环境容量得到优化配置。

二、建立自然资源有偿使用制度与生态补偿制度

按照资源有偿使用的原则，严格征收各类资源有偿使用费，完善资源的开发利用、节约和保护制度。按照“污染者付费”的原则，严格足额征收排污费，促使企业主动治理污染。按照“谁开发，谁保护；谁破坏，谁恢复；谁受益，谁补偿”的原则，建立生态补偿制度，通过财政转移支付，支持自然保护区、湿地、水源涵养区等生态地位重要区域的生态产品和生态建设与环境保护。

三、健全废弃物回收制度

明确生产企业和消费者在废弃物回收利用方面的责任，工业废弃物和产品包装物由生产企业负责回收处理；建筑废弃物由建设和施工单位负责回收处理；城市生活污水、垃圾的回收处理，由当地政府负责，排放单位和居民缴纳集中处理费用。

四、推行押金返还制度

在省内循环经济试点城市推行干电池、饮料罐、包装材料回收处理押金返还制度，积极探索从源头减少废弃物产生，促使产品生产者和消费者共同承担保护环境责任的有效机制，达到回收处理或安全存放废品的目的。

五、强化政府行政监察制度和监督管理制度

将发展循环经济与环境保护工作紧密结合，严格执行建设项目环境影响评价

和“三同时”制度，严格控制污染物排放总量，加强对企业废弃物排放和处置的监督管理，降低排放强度。鼓励有条件的企业自愿开展环境管理体系认证。加强对行政决策的跟踪监督，按照“谁决策，谁负责”的原则，建立健全决策责任追究制度，达到权责相统一。加强对循环经济法律法规规章执行情况的监察监督，督促有关部门在建设项目审批中认真执行审批程序，严格把关。

六、完善统计考核制度和奖惩制度

建立和完善循环经济统计评价和以物质流账户为主的循环经济评价指标体系，改变自然资源估价不足、环境资源零价消费问题。实行银行绿色信贷措施；进一步扩大水资源费征收范围并逐步提高征收标准；提高城市污水处理费征收标准，开征城市生活垃圾处理费；对一些重点行业实行相关定额管理，明确单位产量（产值）的能耗、水耗标准以及主要污染物排放限额。完善促进循环经济发展的奖惩制度，对循环经济发展先进单位和个人予以奖励，对浪费和破坏资源、严重污染环境的行为予以曝光，并加大处罚力度。

第三节　科技保障

科技是基础，人才是核心。科技进步是经济发展的根本动力，先进适用的循环技术和设备是发展循环经济的基础条件。为适应循环经济发展的要求，将节能降耗、清洁生产和再生资源回收利用等作为技术创新和技术改造的重点，加强循环经济标准、创新和服务体系建设，积极完成一批循环经济重大研究项目，努力搭建循环经济便捷信息平台，为甘肃省循环经济发展提供强有力的科技保障。

一、制定和完善标准体系

加快制定甘肃省循环经济评价考核指标体系以及甘肃省循环经济示范企业、生态工业示范园区、农业示范园区、绿色社区、示范城市等评价考核指标体系，以及重点行业清洁生产评价指标体系和有关污染控制标准。制定高耗能、高耗水及高污染行业市场准入和评价标准，完善主要用能设备及建筑能效标准、重点用水行业取水定额标准、主要耗能耗水行业节能节水设计规范。制定发展循环经济的技术导向目录，建立和完善产品绿色标志、强制性产品能效标志、再利用产品标志。制定《甘肃省产业结构调整指导目录》及重点行业的产业政策和准入标准。

二、完成一批重大研究项目

（一）金昌市循环经济模式研究

2009 年 2 月，国家循环经济调研组在甘肃省调研期间，提出了建立发展循环经济的金昌模式。该课题旨在围绕发挥金川集团公司技术和人才优势，充分利用本地硫资源、盐资源、煤资源、石灰石和电力资源，以有色金属为载体，以硫酸、氯碱、电石法 PVC 等产品为关联，以硫化工、氯碱化工、羰基化工等为主线，形成地区化工循环产业链，进一步加强固体废弃物、废水、废气的综合利用，使矿产资源的开发利用向资源开发利用的更高、更深层次发展，实现节约资源、培育和发展下游接续产业的目的，提升产业层次，促进经济转型，全面推进金昌的工业化进程。

（二）水资源高效利用研究

甘肃省是一个水资源十分短缺的省份，水资源时空分布不均，水资源短缺、生态环境压力加大已成为全省发展循环经济、实现经济社会可持续发展的重要制约因素。该课题旨在借鉴张掖市开展节水型社会建设试点成功经验，通过构筑与水资源承载能力相适应的经济体系、与水资源优化配置相适应的工程体系、与节水型社会相适应的水资源管理体系等三大体系，建立“总量控制、以水定产、定额管理、公众参与、水权流转、城乡一体”的节水型社会建设体系，实现水资源优化配置，以有限的水资源支撑经济社会的可持续发展。

（三）酒泉清洁能源开发与电网稳定性专题研究

该课题旨在研究风电出力特性及负荷相关性、电网调峰能力与风电调度模式、风电接入对电网的影响以及风电开发相关政策等，切实解决风电开发规划与电网不相适应、风电大规模接入电网存在巨大困难、风电功率预测与控制技术、酒泉千万千瓦风电如何在整个西北电网内消纳等问题。

三、建立技术创新体系

加大对循环经济技术研发和推广的支持力度，提高技术支撑能力。鼓励科研机构和企业开发减量化、再利用、资源化、资源替代、共生链接和系统集成等方面的实用技术。加强对资源能源消耗高、污染严重行业和地区的物质流动和物质代谢规律的研究，推广有利于循环经济发展的物质代谢重组技术。鼓励高校、科研单位与企业开展多种形式的产学研联合。大力发展信息、生物、环境无害化、资源替代、资源再利用等高新技术，不断提高循环经济技术支撑能力和创新能力。

四、强化咨询服务体系

积极支持建立循环经济信息系统和技术咨询服务体系，及时向社会发布有关循环经济技术、管理和政策等方面的信息。充分利用现有环境科研、服务机构和社会团体的力量，开展循环经济信息咨询、技术推广、宣传培训等。成立甘肃省发展循环经济咨询委员会，为循环经济发展提供技术咨询和指导；鼓励支持有实力的大企业在异地设立研发机构，加强循环经济新技术新产品研究开发。

五、搭建便捷信息平台

建设甘肃省循环经济信息平台，包括循环经济技术研发平台、信息共享平台、交流平台。其中，技术研发平台主要为企业发展循环经济提供技术支持，包括项目策划、可行性研究、产品开发、产品检验、应用技术开发、试验研究、合作交流、科技成果转化与应用、人才培养、技能培训等。信息共享平台主要建设甘肃省循环经济信息网、甘肃省清洁生产网、甘肃省资源再利用网等网站。交流平台主要为企业提供信息交流服务，包括国内外企业发展循环经济的信息、经验、技术等，以加强政府、科研机构、中介组织、企业园区及公众之间的联系。建立甘肃省循环经济论坛，定期举办循环经济讨论会与专家咨询会。

第四节　组织保障

发展循环经济，是一项跨地区、跨部门、跨行业的系统工程，循环经济要顺利推进，组织保障至关重要。各级党委、政府都要加强对循环经济工作的组织领导，部署工作任务，完善工作机制，明确工作责任，狠抓工作落实。通过有效的组织协调，切实做到政策到位、措施到位、行动到位，紧紧围绕循环经济发展和结构调整、发展方式的转变，使甘肃循环经济发展形成良好的工作格局。

一、加强组织领导

国家发展改革委员会成立甘肃省循环经济发展协调领导小组，对列入《甘肃省循环经济总体规划》的重大项目和有关政策进行统筹协调。

甘肃省建立由政府主要领导任组长，分管领导任副组长，有关部门主要负责同志为成员的甘肃省发展循环经济工作联席会议制度，研究决定和安排部署循环经济发展重大事项，协调解决重大困难和问题。联席会议办公室设在省循环经济发展主管部门，办公室主任由省政府主管领导担任，循环经济发展部门主要负责同志任副主任，负责组织召开联席会议，对联席会议确定事项进行督促落实，定期向联席会议报告循环经济工作的进展情况。

二、强化宣传教育

利用广播、电视、报纸、书刊、杂志、网络等宣传媒体，广泛宣传发展循环经济的方针政策、法律法规和先进典型，引导全民培养绿色消费、文明消费、节约使用、循环利用的消费模式和生活方式，不断提高资源节约意识，营造“节约光荣、浪费可耻”的社会风尚，为发展循环经济营造良好的社会氛围。把节约资源、保护环境纳入中小学教育、职业教育和技术培训体系。充分发挥工青妇等群众团体作用，广泛开展资源节约宣传和实践活动。建立政府与民众在环境问题上的有效沟通渠道，定期公布有关信息，为群众参与监督执法及表达见解建议创造条件。开展社区绿色功能配置、绿色宣传、物品绿色交换、住宅绿色装修、居民绿色生活服务等工作，提高居民的环保意识。

三、发展社会中介组织

借鉴国内外发展循环经济的经验，鼓励成立社会中介组织，充分发挥社会团体对促进循环经济发展的作用。成立甘肃省循环经济发展监督机构，对生产企业的原料来源、生产过程、销售后果等实行监督。成立甘肃省物资循环利用联合会，联合省内废弃物回收利用企业，组织开展纸张、金属、家电、塑料、包装材料等废旧物资的回收利用。

四、建立健全突发环境事件应急机制

成立甘肃省突发环境事件应急指挥部，负责领导和组织协调全省突发环境事件应急工作，有效应对涉及公共危机的突发环境事件，保障公众生命健康和财产安全。应急指挥部由省政府主管副省长任总指挥，省政府主管副秘书长和省环保部门主要负责同志任副总指挥，省公安、财政、建设、交通、水利、农牧、林业、卫生、气象等有关部门和单位的主要负责同志为成员。应急指挥部下设办公室，负责应急指挥部的日常工作，发生重大突发事件时，及时了解并向应急指挥部报告情况，提出处理建议，按照省应急指挥部的指示，组织协调、落实全省突发环境事件应急工作。各市州、县区市政府由主管领导负责，组建与省级机构相对应的应急指挥系统。

他 山 之 石

第十六章　德国的循环经济

循环经济的实践起步于20世纪80—90年代，在德国、日本等发达国家已逐步形成较为系统的实践活动。中国的循环经济是借鉴德国“循环经济与废弃物管理”、日本的循环型社会等理论和经验的基础上提出的一种经济发展模式。分析研究这些国家发展循环经济的实践做法和制度支撑，对我国发展循环经济有着重要的现实意义。

第一节　德国发展循环经济的原因

德国在循环经济实践方面堪称“世界之最”，不仅是世界上循环经济发展水平最高的国家之一，而且是实践循环经济最早的国家，其理论研究与实践独树一帜，形成了具有德国特色的循环经济体系。

一、德国循环经济简介

1972年，德国颁布的《废弃物处理法》在循环经济实践道路上开启了历史先河。德国1991年通过的《包装条例》，成为首部按照“资源—产品—再生资源”的物质循环思路，要求生产者负责废弃物回收和利用的法律，该法随后成为欧盟制定包装标准的重要依据，从此掀起了包装废弃物再生利用的革命。德国率先建立了以“绿点”为标志的双向回收再利用系统（DSD）。1994年颁布、1996年实施的《循环经济与废弃物法》，使得循环经济与企业发展和民众生活休戚相关。该法不仅将原有的物质闭路循环思想从包装问题扩展到所有的生活垃圾方面，而且还促进了德国向循环经济物质流管理阶段的转型。此外，德国DSD对废弃物回收处理体系周密的设计和高效的运行为世界各国所称道。其“绿点”标志在170多个国家得到法律保护，并获得了欧盟和世界贸易组织的认可，已成为世界上使用最多的环保标志之一。法国、英国、比利时等欧洲国家也于1995年后纷纷效仿德国，开始建立废弃物回收再利用系统。1996年，欧盟包装回收再利用组织在布鲁塞尔成立。

二、德国发展循环经济的动因

德国之所以发展循环经济，一是受国内环境的压力。二战结束后，德国致力于经济的恢复和发展，造成生产消费不断扩张、生态环境日益恶化以及自然资源的日趋紧缺，迫使德国开始关注资源使用效率和废弃物科学处理问题。二是受国际环境的影响。1962 年，美国学者蕾切尔·卡逊的《寂静的春天》引发了人类对自身传统行为的深刻反思。1970 年，在美国举行的保护地球环境游行，标志着人类开始高度关注地球环境问题。1972 年，米杜斯等学者发表了《增长的极限》研究报告，首次正式向世界发出了警告。同年，在瑞典斯德哥尔摩召开的联合国人类环境会议，发表了《人类环境宣言》，将环境问题纳入世界各国政府和国际政治事务议程。这些都引起了德国对环境问题的高度重视，促使德国率先发展循环经济。从德国相继颁布的法律和法规来看，德国循环经济起源于“废弃物经济”，但随后却不断向生产和消费等领域扩展，最终超越了传统意义上的“废弃物经济”范畴。德国在城市中所实施的废弃物“零排放”、播撒环保“绿点”、营造生态“绿洲”等一系列环境保护措施，都以全新的理念诠释着德国循环经济的发展。

三、德国循环经济渐趋成熟

德国是欧洲国家中循环经济发展水平最高的国家之一，它的循环经济系统正变得越来越成熟。在德国，循环经济意识已经深入人心。由于政府、企业和国民的密切合作，循环经济已发展成为德国的一个重要行业。官方统计数字表明，德国垃圾再利用行业每年要创造 410 亿欧元的价值。在德国，所有生产行业产生的垃圾被重新利用的比例平均为 50%，其中一些行业如包装生产和玻璃生产行业甚至达到 80%。德国冶金行业产生的矿渣 95%都得到重新利用；废旧钢铁的回收率也很高，2002 年有 2000 万吨废铁被重新利用；废旧汽车再利用率不断提高，到 2006 年废旧汽车的再利用率达到 85%；另外，废电子产品、废纸、废油、废玻璃，甚至淤泥等的再利用率都在不断提高。

第二节　德国循环经济的具体实践

德国循环经济的规模已经十分可观。2000 年，德国 50%的生活垃圾得到了再利用，包装纸和废旧玻璃的回收率达到 80%，废纸回收率达到 60%，建筑废物回收率 90%，而冶金行业产生的 95%矿渣与 70%以上的粉尘和矿泥已被重新利用。德国废旧汽车再利用率不断提高，2006 年废旧汽车的再利用率达到 85%。这些数字尽管是相对比例，但是，由于德国经济的绝对规模较大，德国循环经济的绝对规模也相应较大。

一、生活垃圾废弃物处理

这里所说的生活垃圾废弃物是指生活垃圾通过回收利用处理已无价值的部

分。在德国，州政府负责管理和监督生活垃圾废弃物的收集和处理，1993 年德国颁布的《生活垃圾处理的技术细则》给出了严格的规范和目标：（1）到 2005 年，所有的生活垃圾必须预先处理（焚烧），方可进行填埋；（2）到 2005 年，所有的有机生物垃圾必须分别收集，并以有机肥料的形式再循环。

二、废旧电子电器（WEEE）回收与资源化

WEEE 是发达国家增长最快的废弃物，主要由家用、娱乐、办公、信息、通讯、工业、医疗、实验室等的电子电器组成。在德国，WEEE 回收处理体系由市政系统、制造商、社会、专业危险废弃物回收处理公司等组成。德国 WEEE 回收处理企业需要政府许可，由法定管理部门审核发证。这类企业规模都不大，德国从事 WEEE 回收处理的企业有 600 家左右，以微型企业和小型企业为主。这类企业分为三类：制造商专业回收处理公司、社会专业回收处理公司和专业危险废弃物处理公司。

三、包装废弃物回收与资源化

德国《包装管理条例》推荐两种途径管理废弃物：一种形式是生产厂家通过批发和零售渠道直接回收废弃包装物，另一种形式是在全国范围内建立一个私营系统组织回收、分类和再利用。作为后者，一个特殊的民间组织“二元处理系统”（DSD）应运而生。DSD 建立于 1990 年，是在德国工业联盟和德国工商企业协会支持下由 95 家公司发起组建，至 1997 年已达 600 家。DSD 是一家私营企业，享受政府免税政策。DSD 的任务是在全国建立一个面向家庭和小型团体用户的废旧包装回收、分类和再循环体系，会员企业的义务是需交纳与其产品包装数量相匹配的注册费，其权利则是被允许在其产品包装上加印特别的“绿点”标志，凡有“绿点”标志的产品表示其包装可以回收利用，DSD 负责对这些包装废弃物组织回收。

四、农村生物质废弃物的处理利用

为解决农村生物质废弃物的处理利用问题，德国出台了一系列鼓励沼气发电的优惠政策，1990 年实施的《电力输送法》规定，电力运营商有义务接纳（上网）在其供电范围内生产出来的可再生能源电力。2004 年实施修订的《可再生能源优先法》规定，其中有关生物质发电的优惠政策对利用沼气发电的农场进行价格补偿，规定对先建设的沼气电站，给予基本补偿，以后每晚一年建设投运，按基本补偿价格递减 1% ~ 5%，另外有奖励价格措施。

第三节　德国循环经济的发展阶段

德国推行循环经济的核心原则与其多年来奉行的环境政策原则相一致。德国环境政策原则为：第一，预防原则。环境政策的制定应做到防微杜渐，避免先污染后治理，治理的成本往往远远高于预防的成本。第二，排污者负担原则（责任原则）。给环境造成负面影响或损害者要负责并承担避免或消除环境受损的费用。第三，合作伙伴原则（参与原则）。经济界、公民以及社会团体应参与解决环境问题。德国的循环经济主要经历了四个阶段。

一、萌芽阶段

20 世纪 50 年代到 60 年代，德国的经济得到了迅猛的发展，同时也产生了严重的环境污染问题。1969 年前，德国并不存在一个公认的综合性环境保护政策，也没有专门的环境管理机构和系统的环境管理政策。无论政府还是民众，都不曾考虑过保护自然环境和生态系统的问题。虽然已经出现了严重的污染问题，尤其是在那些人口密集的居住区和发达程度较高的工业区，如鲁尔河谷、萨尔地区等，但当局没有及时采取有效的控制和防治措施。

1961 年，德国勃兰特呼吁鲁尔河谷的天空应该再次变蓝，然而响应该提议的具体措施 8 年后才出台。1969 年，95%的德国民众对环境条例漠不关心。但到 1971 年，却出现了戏剧性的变化，原本对环境政策持质疑态度的群体中有 90%以上的人或多或少地开始熟悉各种环境政策内容。因而，1969 年被公认为德国环境政策的诞生元年，但也说明在德国，公众意愿并不是推动环境政策实施的原动力。

二、起步阶段

20 世纪 70 年代前期，德国启动了一系列的环境政策规划方案，如 1970 年，德国实施了紧急行动方案，并于次年公布了第一个较为全面的“环境规划方案”。在环境规划方案正式通过前，德国政府还对相关组织机构进行改组，即把原隶属于德国卫生部的水利部、大气污染管理部、噪音控制司划归内务部直接管辖。1972 年修订的《德国基本法》赋予政府在环境政策领域更多的权力，德国政府又审议通过了一系列环境政策法案，如《废弃物处理法》、《联邦污染物排放控制法》，环境问题专家理事会、德国环境委员会等公共机构也先后宣告成立。

三、转型阶段

20 世纪 70 年代中期开始到 90 年代初期，德国环境政策经历了停滞、转型等过渡时期，逐步开始全方位解决环境问题，国家战略也从经济发展优先逐步向经济与环境相协调发展转变。

1974—1978 年，德国经济遭受到石油危机和经济持续萧条的巨大冲击。环境保护趋势受到贸易联合会和劳工联盟组织的强烈抵制，德国早期在环境保护领域的优势被削弱。20 世纪 80 年代末期，德国的环境保护运动是以公众行动和环保组织网络为特征，这些民间组织是出于对德国政府处置环保问题的放任态度不满而产生的。而切尔诺贝利核事故和“森林死亡”事件，进一步促使环境保护激进主义人士加入已有的或成立新的非政府环境保护组织和生态主义政党。这些努力时至今日仍发挥着重要的作用，其政治影响力不容忽视，如德国绿党的崛起，环境、自然资源保护和核安全部的正式成立等。到 20 世纪 90 年代末期，德国通过颁布一系列法律，采取一系列措施，实现了经济发展模式的转变、产业结构的调整、生产工艺技术水平的提高、能源结构的转变、能源效率的提高以及污染防治技术和政策的创新，逐步解决了工业化过程中的大气污染、水污染等问题。

四、逐步实施

20 世纪 90 年代中期到现在，德国政府出台了更多新的能源政策和环境政策，旨在促进经济与环境的和谐发展。

1990—1998 年的德国环保政策受到德国统一的影响，原东德地区有很多工作需要跟进，也包括环境保护方面的任务。虽然，环境保护在这一阶段成为相对次要的政治方向，但是仍然取得了令人瞩目的关键性成果，德国《可再生能源法》后来的生效，也积极推动了《京都议定书》的签署。

在废弃物管理领域中，《循环经济与废弃物处理法》的顺利通过标志着循环经济立法取得了实质性的进展。从 1998 年开始，德国红绿两党联合执政，鉴于德国持续低迷的经济发展形势，联合政党花大力气推进环境保护，并以“生态现代化”作为其环保政策的目标。这一时期的环境政策，核心在于提高资源利用效率和开发可再生能源技术，从而推进可持续发展进程，并创造了许多成功利用可再生能源的经典案例。

第四节 德国循环经济的特点

较之于其他国家，德国的循环经济有以下几个特点。

一、废弃物处置的法制化

德国是世界上循环经济实践最早的国家，是世界上公认的发展循环经济立法最完善的国家之一。从横向角度来看，德国除拥有本国法律之外，还受欧盟法律的制约；从纵向角度来看，德国的法律框架自上而下可分为三个层次，即基本法

(宪法)、各州立法及市级以下的法律法规。1994 年颁布的《循环经济与废弃物法》成为目前德国发展循环经济的指导性大法，该法首先引入了废弃物生产者的概念，确立了污染者付费原则和生产者责任制，扩大了接收者范围，从而产生了新的义务以及新的义务分配。根据污染者付费原则，污染者首先应承担废弃物回收、分类、利用和清除的义务，在依法免除该项义务的情况下，有义务支付他人代其履行这些义务的费用。其废弃物处置政策主要有避免废弃物的产生、产生废弃物后通过循环最大限度地再利用以及对不能被再利用的废弃物进行环保处置。

二、废弃物管理的规范化

德国的循环经济源于废弃物经济，其废弃物管理十分规范，并且对于废弃物的规范管理建立在废弃物分类的基础之上。根据详细的废弃物划分，德国制定有具体的废弃物清除法律和规定，为废弃物管理和处置的实践工作提供了指导。根据德国《循环经济与废弃物法》，将废弃物划分为利用型废弃物和清除型废弃物。利用型废弃物是指可以再利用和再使用的废弃物；清除型废弃物，是指已经无法再利用，要被清除的废弃物。德国《循环经济与废弃物法》对两种类型的废弃物规定了不同的处置方法。此外，德国还根据来源将废弃物划分为工业废弃物、生活垃圾、地方废弃物、特殊废弃物等。德国的废弃物经济就始于家庭生活垃圾的处理，后逐步扩展至生产和消费领域。

三、废弃物清除的标准化

《循环经济与废弃物法》明确规定废弃物清除的概念包含从收集到运输到采用填埋或者焚烧方法清除的全过程。如果废弃物总量的 50%或以上能够转变为再生材料或再生产品，该处置方法就以再利用为主要目标；对于再利用的判定标准，除必须超过 50%的下限外，还要考虑产品市场化后的收益是否能抵消不低于 10%的处置成本；对于再利用份额低于废弃物总量 50%，但产品市场化后的收益能抵消对废弃物处置、清除及运输总成本的 50%或以上，也可视为对废弃物的利用。根据以上标准，废弃物是将被清除还是被再利用就显而易见了，比如从定影液中提取银、青草堆肥，都不属于废弃物再利用，而属于废弃物清除。

四、废弃物使用的市场化

欧盟法律在废弃物利用方面明确提出了“引入内部市场”概念，德国政府采取了一系列直接或间接的环境政策手段，其废弃物分类回收、循环利用受市场机制的支配，循环经济的发展促使废弃物市场的形成。其中废弃物市场主要由处置服务市场、利用服务市场和回收服务市场组成。其中，生产者和消费者作为活动的主体。德国废弃物绝对数量庞大，1998 年占整个欧洲市场的份额近 1/3。目前，德国拥有近 4000 家废弃物处置企业，从业人员有 20 多万雇员，废弃物行业年产值 400 亿欧元，其中私人企业 136 亿欧元，占 83.4%。德国制定“谁污染谁付费、谁生产谁回收”等政策，从源头上减少了废弃物的产生。如德国的 DSD 系统负责回收销售绝大部分废弃包装，其他包装由其他回收组织回收，如运输包装由材料再利用公司 PESY 负责回收、工业和企业塑料包装由 RIGK 有限公司负责回收，金属、马口铁包装由 KBS 公司负责回收，建材包装和聚氨酯发泡塑料由 POR 公司负责回收，原材料再利用协会 VFW 也负责部分包装物的回收与销售。

五、物质流管理的效益化

德国循环经济发展经历了从最初的混乱无序，到废弃物的有序管理和循环经济，直至目前大力倡导的物质流管理。2004 年德国开始确立整体性物质流管理战略，并运用物质流管理创造长期的经济效益。物质流管理在国家层面、区域层面、企业之间和企业内部各个层面均可实施，但所涉及的系统越复杂，实施物质流管理的难度也越大，所以现阶段物质流管理主要应用于企业之间和企业内部。物质流管理着眼于效率，不仅激发了企业的创造力，也创造了商业机会，提高了区域附加值，提升了国内外竞争力。

六、可持续发展的社会化

德国文化部认为教育青年人具有环境意识应该是学校的任务之一，1980 年，联邦德国文化部长联席会议决定，环境教育是德国中、小学的义务，目的是使青年学生懂得人与环境之间的关系并了解环境变化中尚存在的问题，从而培养自己的环境意识，珍惜和爱护大自然。此外，各州还开设了大量的职业基础培训以便学员以后可以通过再培训或是直接从事环保事业加深对环境保护的了解。

1980 年，德国首次使用绿色可回收物质垃圾箱，其他的回收体系也相继得到使用。自 1984 年起，德国就拥有了国家认可的职业“废弃物处置人员”，培养了公众的环境意识，使他们自愿参与环保活动。1994 年后又出现了环保教育中心，开设“废弃物经济咨询”的再教育课程，主要培养废弃物经济顾问。目前，大多数德国公众对于减少或回收废弃物的措施都积极回应并努力合作，公民和非政府组织也成为推动循环经济的中坚力量。

七、配套性技术的体系化

德国政府重视循环经济，环保现代化被看做新科技、工业政策的重要部分，并要求发展具有高技术含量、高附加值的环保工业，推出绿色工业产品，使德国在这一领域保持世界的领先地位，并要求研制和开发有益于生态的新技术、生产工艺和生态工业产品。为了提高资源和能源的使用效率，德国颁布了《可再生能源法》，以此促进清洁技术的推广，实现生产全过程控制。目前，德国对废弃物总量的65%实行了再利用，每年可以得到120万吨二次燃料。德国拥有先进的废弃物分类和回收技术，政府计划最迟于2020年完全取缔垃圾填埋方式。届时，所有的垃圾都必须经过物质和能量方面的预处理和重复利用。德国的无害化处理技术、资源循环利用技术、再生能源利用技术、废旧电器回收综合利用技术、生物技术、零排放技术等的研发应用使德国在这一领域保持世界的领先地位。

八、监督与保障的制度化

20世纪80年代初，随着各项法律法规的不断完善，德国政府开始鼓励各州政府与私人企业共同组建工业危险废弃物处置企业，其严格的立法和政府监督，大大提高了对工业危险废弃物的管理力度。20世纪90年代以来，德国大多数废弃物处置企业开始了私有化进程，政府相关部门逐渐退出合营企业，向审批、监督和管理的角色转变。

德国成立了专门监督企业废弃物回收和执行循环经济发展规划的机构。生产企业必须要向监督机构证明其有足够的能力回收废旧产品，才被允许进行生产、销售活动。德国各州的相关环保部门，每年负责制定一本危险废弃物管理规划书，对本地工业危险废弃物从源头到最终处理进行严格审批和监控，同时协助各危险废弃物产生企业和处置企业，在减少废弃物产生和无害化处理、回收利用等方面给予帮助。德国各地都有为企业提供废弃物再利用服务的公司，向企业提供相关技术咨询和废弃物回收处置等服务。

众所周知，德国汲取了片面强调经济增长导致生态环境破坏的惨痛教训，率先在国际上奉行循环经济发展政策，随后在发展循环经济方面积累了丰富的经验。德国的循环经济源于“废弃物经济”，其废弃物管理政策的重点在于有效处置废弃物，随后发展成为独具特色的循环经济管理体系。该体系不仅解决了德国经济可持续发展中的矛盾，而且成为其他国家仿效的榜样。当今的德国在从消费社会向生态社会转型过程中，形成了“以较低能耗的生产、适度消费的生活、循环利用的资源、稳定高效的经济和持续创新的技术”为特征的可持续发展综合体系，它代表着一种全新的技术进步和效率至上的世界发展趋势。

第十七章　日本的循环经济

日本是最早探索循环经济发展模式的国家之一，也形成了独具特色的循环经济战略体系，该体系使得日本成为世界上资源利用效率最高的国家。早在 20 世纪 60 年代，日本政府就成立了“公害对策特别委员会”。从 70 年代起，日本开始强调从生产和消费的源头上治理污染。80 年代开始，日本提出了相对完善的生态经济与环境和谐发展的模型。到 90 年代，日本又首次提出“循环经济”概念，从经济运行机制上开创了一种全新的反馈式的经济流程，即“资源—产品—再生资源”，实现了发展战略和思路的二次突破。通过政府主导、法律政策保障、企业与家庭参与的方式，形成了较为完整的循环经济战略体系，成为世界上解决能源问题最好的国家之一。

第一节　日本发展循环经济的原因及成就

二战后，由于日本优先发展重工业，许多美丽的海岸线变成了工业区。企业为追求利润，大量生产，大量排污，消极对待环保。到 20 世纪 60 年代后半期，日本污染问题日益严重。面对这些问题，日本较早提出并大力推进循环经济战略，这既有深厚的理论依据，也是由其基本国情所决定的。

一、日本发展循环经济的原因

日本 20 世纪 60 年代的高速经济增长，是以大量消耗资源和能源、破坏自然环境和生态平衡为代价的。为实现“追赶型”现代化，缩短与发达国家的差距，日本政府采取了“生产优先”的经济政策，片面注重工业化发展，忽略了环境保护，最终导致环境污染、公害事件频繁发生。日本发展循环经济的具体原因可以归结为以下三个方面：第一，日本资源匮乏，主要资源大部分依赖进口。近年来，日本每年需要投入的资源总量约 20 亿吨左右，几乎完全依赖进口的资源约占 30%，使其经济发展受到资源和环境的制约。第二，日本现存的社会发展模式使日本成为“废弃物大国”，人均垃圾日产生量在 1 公斤以上，尽管采取了大量减排处置方面的措施，日本每年废弃物最终填埋量仍有约 6000 万吨左右，导致废弃物填埋处置场所严重不足。第三，日本社会各界日益认识到应改变“大量生产、大量消费、大量废弃”的社会经济发展模式，将其转变为可持续的生产、消费形态，在有效利用资源的同时，努力解决废弃物排放问题；也认识到，建立一个抑制天然资源消耗、降低环境负荷的“循环型社会”，成为对日本的经济增长和社会发展十分紧迫的问题。基于以上原因，日本走上了发展循环经济的道路。

二、日本发展循环经济所取得的成就

日本发展循环经济的成就体现在物质循环、能量高效利用和水循环三个方面。

（一）物质循环

废弃物质的再生循环利用是日本发展循环经济的主要切入点。日本每年要产生产业废弃物 3 亿吨、生活垃圾约 2000 万吨，以及废弃电视机、冰箱、空调和洗衣机 1800 万台，重量达 60 万吨。

（二）能量高效利用

在再生能源利用方面，日本采取了废弃物发电和燃料制造、生物发电和生物热利用、温度差能源等多种方式。在 1997 年实施的《关于促进新能源利用的特别措施法》中，主要包括太阳能发电、风力发电、废弃物发电、生物能发电。

（三）水循环

为了保证河水在自然循环中的净化能力，政府规定只有在河流中的水超过河流正常流量才能取用。工业废水和生活污水处理后的“中水”大多实施回用，被广泛应用于农田灌溉、城市绿地灌溉、消防、冲洗汽车、冲洗卫生设施等诸多方面。地下水是水循环的重要组成部分，日本禁止含有有害物质的水渗入地下，严格控制垃圾填埋。

第二节　日本循环经济战略体系框架

循环经济是系统性的产业变革，是从产品利润最大化的市场需求主宰向遵循生态可持续发展能力永续建设的根本转变。要实现这种转变，就必须建立一个涉及各相关子系统的战略体系框架。

一、日本循环经济战略体系框架

日本的循环经济战略体系由三大主体（政府、企业与个人）、六大要素（战略规划、法律框架、产业政策、技术创新体系、企业社会责任与公民环保意识）构成。政府处于循环经济战略体系的核心地位，对于战略规划制定、法律框架确立、产业政策倾斜、技术创新体系构建等都起着关键性的作用，对于企业社会责任承担与公民环保意识形成也起着引导和监督的作用。而技术创新体系则处于政

府、企业和个人的中心，表明在日本技术创新体系无论是在宏观层面，还是在微观层面，都有明确的创新主体支撑。

二、日本循环经济战略体系分层

日本循环经济战略体系是由政府主导和驱动的，主要可以分为三个层次：政府层、企业层和个人层。政府层处于最核心的位置，呈现出政府主导，全方位推进的特征。具体而言有以下几个方面的内容：

（一）国家战略规划

日本在20世纪80年代末开始探讨经济模式向生态型循环经济的转型，提出了“环境立国”以及“循环经济”的发展战略。确立2000年为循环经济社会元年，把建设循环型的可持续发展社会提升为日本经济社会的总体发展目标，并以国家基本法的形式确定下来。

从循环经济推进的战略构思看，日本政府构建循环经济的核心有三大要点：第一，通过抑制产业和生活的消费，控制废弃物的产生；第二，促进循环资源的合理循环使用（再利用、再生利用、热回收），通过建立双向循环体制来保证社会物质循环系统可持续的良性运转；第三，通过合理的废弃物处理来减少自然资源的消费和环境负荷。

（二）循环经济立法

循环经济作为一场变革传统生产方式、生活方式的社会经济活动，需要一个明确的导向系统、一个可靠的支撑系统。为建设循环型社会、发展循环经济，日本自20世纪90年代开始，制定了一系列有关循环经济的法律法规。

日本的循环经济立法有以下几个显著的特点：第一，立足于日本环境与资源的现实情况，战略性地将立法提高到建立循环型社会的高度，以可持续发展为宗旨。第二，以法律的形式规定了建立循环型社会的计划和计划实施的时间表，确保循环经济的贯彻实现。第三，采取了环境影响事先评价制度。法律规定应避免企业生产经营活动和公众的消费活动产生废弃物，尽量实现可循环利用的生产消费方式。

（三）实施产业扶持政策

上世纪90年代，日本政府对采取环保措施的企业实施了产业倾斜政策。在预算方面，为支持中小企业环保技术的研发，政府补助技术开发费用率最高可达50%。对于将循环经济“3R”技术实用化、技术开发期在两年以内的新产业，政府补助率最高可达费用的2/3。对于引进节能设备的企业也给予一定的资金补助；在融资方面，只要满足一定的条件，日本政策投资银行、中小企业金融公库、国民生活金融公库将对引进3R技术设备的企业提供低利融资；在税制方面，只要满足一定条件，将对引进再循环设备的企业减少特别折旧、固定资产税和所得税。

(四) 建立循环经济技术系统

发展循环经济必须建立与之相适应的新的技术体系。1999 年，日本通产省在题为《循环经济蓝图》的报告中提出了以零排放为目标的循环经济技术系统。日本以零排放为目标的循环技术系统包括五个方面：生命周期评价技术，废弃物减量化技术，资源循环利用技术，废弃物资源化的产业链技术，废弃物回收、运输、交易系统。

(五) 多渠道提高公众环境意识

日本各行政部门、企业界、民间团体和个人相互合作，共同努力。同时，为适应环境政策动向，推进环境行政效果，提高国家及地方公共团体环境行政负责人员的资质、能力，政府还推行环境研修。另外，日本不断充实其环境宣传手段，通过电视、广播、报纸、杂志等各种媒体进行宣传活动，通过制作、分发宣传小册子宣传环境保护的重要性，以提高国民的环境意识，同时还在互联网上开设绿色购物网（GPN）、绿色消费者全国网为消费者提供商品的环境信息。

三、日本企业的责任和义务

企业是自然资源的主要消耗者和废弃物最大的排放者。在日本循环经济战略体系中企业占据着重要的位置，对于循环经济战略的有效实施起着决定性的作用，其具体做法有以下几个方面：

(一) 承担生产者责任

日本《促进循环型社会形成基本法》明确了企业责任，要求企业采取必要的措施，在产品使用后成为循环资源时，自觉进行循环利用，并有义务对循环资源进行处理；从事制品、容器等制造和买卖的业主，有义务提高制品和容器的耐久性。日本企业为环保支付额外费用，实现环境成本内部化。

(二) 制定环境会计

环境会计是对环保投资和由此获得的经济效益做定量测定、分析和加以公布的制度。企业的环境保全活动会产生环境保全费用，如防止公害费用，资源循环费用，生产、销售的产品的再循环回收、再商品化，以及适当的处理费用、管理费用、研究费用等。环境会计制度已经在日本普及，企业逐年增加环保投资，并利用其提高企业经营的效益。

(三) 制定环境报告书

日本企业通过制定环境报告书，向消费者公开企业的环境管理状况，如企业环境基本方针、环境活动推进计划及其活动效果、ISO 认证取得、环境监督、环境教育、环境会计等信息，以便消费者监督。这样，一方面督促了企业的环保行为，另一方面也提高了企业的“绿色”形象。

（四）申请国际环境认证

随着循环型社会目标的确立，日本企业大都通过构筑环境管理体系实践环境经营，申请 ISO14001 国际环境管理体系认证，到 2000 年 4 月已有 3548 家企业取得认证。通过申请国际环境认证，企业一方面采取了环保措施保护环境，另一方面也提高了产品的国际竞争力。

四、日本公民的责任和义务

公民作为个人既是生产者，又是消费者，公民循环经济意识对于一国循环经济战略的有效和高效实施，有着重要的作用。日本公众在历史教训和政府有效的环境意识教育的双重作用下，很好地履行了循环经济的义务，具体而言有以下两方面：

（一）进行垃圾分类

日本家庭将垃圾分类后丢弃，这些分类后的垃圾再由专门部门回收循环利用。居民的生活垃圾分类既节省了垃圾分类人员，又使生活垃圾得到充分循环利用。

（二）购买绿色产品

近年来，除质量和价格之外，日本消费者在购买商品时还会考虑商品的环境因素。如选购无添加剂的食品，购买没有使用塑料袋的蔬菜，使用自己带来的购物袋，尽量购买包装简单或没有包装物的产品等。消费者购买绿色产品是推动循环经济发展的根本动力。

第三节 日本的静脉产业和地方循环经济

这些年，日本国内产生了一种新的环保产业的形式——静脉产业，它是那些将废弃物转换为再生资源的产业的总称，因为这些产业能使生活和工业垃圾变废为宝、循环利用，如同将含有较多二氧化碳的血液送回心脏的静脉。目前日本静脉产业已初步形成三个主要发展方向，即分别把生活垃圾转换成家畜饲料、有机肥料和燃料电池用燃料。“静脉产业”不仅将成为日本建设“循环型社会”的主力军，而且能成为扩大就业机会、促进经济发展的新领域，有着广阔的发展前景，今后在日本的发展速度还会进一步加快。

一、静脉产业带动了巨大商机

静脉产业把生活垃圾制成饲料和肥料，为越来越多的日本企业提供了新的商机。一个名叫 CATS 的企业建立了“食物循环系统”。它以该公司为组织者，由食品加工厂和饮食店、肥料和饲料制造厂、农家三方构成。东京和横滨等大城市里的食品加工厂、饮食店、旅馆及超市等产生的废弃物由运输公司运至肥料和饲料制造厂，经过发酵、杀菌等，制成堆肥、饲料或土壤改良剂，供农家使用，农家再把利用它们生产出来的农作物，如蔬菜、水果等销售给城市的食品加工厂、饭店及饮食店等。这一循环系统通过合同方式把食品废弃物排放者、清洁公司和农家等联系在一起，组成食品资源循环利用网和生态社区，取得了可观的效益。

在经济产业省、环境省和地方政府支持下，全日本已建设了从事静脉产业的“生态环保城”（类似于“工业园区”）14 个。北九州市“生态环保城”是其中比较大的一个，市政府负责建设“生态环保城”的基础设施，经济产业省提供约为投入资金 1/3 的补助费用。对进入环保城的企业，一般是有实力的大公司自己出资购地按照园区规划建设；而实力不强的中小企业，只要具备有发展前途的技术和产品，政府提供用地等优惠支持其在园区的发展。目前环保城已有容器包装物、报废汽车、家电、办公设备、废纸等 15 个废物循环再利用企业进入，福冈大学、九州大学等也已在环保城设立研究开发机构，环保城的目标是建成基础研究、教育培训基地，技术示范推广基地和循环再利用产业化基地。

随着环保产业和静脉产业的发展，产业废弃物的处理和利用，已不再是消极的、被动的行为，而是开发新技术、创立新产业的动力。在经济上，它也不再只是投入，而是可观的产出。实际上，各种环保技术和资源循环利用技术，例如，环境污染治理技术（即环境工程技术）、废弃物回收利用技术、清洁生产技术等正在成为日本企业的热门研究开发课题，为它们带来新的商机。

据日本清洁中心资料，2000 年各类废弃物循环利用量 1.92 亿吨，循环利用率约 42%，其中一般废弃物循环利用量 800 万吨、产业废弃物循环利用量 1.84 亿吨，循环利用率分别为 15%和 45%；各类废弃物堆存或焚烧 2.1 亿吨，约占 46%，填埋 0.56 亿吨，约占 12%。

二、日本的地区循环经济

地区经济环保化是建设循环型社会的基础。因此，必须结合地区资源状况，把地区经济的发展同环境保护融合起来。目前，日本已经出现了一些环保型地区经济的萌芽。下面介绍几个具有代表性的类型：

（一）建设以有机资源循环为目标的地区有机农业

茨城县筑波地区自 1998 年开始，利用当地超级市场等处发生的有机性废弃物制成便于农户使用的堆肥，推动当地发展有机农业，并将当地生产的野菜等在地区内流通、推销，形成“地产地销”的地区内资源循环系统。这样，通过减少运输的能源消耗，有效利用废弃资源和发展有机农业，提高了环境效率性，同时，又为当地居民提供了新鲜、安全的食品，丰富了他们的生活。

（二）建设以资源循环为中心的环保城市

建设地区资源循环系统的关键是发展以资源再利用为中心的环保产业。通过有效利用现有产业基础发展环保产业，既有利于振兴地区经济，又有利于资源再利用和废弃物适当处理。目前，日本北九州市、札幌市等7个地区已开始实施环保城市的推进计划，根据各自地区特点，建立和完善饮料瓶再利用、废塑料再利用、废汽车再利用和环保水泥制造等技术装备。以再利用为中心的环保产业正在这些地区形成和发展。

（三）推行以有效利用地区资源为中心的零排放计划

兵库县为了解决山区林业经营衰落和土地生态机能丧失问题，于1999年提出了以增加自然丰度、减少资源消费为中心的循环型地区计划——森林零排放计划。其内容包括：开发并多阶段地利用木质材料等环保材料，发展地区资源活用型经济，以保证地区经济可持续发展；开发可再生的地方自然能源，以替代化石能源，实现能源多元化和自给；有效利用产业和生活垃圾，建立地区内资源循环系统，以恢复自然生态机能，创造良好的自然环境和生活环境；培育与自然和谐的具有地区特点的文化等。

（四）矿山地区的资源循环

日本矿产资源贫乏，主要依赖进口，而产业废弃物处理又面临场地不足的难题。因此，从20世纪90年代，日本政府就提出了与地区协调、加强金属资源循环利用和环境保护的方针。其内容主要是：对废弃物进行彻底的再资源化、无害化和减量化，并将回收的能源供应当地；对已关闭的矿山，则用以开发旅游业，例如，宫城县莺沢町在矿山关闭后，开发观光坑道，使之从“矿山之町”向“观光之町”转变。

三、日本DSD联盟

日本的包装物和废弃物回收有其自身的特点。日本的做法是由制造业和店铺等流通业组成DSD联盟，制造业者在每个包装上印刷绿色回收标志并付给DSD一定数额的经费，DSD联盟用这笔钱制作印有绿色标志的黄色集装容器箱，消费者将印有绿色标志的废弃物投入这种回收容器内，然后这些资源由DSD或DSD委托的部门回收，回归到包装材料制造厂商或原料公司。据日本环境省的统计资料表明，现在的家庭垃圾有1/3可回收再资源化。

越来越多的企业开始自行发展产品回收处理设备，如今松下电器、日立电器正把大量针对垃圾处理的家用电器源源送进市场。日立公司上市的能将香蕉皮、鱼内脏和咖啡渣变成肥料的装置在国内大受欢迎。松下电器公司4年前就推出

“厨房垃圾处理器”，利用热空气风干并压缩有机废物，可将废物体积压缩到原来的1/7。而提供产品的厂商均承诺以公平的价格回收经处理的垃圾，既推销了产品，又得到了便宜的再生原料，用户也得到了实惠，一举多得，皆大欢喜。松下公司还在美、德、英等国建立了数十个家电回收中心，仅2000年在回收、处理装备方面的投资就达45亿日元。同时，日本号召家庭居民普及垃圾处理装置，其市场潜力可达数百万台。

朝日啤酒公司从1996年开始试行资源循环利用生产方式。该公司最大的废弃物是生产啤酒过程中产生的酒糟，每年约有28万吨。为此，他们首先开办了一家饲料加工厂，将这些酒糟加工成牛饲料，提供给养牛场，不仅消除了废弃物，还增加了收益。该公司还将使用过的日光灯管、废纸以及食堂的垃圾也都进行分类，委托给有关从事废品回收利用的公司，进行废物利用。目前，朝日啤酒公司的9个工厂已全部实现了无废弃物排放生产，所有的废品都得到了有效利用。

理光公司于1998年3月制订了“环境行动计划”，设定了具体的数值目标，并于1998年10月开始实行无废弃物排放试验。此外他们还将废纸、易拉罐、塑料瓶以及食堂的生活垃圾等转化成有用的资源。食堂的生活垃圾被分别装入塑料桶内，里面加入一定数量的化学药品，发酵30天后使其成为有机肥料，用于栽培工厂内的花草树木，美化环境。东芝公司则大力开展了在生产中努力减轻环境负荷的运动。其主要做法是大量减少使用对环境有破坏作用的化学物质，循环利用废弃物品，提高资源利用率，加强对环境的监测等。东芝公司已将生产过程中产生的污泥和矿渣等废弃物转化成水泥原料，把废塑料等废弃物加工成固体燃料进行再利用。该公司的废弃物排放量指数已从1990年的100下降到了1997年的17，并节约了10亿日元的废弃物品处理费用。

日本富士施乐公司已全面形成了资源循环利用生产体系。该公司在全国设立了50个废弃物复印机回收点，将旧复印机分解后，按质量情况将零部件实行数据化管理。他们不仅把回收复印机的零部件拆卸下来，进行加工处理后再次利用，而且还开发出了预测废弃复印机的回收数量、管理零部件质量的计算机软件，做到即使使用旧部件，也丝毫不影响复印机的质量。富士施乐公司某工厂建起一套资源循环利用生产体系后，一年回收的旧复印机达3万台，每台旧复印机中的零件有40%得到再次利用。到2000年将废旧复印机的零件循环利用率提高到50%以上，拥有旧零部件的复印机产量达到总产量的25%。

第十八章　其他国家的循环经济

循环经济的思想萌芽诞生于20世纪60年代的美国。美国经济学家鲍尔丁1962年提出的“宇宙飞船理论”，被看做是循环经济思想的萌芽。当时，环保运动在全球刚刚兴起，鲍尔丁敏锐地觉察到必须从经济过程来思考环境问题产生的根源。他将人类生活的地球比作太空中的宇宙飞船，要靠不断消耗自身有限的资源而生存，如果不能合理开发资源、善待环境，地球就会像宇宙飞船那样最终走向毁灭。只有循环利用资源，才能持续发展。20世纪70年代两次世界性能源危机造成的经济增长与资源短缺之间的突出矛盾，进一步引发了人们对经济增长方式的深刻反思。1972年，美国麻省理工学院教授米尔斯等人发表《增长的极限》，系统地考察经济增长与人口、自然资源、生态环境和科学技术进步之间的关系，向全世界发出了100年后经济增长将会因资源短缺和环境污染而停滞的警告。为此，20世纪70年代美国开始重视污染物产生后的治理和减少其危害；80年代开始强调从生产和消费的源头上防止污染产生；90年代为提高经济效益、避免环境污染而以生态理念为基础，重新规划产业发展，提出了循环经济发展的思路。

第一节　美国的循环经济

美国的循环经济经过几十年的发展，其行业涉及传统的造纸、炼铁、塑料、橡胶，以及新兴的家用电器、计算机设备、办公设备、家居用品等产业，美国有5.6万个企业参与，年均销售额高达2360亿美元，其规模与美国的汽车业相当，现在已经成为美国经济的重要组成部分。

一、美国循环经济的发展历程和主要经验

作为最先提出发展循环经济的国家之一，美国在这方面取得了很好的经验。

（一）法律保证，立法过程循序渐进

美国等发达国家循环经济立法几乎是从废弃物处理处置法开始，逐步引入3R原则，最终引入消费者付费和生产者责任延伸制度。1965年，美国颁布了《固体废物处理法》，之后对它进行过多次修改，目前称为《资源保护和回收法》，

该法有力地促进了美国废物再循环和综合利用工作。1990 年，美国国会通过了《污染预防法》，宣布“对污染尽可能地实行预防或源削减”是美国的国策，规定了以“末端控制”为特征的源削减制度。美国俄勒冈、新泽西、罗德岛等州从 20 世纪 80 年代中期以来，先后制定了促进资源再生循环的法规。2000 年 12 月 20 日，克林顿总统签署了《有机农业法》，该法的实施对美国生态农业的发展具有相当深远的影响。

（二）明确目标，推进计划详尽

美国在国家层面上存在明确的减物质目标。例如，在能源消耗安排方面，在兼顾环保与能源安全供应的前提下，美国政府先后出台了如《能源政策法》、《资源保护和回收法》等一系列有关环保和节能的法规与计划目标配合法律的实施，同时还制定了《可再生资源市场化促进方案》等各项细则，力争使可再生资源成为民众使用的主要能源。为了降低建筑能耗，2001 年生效的《能源政策法》制定了新建筑的能耗新标准，规范了锅炉等供暖设备的节能技术指标和保暖性能等。

（三）政策配套，手段措施齐全

美国在引入生产者责任延伸和消费者付费两大基本制度的同时，基于市场经济手段越来越受青睐，排污权交易、排污收费、押金返还制度、生态税、资源税等政策工具通过国家发布信息的制度安排也与日俱增，例如对重点用能、用水产品进行效率标志，对原材料不断扩展有毒物质披露清单（TRI）等。事实上，生产者责任延伸和消费者付费制度的制度安排，旨在创造对环境成本更为灵敏和健全的价格形成机制和责任机制，驱使生产者和消费者“责、权、利”尽可能明确，从而促进循环链的形成和系统效率的提升，促进形成了发展循环经济的激励和约束机制。其应用的主要政策包括：

（1）政府奖励政策。美国于 1995 年设立了“总统绿色化学挑战奖”，旨在重视和支持那些具有基础性和创新性，并对工业界有实用价值的化学工艺新方法，以通过减少资源消耗来实现对污染的防治。

（2）税收优惠政策。美国政府通过对财政税收手段鼓励再生资源的开发利用，如资助相关的科研项目；为可再生能源的有关项目提供抵税优惠、提高抵税优惠额度、扩大受惠的可再生能源范围；政府部门起带头、示范作用，如美国要求其联邦机构使用可再生能源的比例，在 2011 年达到总能耗的 7.5%。2004 年美国根据《能源政策法》拨款 3 亿美元，用于实施太阳能工程项目，其目的是在 2010 年前在联邦机构的屋顶安装 2 万套太阳能系统；政府在起模范作用的同时，鼓励公众的绿色消费，如消费者购买节能设备也将获得抵税优惠。

(3) 政策采购政策。美国几乎所有的州均有对使用再生材料的产品实行政府采购政策，联邦审计人员有权对各联邦代理机构未按规定购买的行为处以罚金。

(4) 收费政策。如美国 200 多个城市实行倾倒垃圾收费政策。这一政策的实施，使每个城市垃圾数量可减少 18%；瓶罐收费可使废弃物重量减少 10%～20%，体积减小 4%～8%；全国居民水费中含污水治理费；市镇政府必须向州政府交纳污水治理费，对未依时交纳的处以罚款。

(5) 税收政策。①征收新材料税。促使少用原生材料，多进行再循环。②征收生态税。除太阳能等可再生能源外，汽油、电能要征收生态税，间接产品也不例外。③征收填埋和焚烧税，主要针对将垃圾直接运往倾倒场的公司或企业。通过征收垃圾税等措施直接刺激循环经济发展。

(四) 责任界定明晰，多方参与

美国通过法律和相关制度明确各利益相关方的责任，鼓励各方的广泛参与。尤其是消费者与生产者责任延伸制度有力地推进了循环经济的发展，两者将生产环节和消费环节的责任进一步明晰。美国企业在处理废弃物方面责任明确，从源头上为实行循环经济起到了积极作用。在废弃物处理方面经常被引为典范的美国杜邦公司，在企业内部建立了循环经济模式，明确各部门的责任。该公司组织厂内各工艺之间的物料循环，从废塑料中回收化学物质，开发出耐用的乙烯产品。通过放弃使用某些对环境有害的化学物质、减少一些化学物质的使用量以及发明回收本公司产品的新工艺，杜邦公司在 10 年前就已经成功地使本公司生产造成的废弃塑料物少了 25%，空气污染排放量减少了 70%。

实施循环经济不仅需要政府和企业的参与，更重要的是提高公众的参与意识。美国十分重视运用各种手段宣传循环经济，美国环保局与全国物质循环利用联合会专门开设网点，宣传有关再生物质的知识，并把每年的 11 月 15 日定为“美国回收利用日”。公众对于垃圾处理和回收等有任何问题，都可拨打“311”热线得到答复。

美国是一个生产大国，更是一个消费大国。美国依靠从世界各地获取资源，维持其庞大的经济运转，并保障其国民相当高的生活水准。人们往往看到美国的经济和日常生活中存在的许多浪费现象，但对美国在资源节约方面的努力所知甚少。实际上，美国政府、企业界和普通民众等都认识到了节约资源的重要性，循环经济不仅已经成为美国经济中的重要组成部分，更成为许多普通美国人日常生活的一部分。

美国的循环和再利用行业涉及面相当广，主要包括金属、塑料制品、纸张、玻璃和有机物。与其他一些部门比较后发现，美国的循环经济行业具有相当的竞争力。其就业人数超过废物管理和采掘业的就业人数，与汽车制造业几乎相当，全行业的平均工资水平超过全国平均工资水平。

发展循环经济的效益并不仅仅是经济方面。由于循环利用和资源再生，节约了在生产过程中的能源和其他原材料消耗，减少了温室气体排放和其他有毒有害废物的排放，相应减少了由于环境污染带来的对人体健康的危害。

二、美国发展循环经济的做法

美国发展循环经济也经历了一个过程。由于可以廉价地从世界各地获取资源，过去，美国对废旧物品的回收利用率并不高。但是，随着公众对环境保护意识的提高，废旧物品的处理日益成为难题。1987 年，一艘名为 Mobro 号的轮船满载 3000 吨垃圾，在大西洋沿岸游荡数月，却找不到愿意接受的地点。这一事件对美国各界震动很大，意识到垃圾处理已经成为一个重要的课题，传统的垃圾填埋并非有效的处理方法，公众和政府机构、企业越来越多的开始支持对废旧物品的循环利用。多年来，在推进循环经济方面，美国联邦政府发挥了积极的作用，主要表现在：

（一）为发展循环经济创造有利的环境

早在上世纪 70 年代，美国就制定了鼓励发展循环经济的法律法规，为发展循环经济奠定了法律基础；为了帮助美国出口回收的废旧物资，政府还推动世贸组织消除对于再生产品的非关税壁垒；美国政府通过各种政策鼓励和支持发展循环技术，包括开展可再生能源和清洁能源技术，并由政府部门协调有关活动，确保有关环境政策支持经济发展。

（二）制定发展循环经济的规划

2005 年 10 月，美政府发布一项行动计划，确定要提高全国城市固体废弃物回收利用的比例，到 2008 年要达到 35%。其中，确定的几个主要领域的目标分别是：纸和纸板制品，从 2001 年的 44.9%提高到 53.8%，提高 8.9 个百分点；木质包装，从 15%提高到 24%；塑料包装，从 6.6%提高到 19%；饮料类包装，从 26%提高到 39%。

（三）实施发展循环经济的各种计划

美国政府在联邦、州和地方各层次上实施推进循环经济的计划，引导公众和企业致力于发展循环经济。例如，美国环保局发起的资源节约挑战计划，其目的是通过更有效地管理来保护自然资源和能源。该计划设定的重点领域是：城市固体废弃物的循环利用；工业原材料的重复利用和循环利用；减少产品和废物中的有害物质；推进产品的“绿色化”，特别是电子产品的设计和循环利用；废弃物计划则致力于通过预防废弃物的产生、再生利用和购买再生产品等来减少城市固体废物；煤炭燃烧副产品伙伴计划，其目的是利用燃煤电厂煤炭燃烧后产生的煤灰、煤渣等副产品。从 2001 年到 2004 年，对此类副产品的利用率已从 31%提高到 40%，计划到 2011 年达到 50%。

（四）制定鼓励发展循环经济的政策

例如，为了鼓励可再生能源的开发利用，政府不仅资助可再生能源技术的研发活动，还为消费者提供抵税优惠。2005 年能源法规定，安装光伏系统的家庭可以获得联邦政府的资金帮助，减税金额相当于太阳板成本的 30%，最高可达 2000 美元。为购买混合动力汽车的消费者减税，2010 年前总额将达到 8.75 亿美元。据估计，如购买一辆丰田 Primus 型混合动力车，可能得到 2500 美元的减税。

（五）联邦政府部门在发展循环经济方面的垂范作用

联邦政府通过制定政策、计划等方式鼓励社会各界参与发展循环经济的同时，自身也积极投入其中。例如，由联邦政府机构自愿参加的联邦电子产品挑战计划，就是鼓励联邦机构主动购买绿色电子产品，减少产品使用过程中的影响，并以对环境友好的方式处理废旧电子产品。参与者设定自己的目标，每年报告取得的进展。目前，已有农业、国防、能源、商务、卫生、国土安全、内政、司法、劳动、运输、财政、退伍军人、社会保障等联邦机构加入该计划。

（六）一些非政府组织特别是一些行业机构发挥了重要作用

例如，建立于 1978 年的全国再生循环联合会，其成员包括政府官员，也包括企业界人士。该联合会通过向其成员提供技术信息，进行宣传、培训、教育等方式，支持减少废弃物的产生、加强循环利用等活动。据其 2004—2005 年报，该组织的成员包括了各地区、各行业的 3200 多人。行业性组织在推动循环经济立法、建立行业标准等方面都发挥了重要作用。

（七）基于多方面的原因企业参与循环经济

由于有比较严格的环保法规，企业在处理其产生的废弃物方面承担有明确的责任，为企业参与发展循环经济提供了动力。此外，许多企业希望以开展资源节约、增加再生利用等方式，在公众心目中树立负责任的企业形象，同时也可间接带来经济收益。因此，美国的企业普遍比较重视清洁生产，不仅从源头上减少废弃物的产生，而且对自己产品生产和消费过程中产生的废弃物，尽量予以回收利用，减少对于环境的污染。

（八）公众的积极参与是发展循环经济的重要保证

美国公众的参与意识是在长期的过程中逐步培养起来的。一方面，通过宣传教育逐步提高人们的节约和环境意识。如美国确定每年的 11 月 15 日为美国循环日，一些机构如全国再生循环联合会每年对在资源再生利用方面做得好的机构和个人给予奖励，在全社会进行宣传和鼓励。另一方面，通过法律和经济手段对影响环境的消费行为加以约束。在日常生活中，人们把废弃的金属、玻璃、塑料、纸制品等分类丢弃在不同的垃圾箱里，已经成为自觉的行动。

三、美国的废物回收利用

美国的循环经济涉及多个行业，既包括传统的造纸业、炼铁业、塑料业、橡胶业，也包括新兴的家用电器、计算机设备业，还包括办公设备和家居用品等。在循环经济中，废弃物的回收利用是一个重要组成部分，其过程包括对可循环利用的废弃物的收集、分类、处理和加工，最后生产出新的产品进入市场。经过几十年的发展，废弃物的回收利用在美国取得了很大发展，目前已经成了美国经济的重要组成部分。

（一）回收利用对美国经济的贡献

在美国，循环经济的影子随处可见，最明显的就是使用再生物资生产的产品越来越多。在白宫参观，发放的介绍材料使用的就是再生纸。美国政府、商家和顾客也开始越来越多地购买使用了财政支出再生物质的商品。废弃物资回收利用在美国经济中发挥着十分重要的作用。据美国全国物资循环利用联合会公布的数字，全美共有5.6万家公私企业涉及该行业，为美国人提供了110万个就业岗位，每年的毛销售额高达2360亿美元，为员工支付的薪水总额达370亿美元。在一定程度上，该行业的规模已经与美国的汽车业相当。

据美国环境保护局公布数学，1999年，美国回收利用的固体废弃物高达6400万吨，在此前的15年中，美国对废弃物的回收利用的固体率几乎提高了一倍，达到了28%。

据美国《生物循环》专业杂志介绍，1990年，美国城镇每年产生的废弃物为2.69亿吨，回收利用率仅为8%。而到2001年，美国城镇产生的废弃物猛增到4.09亿吨，回收利用率已提高了32%。

在回收利用的废弃物当中，纸张的回收利用率为42%；软饮料塑料瓶的回收利用率为40%，啤酒和其他软饮料罐的回收利用率为55%；铁质包装的回收率则高达57%。

（二）美国的物资回收利用方面的一些做法

早在1976年，美国联邦政府就制定了专门的《固体垃圾处理法案》，并要求各州制定相应的法规和计划，加强对废弃物资的回收利用。到目前为止，已有十几个州制定了废弃瓶子的处理办法规定，20多个州制定了禁止在庭院内处理废弃物的法规，近一半的州对固体废物的循环处理率超过30%。

目前，美国对可再生利用物资的回收主要采取四种形式；路边回收桶、收集中心、回购中心以及有偿回收等。路加回收桶一般放在各个社区的马路旁边，以供居民将可回收利用废弃物放入其中；收集中心则是相对固定的回收点，居民将可回收的废弃物集中后送出。这两种回收方式没有报酬。第三种方式是一些公司对自己的产品或产品的包装等采取回购，第四种方式是对居民送来的可回收物资给予一定的经济补偿。20 年前，美国只有一个收集几种特定物资的路边回收项目，但近年来，类似的项目已经多达 9000 个，可再生物回收中心更是多达 1.2 万个。

收集来的可再生利用的废弃物随后被送到回收工厂进行分类，成为用于生产的商品，其价格随行就市。经过清理、再次分类之后，这些物资被加工成新产品出售，进入市场。现在美国已有越来越多的产品全部或部分使用再生物资进行生产，如报纸、纸巾、铝、塑料洗涤剂瓶等。被回收的物资如玻璃还用在铺设马路的材料如沥青当中，回收的塑料瓶用在编织地毯、修建公园长凳以及人行过街天桥当中。

为了提高大众的环保意识，美国环境保护与全国物资循环利用联合会专门开设网站，宣传有关再生物资的知识，成立“美国回收利用日”组织，将每年的 11 月 15 日定为“回收利用日”；各州也成立了各式各样的再生物资利用协会和非政府组织，开设网站，列出再生物资进行生产的厂商，并举办各种活动，鼓励人们购买使用再生物资的产品。

此外，各类环保组织也经常举办活动，鼓励居民积极参与社区里的再生物资利用项目，购物时使用可循环用的包装品，购买可以维修和重新使用的物品等。环境保护局专门推出“花更少的钱得到更多”的计划，宣传废弃物回收的益处，帮助地方政府提高废物回收率。

在美国，循环经济已经成为一大支柱性产业。全美物质循环利用联合会的统计数据表明，从事循环经济的美国大小企业有 5.6 万家，创造就业机会 110 万个，年销售总额高达 2360 亿美元。循环经济创造的社会财富日益令经济学界感叹。以美国东北部的马萨诸塞州为例，垃圾回收后经过分类处理再造，每年形成的产品附加值可高达百亿美元。从环保和资源循环利用的角度看，效果更为显著和重要。今天，美国的铁质包装回收利用率高达 57%，啤酒罐及其他软饮料罐回收率为 55%，纸张回收率为 42%，饮料塑料瓶回收率为 40%。不断涌现的路边回收项目，今天已经是 5 年前的 7 倍。整体看，循环经济今天已经消化了美国垃圾总量的 1/4。

循环经济有着潜力巨大的就业创造机制。垃圾分类、装卸、垃圾回收车辆驾驶、垃圾回炉再造产业、再生产品批发、销售等每一个环节，都随着循环经济的扩大而需要新的工人加入。更具潜力的是，循环经济内的工厂基础设施设计规划、生产扩大所需融资贷款、加工流程工艺设计以及化学等相关门类的研究等高端人才就业机会，也随着循环经济的不断规模化和社会化而大量涌现，吸引着越来越多的高科技人才。有统计表明，美国东北部的循环经济，其蓝领就业机会，已经相当于该区制造业整体就业机会的5%以上，而白领就业机会增长势头更猛。令政府就业部门鼓舞的是，多年来美国几乎所有制造业都经历过被迫减员时期，唯独循环经济行业的就业机会一直保持着持续上升势头。从发展潜力看，占据道义高地的循环经济行业，已经出现赶超曾为美国第一大龙头产业——汽车制造业之势。

美国循环经济之所以发展迅速，潜力巨大，除了整个社会从上到下日益关注环保和循环经济外，另一大原因则是政府和民间八仙过海、各显神通。循环经济的标志是3个转向的箭头相互追随，形成一个完整的圈。在这一圈内，箭头分别代表循环经济中的不同组成部分：第一个箭头代表循环经济所需原材料——即垃圾和废旧物的收集；第二个箭头代表原材料处理和更新产品的制造；第三个则代表消费者对再生产品的购买和消费，而这一环节中的市场机制，则是刺激循环经济发展的关键。为此，美国各级政府部门大都有硬性的法律规定，要求在政府采购中，循环经济产品必须占到20%乃至更高的比例。由于消费者的环保意识趋强，美国的再生产品制造厂家都愿给自己产品贴上循环经济的标签，甚至骄傲地宣布，其产品原材料百分之百都来自于被回收的“垃圾”。的确，在市场经济中，如果没有购买、消费者最后一个环节的刺激和支撑，循环经济的持续发展是很难想象的。

实际上，与其他经济种类有巨大区别的是，任何一个城市要实现循环经济转型，单靠少数几种垃圾回收利用是远远不够的。一个城市循环经济的发展水平，取决于日益众多的企业、机构，乃至平民百姓不断提高自身环保和循环经济意识，其中包括银行、政府部门废旧纸张、报纸等办公废品的回收；汽车修理行业的轮胎、废机油、废零件的处理加工及再利用；家庭生活中形成的饮料罐、剩饭剩菜垃圾，以及大餐馆用过的食用油循环利用等等。因此，只有当一个城市、一个社会中绝大多数人都形成高度环保和废物再造意识，循环经济的潜力才能得到彻底的发挥。

第二节　韩国的循环经济

韩国国土狭小，人口稠密，资源有限，建立资源节约型环境产业为当务之急。其中，促进资源再生是韩国政府为此而采取的重要举措。在这方面，韩国经历了一个对工业和生活废弃物从限制到再利用的过程。

一、韩国循环经济的做法

早在 1992 年，韩国便开始实施“废弃物预付金制度”，即生产单位依据其产品出库数量，按比例向政府预付一定数量的资金，根据其最终废弃资源的情况，再返回部分预付资金。从 2002 年起，韩国为完善这种做法将“废弃物预付金制度”改为“废弃物再利用责任制”，即从限制废弃改为再利用。

“废弃物再利用责任制”规定，废旧的家用电器、轮胎、润滑油、日光灯、电池、纸袋、塑料包装材料、金属罐头盒、玻璃瓶等 18 种材料须由生产单位负责回收和循环利用。如果生产者回收和循环利用的废旧品达不到一定比例，政府将对相关企业处以罚款。罚款比例是相应回收处理费用的 1.15 倍至 1.3 倍。例如，空瓶的回收比例必须达到 80%以上。“废弃物再利用责任制”对减少废弃物的排放、促进废弃物的循环利用起到了积极作用。

生产单位在实施“废弃物再利用责任制”时，采取三种形式回收和处理废弃物。第一种形式是生产单位自行回收和处理废弃物，回收处理费用自行负担，废弃物循环利用的效益自享；第二种形式为“生产者再利用事业共济组合”，也就是生产者将废弃物回收处理的责任转移给从事这类活动的合作社，依据废弃物的品种，论重量交纳分担金；第三种形式是生产单位与废弃物再利用企业签订委托合同，按废弃物的数量交纳委托金，由后者负责废弃物的回收和处理。目前，韩国 80%至 90%的生产单位采用第二种形式回收和处理废弃物。回收处理废弃物的合作社有 11 家，遍布全国各地。

同时，韩国还成立了一家名为“资源再生公社”的公营企业，专门负责管理和监督“废弃物再利用责任制”的实施。“资源再生公社”依据有关管理章程，通过抽查和现场调查等形式，堵塞废弃物循环使用中的漏洞。如果生产企业违反“废弃物再利用责任制”，将被处以最高 100 万韩元的罚款。自从设立“资源再生公社”并实施管理监督以来，韩国废弃物品循环利用率提高了 5%至 6%。

加强对生活废弃物和垃圾的管理，也是保护环境和实现资源循环利用的重要环节。在汉城市内，每个区政府都分别组织生产卫生塑料袋，并印有本区的标记，通过商店销售给居民家庭。居民使用本区的卫生塑料袋为法定义务，不得违反。同时，卫生塑料袋所装的生活废弃物和垃圾必须分类，否则将退回给丢弃者。销售卫生塑料袋所获得的资金，便是保护环境和实现资源回收的费用。

韩国推行法定卫生塑料袋，实施的是一种叫“垃圾终量制”的措施，即居民要对排出的废弃物和垃圾负社会责任和经济责任，以减少丢弃和实现资源的回收利用。过去，韩国曾实施按户收取定额卫生费的办法，但事实证明效果不好。改为居民购买和使用卫生塑料袋后，如果居民丢弃的垃圾越多，使用卫生塑料袋越多，为此花的钱就越多。2002 年，韩国全国生活废弃物和垃圾的排放量比实施这种制度前的 1994 年减少了 40%。居民将废弃物和垃圾分类，也有利于实现资源的回收和重新利用。

此外，韩国政府还推出了为优秀环保企业挂牌、减税和提供融资等奖励办法，取得了明显效果。但是，最根本的一条还是要依靠全社会、全民的环境保护和资源再利用的意识。

二、韩国循环经济政策

近年来，韩国经济规模逐步扩大，2004 年国内生产总值达 6801 亿美元，居世界第 11 位。但是，韩国国土面积狭小，资源短缺，对外依赖比重达 80%以上，而且韩国市场规模小，所以经济外向依赖性很大，2004 年出口额对国内生产总值的比值达 37.3%。因此，韩国政府根据国内实际，借鉴国际经验。自 20 世纪 90 年代以来加速制定和实施了一系列法律和规章制度，分别从物质循环、企业经营、基础支持和计划推进等层面人手，在发展循环经济的政策建设与实践方面进行有益的探索。

（一）产品循环层面政策

循环经济的实质在于精心调控产品循环，减少初次原料的使用，扩大废弃物的回收利用等。因此，为了有效促进循环经济发展，韩国政府极力关注开发、生产、废弃等产品循环每个环节，并适时采取必要应对措施。

在产品的开发阶段，韩国政府推广全过程评价、生态型设计等方法，对企业从生产产品的原材料选取、制造、流通、使用、废弃后处理等全过程中，投入和排放的能量及物质、污染物质、产品等进行定量化、指标化分析，评价其对环境的总体影响和对环境潜在的影响，探索改善方案。通过生态设计，指导企业在全过程评价等信息的基础上，以最大限度降低产品全过程中所产生的环境负荷总量为原则，实施兼顾费用、质量、安全、保健等要素的综合设计，使设计产品在环境和经济方向达到优秀产品品质的要求。

在产品的制造阶段，韩国政府从 1995 年开始开展“清洁生产技术事业”，还于 1999 年成立了国家清洁生产支援中心，责成其指导企业特别是中小企业的清洁生产实践。在引进和推广清洁生产过程中，政府以原料变更、改善作业条件或管理方法、变更生产工程、向亲环境产品转换、现场再使用等作为基本内涵，对企业进行管理。

在产品废弃阶段，韩国政府坚持再利用和资源化原则，积极引进和推广回收利用手段，以充分回收利用产品被消费后产生的废弃物，减少最终排放量。为了提高废弃物的回收率，有效支撑生产部门对消费后产生的废弃物进行再利用，韩国政府大力提倡了再利用废弃物的分类回收。一方面，为了使消费者丢弃物品时易于识别其有用与否并分类丢弃，2003 年，韩国开始实施废弃物分类排放标志制度，即要求生产企业在商品的包装上标示分类排放标志；另一方面，从 1995 年开始实施垃圾从量制度，要求居民对废弃物处理进行付费，但对可再利用并分类丢弃的商品，给予免费，进而诱导消费者尽量选购丢弃后可分类处理的商品。

（二）企业经营层面政策

为有效促进清洁生产这一“硬件事业”，同时提高对国际环境规章的应对能力，改善对外形象，扩大产品市场，进而提升企业乃至产业界的竞争力，韩国政府积极引进和推广亲环境经营这一“软件事业”。

企业亲环境经营需要以适宜的经营体制作为基础，因此，韩国政府积极促进企业亲环境经营体制建设，即引导企业建立亲环境计划，实行并改进循环体制。为便于推产以及保证产品符合国际标准，韩国政府根据国内现实条件和国际亲环境经营体制标准 ISO14001 制定了《亲环境经营体制认证制度运营要领》，并从 1996 年 1 月开始正式实行亲环境经营体制认证制度。为了有效执行该认证标准，政府责成质量环境认定协会负责评审，并指定认证机关、进修机关和认证机关审查员。同时，为诱导企业参与，对实行亲环境经营的企业减免认证费用及减轻相关税收负担等，以对参与企业提供支持。

为有效提高企业亲环境经营水平以及向外界“通报”企业环境信息，进而使亲环境经营与市场机制衔接，韩国政府对企业的组织层次方面制定了一系列具体的指南，并推广环境成果评价、环境会计和环境报告书等体系。另外，政府制定相关指南，通过环境标志指导企业参与产品的环境标志认证或环境成绩标志鉴定，在为产品营销创造有利根据的同时，经消费者和市场考验，进而刺激企业致力于亲环境经营。

推广清洁生产和亲环境经营，不仅需要政府的努力，还需要企业的配合，即需要企业自发参与，否则执行费用过大而难以支撑。因此，为了诱导企业自发参与，韩国政府制定了《为扩散亲环境经营之自发协议指南》，积极推行自发协议制度，即企业与政府签订自发性亲环境发展协议，企业自行制定和实施适宜于本企业的环境目标及其实现方案，政府给予企业必要支援。韩国政府实施亲环境自发协议制度的同时，积极采用企业供给网（供应链）管理模式，实施与政府签订亲环境自发协议的协议企业（购物企业）与参与企业（供给企业）再签订企业与企业间的亲环境发展自发协议制度——供给网环境管理制度，并把这种制度当作自发协议制度的重要内涵，要求把有关内容反映到协议企业与政府间的自发协议之中。为了推动这种供给网管理模式的发展，政府通过协议企业向参与企业提供相关支持。

（三）基础支持层面政策

发展循环经济，需要提升清洁生产水平、提高废弃物回收利用率，还需要相关技术的支撑以及相关企业的发展。然而，企业尤其是中小企业难以依靠自身力量去开发自己需要的相关技术，再利用废弃物企业尤其是其中的中小企业在创业期和初期运营中非常艰难，因此韩国在政府层次上实施相关技术开发的同时，组织或支持一些企业开发相关技术，以支持相关企业创业与运营。

围绕清洁生产，韩国政府责成国家清洁生产支援中心开展相关技术开发，其技术领域涉及各阶段，如在产品设计阶段，考虑环境及资源保护的清洁生产产品设计技术，从根本上避免或尽可能减少污染物发生，并考虑提高生产效率的清洁生产工程技术;在原材料的选取上，采取变更原料，避免或尽可能减少污染物。1995—2004 年期间，清洁生产支援中心选定和支援相关技术课题 800 项，实施投资总计 3.6 亿美元，其中政府承担 67.8%。

围绕废弃物再利用，韩国政府责成韩国环境资源公社，进行相关技术开发和技术支持。例如，环境资源公社支持资源再利用技术开发、学术研究课题；同时，为解决废弃物再利用企业在利用废弃物的过程中所遇到的技术问题，直接进行有关基础调查及技术开发。又如，联系和利用学界、研究界、产业界所拥有的人力和技术，为基础脆弱和技术潜力不足的小企业解决其在利用废弃物制造半成品或成品过程中所遇到的技术难题。

围绕环境保护，环境部主导实施环境技术开发，为工业资源循环发展提供直接或间接可用技术。1992 年环境部开始实施第一个 10 年计划——《环境技术开发事业（1992—2001)》，计划由政投资 1.81 亿美元以及民间投资 1.76 亿美元，促进实用化、商用化环境技术的升发。在此基础上，从 2001 年开始实施第二个 10 年计划——《下一代核心环境技术开发事业 10 年计划（2001—2010)》，计划政府投资 10 亿美元以及民间投资 4.36 亿美元，依次促进现有的环境问题解决技术、中长期战略性环境技术、未来核心环境技术升发。

围绕企业的发展，为支持企业清洁生产，韩国政府除了实施清洁生产的普及措施以外，还向企业提供专门的人力资源，并构筑清洁生产综合信息网等。同时，为支持废弃物再利用企业的创建和经营，政府在资金、税收等方面给予优惠待遇。例如，政府设立再利用产业培育资金，分为设施资金、技术开发资金、废弃物减量化设施资金、经营稳定资金、流通与销售支持资金，以长期、低利条件为企业提供资金。其中，设施资金融资规模达 400 万美元，最少的流通与销售支持资金规模也有 20 万美元，均按 3.28%（变动利率）计算，采取从第三年或第四年开始分期偿还。

同时，基于产业发展最终受制于需求的认识，为了支持废弃物回收再利用产品生产，促进循环经济的发展，韩国政府实施公共机关义务优先购买亲环境商品制度。政府从 1992 年开始在公共机关实施“劝告”性再利用产品优先购买制度，并从 2002 年开始在公共机关实施再利用产品“义务”优先购买制度。环境部每年初对优先购买再利用产品目录进行公告，各公共机关依据环境部公告的优先购买产品品种，制订和实施年度优先购买计划。环境部分析评价各公共机关年度优先购买的情况，并把评价结果上报国务会议，进行审议，最后把审议结果在官方媒体上公告。

在推进公共机关优先购买再利用产品的同时，为了消除消费者对其不信任的心态，进而扩大再利用产品的社会需求，韩国政府自 1997 年开始实施优秀再利用（产品）质量认证制度。该制度的基本内涵为制定和公布再利用产品的质量指标和标准，对国内开发和生产的再利用产品进行严格的试验、分析、评价后，对符合标准的产品赋予质量认证标志；保证产品质量标准达到或超过国际国内相同类型一般产品的质量认证标准；对得到认证标准的产品生产进行跟踪监督。

（四）计划推进层面政策

韩国政府为有力推动循环经济发展，实施了一系列相关计划。例如，为了开发出能够综合评价经济发展和环境保护的环境账户，实施《促进环境经济统合账户开发及绿色 GDP 中长期促进计划》（2001—2010）。政府还实施了以三年为周期的《环境工业发展战略》计划，在第一次计划（2001—2003）中重点提出 21 世纪型环境技术开发、扩大国内环境市场需求、挖掘和重点培育有利于环境的产业和企业、支持开拓环境产业海外市场等目标。从综合角度为亲环境工业发展确立中长期发展方向和目标，同时出于履行亲环境的义务，在实施第一次《亲环境工业发展综合计划》（1997）的基础上，政府从 2003 年开始实施为期十年的第二次综合计划《构筑亲环境上业结构之目标和发展战略》（以下简称《第二次亲环境综合计划》）。

《第二次亲环境综合计划》提出如下基本目标：促进亲环境、资源有效性生产及企业活动，构筑可持续工业发展体制，提高国家竞争力，为现在和未来世代的生活质量提高作出贡献。并作为其具体内涵，提出如下政策方向：第一，为同时达到发展工业和保护环境的双赢目标，促进工业与环境整合政策；第二，为了工业可持续发展，提高生态经济效益，即有效利用有限资源，最大限度地创造附加价值，构筑可实施再资源化的工业基础;第三，积极应对国际性环境规定，把握迈入新市场的机会，搞活环境产业的出口。作为促进新时期亲环境工业政策的措施，《第二次亲环境综合计划》提出了具体的促进课题：开发和普及清洁生产技术，构筑、普及清洁生产所需的基础设施，扩大与企业的伙伴关系以及诱导企业自发参与，构筑资源循环型系统和普及亲环境经营，建立环境产业发展基础。

《第二次亲环境综合计划》就电子产业、平导体与显示器产业、石油化学产业、汽车产业、精密化学产业、造纸产业、纤维产业、钢铁产业、镀金产业等对国民经济和环境影响较大的九大行业分别设计了亲环境发展战略。根据各行业的产业、经济和环境特点等，综合考虑国内外技术动向、市场动向，并同时考虑国内行业所处优势、劣势、机会与挑战等，分析国内外环境规章动向和趋势以及环境规章对行业产生的影响，提出中长期发展战略、技术路径和促进课题。

韩国政府为有效促进循环经济发展，根据国内实际、借鉴国际经验，制定和实施了一系列适宜于本国的政策措施，如全过程评价、生态型设计指南和清洁生产模式等 20 多项切实可行的政策系统。可以说，韩国的这些政策措施为我国的循环经济发展实践提供了可行性参考。

第三节 丹麦的循环经济

丹麦，虽然目前还没有看到以“循环经济”命名的法律法规，但实际上是开展循环经济实践最早的国家之一。著名的卡伦堡生态工业园早在上世纪 60 年代末就初具雏形，历经 40 多年的发展，规模和影响力不断扩大，已经成为其他国家发展循环经济、实施区域循环经济的传统典范。

丹麦于 1991 年 6 月颁布了新的丹麦环境保护法《污染预防法》，这一法律在清洁工艺和回收一节中，规定了：（1）对通过采用清洁工艺和回收利用而大幅度减少对环境影响的研究和开发项目提供资助，并对清洁工艺和回收利用方面的信息活动给予资助。（2）对某些会对公共行业或社会整体带来效益的项目可提供高达 100%的资助。（3）对其结果属于应用性的项目和研究提供不超过 75%的资助。（4）对工厂中回收研究项目提供 25%的资助。（5）对用于收集所有类型废物设备进行的研究可提供高达 75%的资助。

丹麦从 1992 年开始就制订废弃物排放和循环利用规划，并且要求各地方政府同时制订地区性规划，而且规划要公示，广泛征求社会各方面的意见。规划一经颁布，必须严格实施监控。因此基础工作，包括对各类废弃物的统计做得很扎实。从 1997 年起丹麦规定所有可燃性废弃物必须作为能源回收利用，禁止填埋。

据丹麦环保部提供的资料和介绍，2009 年丹麦全国各类废弃物排放总量在 1300 万吨左右，其中：工业废弃物、建筑废弃物和市政及生活垃圾大体各占 1/3。另外，排放有毒有害废物约 330 吨。近年来，丹麦各类废弃物的产生、排放和循环利用情况起伏不大，基本比较稳定。其中：填埋比例逐渐降低，循环利用比例有所提高。

一、卡伦堡生态工业园简介

丹麦卡伦堡生态园是世界上最早和目前国际上运行最为成功的生态工业园，截至目前已有五家大企业与十余家小型企业通过废物联系在一起，形成一个举世瞩目的工业共生系统。其中五个主要参与企业为：阿斯内斯（Asoaes）火力发电厂，丹麦最大的燃煤火力发电厂，具有发电 1500 千瓦的发电能力；斯塔托伊尔（Statoil），是丹麦最大的炼油厂，具有年加工 320 万吨原油的能力；济普洛克（Gyproc）石膏墙板厂，具有年加工 1400 万平方米石膏板墙的能力；诺沃诺迪斯克（Novonordisk），是一所丹麦最大的国际性制药公司，年销售收入 20 亿美元，公司生产医药和工业用酶；一个土壤修复公司。该园区以发电厂、炼油厂、制药厂和石膏制板厂四个厂为核心，通过贸易的方式把其他企业的废弃物或副产品作为本企业的生产原料，建立工业横生和代谢生态链关系，最终实现园区的污染“零排放”。据报道，过去 20 年间卡伦堡总共投资 16 个废料交换工程，投资额估计为 6000 万美元。投资平均折旧时间短于 5 年，取得了巨大的环境效益和经济效益。

二、卡伦堡生态工业园的构局

在丹麦卡伦堡生态工业园内，阿斯内斯火力发电厂是该园区产业链的核心。电厂向斯塔托伊尔炼油厂和诺沃诺迪斯克制药厂供应发电过程中产生的蒸汽，使炼油厂和制药厂获得了生产所需的热能；通过地下管道向卡伦堡全镇居民供热，由此关闭了镇上 3500 座燃烧油渣的炉子，减少了大量的烟尘排放；供应中低温的循环热水，使大棚生产绿色蔬菜；余热放到水池中用于养鱼，实现了热能的多级使用。炼油厂也进行了综合利用，炼油厂产生的火焰气通过管道供石膏厂用于石膏板生产的干燥，减少了火焰气的排放，一座车间进行酸气脱硫生产的稀硫酸供给附近一家硫酸厂；炼油厂的脱硫气则供给电厂燃烧。同样，粉煤灰提供给土壤修复公司用于生产水泥和筑路，而济普洛克石膏墙板厂用电厂的脱硫石膏做原料造石膏板。卡伦堡生态工业园区还进行了水资源的循环使用，炼油厂的废水经过生物净化处理，通过管道向电厂输送，年输送电厂 70 万立方米的冷却水，整个工业园区由于进行水的循环使用，每年减少 25%的需水量。卡伦堡工业园区通过以上循环经济的实践，使得工业污染降低了，水污染减少了，浪费减少了，但利润却得到了提高。

对于每个参与者来说，都是由于交易成本低的利益驱动使他们走到了一起。制药厂之所以选择用电厂的蒸汽而不自己生产，是因为用后者的蒸汽更省钱。1982 年制药厂锅炉改造，经过可行性研究，选择了最经济的供热方法，即全部使用电厂的蒸汽。从电厂获得蒸汽只要铺两英里长的供气管道，相当于药厂两年的内部改造投资。同样，石膏板厂用电厂脱硫产生的石膏也是为了节省资金，原来该厂要从西班牙进口石膏原矿，现在用电厂脱硫产生的石膏，节省了运输费用，从而使产品的成本明显降低。

园区内有一支十分精干的管理人员队伍，在四个厂之间包括和园区以外的厂进行协调、组织、结算、监督工作，还对新的废物利用项目予以资金和技术的支持，使物流、能流和信息流优化配置，使循环生产有序进行。

能源节约和资源的充分利用，是丹麦经济社会发展进程中的重要思路之一。在哥本哈根市西部 100 余公里的海滨城市卡伦堡市，一个名为工业互利协作的企业网络已经建立并保持了约 40 年，以能源节约和资源在企业间的交换和有效使用为特点，创造了卡伦堡经验，也成为代表“循环经济”思想的丹麦模式。

三、工业互利协作网络的建立

20 世纪 70 年代中期，工业共存的概念由丹麦学术界传播，为产业界所接受。当时在卡伦堡市镇的若干企业协商后决定，有必要建立一个协作网络，使本企业的生产剩余或副产品成为其他企业从事生产的资源或半成品，从而使企业群体在整体上降低成本、提高效益、节约资源和能源。卡伦堡市政府因其在管理公共水资源、建设社区供热和供水系统，以及造就社区良好环境等方面的职能，也成为该网络的参与和推动者。

1975 年，卡伦堡工业互利协作网络由 8 个单位合作建立，该网络是在所有的参与者签订商业协作合同书的基础上建立，使他们走到一起进行合作的基础条件是：

(1) 对开展互利协作的经济和社会意义具有共识；

(2) 公司或厂址都在卡伦堡市；

(3) 企业间确实有可开展合作的项目，且有经济价值。

通过协作项目发展互利协作关系。1975 年以前，尽管一些企业已经在卡伦堡市立足，但它们之间很少建立互利协作关系。该地区产业发展和资源使用的基本情况是：

——石油提炼厂和电厂需要地区的水源供应，早期它们主要使用地下水资源。后转变为使用当地一个名为“提须湖”的部分水源。

——除了上面提及的制药公司和生产工业酶制剂的企业外，该地区有化肥工业和水泥工业企业、若干农场和一个养鱼场。

——卡伦堡市尽管只有2万居民，但家庭使用的热水和取暖是通过约3500个小型燃油供热系统提供的。

随着地区的工业互利协作网络建立，市政府和企业逐步通过互利项目确定了它们之间的供求关系。这些项目的执行，使企业和地方建设直接受益，并在不同方面体现出来。

(1) 节省能源和水资源。阿斯内斯电厂以热电联产方式向卡伦堡市居民提供电力和供热，取代了以往分散使用的3500个小型锅炉，在燃料油总消耗量方面节省了30%。同时，该厂向石油提炼厂、制药公司和酶制剂公司提供生产用蒸汽，又间接地减少了一部分企业自行制取蒸汽的能耗。此外，电厂冷却水（温水）被输送到养鱼场，支持了那里每年生产200吨鳟鱼和三文鱼。

丹麦是个缺乏淡水资源的国家，人们的主要饮用水来自地下水源。因此，保持地下水资源是国家资源政策的重点之一。在卡伦堡市，阿斯内斯电厂一直使用地下水来维持其正常生产。为减少地下水消耗，市政府通过协作网络做出努力，促使电厂用水从完全依靠地下水改变为部分使用提须湖水、部分使用石油提炼厂处理过的生产废水。这些努力使电厂的地下水消耗减少到原来用量的10%。

酶制剂厂也是用水大户，而且需要使用达到饮用水质量标准的水源。为此，卡伦堡市政府通过水处理项目，用符合饮用标准的提须湖水供应给该企业，使其每年减少了100万立方米的地下水用量。

(2) 利用副产品。阿斯内斯电厂的脱硫厂在脱硫过程中，每年可获得20万吨石膏的副产品。这批石膏提供给济普洛克建筑材料公司，作为制作石膏板的基础材料，这为该厂减少了部分天然石膏进口。电厂另一个副产品是在除尘过程中获得的约3万吨灰分。这些灰分被提供给地区水泥厂，也可通过特殊的工艺提取稀有金属镍和钒。

(3) 生产肥料和饲料。众所周知，酶制剂生产需要发酵过程。酶制剂厂每年可从这一过程中得到的15万立方米的固体生物质和9万立方米液体生物质。以此为原料，一种叫诺沃生的肥料被开发出来，其成分为氮、磷和氧化钙，可提供给丹麦西兰岛的约600个农场使用。

另外，石油提炼厂从天然气脱硫工艺中获得一种副产品氨基硫代硫酸盐，用它可以生产约 2 万吨液体肥料，这几乎是丹麦全年液体肥料的用量。

在以生产胰岛素闻名的诺沃诺迪斯公司，生产过程中残留的酵母浆经过处理，可制成具有特殊口味的猪饲料，可替代传统混合饲料中 20%的大豆蛋白。

(4) 获得环境效益。诺沃诺迪斯制药厂、酶制剂厂和电厂的废水都被转送到卡伦堡市废水处理厂，经处理并达到标准后排放，有效地确保了这些企业有一个良好的生产环境和工艺过程。

卡伦堡水处理厂处理废水后残留的淤泥又被提供给索瑞姆土壤净化公司，作为其生物修复工艺的营养物质。

诺维仁垃圾处理公司从协作网络伙伴公司到回收固体废物，一方面确保了卡伦堡市有一个良好的生活和生产环境，另一方面创造了环境效益。运用自己的垃圾处理技术，该公司可通过垃圾填埋气体发电，再回售给电力公司；该公司每年清理的约 56000 吨可燃废物被回收利用，大约相当于 6500 个家庭电力和供暖的电力消耗。

参考文献

[1] 甘肃年鉴.北京：中国统计出版社，2009.

[2] 杨懋，马军，卢生康.甘肃省能源工业发展SWOT分析与对策研究.社科纵横，2009（3）.

[3] 李建军.甘肃能源发展战略思考.中国工程咨询，2010（1）.

[4] 王启优.甘肃省近60年水资源演变及趋势预测分析，气象水文海洋，2008（3）.

[5] 高云，谢莉.甘肃省水资源可持续发展的多维度思考.江苏农业科学，2010（1）.

[6] 刘超华.甘肃省矿产资源产业的可持续发展研究.开发研究，2008（3）.

[7] 马永辉.甘肃省矿产资源勘察、开发现状及面临的问题.西部探矿工程，2010（4）.

[8] 赵宏英.甘肃省耕地资源可持续利用的对策研究.农业科技与信息，2009（7）.

[9] 韦晓宏.甘肃省近年来土地利用状况对生态环境影响的评价.甘肃科技纵横，2008（6）.

[10] 张丽芳.纵议甘肃土地资源的可持续利用.国土资源管理，2000（3）.

[11] 潘竟虎，石培基，董晓峰.甘肃省城市化发展与土地集约利用研究.干旱区资源与环境，2008（4）.

[12] 凡炳文，陈文.甘肃省水资源及其演变趋势分析.水资源与水工程学报，2006（8）.

[13] 唐少卿，唐海萍.甘肃的水资源与可持续发展.地质科技管理，1999（4）.

[14] 解振华.循环经济知识读本.北京：中国环境科学出版社，2005.

[15] 熊焰.低碳之路.北京：中国经济出版社，2010.

[16] 中关村国际环保产业促进中心.循环经济——国际趋势与中国实践，2005（7）.

[17] 诸大建.静脉产业亟待突围体制困局.中国经济导报，2009-4-7.

[18] 陈敏娟，邓国用.论中国农村低碳生活方式的实现.消费经济，2010（1）.
[19] 张远军.建构我国循环经济发展的绿色科技支撑体系.经济师，2006（11）.

后　记

发展循环经济是贯彻落实科学发展观的内在要求，是调整经济结构、转变经济发展方式的必然选择，也是甘肃走出“两高一资”传统发展模式、实现全省经济社会跨越式发展的必由之路。2009年12月24日，国务院批复了《甘肃省循环经济总体规划》，2010年5月2日国务院办公厅下发了《关于进一步支持甘肃经济社会发展的若干意见》，对甘肃发展明确了科学的战略定位，要求到2020年把甘肃建成全国循环经济示范区，赋予甘肃在调整经济结构、转变经济发展方式方面的先行先试权，希望通过甘肃的探索和实践，为我国西部乃至全国循环经济发展提供可资借鉴的经验。这不仅是对甘肃省发展循环经济工作的充分肯定，更是加快发展的一次千载难逢的重大历史机遇，体现了党中央、国务院对甘肃发展的关心支持和殷切期望。我们只有以敢为人先、只争朝夕、抢抓机遇、真抓实干的工作热情和行动，才能圆满实现把甘肃建成全国循环经济示范区的目标任务。

循环经济是新生事物，全面探索和实践也是本世纪近几年的事情。发展循环经济是一项复杂的系统工程，不仅要建立和完善循环型农业、循环型工业和循环型社会等完整的有机体系，而且还需要全社会方方面面的互动和积极配合。把甘肃建成全国循环经济示范区不仅任务十分艰巨，而且时间紧、压力大。针对循环经济理念在全省干部群众中知之不多、识之不深，还没有成为全省上下的自觉行动，责任感和紧迫感不强等认识问题，抓好循环经济工作必须从提高全体公民的认识入手，通过在全省广泛开展循环经济知识普及宣传教育活动，增强循环经济发展意识，从抓教育、培训和宣传等基础工作开始，尽早改变“要我”发展循环经济的被动局面，充分调动全省广大干部群众重视发展循环经济的热情和积极性，形成全省上下“我要”发展循环经济的普遍自觉行动。因此，抓好循环经济知识普及教育活动，很关键，非常重要，是绕不过去的一项基础工作，对圆满实现把甘肃建成全国循环经济示范区的目标任务具有重大的现实和战略意义。在中共甘肃省委和甘肃省人民政府的大力重视和支持下，由石军副省长牵头，省政府研究室具体组织，省政府办公厅、省发改委、省工信委和省财政厅等部门的领导、专家学者和工作人员参加，在做了大量认真细致调查研究的基础上，以《甘肃省循环经济总体规划》的梳理和解读为主线，对国内外发展循环经济的成功经验进行分析借鉴，就什么是循环经济，怎么样发展循环经济，如何才能把甘肃建成全国循环经济示范区等问题，在尽最大努力保质保量的前提下，集中时间很快编著出版了《循环经济知识读本》一书，为即将开展的全省循环经济知识普及宣传教育活动，提供了基础条件。

《循环经济知识读本》总体上由基本知识、规划解读和他山之石三大部分、十八章构成。“基本知识”部分通过对循环经济理论和实务的全面阐述，告诉大家循环经济知识的基本含义，对循环经济与清洁生产、节能减排、低碳经济等的关系做了详尽的分析，还就应对气候变化、全球碳交易等前沿理论知识做了介绍。安排这部分的目的就是帮助大家了解“什么是循环经济”，对循环经济的理解有一个完整的概念。“规划解读”部分通过对甘肃经济发展规律的认识总结，详尽解读全国循环经济省级示范区的基本框架，告诉大家发展循环经济对甘肃经济社会发展具有重大而深远的现实和战略意义。目的是帮助大家提高认识，明确把甘肃建成全国循环经济示范区的目标、任务、方向、重点、政策和措施，使广大干部群众了解和掌握“怎样发展循环经济”，对《甘肃省循环经济总体规划》有充分的认识。“他山之石”部分通过对丹麦、日本、德国和美国等国家各具特色的循环经济的考察，从比较研究中得出启示，告诉大家循环经济是强省经济、效益经济和生态经济。目的是帮助大家“如何更好地发展循环经济”，在借鉴和总结中创新发展循环经济。《循环经济知识读本》各部分、章节，内容丰富，重点突出，简明扼要，结构完整。各章的研究和撰写分工如下：

第一章　武　毅　　　　　　第二章　武　毅
第三章　孔祥麒　　　　　　第四章　陈祖贵
第五章　陈祖贵　　　　　　第六章　石　磊
第七章　王　伟　　　　　　第八章　孔祥麒　王　伟
第九章　孔祥麒　王　伟　　第十章　陈　光
第十一章　杨东生　　　　　第十二章　赵兰玲
第十三章　白　强　　　　　第十四章　白润元
第十五章　石　磊　　　　　第十六章　孔祥麒　王　伟
第十七章　陈祖贵　陈　光　第十八章　孔祥麒　王　伟

初稿完成后，由陈祖贵同志进行了初步整理编辑；之后，由武毅和孔祥麒同志做了进一步反复修改、加工和完善，完成了统稿任务；经多次讨论修改，报石军副省长审稿同意，最后修改定稿。读者出版集团甘肃民族出版社，为本书的及时出版做了大量工作；甘肃新华印刷厂的全体员工也为本书的尽快高质量出版，付出了艰辛的劳动，在这里一并表示衷心的感谢！由于该书研究和撰写工作量大、内容多、时间紧，加之水平有限，不足之处诚所难免，敬请读者谅解并给予批评指正。

《循环经济知识读本》编委会

2011 年 1 月 28 日